明清汉语语法研究丛书
丛书主编　石锓

○ 国家社会科学基金重大项目"类型学视角下的明清汉语语法研究"（15ZB098）
○ 湖北省社会科学基金一般项目（后期资助项目）"明清时期汉语连动式研究"（2018115）

基于类型学视角的明清汉语连动式研究

杨　红 ◎ 著

华中科技大学出版社
http://press.hust.edu.cn
中国·武汉

◎ 丛书主编

石锓 男，湖南临澧人。文学博士，博士生导师，湖北大学文学院二级教授，湖北大学"沙湖学者计划"领军教授。公开出版学术专著6部（含合著），主编、协助主编和参与撰写教材多部。在华中科技大学出版社主编"明清汉语语法研究丛书"。主持并完成国家社会科学基金重大项目1项（首席专家）、国家社会科学基金一般项目2项。曾获得第六届高等学校科学研究优秀成果奖（人文社会科学）二等奖、第十四届北京大学王力语言学奖二等奖、第六届湖北省社会科学优秀成果奖三等奖、第十届湖北省社会科学优秀成果奖二等奖、第十二届湖北省社会科学优秀成果奖三等奖。曾获得"湖北省有突出贡献中青年专家"称号、湖北省第二届"楚天园丁奖"。

◎ 作者简介

杨红 女，文学博士。现为湖北大学文学院副教授，硕士生导师。主要从事汉语史、汉语语法等方面的研究。主持教育部人文社会科学研究青年基金项目、湖北省社会科学基金一般项目（后期资助项目）及湖北省教育厅哲学社会科学研究青年项目等。在《汉语学报》《湖北大学学报（哲学社会科学版）》《湖北社会科学》等核心期刊发表论文多篇。曾获得湖北大学"学子心中的魅力青年教师"称号。

总 序
Introduction

　　"明清汉语语法研究丛书"是国家社会科学基金重大项目"类型学视角下的明清汉语语法研究"（项目编号：15ZDB098）的结项成果，由《基于类型学视角的明清汉语连动式研究》《基于类型学视角的明清汉语交互表达研究》《基于类型学视角的明清汉语焦点结构研究》《基于类型学视角的明清汉语并列标记研究》《基于类型学视角的明清汉语"V得"致使构式研究》《明代南方官话语法研究》《汉语历时语法与词汇研究》七部著作组成。

　　《基于类型学视角的明清汉语连动式研究》通过对明清时期大规模历时语料的调查、分析，从类型学的角度考察了汉语连动式的性质和范围，制定了具有可操作性的判定标准，并在此基础上探讨了明清汉语连动式的跨语言共性特征及个性特征。通过对明清汉语连动式的使用情况与历时发展情况进行细致考察，本书分析和讨论了其发展趋势与动因机制。从使用面貌来看，明清汉语连动式的发展已较为成熟，结构形式和语义表达丰富多样。从区域特征来看，明清时期北方官话连动式相较南方官话连动式在结构形式上更为复杂，分布态势更为成熟，南北区域存在各自特有的句式。从共时的层面看，汉语连动式广泛存在，与并列和主从形成三足鼎立的局面。从汉语连动式自身的发展来看，连动式内部具有"并列—连动—主从"的演变规律。本书力图通过对明清汉语连动式的描写与解释，起到抛砖引玉的作用，从而推动更多相关研究的出现。

　　《基于类型学视角的明清汉语交互表达研究》以表达交互义的核心要素为线索，从交互标记、指代交互、言语交互、空间交互和行为交互五个方面，全面综合地描写了明清交互词语的使用情况。通过广泛细致地分析各核心要素的交互表达理据，本书发现普遍存在的交互范畴可以从施受关系、共事关系和客观时空关系三个方面进行描写和判定，并依次制定了与以往不同的更全面的交互判定标准。通过细致的考察，本书揭示了"相"与"互"交互义的来源差异以及由此带来的用法上的差异,发现并揭示了比较范畴中的交互表达的典型性斜坡,发现并揭示了"彼此"的交互表达功能源于它的指代性。交互范畴是语言中的显性范畴,本书力图通过对明清汉语交互词语的描写与解释,以期能起到抛砖引玉的作用,从而推动更多相关研究的出现。

《基于类型学视角的明清汉语焦点结构研究》以明清汉语焦点结构为研究对象,考察了明清汉语焦点结构的使用情况与整体特征,重点探究了明清汉语中特有的"×的是、×便是"以及"是、只、就、才、连"字结构、重动句和分裂结构在这一时期的使用,对它们的句法和语义特征进行了详尽的描写。本书在共时层面上提出了全新的焦点结构分类方法,根据焦点结构所处的逻辑位置将焦点结构分为前置型焦点结构、后置型焦点结构、连接型焦点结构以及背景标记型焦点结构。前置型焦点结构在句法上具有浮动性,在语义上表示排他或者限定;后置型焦点结构在句法上常位于句末,在语义上暗含取舍;连接型焦点结构在句法上连接两个成分,在语义上则存在多种类型;背景标记型焦点结构存在提示句中某项作为背景的成分。本书在历时层面上探讨了各类焦点结构的来源及其演变,前置型焦点结构最早产生,连接型焦点结构随后,后置型焦点结构在元明汉语中产生并出现了结构替换,背景标记型焦点结构则是在近代汉语中产生。本书对部分结构的来源及演变提出了新的看法,其中包含了前置型焦点结构"是"的产生历程,前置型焦点结构(限定副词)"就"来源于纵予连词"就"等相关研究。

《基于类型学视角的明清汉语并列标记研究》以明清汉语为研究时段,以"并列聚合"下的并列、承接、递进、选择四类连词为具体切入点,在系统描写的基础上,着重从历时性角度对汉语并列标记的来源、发展、演变及其内部动因进行了系统性的探讨。明清时期单语素并列连词仍占重要地位,主要承担句内连接的作用。这一时期,框架式并列连词集中出现并臻于成熟,填补了汉语句际并列连词的缺失。明清时期单语素承接连词衰萎,双音承接连词占主导地位,并且单语素双音节两类连词语法功能上的分工更加明显。单语素承接连词主要用于句内连接,没有句际分句或句子之间的用法,双音承接连词则一般用在句际分句,基本没有句内用法。明清时期通过同义复合、词组凝定、词汇黏合等方式新生一批双音递进连词,否定词和限止副词跨层黏合而成的"不但"类与否定词和言说动词黏合而成的"不说"类,在这一时期表现出强大的能产性和类推性。明清时期新生选择连词构成这一时期选择连词系统的主体,结构式的连词化是选择连词生成的重要方式。本书较为完整地描写了明清时期并列结构的概貌,并通过与共同语乃至其他地区的方言进行比较,从而弄清共同语和不同方言区之间并列标记的共性和个性,为更准确、科学地勾勒近代汉语语法提供了材料及理论支撑。

《基于类型学视角的明清汉语"V得"致使构式研究》以明清汉语"V得"致使构式为研究对象,在类型学视角与构式语法框架下,从构件特点、各子构式的形式与语义特点、构式在时间和空间上的特征等角度对该构式进行了全面、详尽的描写。同时基于构式层级互动与构式网络理论,研究了该构式内部、外部的互动,构建其所在的汉语致使构式网络,并从历时演变角度探讨了该构式在网络中作为节点的出现及其演变路径。基于相关研究,本书得出了主要结论:明清该构式各类子构式在形式结构、语义特征上都存在明显区别;该构式处于致使连续统的最右侧,是间接致使;其构式内部和构式外部存在互动关系和承继链接,其与英语into-致使构式存在特殊联系;从明清到现代汉语,该构式谓词性致使者趋多,无生命致使者趋多,特殊子构式种类增多,多结果类"V得"致使子构式趋少;该构式在南北官话中存在不同特征。本书提出了汉语"V得"致使构式新的分类方法,并基于构式语法层级互动理论,探讨了"V得"致使构式内部、外部的互动。此外,本书结合语义地图与致使连续统理论,简略绘制出了汉语致使构式网络,分析了其在汉语致使构式网络中的地位及作用,考察了该构式与英语into-致使构式的异同,为完善世界语言致使构式网络提供了类型学支撑。

《明代南方官话语法研究》以《初刻拍案惊奇》和《二刻拍案惊奇》(合称《二拍》)作为明代南方官话的代表语料,立足于《二拍》的文本语言事实,从语言类型学理论的思路和视角,对《二拍》的词类和句法现象进行描写和解释。由于涉及"明代南方官话"这个比较大的概念,《明代南方官话语法研究》采用了点面结合、以点带面的撰写原则,既关注描写范围的广度,也对重要的语法点进行专题阐释,关注描写内容的深度。本书坚持的基本研究价值观是描写出明代南方官话语法的基本面貌和重点语法现象的语言学特征,并进行合理的解释。本书的词类部分,主要描写了代词、数量词、介词、连词、助词等语法问题。本书的句法部分,主要阐释了动补结构、双宾语结构、被动结构、疑问句、"比"字比较句、致使结构、处置式等七个重要的句法现象。本书对明代南方官话句法部分的阐释,兼顾了已有的相关研究,同时根据语言类型学的基本原理和理念,结合现代语言学跨学科的价值取向和数据人文研究方法,在对句法现象和句法特征进行具体描写的过程中,融入了新的思考。

《汉语历时语法与词汇研究》基于典型、可靠的文献语料,借鉴语法化、认知语言学等的理论方法,重点对一系列明清时期的语法、词汇现象进行了研究,分析语言成分的典型意义、扩展功能和边缘功能,讨论其历时来源、演变过程和相应的机制与动因。本书所涉及的研究对象,大多是方所词或与方所词有历史关联的语言成分。全书的主要内容包括:样态(或情态)助词"家"的来源和形成以及后续变化;派生语素"家"的类型及其来源与形成;"里"由方位词到语气助词和情貌助词，以及词缀成分"里"的演变；方位词"后"是怎样变化为假设助词和语气助词的；方位语素"头"表示时间的类型、来源与形成；"×间""×/中间"表达时间和事件的类型及其关系；情状助词与词缀"生"的来源；指物名词"东西"的来源及形成；清代以来北京话副词"左不过""左不是"的来源与构成；约量助词"许"与数量形容词"少许"的来源和形成；量词"合"与"盒"之间的关系及其形成；"多""多么"的来源与形成；明清时期南方方言问数词"许多"和问数词"几化（×）"的来源以及功能变化等。结论是基于各章对问题的研究做一些理论或综合性的思考。

"明清汉语语法研究"丛书的出版，不仅得到了国家社会科学基金重大项目资金的资助，也得到了湖北大学文学院"双一流"学科建设经费的支持。在此，对支持本项目立项和结项的各位匿名专家表示衷心感谢，感谢你们一直以来关心和支持本项目的研究工作，并对本项目结项成果提出了宝贵的修改意见。同时，还要感谢湖北大学人文社会科学研究院和文学院领导对本项目的重视，并提供了部分资金支持。最后，感谢本丛书各位作者的努力研究和辛勤付出，以及华中科技大学出版社各位领导和周晓方、宋焱编辑对本丛书出版的大力支持。

石锓
2022 年 11 月于湖北大学文学院

前 言
Preface

  连动式的研究一直是学界关注的热点问题。对于汉语连动式,研究者使用了各种理论方法,从多种角度进行了分析和研究,但一直存在争议。至今,研究者们仍对连动式的定义、界限、范围、分类等诸多问题没有达成共识。汉语连动式的研究在相当长的一段时间里执着于分类以及描写各小类的结构与语义,虽然引进了认知语法的解释和语法化学说挖掘各种语法化现象,但仍难以进一步深入下去。类型学的研究可以说为汉语连动式研究打开了一片新天地。类型学的视角一方面将汉语连动式置于世界连动语言变异的范围内来考察,另一方面也通过汉语连动式来观照连动结构的普遍模式,认识连动语言的参项和特征。

  以往的研究者从汉语史的角度对古代汉语连动式进行考察,更多关注的是动补式或介词等相关句法形式如何从连动式中发展演变而来,对连动式本身的发展演变过程研究得还不够充分。连动式在现代汉语共时层面上呈现出的复杂面貌是古代汉语连动式历时演变沉淀的结果,只有通过考察历时发展的脉络,才能更清晰地认识共时层面的纷繁复杂。近代汉语时期是汉语发展演变的特殊时期,许多重要的语法现象在这一时期产生。明清时期,汉语处于近代汉语晚期。研究汉语发展历史,必须将明清时期汉语和现代汉语结合起来,才能上窥近代汉语的发展脉络,下探现代汉语的发展源头,进一步推进汉语史的相关研究。

目 录
Contents

第一章　绪论 ·· (1)
　第一节　明清汉语连动式的研究意义 ··· (1)
　第二节　相关研究概况 ··· (5)
　第三节　本书的研究方法和语料选用 ·· (25)

第二章　汉语连动式的界定 ·· (26)
　第一节　以往研究中汉语连动式的界定 ···································· (26)
　第二节　比较概念下汉语连动式的界定 ···································· (30)
　第三节　汉语连动式与形似结构 ··· (44)

第三章　基于《金瓶梅词话》的明代汉语连动式研究 ········ (50)
　第一节　《金瓶梅词话》连动式的使用面貌 ····························· (50)
　第二节　《金瓶梅词话》连动式的语义特点 ··························· (146)
　第三节　《金瓶梅词话》连动式的跨语言表征 ······················· (151)
　第四节　《金瓶梅词话》连动式小结 ······································ (160)

第四章　基于《型世言》的明代汉语连动式研究 ·············· (162)
　第一节　《型世言》连动式的使用面貌 ·································· (162)
　第二节　《型世言》连动式的语义特点 ·································· (205)
　第三节　《型世言》连动式的跨语言表征 ······························ (208)
　第四节　《型世言》连动式小结 ··· (214)

第五章　基于《儿女英雄传》的清代汉语连动式研究 ……（216）
第一节　《儿女英雄传》连动式的使用面貌 ……（216）
第二节　《儿女英雄传》连动式的语义特点 ……（263）
第三节　《儿女英雄传》连动式的跨语言表征 ……（266）
第四节　《儿女英雄传》连动式小结 ……（272）

第六章　基于《跻春台》的清代汉语连动式研究 ……（274）
第一节　《跻春台》连动式的使用面貌 ……（274）
第二节　《跻春台》连动式的语义特点 ……（327）
第三节　《跻春台》连动式的跨语言表征 ……（330）
第四节　《跻春台》连动式小结 ……（336）

第七章　明清汉语连动式的特征 ……（338）
第一节　明清汉语连动式的地域特征 ……（338）
第二节　明清汉语连动式的时代特征 ……（363）
第三节　明清汉语连动式的类型学特征 ……（364）

第八章　明清汉语连动式的历时演变及其动因机制 ……（374）
第一节　明清汉语连动式的历时演变及发展趋势 ……（374）
第二节　明清时期汉语连动式发展的动因机制 ……（379）

结语 ……（383）

参考文献 ……（388）

第一章
绪论

　　世界上很多地区的语言都有连动式，包括非洲语言、大洋洲语言、东南亚语言和一些克里奥尔语言。连动式在世界各地各种各样的语言中广泛分布，尤其是在不具有亲属关系的多种语言里同时存在，其形式简洁紧凑，语义复杂多样，且非常容易语法化，许多介词、副词、连词和助词都在连动式的语境中演化发展而来，因而连动式很早就引起了语言学界的普遍关注。

　　自提出以来，连动式受到了汉语学界的广泛关注，不同学者采取不同的研究思路和研究方法，针对不同的研究重点展开了细致的研究，这反而使问题越发显得纷繁复杂。目前，国内语言学界对于连动式的研究取得了丰硕的成果，近半个世纪以来的研究更是取得了长足的进展，但国内语言学界并未形成统一而全面的认识。连动式的特殊性和复杂性涉及对语言体系中一些最基本问题的认识，对于它的研究一直充满着分歧和争议，随着新理论和新方法的出现，对于连动式的认识和解释一直都在不断深入。

第一节　明清汉语连动式的研究意义

一、连动式研究在类型学中的意义

　　"当代语言学的研究已经在较深的层次上和较广的范围内发现了一些语言共性。如果对这些共性不了解，就有可能把共性当作一种语言的个性来对待，或者影响对个别语言认识的深入。我们不仅需要从汉语出发来观察世界的语言,目前更需要从世界的语言来观察汉语。"① "如何处理汉语和外语的共性和个性问题,无非是三种观点:第一种是过分强调共性;第二种是过分强调个性(特点);第三种是认为不同的族语既有共性也有个性,主张既要重视共性的一面,也要重视个性(特点)的一面。"② 类型学的视角是将发现语言共性和挖掘汉语个性相结合的一个比较好的观照点。

从跨语言的视角来考察,连动式具有非常广泛的地域分布和语言类型分布,且种类繁多,其句法形式和语义结构都表现出较强的跨语言变异性。此外,连动式还可以形成较为理想的语法化环境,从而诱发多种类型的语法化或词汇化现象,是一个非常重要的类型学参项。"连动式"这个名称最早由赵元任先生于1948年在《国语入门》(《北京口语语法》,李荣编译)里提出。赵元任先生在"造句法"这个部分讨论了四类造句结构:并列结构、向心结构、动词宾语结构、动词结构连用式(连动式)。他指出,"'他天天儿写信会客',在并列的造句结构里,次序常常可以颠倒,如:'他天天儿会客写信'。在连动式里,动词结构的次序是固定的",并指出"连动式是汉语很特别的结构"。③ 自汉语连动式概念提出以后,学界一直存在着分歧和争议,在20世纪50至80年代,一度存在着"存废之争"。英语中动词有限定动词和非限定动词之分,一个句子只有一个限定动词,也就不可能出现两个或多个动词直接连用的情况,不存在连动式这种句法范畴。那么,参照英语这类印欧语语法格局,也就不可能提出连动式这一概念。类似的问题也存在于形式语言学的研究中,连动式是汉语的显赫范畴之一,然而在形式语法的句法功能范畴研究中,连动式很少被探讨和提及。这可能与形式语言学的研究多从印欧语出发有一定关系,而印欧语并非连动型语言。从类型学的角度来研究连动式,能更好地发现连动式这一研究对象的特性和重要性,而将连动式研究置于类型学的角度,也为类型学的研究提供一个重要而独特的研究对象。

从类型学的视角来看,连动式和语言类型特征具有明显的相关性,它主要存在于形态稀少、句法标记不丰富、分析性强的语言中,形态和标记丰富、综合性强的语言则较有可能没有连动式,至少没有典型的连动式。"英语等形态标记丰富的印欧语和阿尔泰语中没有连动式,这类非连动型语言可以分为向心二分型:并列和主从。而连动型语言则属于向心三分型:并列、连动、主从。"

---

① 沈家煊:《不对称和标记论》,江西教育出版社1999年版,第19页。
② 范晓:《关于构建汉语语法体系问题——"小句中枢"问题讨论的思考》,《汉语学报》2005年第2期,第60页。
③ 赵元任:《国语入门》,载李荣编译:《北京口语语法》,开明书店1952年版,第20-22页。

"连动式不像主谓、动宾、主从、并列四种结构那样是人类语言句法关系的普遍范畴,而是只见于部分语言的特异性范畴,从跨语言角度看是更有标记的现象。""从连动型语言自身视角出发,连动式有很明确的句法规定性,有别于其他几种主要结构。具体地说,它因不用连词而区别于并列,因不用主从类虚词而区别于主从,因没有管辖关系而区别于主谓、动宾、助动词短语,因没有停顿而区别于复句。"①

在连动型语言中,连动式在不同语言中的地位不同。连动式在汉语中属于显赫范畴。在连动式属于显赫范畴的语言中,在不同时期,其显赫性也可能存在不同程度的差异。汉语连动式的发展经历了由不显赫到逐渐显赫的过程,在两千多年的历史演变中,连动式向并列和主从两个方向不断扩张,从而成为汉语的一种显赫范畴。对汉语连动式的深入挖掘,不仅有利于从类型学的角度观察连动型语言的语言特性,更有利于进一步认识连动型语言历时演变的轨迹,并为连动型语言的共性及个性研究提供参照的样例。因此对汉语及其他连动型语言的连动现象进行系统深入的研究有着重要的意义和类型学参考价值。

从类型学角度来看,汉语是一种动词型或者说动词优先的语言,而英语是一种名词型或者说名词优先的语言,两者分别代表了两种在词类的语法优先度上相对立的语言类型。汉语动词连用现象涵盖很多具体范式,如连动式、兼语式、动宾式、动补式、动词拷贝式(重动式)、紧缩式、比较式、连谓复句等,但并非每种范式都如连动一样存在于句法研究的各个层级,连动式的考察对其他范式的研究具有推动作用,处于动词连用现象考察的核心位置。对连动式的深入研究可以进一步挖掘汉语作为动词型语言的特性,并为考察汉语和其他不同类型语言之间的差异提供一个观察的视角。

二、明清汉语连动式研究的必要性

从世界语言来看,汉语研究具有得天独厚的优势,大量历史文献的保存以及利用汉字进行记录传播,使得汉语能够保存语言的历史面貌以供历时研究。"要真正了解一种语言,它的历史层面是不能不顾及到的。不是说共时研究要建立在历时的基础上,而是共时研究也有观察的角度和视野的问题,有时必须把语言放在它的历史背景去看,才明白其究竟。"② 从汉语史的角度进行描写,有

---

① 刘丹青:《汉语及亲邻语言连动式的句法地位和显赫度》,《民族语文》2015年第3期,第3-22页。
② 梅广:《迎接一个考证学和语言学结合的汉语语法史研究新局面》,载吴福祥编《境外汉语历史语法研究文选》,上海教育出版社2013年版,第429页。

助于客观反映汉语的真实面貌。从类型学的视角出发，观照汉语连动式的历史演变，是一次有意义的尝试。

理论推理和语言描写密不可分，只有在充分描写的基础上才能发现规律，理论推理则有助于研究的概括和深化。就连动式的研究而言，利用已有语料对其进行系统描写非常重要。从汉语自身来看，汉语作为一种分析型语言，具有很典型的连动式特征。从历时角度来看，连动式是汉语中一种古老的句法结构。汉语连动式早在上古时期就已存在，它与众多句法结构直接相关，是多种语法现象产生的源头。动词在连动式的句法环境中发生虚化，引起句法结构性质变化，产生了很多重要的汉语语法现象，如动趋式、动结式、介词短语、动词拷贝式、比较式等。对于汉语连动式的历时研究有助于解释各种语法现象的产生和发展。

汉语连动式在先秦时期的地位还很不显赫。王力先生在《汉语语法史》中介绍连动式时提出，连动式这种结构形式在先秦汉语中就已存在，但所举例句仅限于由"来"和"往"构成的少数例句。张敏、李予湘（2009）指出，其实上古汉语并非连动型语言，刘丹青（2011）也认为先秦汉语连动式不发达与当时并列结构的显赫有关。然而，历经两千多年的发展，连动式在汉语中的显赫程度随着历时的发展演变不断加深，并由此影响到了汉语的类型特点。随着连动式的发展演变，汉语连动式作为一种句法范畴已经成为显赫范畴，并作为显赫范畴向其他相关范畴（并列、主从）不断扩张。连动式如何逐渐取得显赫地位，其历时的发展演变历程值得我们进一步挖掘。追溯古代汉语连动式的历时发展演变有助于我们理清汉语连动式的发展脉络，考察汉语特征的类型演变。

到目前为止，对于汉语连动式的研究在现代汉语层面已取得了丰富的研究成果。相较而言，在古代汉语层面上的研究还很不充分。之前的研究多着力于零星的"点"，缺乏系统的考察分析，缺乏全面的断代研究成果。汉语连动式的研究已有近百年的历史，但古代汉语连动式的研究仍较为薄弱，基础描写工作远未完成。连动式在现代汉语共时层面上呈现出的复杂面貌是古代汉语连动式历时演变、沉淀的结果，只有通过考察历时发展的脉络，才能更清晰地认识共时层面的纷繁复杂。就目前古代汉语连动式的研究而言，描写多于分析，缺乏系统的理论框架。描写是分析的基础，但在语言的历时研究中，对语言事实进行概括和分析，找出其中存在的规律，探索语言演变背后的机制和动因，无疑是更为重要的一个方面。

明清时期是近代汉语向现代汉语的过渡时期，是汉语发展史上的重要阶段。现代汉语连动式由明清汉语连动式直接发展演变而来，对明清汉语连动式进行描写和分析，理清其发展脉络，对于汉语连动式的研究必不可少。只有对明清汉语连动式进行断代描写和分析，才能对现代汉语连动式的形成进行源头上的梳理，将汉语连动式的研究向前推进一步。这一研究不仅对汉语连动式的研究具有重要的价值，对探索明清时期汉语的语法特征及近代汉语语法研究都具有重要的参考价值。近代汉语时期是汉语发展演变的特殊时期，许多重要的语法现象在这一时期产生。明清时期汉语处于近代汉语晚期，研究汉语发展历史，必须将明清时期汉语和现代汉语结合起来，才能上窥近代汉语的发展脉络，下探现代汉语的发展源头，进一步推进汉语史的相关研究。

第二节　相关研究概况

一、国内研究概况

（一）从各类本位学说看汉语连动式的特殊性

由于连动式涉及对语言体系一些基本问题的认识，学界对于连动式的认识一直存在争议。从各类汉语语法本位学说出发对汉语连动式的研究脉络进行梳理，可以看出，连动式是汉语中的特色结构，在词本位和句本位的语法观中，都不可能真正存在这一概念。在词组本位的语法体系中，这一概念得到了凸显。然而，由于其自身的特殊性，在词组本位的理论框架中，朱德熙先生对于这一结构的界定前后不同，且界定标准与主谓、述宾、述补、偏正和联合等结构都不相同，不处于同一句法层面。通过连动结构这一载体，朱德熙先生充分践行了词组本位的语法观思想。

1. 从词本位和句本位学说看连动式

（1）连动现象和连动式

汉语动词连用现象的研究最早可追溯到1898年的《马氏文通》。后人认为它体现了马建忠先生的词本位语法观。《马氏文通》参照印欧语系，将句子中的动词分为"坐动"和"散动"两种。坐动字相当于限定动词，散动字相当于非限定动词，即用在主语、宾语（包括一些动词连用格式上的第二动词）、定语位置上的动词。该书根据用不用"而"，将动词连用现象分为"能够相承"和"不能相承"两类。对于没有"而"字连接的几个动词，一定要分出坐动和散动来，最终导致将连动式和助动词结构、动宾结构、紧缩式、兼语式等不同的格式混为一谈。对于有"而"字连接的几个动词，书中认为它们都是坐动字，而不是散动字。然而，连词"而"不仅可以表顺承关系，而且可以表并列、递进、转折等其他语义关系，因此这类句子是单句还是复句，无法做出判定。

英语中动词有限定动词和非限定动词之分，一个句子只有一个限定动词。而汉语是形态不发达的语言，动词无论位于哪一种句子成分的位置，都没有形态变化。《马氏文通》从词本位的语法观念出发，参照印欧语法体系，将汉语动词分为坐动字和散动字，显然不适合汉语这种非形态语言。

需要注意的是，汉语中的动词是否有限定动词和非限定动词之分，是一个"关系到对句法结构的看法"[1]的根本性问题。虽然《马氏文通》将汉语动词比照印欧语系分出了坐动字和散动字，分别对应印欧语的限定动词和非限定动词，但这是一种简单模仿，而非未加分析的比对，与后来有些学者基于对这一问题的重新认识而提出的汉语动词具有限定和非限定之别[2]的说法具有本质上的区别。

（2）从句本位学说看连动式

黎锦熙先生的《新著国语文法》以句法结构为视点进行语法分析。它虽然用"句本位"作为其语法思想的标题，但仔细推敲，它所谓的"句"并不是句子，而是句法。句本位语法把一切句法分析都附丽在句子的模型上进行。对于一个句子，它首先要分析出若干句子成分，然后根据句子成分来确定词类，一个词属于什么词类取决于该词在句中充当什么成分。

受《马氏文通》的影响，《新著国语文法》沿用其"散动词"的概念，即坚持在一个句子里只有一个限定动词，其他的都是非限定动词，并分别将它们处理为"述语""补足语"或"附加语"[3]。由于从句本位的语法观念出发，《新著国语文法》对于动词连用现象的考察目的在于说明句子成分并确定词类，而并不是关注动词连用这一现象本身，也就不可能提出连动式这一概念。

20世纪40年代，王力先生在《中国现代语法》中明确指出，"汉语动词没有限定和非限定之分"，并提出了"谓语形式""递系式""紧缩式"等概念，用以彰显汉语中这种不同于印欧语法结构的动词连用现象。

然而，无论是《马氏文通》《新著国语文法》，还是《中国现代语法》，都认为汉语中在单纯连用的多个动词之间并不存在着一种与其他语言（主要是印欧

---

[1] 朱德熙：《语法答问》，商务印书馆1985年版，第6页。

[2] 沈家煊提出关联标记模式，指出动词充当谓语是无标记组配，动词充当定语、状语、主语、宾语则是不同程度的有标记组配，要受一定的限制。按照标记理论，这种限制不一定是有形的、明显的，可以是无形的、隐含的，包含分布和频率上的限制。从这个意义上说，汉语动词也有限定动词和非限定动词之别。

[3] 如例句"工人推举张同志做代表"，《新著国语文法》分析其为主语＋述语＋宾语＋补足语。黎锦熙：《新著国语文法》，商务印书馆1992年版，第25页。

语）不同的句法结构，几个动词连用，或者是动词的类别有所不同，或者是性质（"品"）上有所不同，总是不超出其他语言的结构类型。"早期的汉语语法著作大都以印欧语法为蓝本，这在当时是难以避免的"①，而英语中并不存在连动式这种句法范畴，那么在词本位和句本位的语法观下，研究者参照英语这类印欧语语法的格局，也就不可能提出连动式这一概念。

2. 词组本位学说中的连动式

朱德熙先生于1982年在《语法分析和语法体系》中明确提出，反对把一切句法结构的分析都附丽在句子模型上的句本位的语法观，并于1985年在《语法答问》中正式提出了词组本位的语法观。朱德熙先生认识到，汉语研究应该摆脱印欧语的干扰，尊重汉语事实，才能正确认识汉语语言现象。他强调，"汉语动词没有限定动词和非限定动词之分"②是汉语和英语的一个非常重要的区别，汉语词类和句法成分之间不是简单的一一对应关系。在英语中，句子的谓语部分必须有一个由限定动词充任的主要动词，动词充当其他句子成分时必须变成非限定形式。汉语则不一样，动词既能充当谓语，又能充当主语、宾语、定语和状语，动词不论在哪里出现，形式完全一样，性质并没有改变。

在此基础上，朱德熙先生还提出了汉语语法的第二大特点：英语里句子的构造和词组的构造不同，但汉语的词组和句子构造具有一致性。在英语中，动词只能以不定形式或者分词形式出现在词组中。在独立的句子和包孕句的子句中，都由限定动词担任谓语。如：She said that she lost her toy.（她说她弄丢了玩具。）由此，他提出，英语中句子和子句是一套构造原则，词组是另外一套构造原则。汉语由于缺乏形态变化，导致汉语词类没有形式标记，因而汉语动词没有限定形式和非限定形式的对立，也就造成了词组和句子构造上的一致性。

在上述认识的基础上，朱德熙先生提出，句子不过是独立的词组，汉语句子的构造原则和词组的构造原则基本一致，我们可以通过描写各类词组的结构和功能来描写句子的结构，从而建立起一种以词组为基点的语法体系。1982年出版的《语法讲义》是朱德熙先生词组本位语法观的具体实践，在该书中，他以词组本位的观念为指导，建立起了一个语法体系。他在该书中将汉语词组分为六类——主谓结构、述宾结构、述补结构、偏正结构、联合结构和连谓结构。

---

① 朱德熙：《朱德熙文集》（第3卷），商务印书馆出版社1999年版，第276页。

② 最先提出汉语动词没有限定动词和非限定动词之分的是王力先生。他认为"谓语形式"中的动词和谓语里的动词在词类上没有什么差别，但并不认为几个动词可以直接以动词本身连着使用，动词必须以某种"品"的形式充当句子成分，并将这类句子纳入递系式。王力：《中国现代语法》，商务印书馆1985年版。

在《语法讲义》第一章第三小节"词组"这个部分，朱德熙先生简要介绍了他所提出的六种词组类型。也是在这一小节中，朱德熙先生为连谓结构给出了定义，即"连谓结构是动词或动词性结构（述宾结构、述补结构等）连用的格式"①。书中列举了如下几个例子：

  打电话通知他　　　　　[述宾＋述宾]
  闭着眼睛想　　　　　　[述宾＋动词]
  挑着担子飞快地跑　　　[述宾＋偏正]

朱德熙先生指出，单个动词连用也能组成连谓结构，这时前一个动词后面往往带"了"或"着"，例如"站着看""拿了去"。上述定义实际上是将谓语限定为动词，可以说等同于连动结构的定义。

在《语法讲义》第十二章"连谓结构"中，朱德熙先生对于连谓结构的定义是："连谓结构是谓词或谓词结构连用的格式。"②他还在脚注中做了说明，"连谓结构的'谓'是指谓词说的，不是指谓语说的"，即认为这种结构是整体充当一个谓语，并举例：

  去/看病　站着/唱　走出去/看看　想办法/通知他
  怪你自己/粗心　嫌这件衣服/花哨

朱德熙先生指出，"在连谓结构中，前一个成分可以是单个动词或动词结构；后一个成分可以是动词或动词结构，也可以是形容词"③。他认为介词带有动词的性质，虽然不算谓词，但"介词＋宾语＋谓词性成分"的格式与连谓结构的性质十分接近，因而他将介词短语也纳入连谓结构的范畴，并举例：

  在草地上/躺着　把这首诗/抄下来
  跟你/开玩笑　被人家/发现了　比钢/还硬

为什么连谓结构的定义前后不一致，而且界定的范围如此宽泛？也许是由于朱德熙先生在著述后期思考不断成熟和完善，他在第一章第一节总论部分中只是进行了简要的介绍，到第十二章单独讨论连谓结构时，他又进行了比较详细的分析和描写。从"动词"到"谓词"，一字之别，牵涉的问题却并不简单。这也从一个侧面反映出这一研究对象的提出和界定要综合考虑诸多方面。

朱德熙先生在《语法讲义》中对于连谓结构的定义所做出的改变，实际上也涉及"连动"和"连谓"之争。自连动式提出以来，从判定形式到功能类别

---

① 朱德熙：《语法讲义》，商务印书馆1982年版，第18页。
② 朱德熙：《语法讲义》，商务印书馆1982年版，第160页。
③ 朱德熙：《语法讲义》，商务印书馆1982年版，第160页。

上一直存在争议。"连谓"和"连动"的术语之争是一个关键所在。名不正则言不顺，名称有时也会影响实质。区别不同术语的内涵，可以帮助我们厘清认识。由上文分析可知，"连动结构"与"连谓结构"之间存在着争议，二者容易混淆。具体来说，主要涉及几个争议点，下面将逐一进行分析。

（1）术语判定方式的问题

朱德熙先生对于这一结构命名的改变主要是由于这一点。正是由于注意到了汉语缺乏形态标记，动词无论在哪里出现，词类都没有改变，相较《马氏文通》和《新著国语文法》，朱德熙先生在《语法讲义》中才真正提出连谓结构这一研究对象。从判定方式来说，如果只从形式上进行判定，不管功能语义上是否有不同，只要在形式上还都是动词，几个动词或动词结构连用就都成为连动结构。但这样一种纯粹依据形式划分出来的范畴可以覆盖很多语法现象。从语法功能来说，汉语动词不仅可以做谓语，还可以做主语、宾语、定语和状语。完全依靠形式的判定标准，连动结构就与述宾结构、主谓结构、述补结构、偏正结构等混淆不清，也就难以在语法体系中被单列出来。更何况，纯粹依据动词这一形式进行的划分，也存在着词类划分这一根本性的问题。词类划分的标准并不是纯粹根据形式。词类划分本身也是一个难题。这就陷入循环论证的死胡同。仅从形式上定义连动结构或连谓结构，并不符合汉语的实际情况。

那么，从动词做谓语的方面进行界定，是否可行？我们知道，可以做谓语的不仅有动词和动词性结构，还有形容词和形容词结构。另外，采用连谓结构这一术语，还涉及一个谓语还是两个谓语的问题，也就牵涉到了单复句的问题。从朱德熙先生的语法体系和研究目的出发，如果将研究对象限定在由动词或动词性结构连用的连动结构，那么这一研究对象将难以被纳入通过词组结构来描写句子结构的词组本位的语法体系。

也许是基于上述考虑，朱德熙先生对连谓结构的定义进行了改动。他站在谓词这个句法功能的层面，将动词、形容词都考虑进来，并将介词结构、由动词"是"组成的连谓结构、由动词"有"组成的连谓结构和由介词"给"组成的连谓结构都纳入了连谓结构的次类，还从 N 和 V_2 意义上的联系方面考察，将兼语式也纳入了连谓结构之中。朱德熙先生对连谓结构前后定义的改变，其出发点在于体现词组本位的语法观念。通过连谓结构这个载体，朱德熙先生充分践行了其词组本位的语法观思想。

但仔细思考后，我们发现，从词组本位观出发划分的这六类词组结构，并不处于完全一样的层面。主谓、述宾、述补和偏正这四类词组结构是词语组合的基本结构，而连谓和联合这两类词组结构和前四类词组结构并不处于同一个层面上。在《语法讲义》第一章第三节"词组"中，朱德熙先生指出，词组分类的依据是词组内部组成成分之间的语法关系，但显然，联合结构和连谓结构并非据此划分出来的。

在《语法讲义》中，朱德熙先生对联合结构的定义是：几个地位平等的成分并列在一起，就叫联合结构。这并不是依据组成成分之间的语法关系，而是依据组成成分之间的语法地位。从内部构成来看，它的内部不存在主语、谓语、宾语、定语、状语、补语之分，如"北京和上海""又便宜又好""太阳跟月亮"。这显然和主谓、动宾、述补、偏正的句法关系不同。也就是说，联合结构的组成成分之间不存在句法关系，只存在相同的句法地位关系，只能从语法功能上分为体词性并列成分和谓词性并列成分。但联合结构在语法体系中被单列出来比较容易，也非常必要，这是因为它性质单一，组成成分之间只存在并列关系，且与主谓、动宾、述补和偏正结构之间边界清晰。

对于连谓结构，朱先生特别注明，"连谓结构的'谓'是指谓词说的，不是指谓语说的。有的语法著作把这一类句法结构称为'连谓式'，意思是谓语连用的格式。两个术语都有'连谓'字样，可是意思不同"[①]。在朱德熙先生的定义中，连谓结构中的词组内部组成成分都是谓词，谓词和谓词连用构成连谓结构。显然，这也不是从词组内部组成成分之间的语法关系来划分的。如果说联合结构是依据组成成分之间的语法地位相同，那么我们倒不能说连谓结构是依据谓词和谓词的语法地位相同。事实上，前后谓词之间可能还存在着语义上的主次之分，只是从形式上难以找到依据。联合结构依据的是组成成分之间语法地位的相同，与此不同的是，连谓结构依据的是形式上的谓词的连用。但除了由动词、形容词构成的连谓结构之外，朱德熙先生还将介词结构、由动词"是"组成的连谓结构、由动词"有"组成的连谓结构和由介词"给"组成的连谓结构都纳入了连谓结构的次类。显然，在朱德熙先生的定义中，对于连谓结构中谓词的认定只在于这个词类可以充当谓语，并不在于这个词类在进入连谓结构以后是否还是一个独立谓词。当然，这与朱先生的语法体系和研究目的有关。由此可见，朱德熙先生划分的主谓、述宾、述补、偏正、联合、连谓这六类词组结构中，联合和连谓这两类结构与另外四类的划分依据不同，联合结构与连谓结构的划分依据也不相同。

对于朱德熙先生从词组本位划分出的这六类词组结构，陆镜光认为六种词组结构在语法体系里所属的层次其实很不一样，有必要做出清晰的区分。他认为：

"述宾""述补"指的是谓语内部的结构，是词组结构；"偏正"指的是名词组、动词组以及其他组合（如主从复句）之内修饰部分和中

[①] 朱德熙：《语法讲义》，商务印书馆1982年版，第160页。

心部分之间的关系，有时候是词组结构；"联合"指的是不同层次上各种平行的结构，不是词组的结构。①

陆镜光同时还提出，"主谓"指的是小句的结构，"连谓"指的是小句和小句之间的关系，都不是词组的结构，这种看法实质上涉及对小句概念的理解。

（2）充当句子成分的问题

"连动"与"连谓"之争还牵涉到这一结构整体充当句子成分的问题。朱德熙先生批评了从句本位语法体系出发，将连动式、兼语式"钉死在谓语上头"的做法，并对《暂拟汉语教学语法系统》将连动式和兼语式称为复杂谓语的做法提出反对意见，"管连动式、兼语式叫复杂谓语显然不妥当，因为这些结构并不只在谓语位置上出现"。至于为何句本位语法体系中要将连动式"钉死"在谓语位置，而不将谓语位置上和其他位置上的连动式看作一样的成分，朱先生指出，这是"由于句本位语法体系深受印欧语法的影响，以句子为基点描写句法，把谓语位置上的动词性结构跟其他位置上的动词结构区别开，是句本位语法体系一项带有根本性的主张"②。

然而，当朱德熙先生批评句本位语法体系将连动式固定在谓语位置上时，他定义的连谓结构中的动词和形容词却也是固定在谓语位置上的。如若不然，他也难以提出连动结构或连谓结构这样的研究对象。这也从一个侧面反映了连谓结构的特殊性。在谈到连谓结构时，朱德熙先生也提到，连谓结构和述宾结构、述补结构、联合结构等都不同，是另外一种句法结构。但对此他并没有展开论述。在谈论句子和词组的关系时，他指出，句子和词组终究是两回事，不能混为一谈，但这一点往往被人们忽视了。

（3）谓语性质的问题

朱德熙先生认为，连谓结构是多个谓词连用，充当一个谓语。但谓语性质的问题一直是一个争议点。王福庭首先提出"连谓式"这一概念，他对于连谓式的定义是：

连用的两段（或几段）能够连着主语单说（主语没出现的句子，可以独自单说）；连用的两段是谓语跟谓语的关系；中间没有语音停顿；句子的形式为单句。③

可见，王福庭认为连谓式是由多个谓语连用构成的。持"两个谓语"观点的学者还有吕冀平（1985），他称之为"复杂谓语"。但也有学者持反对意见，

---

① 陆镜光：《论小句在汉语语法中的地位》，《汉语学报》2006年第3期，第9页。
② 朱德熙：《语法答问》，商务印书馆1985年版，第70页。
③ 王福庭：《"连动式"还是"连谓式"》（下），《中国语文》1960年10月号。

赵元任（1979）明确地说，连动式是一个谓语，不能叫作连谓式。对于赵元任的观点，杨成凯认为，"不管连动式实质上是几个谓语，赵元任的论证方法都是不成功的"。杨成凯的论述关键在于两点：一是提出"一个谓语还是几个谓语"的问题的实质在于语法单位的划分，二是认识到停顿与语法单位有关。杨成凯认为连动式要取得独立存在的价值，就必须和复句区分开来，这一问题的关键在于"V_1和V_2是不是谓语动词"。杨成凯的这一说法显然涉及汉语小句的判定问题，而他的观点却是按照英语中小句的定义来比照汉语。但现有研究已表明，汉语的小句与英语的小句的概念并不一样。"怎样给谓语下定义，现在没有划一不二的准则，也就不能肯定地说目前被我们看作'连动式'的东西都绝对不是'连谓式'"[①]。直到现在，学界也只是提出了这一问题，但没有解决这一问题。

"连谓"和"连动"术语之争涉及对谓语的认知问题，从这一研究对象的提出来看，命名为"连动"可能更合适，因为"连动"是从动词连用的形式提出的研究对象，更能凸显连动型语言的特点。

（二）汉语连动式句法地位的提升

1. 存废之争

由于连动式中连用的动词之间缺乏形式上的标志，如果采用传统的语法分析方法，如中心词分析法或直接成分分析法，都很难确定其内涵及外延。在连动式概念提出之初，曾有不少学者提出应该取消连动式。连动式的存废之争主要发生在20世纪50年代至80年代。对于连动式的存废之争，吕叔湘曾有过论述："连动式这一术语出现后，一直有人想取消它，却一直没能取消得了……看样子，连动式怕是要赖着不走了。"[②] 朱德熙也曾指出："连动式前后两部分之间的关系不是主谓关系，也不是述宾、述补、偏正等关系，归不到已有的任何一种句法结构类型里去。"[③] 对此，高增霞进行了总结和概括："肯定一方一直只能指出这种现象不是什么，但是始终不能说明这种现象是什么，也不能充分地说明为什么它们不是其他的结构关系，所以就不能从根本上说服持反对意见者"；"否定的一方只说可以归到其他的句式里去，又始终没有达成共识到底可以归到哪里，而且在论证上也不能拿出更好的论据"；"连动式的麾下包容了各种各样不同质的许多类型，无法找到一个统一的格式意义"；"争论的双方都承认连用

[①] 杨成凯：《连动式研究》，《语法研究和探索》（第九辑），商务印书馆2000年版，第120页。

[②] 吕叔湘：《汉语语法分析问题》，商务印书馆1979年版，第83页。

[③] 朱德熙：《语法答问》，商务印书馆1985年版，第55页。

的几个动词或动词结构在语义上、功能上有主次之分",否定方的失败在于无法找到一个形式上的有力证据,能证明其在形式上也是主从关系。①

2. "新中心"说

20世纪90年代以后,主张取消连动式的观点已经很少了,学者们只是对连动式的范围和界定有不同的看法,开始注重借鉴西方的语言学新理论或从不同的角度对连动现象进行研究。但90年代以后,还存在着一种新的否定倾向——"中心"问题。如果确认连动式有中心,那么就没有必要从已有的主从等关系中单列出一个连动式来。"中心"问题在早期的争论中也一直存在,之所以说"新",主要在于论证方法的"新"和目的上的"新"。20世纪90年代后期,对于新的否定倾向——"中心"问题的分析,正是由于连动式的复杂性和汉语特点的相互作用造成的。然而,在没有找到解决动词"限定性"问题的最好答案之前,连动式这个范畴还是不能很容易地就从汉语语法体系中撤除。"中心"问题反映出的实际上还是句法和语义的关系问题。从功能和意义上,连动结构的几个动词之间的地位常常是不相同的,但要真正从句法标准上确认这种不平等却很难。

3. 篇章话语组织和句法组织的中间环节

进入21世纪后,随着研究的不断深入,学者们对连动式的认识和分析也在不断深化。高增霞(2004)对现代汉语连动式的研究进行了较为全面的总结和梳理,并从认知的角度进行了深入考察,提出连动式在先后顺序上具有三个层面——客观层面、逻辑层面和认知层面,分别对应"典型的连动式""非典型的连动式"和"边缘的连动式"。同时,她从句法化的角度考察了连动式的句法层级地位,指出汉语中存在小句整合的连续统:复句＞复杂谓语句＞简单句。在小句整合的过程中,语义上处于次要地位的从句逐渐失去陈述性特征,在复杂谓语句内部形成连动句＞动词拷贝句＞次话题结构＞名物化结构的连续统。高增霞(2004)还提出,连动式是小句整合过程的结果,处于语法化链条更高、更初始的环节,是篇章话语组织和句法组织的中间环节,即话语到句法、复句到简单谓语之间的过渡环节。

4. 汉语的显赫范畴

刘丹青(2015)认为,高增霞的观点,对连动式的句法地位多少有所保留,认为这种将连动式看作某种过渡形式的看法过分受制于非连动型语言的视角。

---

① 高增霞:《现代汉语连动式的语法化视角》,中国档案出版社2006年版,第23-24页。

刘丹青（2012）从库藏类型学的角度提出了汉语的若干显赫范畴，指出"词类中的动词、量词，短语中的连动结构，复句中的主次复句，由语用成分语法化而来的话题结构等语类，都可以归入汉语的显赫范畴"。"所谓显赫范畴，简单地说是在一种语言中既凸显又强势的范畴"。"对于语法系统来说，成为显赫范畴的基本条件就是表达它的形式手段语法化程度高或句法功能强大，具体表现在强能产性、使用强制性和较多样的句法分布"。① 他提出，"在动词短语层面，汉语连动结构比并列结构和主从结构显赫"，并针对梅广提出的"历史上，汉语句法整个发展趋势是从上古时期的并列式到中古以后的主从式"② 的看法提出不同意见，认为"汉语史上真正的类型演变是并列式由盛而衰，连动式由弱而强，主从式在先秦和后代都存在，一直都算不上特别发达"。他认为连动式为连动型语言语法库藏中的独立语法手段，非连动型语言属于向心二分型——并列和主从，而连动型语言属于向心三分型——并列、连动和主从。刘丹青（2015）从语言库藏类型学出发，逐一考察汉语连动式的入库身份、句法界定、原型范畴、显赫地位、库藏裂变等多个方面，揭示连动式作为汉语显赫范畴的句法语义表现。他从跨语言比较方面进行讨论，指出汉语连动式具备跨语言材料中总结出来的连动式的主要句法语义特征，是汉语语法库藏中具有独立句法地位和类型特异性的结构或称构式。由此我们可以看出，从最初的存废之争到后期的"新中心"说，再到篇章话语组织和句法组织的中间过渡环节，直至作为独立语法手段的汉语显赫范畴，随着研究的深入，汉语连动式的句法地位在不断提升。

在语言系统中讨论汉语连动式的句法地位问题，主要在现代汉语语法学界。古代汉语连动式的研究整体上显得薄弱些，缺乏系统性。管燮初（1953）最先对古代汉语中的连动式进行研究，他在《殷墟甲骨刻辞的语法研究》和《西周金文语法研究》中分别对甲骨文、金文中的连动式进行过讨论，界定的范围比较宽泛，包括了使用连词的情况，还包括了助动词结构和动补式。王力在《汉语语法史》中介绍了连动式的发展，认为在原始汉语中就已经有这种结构形式，是中间没有停顿的两个动词连用，所举例句不包括使用连词的情况，但包括了兼语式和动补式，所举例句主要限于由"来"和"往"构成的连动式。杨伯峻、何乐士（2001）对古汉语的连动式进行了讨论，涵盖了由连词连接的连动式，讨论了 V_1 和 V_2 之间的语义关系和连词使用情况，并就连动式与并列式、动补式及复句的区别进行了简单论述。魏兆惠（2008）对上古汉语连动式进行了断

---

① 刘丹青：《汉语的若干显赫范畴：语言库藏类型学视角》，《世界汉语教学》2012年第3期，第292页。
② 梅广：《迎接一个考证学和语言学结合的汉语语法史研究新局面》，载何大安主编《古今通塞：汉语的历史与发展》，"中研院"语言学研究所筹备处2003年版，第28页。

代研究，包括了动词之间使用连词的情况，描写了《尚书》《左传》《史记》《论衡》四部书中连动式的面貌，并分析了这一阶段连动式的历时演变特征，重点讨论了汉语连动式向动补式发展演变的过程。梅广（2015）分析了由"而"连接的广义上的连动句式，并将其分为连动句和连谓句两类。他分析讨论了由"而"字连接的广义上的连动和连谓句式，两者的区别在于前者是单句，后者是并列复句，连动表达意念聚合的单一事件，而连谓则表达两件在时间上相关联的事，不是表达一个单一事件。但他同时也指出，他讨论的"而"字连动和连谓，跟汉语语法学上的连动式不是一回事。他根据"而"字表并列和主从关系的不同，分别讨论了并列结构下由"而"连接构成的连动句和连谓句，以及主从结构下由"而"连接构成的连动句和连谓句，并从语义关系方面将"而"字连动句分为了三类。但正如他所说，"事件的合一或分开，存在着很大的解释空间，紧密或松散，也是相对而言，以此分别连动、连谓句子，难免有见仁见智的不同看法"①。梅先生研究的主要目的在于通过讨论并列连词"而"在上古汉语的广泛应用和在后代的显著萎缩现象，阐释上古汉语为并列型语言而中古以后汉语为主从型语言。按照宽泛的标准，他所讨论的"而"字连动式可根据能否变换前后动词语序分为并列式和广义连动式。梅先生认为上古汉语时期的 VV 结构由词组结构变为复合词以后，谓语的发展除了并列和主从结构，就不再存在连动结构，也就是说他认为在上古之后，汉语的谓语只有并列和主从两分鼎立，实际上是将连动划归到了主从的范畴。

总体而言，古代汉语连动式的研究大多考虑了连词的使用问题，多为广义上的连动式的研究，对于连动式的界定较为宽泛。多专书的静态描写，少历时的句法演变研究，将连动式置于语言体系中进行系统考察的研究较为缺乏。

（三）针对汉语连动问题不同层面的研究

连动的研究存在于汉语句法层面的各个层级。从层面上来说，可以分为四类：词汇层面、短语层面、小句层面和句子层面。根据研究对象的差异，研究者选用的术语也不尽相同。

1. 基于词汇层面的研究

从词汇层面进行研究的一般称为"连动词""连动式复合词"或"连动式构词"，如"验收、撤换、涂改"。连动词的前一个动语素和后一个动语素表示先后发生的动作。需要注意的是，古代汉语以单音节为主，现代汉语以双音节为主，现代汉语中的连动词在古代汉语中有可能是连动词组。饶勤（1993）从句

---

① 梅广：《上古汉语语法纲要》，三民书局 2015 年版，第 194 页。

法结构角度谈论了连动式构词,并指出了连动式构词和与联合式、偏正式、支配式和补充式等其他构词方式的区别。洪森(2004)的《现代汉语连动结构研究》罗列了《现代汉语词典》和《现代汉语动词大词典》中的 97 个连动词,并举例分析了现代汉语连动词语与其他类似结构词的区别。高增霞(2015)从词汇化的角度讨论了连动式的三种词汇化现象,认为连动式词汇可化为连动式复合词、动补式复合词、状中式复合词。彭育波(2007)考察了《现代汉语词典》(2002 年增补本)的 33342 个双音节复合词,共找到 268 例连动式构词,并统计了不同构词方式的数量及比例,得出连动式构词和主谓式构词比例接近的结论,二者的比例分别为 0.8% 和 1%,因而提出应承认连动式复合词的合法地位。

2. 基于短语层面的研究

从短语层面进行研究的一般称为"连动结构"(连谓结构)或"连动词组"。置于短语层面的连动结构,最典型的特征是既可以做谓语,也可以做主语、宾语、定语、补语等。如吕冀平(1985)在分析讨论"复杂谓语"时,还讨论了"复杂谓语"做其他成分的情况,并将这类结构称为"复谓结构",详细讨论了这类结构充当主语、宾语、定语和补语的情况。朱德熙在《语法讲义》中从词组本位出发,将词组分为了主谓、述宾、述补、偏正、联合和连谓六类结构,并曾举例指出连动式并不只在谓语位置上出现,由此看来,朱德熙对于连动式的分析似乎是基于短语层面的。但朱德熙在《语法讲义》中对于连谓结构的前后分析并不一致(详见前文),且将连谓结构固定于谓语的位置进行了讨论,可见,他对于连谓结构的观点是存在矛盾的。根据朱德熙对于连谓结构的实际分析情况,我们认为他对于连谓结构的分析并不是基于短语层面的,而是基于小句层面的。

易朝晖(2003)对泰语和汉语连动结构的结构类型进行了比较,在短语层面将汉语连动结构分为 5 大类 17 小类,将泰语连动结构分为 3 大类 9 小类,描写并比较了两者之间的表层结构形式,并试着从句法的角度解释了造成这种差异的原因。许有胜(2008)统计了《子夜》中的连动结构,统计分析了连动结构充当谓语、定语、宾语、主语、补语的情况,发现连动结构充当谓语的比例最高占 94.7%,没有发现连动结构充当状语的情况。许有胜认为原因在于动词的动作性,连动结构的动作性比单个动词更强,因而主要充当谓语,充当句子其他成分时动作性弱,描述性增强,与连动结构的强动作性相悖,因而连动结构充当除谓语外的其他成分比例较低。

3. 基于小句层面的研究

对于汉语小句的概念,学界一直存在着争议。吕叔湘(1979)、邢福义

(2016)、储泽祥(2004)、陆镜光(2006)、王洪君和李榕(2014)都提出了不同看法。综合学者们对于小句概念的理解，我们可以发现，目前国内学界对于小句的认识还存在着较大的分歧，王洪君和李榕(2014)甚至认为，在语法上汉语没有英语中对应的"小句"这一概念，只存在语篇最小单位的对应。学者们对于小句的定义都不可避免地考虑到了主谓短语或者动词充当谓语的问题，可以说潜意识中或多或少受到西方语言特别是英语小句的比照影响，无形之中在小句和谓语之间建立起了某种联系。

在类型学的研究中，刘丹青(2015)在借鉴 Comrie(1989)理论的基础上，对汉语关系小句进行了研究，可以说是摆脱了小句与谓语之间某种必然关联的影响，扩大了小句的句法外延。类型学对于小句的定义范围更为宽泛，出发点在于考察世界语言的共性和个性特征。"宽泛理解小句的好处是有利于跨语言的对比研究，但可能会带来小句与词的区分上的麻烦。"① 我们需要关注的不仅仅是小句这一定义本身的范围界定，更为重要的是通过界定小句的范围，使得基于这一界定对于汉语连动式的研究可以观照类型学的视野，并能体现出语言类型上的共性和汉语这一句法结构的特性。

如果将小句和动词或动词性结构充当谓语相关联，将连动式置于小句层面的研究较多。辛承姬(1998)讨论了连谓结构中"来"的性质和特点。之后，辛承姬(2000)又讨论了"上 N+VP"和"VP+上 N"这两种格式在句子中独立充当谓语成分的情况，考察了趋向动词"上"在这两种格式中的语义、句法特征及使用频率。高增霞(2006)主要考察由两个动词（动词结构）组成的连动式，虽然没有明确指出其是充当句子的谓语，但所举例句全部为连动式独立充当句子谓语成分。魏兆惠(2008)考察了上古汉语连动式的基本情况，将研究范围限定为由两个动词或动词性短语构成的连动式。何彦诚(2013)在 Aikhenvald 和 Dixon(2006)提出的连动式跨语言基本属性的基础上，对红丰仡佬语的连动结构进行了描写分析。他对研究对象的限定较为宽泛，将形容词和介词短语也包括进来。同样在 Aikhenvald 和 Dixon 研究基础上展开研究的，还有刘丹青(2015)，他以库藏类型学为研究视角，认定的连动式范围比 Aikhenvald 和 Dixon 的限定范围更严，但刘丹青依然承认 Aikhenvald 和 Dixon 定义的连动结构充当单一谓语的属性。

在民族语言研究方面，戴庆厦(1999)讨论了景颇语的连动式；戴庆厦、邱月(2008)讨论了藏缅语连动结构的类型学特征；胡素华(2010)讨论了彝语诺苏话的连动结构；李泽然(2013)讨论了哈尼语的连动结构；周国炎、朱德康(2015)讨论了布依语的连动式。由于少数民族语言的特点，藏缅语中的

---

① 储泽祥：《小句是汉语语法基本的动态单位》，《汉语学报》2004 年第 2 期，第 49 页。

连动式多属于中心词连动式，动词中心词连用序列不被名词成分隔开，以上学者对连动式的界定大多比较宽泛，对于连动式的研究主要基于单句层面。

4. 基于句子层面的研究

句子可以分为单句和复句，我们一般认为单句中没有"逗号"等停顿符号，如"小明走进房间打开窗户"，有"逗号"等停顿符号的一般是复句，如"我拿起笔，开始写信"。但对于没有停顿符号的广义的单句，连动式的出现对于这种划分提出了疑问，连动式如"我去上街买菜"究竟属于单句还是复句取决于小句的概念和判定。如果采用从形式到意义的研究方法，那么基于小句层面的连动式的研究就属于句子层面的研究，不同的是，我们对于小句的不同理解会导致连动式是属于单句研究还是属于复句研究的差别。上述都是针对狭义的连动式而言的，即不包括语音停顿和连词。

连动式是指一个单句中有两个或多个动词（动词词组）相连使用，中间没有停顿或任何连接标记。如果连用的动词之间有停顿，或者由连词进行连接，那么就它成为复句，也就不能称为连动式，至少不属于狭义的连动式，而只能称为连动句或者连谓句了。如果采用从意义到形式的研究方法，那么对于连动式的研究则将处于句子的层面而不会是小句的层面。这类研究往往包括了语音停顿和使用连词的情况，研究对象为广义上的连动式。如姚汉铭、戴绚的《"连动"范畴和表达连动范畴的句子格局》，便是从意义到形式，从语义表达角度来讨论汉语句子的"连动"表示法，他们从 3 部小说的 754 个例句中梳理出了汉语句子表达连动的 13 种 23 小类模式，其中包括用因果、转折、递进等各类复句的形式表示连动的情况，如："他费了好大工夫才打听到这个地方"；"她害怕之余，更厌恶自己"；"她不说话，却低声抽泣起来"。《现代汉语语法讲话》将连动式分为 5 类，将有关联词的复句也纳入了连动式的范畴，如："说干就干，不能大干就小干，能干多少就干多少！""张木匠吃过晚饭丢下碗筷就出去玩了。"梅广对于由"而"字连接构成的连动句和连谓句的分析，也是基于句子的层面。"而"字所连接的可以是两个动词词组，也可以是两个谓语成分，前者为连动，后者为连谓，连动是单句，连谓则是复句。①

相对于小句，基于句子层面的研究除了涉及语气、语调、句逗等语用因素外，还涉及主题、焦点、及物性等更高层次的篇章语用因素。宋真喜（2000）讨论了现代汉语连动句在表达上的特点，并对连动句的主题、述题和焦点进行了简要论述。张伯江（2000）从篇章功能角度考察了连动式中两部分构成成分的及物性高低区别，提出许多连动式的两部分都有及物性高低的不同，反映在

---

① 梅广：《上古汉语语法纲要》，三民书局 2015 年版，第 194 页。

篇章功能上，就是高及物性的成分形成叙述的主线，低及物性的成分功能上是伴随性的，句法语义地位相对较低。

总体来说，基于句子层面的连动式的考察不多，特别是在句子层面讨论篇章语用方面的研究较为缺乏。狭义的连动式多为基于单句或小句的研究，基于句子层面的连动式的研究多为复句的研究，属于广义上的连动式。

综上所述，对连动的考察存在于句法研究的各个层级：词汇层面、短语层面、小句层面和句子层面，这显示出连动作为汉语显赫范畴的强大句法分布功能。根据研究范围和考察层面的不同，研究者可以分出多个研究对象，但对于不同研究对象应该采用不同的术语称谓进行区分，以免产生概念上的混淆。虽然对连动的考察可以置于各级句法层面，但对连动现象的研究应重点置于小句或单句的层面。其原因主要有三点：第一，按照小句中枢论的观点，小句层面的研究是动态单位的研究，而连动式构词和短语层面的连动结构是静态单位，将连动式的研究重点置于小句层面，可以兼顾连动式构词、连动短语和连动句的研究，达到四个层面研究的统一，而从其他层面去进行研究都无法满足上下兼顾的要求；第二，国外关于连动式的研究大多基于小句的层面，从类型学的角度来说，将汉语连动研究重点置于小句层面，有助于不同语言的比较研究；第三，从汉语史的角度看，很多语法化现象主要在位于小句或单句的连动式的环境中产生，共时层面上的很多语言现象如连动式构词都是连动式历时发展、沉淀的结果。

（四）不同方法论下汉语连动式的研究

1. 生成语法方法论下的研究

邢欣（1987）运用转换生成语法理论，从表层结构入手，逐步深入到深层结构，分析连动式的结构特点，说明了连动式与兼语式、紧缩句、复句、联合谓语句的区别。李亚非（2007）指出形式语法对语序的解释能力来自其内在结构的不对称，把这种结构性的非对称应用于连动式中的语序——时序对应现象，充其量只能处理小部分语料。杨永忠（2014）从参数差异的角度探讨连动结构的类型，提出连动结构宾语的出现和位置以及连动结构的句式转换均与动词移位的距离有关。彭国珍（2010）通过比较现代汉语宾语共享类连动式"带一杯水喝"、表示目的关系的连动式"去上海联系业务"，以及表示动作先后关系的连动式"穿上大衣出去"这三类连动式在两个 VP 共享域内论元、体和否定方面的句法表现差异，得出后两类都不是真正的连动结构，只有宾语共享类连动式才是真正的连动结构，并指出其在句法特征和层次关系上更类似于动结式。

2. 逻辑语义方法论下的研究

逻辑语义学（或称形式语义学）建立在蒙太古语法理论的基础之上，研究什么是意义、句子的真值条件和蕴涵等语义学领域中的核心问题。从逻辑语义学角度进行汉语连动式研究的有刘海燕、李可胜、尚新等。刘海燕（2008）运用逻辑语义学中的谓词逻辑法考察了现代汉语连动句的语表结构形式和语义特征，将各个动词性结构翻译成一个个命题，分析各个命题之间的关系，计算、推导各个命题的结构模式，找出结构模式的基本句式意义，并以基本句式为根据来对比分析连动句式和其他类似句式的异同，验证连动句和类似句式在语义结构上的合格度。李可胜（2016）对连动式进行了一系列的探讨，他考察了各种类型的连动式，揭示了有界性对连动式的结构作用，并从认知的角度阐释了有界性对事件结构的作用途径；用形式逻辑的方法表述了连动式中事件类和事件例的不同语义表现；讨论了连动式中动词 VP 的有界性与句子的体范畴和时范畴之间的实现关系；分析了表层形式相同的连动式所表示的多种不同句法语义结构。尚新（2009）阐释了汉语连动结构的事件特征，重点考察了四类连动结构的事件信息配置特征。

3. 认知功能方法论下的研究

周国光（1998）描述了儿童语言中连谓结构的六种类型，并从认知的角度解释了这六种类型中动词的相对语序。高增霞（2005）从认知语法的角度提出，连动式的语序是序列模式的语法化，语序成为一种语法手段，连动式在先后顺序上具有三个层面——客观层面、逻辑层面和认知层面，分别对应"典型的连动式""非典型的连动式"和"边缘的连动式"。易朝晖（2003）从横向比较的角度分析考察了泰汉两种语言连动结构的具体体现，从认知语法的角度对动词有界性进行分析考察，指出它们在内部结构形式上存在差异的原因。

4. 类型学方法论下的研究

进入 21 世纪以来，跨语言的类型学视角开始广泛应用于语言研究。从类型学视角对连动式进行研究的学者有魏兆惠（2006）、戴庆夏和邱月（2008）、何彦诚（2013）、刘丹青（2011，2012，2015）等。魏兆惠选取上古汉语时期《尚书》《左传》《史记》《论衡》四部专书对连动式进行定量定性的研究，指出上古汉语连动式语法结构的演变规律，并指出上古汉语连动式的演变规律与某些非洲语言和少数民族语言存在相似之处。戴庆夏、邱月比较了亲属语言藏缅语与汉语连动结构的异同，考察了两者之间的相同之处和不同之处。何彦诚（2013）参照连动式的跨语言基本属性，对红丰仡佬语的连动结构进行了具体描写和分析。

刘丹青从库藏类型学的角度指出连动式是汉语的显赫范畴，汉语连动式的句法特征是连动式赖以成为独立的句法结构的根本依据，并进一步分析得出连动式有很明确的句法规定性。"它因不用连词而区别于并列，因不用主从类虚词而区别于主从，因没有管辖关系而区别于主谓、动宾、助动词短语，因没有停顿而区别于复句。""它因不用连词而区别于并列"是从句法形式上进行分析，容易区分。因为由动词或动词性短语组成的并列结构必须由连词连接，如"进和出""上楼和下楼""跑步和跳绳"。而它"因不用主从类虚词而区别于主从"却难以施行。"谓词性的主从结构主要表现为状中结构和中补结构，两者在汉语里都可以由从属连接词来标示。"① 但并非所有的谓词性主从结构都有从属连接词，主要涉及动趋式和动结式这两类动补式，如"他走过来""哭湿了枕头"等。这类动补式在句法形式上与连动式较难区分。因而有学者曾指出有些在跨语言研究中认定为连动式的语法结构在汉语研究中并不被认为是连动式，如动趋式和动结式。古今汉语自动词和他动词的范畴并不一致，现代汉语中的某些自动词在古代汉语中可能是他动词，像"扑灭""攻破""射伤"究竟是连动还是动结在不同的年代性质难以确定。

对于上述问题，刘丹青做了进一步的研究。他通过论元共享、增容扩展能力、体貌标记、可能式转换、方言补语标记、韵律特征等多个方面的句法和韵律事实的分析，论证了现代汉语动趋式和动结式虽然在语源上来自连动式，但在共时层面已裂变为无关的句法构式，由不同的句法规则生成，不属于同一个句法范畴。② 它"因没有停顿而区别于复句"这一点可能也有例外，比如无关联词的紧缩复句也没有停顿，如"有理走遍天下""别人知道了说闲话呢""爱去哪儿去哪儿"。当然，对于紧缩式属于单句还是复句，目前还存在着争议。

连动式的复杂性和特殊性决定了其界定是一个难题。那么，是否可以从类型学比较研究的角度，提出一个可供参照的连动式的界定标准，既符合汉语的传统研究，又满足类型学跨语言比较的需要？这是值得进一步思考的问题。

二、国外研究现状

连动式这一语言现象引起了众多语言学家的广泛兴趣，国外的研究已有100多年的历史。随着相关的语言学理论和方法的发展更新，研究成果也在不断地推陈出新。关于连动式，具有代表性的定义是："一个小句内两个或者更多的动

---

① 刘丹青：《汉语及亲邻语言连动式的句法地位和显赫度》，《民族语文》2015年第3期，第3-22页。

② 刘丹青：《汉语动补式和连动式的库藏裂变》，《语言教学与研究》2017年第2期，第1页。

词一起构成一个单一的谓语,其间没有任何明显的连接语素或标记,描述的是一个概念化的单一事件"①。

动词连用这一现象,在国外最初是由 Christaller 针对契维语于 1875 年提出的,之后 Westermann 针对埃维语为这种语言现象下过定义。"serial verb construction"(连动式)这个说法则由 Balmer 和 Grant 于 1929 年提出,其后 Stewart 又对其加以介绍。"serial verb construction"和"serial verb"是国外文献中普遍接受的术语。文献中出现过的其他术语还有"tandem patterns of verb expression"(动词串联模式)、"multi-verb construction"(多动结构)、"verb concatenation"(动词连接)等,各类术语的出现既反映出连动式这类语言现象在世界语言中的广泛存在,也显示出其复杂性和界定范围的不统一。不同学者从不同的研究兴趣和研究目的出发,基于不同的语法观,对连动式的研究范围进行不同的界定。有些语言学家提出,虽然连动式的研究目前已令人印象深刻,但奇怪的是,在连动式的确切定义上,学者们却很少达成一致意见,有些学者则对找到一个统一的连动式的概念而感到失望。

根据 Aikhenvald 和 Dixon(2006)的研究,"serial verb construction"这个术语在创造之初被用来描写西非的契维语这种语言,沿着传统的语言类型学研究轨迹,后来逐渐扩大覆盖到用来研究其他相类似的语言现象——起初是用于地理位置亲邻的语言,如约鲁巴语,然后逐渐扩大到用来研究历史上有关联的语言,如大西洋区域的克里奥尔语,后来又用于研究类型学上相似的东亚和东南亚语系,以及巴布亚语族和南岛语族,并最终用于研究美洲语言和澳洲语言。

国外关于连动式的范围界定有过单一子句论和复句论的争论。在早期的研究中,学者们大多从复句范围对连动式进行分析,将连动式认定为一种跨子句的结构。后来学者们认为应将连动式的范围限定于单一子句,这一观点最早由 Foley 和 Olson 于 1985 年提出,并越来越为更多学者所接受。单一子句论在 Aikhenvald 和 Dixon 的研究中得到了更多阐释,他们于 2006 年出版的《连动结构——跨语言的类型学视角》(*Serial Verb Constructions: A Cross-Linguistic Typology*)一书从类型学的角度对世界连动型语言的连动式进行分析描写,从类型学的角度提供了连动式描写和研究的各个参项,形成了统一的理论框架,并对不同国家和地区的十几种语言的连动式进行描写和分析。

Haspelmath(2010)提出了类型学上的比较概念(comparative concept),并发表了系列相关文章。在此基础之上,Haspelmath(2016)又以连动式为例,

---

① Aikhenvald A Y,Dixon R M W: Serial Verb Constructions: A Cross-Linguistic Typology. Oxford: Oxford University Press,2006,p. 1.

将其视作一个比较概念进行专题研究。他在综合分析以往研究的基础上，重新对连动式进行了定义。他认为，随着这个术语每用于一种新的语言，随之而来的是术语的意思可能发生改变，因为该术语在原定语言中限定的性质在新语言中可能并不完全对应。任何一种语言都有其自身的语法范畴和结构，而它们的定义在其他语言中可能并不相同，因而不能完全对应使用。他提出，跨语言的连动式的定义并不存在，连动式研究需要的是比较概念。他强调比较概念不是自然类，跨语种比较概念必须人为定义，将非自然类概念当作自然类进行定义的结果是导致概念模糊或者流于宽泛，只能用原型理论描写而不能证实真伪。他回顾了以往研究中连动式的分类，提出了作为比较概念的连动式的定义，列举了一些他认为不适合作为连动式定义的标准，如"单个事件"或"单个谓语"，并概括指出了10条连动式的跨语言普遍规律。

三、汉语连动式研究中存在的不足

汉语连动式的研究到目前为止，已发现不少语言事实，在广度和深度上均有很大的提升。随着认识的不断深化，汉语连动式的句法地位得到了显著提高；研究方法有一定的突破，引入了不少新的理论，研究呈现出多元化趋势；研究范围有了很大的扩展，既从词汇、短语、小句、句子等层面进行多角度考察，也从古代汉语、现代汉语和民族语言等方面进行多维度研究。但是，综观以往的研究，也存在一些不足，主要体现在以下几个方面。

（一）对连动式的界定缺乏统一的标准

连动式是动词连用现象这一研究范围内的重要研究对象，但它与其他动词连用现象诸如"兼语式""状中式""动结式""重动式""紧缩式"等的界限不清。从以往的研究来看，汉语连动式的定义是结合形式和意义做出的定义，在于描写而不是定性。连动式与其他类似结构在语表形式上难以区分，难以形成统一认识，在实际应用中存在很多的分歧，这就导致"即便运用的是同一个定义，执行的是同一组标准，确定的范围还是大小不一"①。

（二）理论探讨不足

以往的汉语连动式研究主要是对语言事实的罗列和描写，较少探讨连动式为何会产生以及如何发展演变这样的理论问题，未能揭示连动式形成和演变的规律、机制和动因，缺乏系统性、概括性和理论性。当然，这与界定标准的不

---

① 高增霞：《现代汉语连动式的语法化视角》，中国档案出版社2006年版，第15页。

统一有很重要的关联。在古代汉语连动式的研究方面，这一问题体现得更为明显。除了上古时期的汉语连动式研究从语言演变的角度考察了连动式向动趋式和动结式发展演变的过程（魏兆惠，2008），其他时期的汉语连动式研究分散零落，大多只是对某一部专书里的连动式进行了简单分类和列举描写，停留在描写层面，难以进入更深层次的分析和考察。

（三）历时研究不足

现有研究对连动式的发展演变缺乏全面系统的考量。连动式是很多语法化现象的主要源头，多种重要句法结构以连动式为源头或句法环境。现有研究没有梳理清楚诸如处置式、动补式、状中式、介宾结构式等各种句法结构与连动式之间的关系和发展脉络。对于在连动式环境中实词的词类转变，诸如动词发展为介词、连词、副词、助动词、时体标记等具体情况，也缺乏系统的历时考察。

汉语连动式的研究已有逾百年的历史，但对于汉语连动式自身的发展演变研究仍很不充分，已有研究成果多着力于零星的"点"，缺乏系统的考察分析，缺乏全面的断代研究成果。除了上古汉语连动式，我们尚未发现其他时期的汉语连动式的断代专题研究成果，汉语连动式在汉语史上的基本描写工作远未完成。对汉语连动式发展脉络的考察需要建立在充分描写的基础之上，但难度较大，其原因主要表现在两个方面。一方面，由于界定标准的不统一，已有的研究成果无法从历时的角度串联起来。另一方面，对于连动式的研究而言，收集资料的工作在完全依靠手工操作的情况下，工作量较大，需耗费大量的时间，没有已有成果的充分积累，很难完成。理论框架的构建和完善也需要建立在语料的充分描写的基础之上，只有在坚实的材料基础上加强理论思考，才能得出较为普遍的规律。而对于连动式的语料整理只能进行传统手工处理，这项工作费时费力，而且容易出现错漏。不少研究者由于把大量的时间和精力耗费在语料处理上，所以不得不满足于材料的获得与初步整理，无力再做进一步的探讨，更谈不上全面地描写和解释连动式的发展面貌。

（四）跨语言视角缺乏

以往的汉语连动式研究主要是在汉语语言学背景下进行的，跨语言视角相对缺乏。这种状况在很大程度上影响了我们对汉语连动式的个性特征和类型变异的认识，譬如汉语连动式的共时表现和历时演变，哪些具有人类语言的共性特征，哪些是汉语的类型变异和个性特征，其背后的动因和制约是什么。如果缺少跨语言视角和类型学视野，这类问题恐怕无法回答。

第三节　本书的研究方法和语料选用

一、研究方法

在研究思路上，本书以语言类型学研究为视角，对明清时期的汉语连动式进行系统描写，在此基础上对明清汉语连动式的句法结构、语义特征进行分析比较，在分析比较的过程中采用历时比较和共时比较相结合、定性研究和定量研究相结合、专题研究和专书研究相结合、语义研究和语法研究相结合、内部研究和外部研究相结合的研究方法。对于同一时代的材料，本书采取横向比较的方法；对于不同时期的材料，本书采取纵向比较的方式。最后，在描写的基础上，本书力图尽可能地挖掘语言演变的规律，并对演变的动因和机制做出相应的解释。

二、语料选用

本书选取明清时期具有代表性的四部作品《金瓶梅词话》《型世言》《儿女英雄传》和《跻春台》，对其中的连动式进行穷尽式的调查、统计和分析。

明代时期的主要研究材料是《金瓶梅词话》和《型世言》，清代时期的主要研究材料是《儿女英雄传》和《跻春台》，兼顾南北地域官话特色。其中，《金瓶梅词话》112万余字，收集连动式语料4570条，22万余字；《型世言》41万余字，收集连动式语料2083条，近9万字；《儿女英雄传》近70万字，收集连动式语料2379条，近10万字；《跻春台》约42万字，收集连动式语料4816条，约18万字。四部专书共计265万余字，整理语料共13848条，近59万字。

第二章
汉语连动式的界定

第一节　以往研究中汉语连动式的界定

就汉语连动式的研究而言，受印欧语的影响和研究方法的限制，以往汉语连动式的研究大多采用结构主义的描写方法或传统的语法分析方法，如中心词分析法或直接成分分析法，不仅难以确定汉语连动式的内涵及外延，也难以全面地描写和解释汉语连动式的语法面貌。

吕叔湘在《语法学习》中谈到了到连动现象，但没有提出连动式的概念。他指出：

> 两个或更多的动词属于同一个主语，这里有好几种情况。比如："躺着看书""蒙着头睡"，这里的第一个动词是次要的，是附加语……又比如："吃饭穿衣""大吃大喝"，这里的两个动词是联立的，它们是联合成分……除这些以外，还有一种，那里面的两个动词既没有联合的关系，也不容易分别主要和次要。例如："他走过去开门"。[1]

张志公在《汉语语法常识》中提出：

> 前一个动词代表先做的动作，后一个代表随后做的动作。如"吃过晚饭看电影"，是说先吃晚饭，然后看电影，两个动作一先一后，连续进行。这样几个动词组合的结构叫作"连动式"。[2]

---

[1] 吕叔湘：《语法学习》，中国青年出版社1953年版，第73页。
[2] 张志公：《汉语语法常识》，新知识出版社1956年版，第212页。

王福庭采用"连谓式"这个术语,他对于连谓式的定义是:

连用的两段(或几段)能够连着主语单说(主语没出现的句子,可以独自单说)。连用的两段是谓语跟谓语的关系;连用的两段(或几段)中间没有语音停顿;句子的形式仍然是单句。①

丁声树等在《现代汉语语法讲话》中对连动式的定义是:

连动式是动词结构连用的格式。特点是前后的动词结构同属于一个主语。②

Li 和 Thompson 也谈到了汉语连动结构,他们认为:

连动结构指的是一个句子中含有两个或者更多的动词或者是几个小句并列在一起,没有任何标记表明它们之间有什么关系。在汉语中,很多句子含有同样的结构,但由于所用的动词以及之间的关系不同,它们表示的意义也各不相同。共同的一点是在动词连用结构中的动词短语常常指一个事件或者状况中相互联系的几个情形或者事件。③

朱德熙在《语法讲义》中采用"连谓结构"这个术语,他的定义是,连谓结构是谓词或谓词结构连用的格式,他还特别注明,连谓结构的"谓"是指谓词说的,不是指谓语说的。

李临定对汉语连动句型进行了考察,他认为连动句型的特点是:"多个动词短语(常见的是两个)连用,结构紧凑,并联系同一个名施"④。李临定还从结构形式上将汉语连动句型划分为名施+动$_1$+名受+动$_2$+名受、名施+动$_1$+名受+动$_2$、名施+动$_1$+动$_2$+名受、名受+名施+动$_1$+动$_2$、名施+动$_1$+动$_2$等各种类型。

陈建民采用"连动式"的名称,但认为连动式结构是两个谓语,"连用的各段谓语可以分别连着主语单说……如,'我上街买菜',可以说成'我上街''我买菜'"⑤。

吴启主的定义是:连动句是连动短语充当谓语的句子。连动短语是两个或两个以上的动词或动词短语连用的格式,这种格式简称"连动式"⑥。

---

① 王福庭:《"连动式"还是"连谓式"(下)》,《中国语文》1960年10月号,第20页。
② 丁声树、吕叔湘、李荣等:《现代汉语语法讲话》,商务印书馆1999年版,第112页。
③ Li C N, Thompson S A. Mandarin Chinese: A Functional Reference Grammar. Berkeley: University of California Press. 1981, p.594.
④ 李临定:《现代汉语句型》,商务印书馆1986年版,第118页。
⑤ 陈建民:《现代汉语句型论》,语文出版社1986年版,第229页。
⑥ 吴启主:《连动句·兼语句》,人民教育出版社1990年版,第5页。

在结构主义的描写方法下，连动式的界定一般采用形式和意义相结合的方法。汉语缺乏形式标记，在动词连用这一研究对象下存在多个范式："多动结构"（multi-verb construction）、"重动式"（或称"动词拷贝"）、"兼语式"、"比拟式"、"介词短语结构"、"致使式"、"动补式"、"状中式"、"紧缩式"、"连贯复句"等，它们与连动式在研究范围上存在着交叉的情况。动词连用的情形复杂，各类结构的语义和语法性质都不一样，如果仅从形式上进行界定，将导致多种不同研究现象混为一谈的情况。国内早期的定义主要是侧重意义的标准（如吕叔湘在《语法学习》、张志公在《汉语语法常识》中给出的定义），但意义标准的主观性太强，不为大家所认可。还有学者从形式上进行判定（如 Li 和 Thompson 在 *Mandarin Chinese*：*A Functional Reference Grammar*、李临定在《现代汉语句型》中给出的定义），因为不符合汉语实际情况也不为大家认可。无论是侧重形式还是侧重意义的定义方式，确定的连动式范围不是过于宽泛，就是过于狭窄。

后来的学者们大多采用形式和意义相结合的定义方法，将动词连用现象的研究限定在一定的范围之内，如宋玉柱的定义：

> 连谓词组充当谓语的句子叫连谓式……两个或两个以上的谓词（包括动词和形容词）连用（包括它们的附加成分和连带成分），它们之间没有并列、偏正、动宾、动补等关系，中间没有语音停顿，没有关联词语，也没有复句中分句的各种逻辑关系，这样的词组叫作连谓词组。①

从类型学的视角来考察连动式，"更加正视连动式的存在，将连动式视为部分语言的基本句法结构之一，并创造了连动型语言的概念"②，有助于从世界连动型语言的共性出发，跳出以往研究的禁锢，以更开阔的视角来研究汉语连动式。跨语言视角下的连动式分类研究所采用的组合关系标准较单一的形式和语义标准更具有普遍性和适用性。

以 Aikhenvald 和 Dixon（2006）的研究成果为例，其通过描写和研究世界上不同区域、不同语系和不同类型的十几种语言的连动式，提出了连动式一系列的普遍特征，影响很大。Aikhenvald 和 Dixon 于 2006 年出版的《连动结构——跨语言的类型学视角》（*Serial Verb Constructions*：*A Cross-Linguistic Typology*）提供了世界上多种连动型语言中连动式的描写分析方法，从类型学的角度提出了连动式研究的各个参项。其中对连动式的描写和界定为：

---

① 宋玉柱：《连谓式及其与连贯复句、紧缩句之间的区别》，《逻辑和语言学习》1984 年第 1 期，第 271 页。

② 刘丹青：《汉语动补式和连动式的库藏裂变》，《语言教学与研究》2017 年第 2 期，第 1 页。

几个动词（短语）连用作为单一小句的谓语；其间没有任何表示并列关系、主从关系或其他依附关系的标记；语义上表达单一事件；语调特征与单小句式的句子一致；几个动词只有一个时、一个体、一个极性赋值；可以共享一个到几个核心论元；每个动词都能单独出现；连动式中的各个动词可以有同样或不同的及物性属性。①

但 Aikhenvald 和 Dixon 提及的范围较为宽泛，对连动式的界定依然不够清晰明确，他们主要关注如何在一个宽泛的层面对连动式的显著类别进行细分，并描写其功能特征，以便田野调查者去理解并将其用于描写某一特定语言的连动现象。在定义及分类等诸多问题上还没有达成共识，这导致他们将多种不同的研究现象混为一谈。如在该书第二章关于粤语连动式的描写中，Aikhenvald 和 Dixon 将动补结构、介词短语和兼语句都纳入了连动式的范畴。

刘丹青（2015）在 Aikhenvald 和 Dixon（2006）研究的基础上，对汉语连动式进行的考察也表明其界定范围仍较为宽泛，不够深入确切，有些结构已不再属于连动式，而在 Aikhenvald 和 Dixon 的描述中，它们被称为不对称连动式。关于连动式的跨语言比较，Aikhenvald 和 Dixon 为我们提供了单一语言研究所看不到的众多特点和连动型语言的类型共性，但这类比较受制于某些材料来源的简略性，对句法细节的揭示不够充分，概括也可能因此受限。②

对于这一问题，类型学家 Haspelmath（2010）认为，以往在类型学上对连动式的研究都混淆了比较用的概念和自然类的概念。连动式常常被看作自然类，被视为普遍语法的固有范畴，从而导致对此概念的理解过于宽泛而不准确。Haspelmath 认为，跨语言的连动式的自然类定义并不存在，而应对其进行比较概念的研究。Haspelmath 于 2010 年提出比较概念（comparative concept），指出对于比较概念来说，必须在可以被平等应用于所有语言的基础之上来进行人为定义，并于后期不断进行补充完善。从他的论述来看，语音、词汇、语法各个层面跨语言比较的基础都是比较概念，如国际音标、Swadesh 词表、形容词、将来时、WH-移位、关系小句、反身代词、作格等，这些比较概念被用于概括跨语言共性，其内涵有别于描写范畴。

另外，Haspelmath 于 2016 年提出连动式不属于普遍语法的固有范畴，他认为跨语言的连动式的自然类定义并不存在，不可能找到某个概念既可普遍适用又可描写所有独立语言的连动式，应该运用比较概念对连动式进行类型学研

---

① Aikhenvald A Y, Dixon R M W. Serial Verb Constructions: A Cross-Linguistic Typology. Oxford: Oxford University Press, 2006, p1.

② 刘丹青:《汉语及亲邻语言连动式的句法地位和显赫度》,《民族语文》2015 年第 3 期, 第 3-22 页。

究。同时，他指出正是由于学者们想在具体描写各种语言的同时又进行语言比较，因此也就难免会对找出一个统一的连动式的概念而感到失望。描写与比较这两项工作应该在概念上区分开来，并在实际工作中整合在一起。具体语言的描写范畴应独立于普遍适用的人为定义的比较概念。他在比较概念的基础上，结合了以往类型学研究推导出的连动式的十条跨语言普遍规律，但其研究基于已有研究的分析概括，而非系统的语言调查，并未对这十条规律进行深入的验证和分析。

第二节　比较概念下汉语连动式的界定

Haspelmath（2016）提出了连动式作为比较概念的定义：连动式是一个单一小句结构，由多个独立动词组成，它们之间没有连接项，也没有谓语-论元关系。

在上述定义中，有两个需要特别注意的概念：小句和独立动词。关于这两点，Haspelmath 强调具体标准应根据各语言的实际情况而定。本节将针对他定义中的四个参项——单一小句（monoclausal）、独立动词（independent verb）、连接成分（linking element）、动词之间的谓语-论元关系（predicate-argument relation between the verbs），逐一进行探讨分析。

一、关于小句

何为单一小句？小句的判定标准依语言而定，不同语言有不同的小句判定标准。一个给定结构是不是单一小句，只能依赖语言本身的测试而定，也就是说，在跨语言情况下，单一小句的测试可能大相径庭，这取决于所测试语言的内在结构。如西班牙语的小句测试标准是附着成分句法地位提升，法语是反身代词转换，乌尔都语是宾语一致，韩语涉及否定代词，等等。

比较概念必须基于可以被平等应用于所有语言来进行人为定义。只有当小句这个概念属于普遍语法的一个内在范畴，即不同语言对于小句的概念一致时，找出不同语言中的同一现象才有意义。

那么，如何将小句概念作为一个可普遍应用的比较概念来定义？Haspelmath（2016）的看法是采用 Bohnemeyer 等人的建议，将"缺乏独立否定作为跨语言的小句测试标准"（rely on the criterion of lack of independent negation as a cross-linguistically applicable test for clausehood），也就是说，在连动式中，只有一种否定方式，通常是否定域覆盖所有的动词。在国外的连动式研究中，连动式只能有一种否定方式，这一点在以往的研究中也常被提及，但很少有语言学家会将此和小句性质关联起来。只有 Comrie（1989）在描写巴布亚新几内亚的 Haruai 语时，谈到这种语言对于小句有明确的测试：小句可以被否定，比小句小的成分不能被否定。Comrie 举例进行了说明，Haruai 语连动式只有一种否定方式，就是将否定标记置于第二个动词后。Haruai 语中连动式的否定标记不会位于第一个动词后，当否定标记位于第一个动词后时，则可能表示的是双小句结构。

关于连动式的否定，类型学家 Aikhenvald 和 Dixon（2006）也进行过讨论，并提出连动式中的动词共享一个时、体和极性赋值（shared tense/aspect, mood, modality, and polarity value）。从其对于连动式的否定所举例分析的情况来看，所用例句均为单一的否定方式。不同语言的否定方式不同：在有些语言的连动式中，每个动词都要带上相同的否定标记；在有些语言的连动式中，只能在句首或连动式前出现一个否定词；在有些语言的连动式中，否定语素组合位于句中不同位置，共同构成否定。即使如此，Aikhenvald 和 Dixon 在著作中并未列举连动式中动词出现独立否定的用例。当然，也不排除由于 Aikhenvald 和 Dixon 对非母语语言的研究不够深入，因而出现了对这种语言描写得不够全面的情况。

在对这一判定标准进行举例说明时，Haspelmath（2016）所讨论的例句中，对于单个动词或动词性结构的否定都可以从形式上进行辨认。如：

(a)　o　　　　fa　　man　agba　　man　　man　Yao.
　　3SG.SUBJ　take　NEG　cassva　give　NEG　Yao.
　　(He doesn't give any cassava to Yao.)
　　（他没有拿任何木薯给 Yao。）

上述例句中，动词"take"和"give"的否定都出现了否定词"man"，否定词置于动词后表示否定。如果要对连动式中的所有动词或动词性结构进行否定，单个动词或动词性结构的否定都要出现。也就是说，只有同时被否定这一种否定方式，因此这类结构是单一小句，并属于连动式。

(b)　namot　i　yor　i　angi-r　pika-r　　ba-irik-tap
　　man　　a　egg　a　get-R　throw-R　NEG-go.down-NEG
　　(A man didn't get an egg and throw it down.)
　　（一个人没有拿一个鸡蛋并且扔掉它。）

(c)　namot　i　yor　i　angi-r　ba-pika-r　　ba-irik-tap
　　man　　a　egg　a　get-R　NEG-throw-R　NEG-go.down-NEG
　　(A man got an egg but didn't throw it down.)
　　（一个人拿了一个鸡蛋但是没有扔掉它。）

在例（b）中，对于两个动词的否定出现了两次由词缀表示的否定，在例（3）中，甚至出现了三次由词缀表示的否定，但最终只表示对 V_2 的否定。对此，Haspelmath 认为按照单一否定方式的标准，上例不属于连动式。

汉语既不用屈折形式表示否定，也不会出现多次否定只表示对一个动词否定的情况。汉语的否定缺少形式标记，汉语连动式中所有动词或动词性结构的否定只有一个否定词。汉语连动式前出现一次否定，就可以对整个连动式进行否定。

对于连动式的单一小句否定判定标准，Haspelmath 通过举例分析做了进一步说明。在运用这一判定标准后，他对同一例句的分析，与其他学者得出了不同的结论。如 Larson（2010）将克瓦语（西部非洲的一个语族）中的空主语结构（empty subject construction）分析为两个从句的并列结构，但 Haspelmath 通过否定测试后认为其应该属于连动式。因为 Larson 明确提出这类结构中的两个动词不能分别被单独否定，只有同时被否定这一种否定方式，因此 Haspelmath 认为这类结构是单一小句并属于连动式。另一方面，Haspelmath 否定了 Foley（2010）认为的另一类结构为连动式的说法。在 Foley 给出的例句中，否定可以居于不同位置、表达不同的意思，这就不符合 Haspelmath 提出的否定测试标准，即这类结构不是只有几个动词同时被否定这一种否定方式，因而不是一个单一小句，也就不属于连动式的范畴。

从 Haspelmath 提出的单一小句的否定测试标准来看，他强调的是否定的单一方式以及连动式中的单个动词不能有自身的独立否定，是一种形式上的判定。① 从明清汉语连动式的使用情况来看，Haspelmath 提出的单一小句的否定判定标准并不适用于明清时期的汉语连动式。在明清时期的汉语连动式中，前后 VP 之间为承接、方式关系的连动式只有一种否定方式，连动式中的单个动词没有自身的独立否定；但前后 VP 之间为补充说明、因果关系的连动式并非只有一种否定方式，连动式中的单个动词也可以有自身的独立否定。具体情况如下。

（一）连动式中前后 VP 之间为承接关系

(a) 我们作庄稼的，到了青苗在地的时候，<u>那一夜不到地里守庄</u>

---

① Haspelmath 在备注中指出，单一否定方式并不意味着否定只有一种否定域的理解，也常常可以有多种理解，连动式中也存在这样的情况。但在举例分析时，Haspelmath 并没有列举连动式的例子，而是举了一个非连动式的例子进行说明："The children are not playing in the garden（孩子们没有在花园里玩游戏）"，既可以指 "The children are in the garden but not playing（孩子们在花园里但没有玩游戏）"，也可以指 "The children are playing but not in the garden（孩子们在玩游戏但并不在花园里）"。

稼去，谁见有个鬼哪？（《儿女英雄传》第 9 回）

（b）丧事费劳了人家，亲朋罢了，士夫官员，你不上门谢谢孝，礼也过不去。（《金瓶梅词话》第 67 回）

（c）董文也便不去掀桶看，道："咱去，咱去，不敢拗嫂子。"（《型世言》第 5 回）

（d）小简也待起身，徐铭道："简妹丈，当日近邻，如今新亲，怎不等我陪一钟？"（《型世言》第 21 回）

例（a）中"那一夜不到地里守庄稼去"的"不"是对承接关系连动式"到地里守庄稼去"的整体否定。例（b）中"不上门谢谢孝"的"不"是对承接关系连动式"上门谢谢孝"的整体否定。例（c）中"不去掀桶看"的"不"是对承接关系连动式"去掀桶看"的整体否定。例（d）中连动式"不等我陪一钟"的"不"是对承接关系连动式"等我陪一钟"的整体否定。

（二）连动式中前后 VP 之间为方式关系

（a）无奈自己说话向来是低声静气慢条斯理的惯了，从不会直着脖子喊人，这里叫他，外边断听不见。（《儿女英雄传》第 4 回）

（b）那十三妹也不举刀相迎，只把身顺转来，翻过腕子，从鞭底下用刀刃往上一磕，唰，早把周三的鞭削作两段！（《儿女英雄传》第 15 回）

例（a）中"从不会直着脖子喊人"的"不会"是对方式关系连动式"直着脖子喊人"的整体否定。例（b）中"不举刀相迎"的"不"是对方式关系连动式"举刀相迎"的整体否定。

上述两类连动式中，连动式的否定方式均为直接在连动式之前加上否定词，连动式中的动词或动词短语没有独立否定。我们考察了明清时期几部文献中的汉语连动式，发现这两类连动式占绝大多数。

（三）连动式中前后 VP 之间为补充说明关系

（a）夏提刑便叫鲁华："你怎么说？"鲁华道："他原借小的银两发送妻丧，至今三年光景，延挨不还小的。"（《金瓶梅词话》第 19 回）

（b）安公子同张老夫妻见了，便也一同上前围着不放。（《儿女英雄传》第 9 回）

（c）只见朱安国得了实信，一迳走到朱玉家来，怒吼吼的道："小叔，你收留迷失子女不报官，也有罪了。"（《型世言》第 25 回）

(d) 朝夕进饮食，哭泣，庐止一扉，山多猛兽，<u>皆环绕于外不入</u>。（《型世言》第 4 回）

(e) 怀德力攻下邳，<u>贼坚守不出</u>。（《跻春台·双金钏》）

（四）连动式中前后 VP 之间为因果关系

(a) <u>二娘害腿疼不去</u>，他在家看家哩。（《金瓶梅词话》第 45 回）

(b) <u>你若怕羞不好说</u>，我替你对那老婆子说。（《型世言》第 4 回）

(c) 奴念在夫妻情誓不改姓，<u>叔因此未得钱怀恨在心</u>。（《跻春台·十年鸡》）

上述表补充说明关系和因果关系的两类连动式中，连动式中的动词或动词短语前均出现了独立否定，且对整个连动式进行否定后均可有多种否定域的解读。如对例（a）中连动式进行否定，在连动式前增加否定词"没有"，变为"没有害腿疼不去"，既可以理解为"二娘没有害腿疼也没有不去"，也可以理解为"二娘害腿疼但是去了"。我们考察了明清时期四部文献中的语料，发现上述两类连动式在文献中出现的比例很小。

需要注意的是，并非所有的因果关系中都会出现单独否定。如：

(d) 田禽淫人遗臭，<u>诈人得罪</u>，亦可为贪狡之警。（《型世言》第 29 回）

(e) 我告诉你，哥哥自从你去了，到四月间，<u>得个拙病死了</u>。（《金瓶梅词话》第 9 回）

(f) 早被春梅双手扶住，<u>不曾跌着磕伤了头脸</u>。（《金瓶梅词话》第 79 回）

例（d）和例（e）中，连动式的否定方式均为直接在连动式前加上否定词，连动式中的动词或动词短语没有独立否定。例（f）中，否定词"不"直接修饰整个事件"曾跌着磕伤了头脸"，连动式中的动词短语也没有独立否定。

虽然肯否类连动式和具有因果关系的连动式所占比例不大，但无论在明清时期汉语还是现代汉语中都一直存在。汉语连动式由复杂句通过简化演变为单小句，经历了复杂句简单化的过程，在这一演变过程中，汉语连动式保留了演变痕迹。肯否类连动式作为汉语连动式的特殊小类，与具有因果关系的部分连动式共同体现了这一语法化过程的来源和发展路径。刘丹青（2017）从库藏类型学的角度指出，连动式将向心结构由并列和主从的二分扩展为并列、连动、主从三分，作为汉语的显赫范畴，连动式会拓宽自身的语义域，向并列和主从两头进一步延伸，这是显赫范畴的正常扩展功能，不必分别定性为其扩张所到达的各自范畴。刘丹青还指出,肯否类连动式比相继事件连动句更接近并列语义域,是连动向并列的进一步扩展。由此可见,在世界连动型语言中,汉语连动式具有自身的特性,不能通过连动式中的动词是否缺乏独立否定来测试汉语的小句地位。

二、关于独立动词

动词是连动式的核心构成要素。Haspelmath(2016)指出,如果要从跨语言的角度找出一个可应用的标准对动词做比较概念的定义,区分名词、动词和形容词的唯一有效办法大概是看它们是否借用其他成分来表达动态事件。他认为,动词用来表达动态事件、充当句子的谓语时,不需要特殊编码,如与系动词连用,连动式中的动词必须是独立动词。也就是说,连动式中的动词必须可以独立使用,不借助于其他动词。对此,他对独立动词的比较概念进行了如下定义:为了比较的目的,一个独立动词是这样一种形式,它能做句子的谓语,表达动态事件,不需要任何特殊编码,并可以不借助其他动词用无省略的表达方式实现上述用法。①

Haspelmath 在对独立动词进行定义后,引用了粤语例句来说明他的定义,其中一例是:

*Ngo	jigaa	tung	go	di	jan.
我	依家	同	个	啲	人。
我	正在	陪	这些		人。(普通话)
I	now	accompany	those	CLF	people.

I am accompanying those people now/ I am with those people now.

他运用这个例子,意在强调粤语中"同"不能单独使用,因而"同"不是独立动词,上述例句不属于连动式。但对于汉语来说,真正难以区分的不是"同"这类已经不具有动词属性、不能独立使用的助动词,而是那些可以单独使用但在连动式中已不表动态事件的兼具动词和介连词属性的兼类词,如"跟",既可以作为动词单独使用,也可以作为介词和连词使用。

Haspelmath 虽然提出了独立动词这一比较概念,但并未就其构成要素展开论述,也未就如何满足这些构成要素做进一步的分析论证,主要是指出了对动词进行这一补充界定之后,就可以将独立动词与助动词、介词、系动词等功能词进行区分,具体在哪一点上可以进行区分,Haspelmath 则没有过多论述。如

---

① Haspelmath M: The Serial Verb Construction: Comparative Concept and Cross-linguistic Generalizations. Language and Linguistics,2016(3):302-303.

何将其应用于实际具体语言，则需要进行更深入的分析研究。

那么，如何在其定义的基础之上对汉语连动式中的动词进行清晰的界定呢？在上述独立动词比较概念的五个构成要素——能充当句子的谓语、表达动态事件、没有特殊编码、不借助其他动词和无省略的表达方式中，表达动态事件是最为重要的构成要素。我们通过考察明清汉语连动式的使用情况发现，汉语连动式中的动词要成为能表达动态事件的独立动词，应兼具［＋dynamic/动性］和［＋active/动态］的双重属性，即连动式中的动词应和其单独使用时所表达的动作具有同样的动性。这一特征将明清汉语连动式与一系列其他类似结构进行了有效区分，甚至不需要叠加能充当句子的谓语和不借助其他动词这两个规定。

（一）表达动态事件

陈重瑜指出，我们忽略了英语状态动词的一个重要特性：［＋dynamic, -（physically）active］，而这才是英语状态动词的真正特性。[①] 通过考察，我们发现汉语动词可以分为动态动词和状态动词，独立动词能够表达动态事件，那么就应兼具［＋dynamic/动性］和［＋active/动态］的双重属性，连动式中的动词应和其独立使用时所表达的动作具有同样的属性。这也就将状态动词排除在外，因为状态动词不具有［＋active/动态］的属性。

在以往的研究中，汉语连动式与诸多类似结构如状中式、比较式、动词拷贝式、介词短语、助动词结构等容易产生混淆。通过连动式中的动词表达动态事件这一属性特征，可以有效区分连动式与各类易混淆结构。下面将一一进行对照说明。

1. 动词"说"和"道"构成的短语

方梅（2006）指出，"说"从一个具有词汇意义的实词变为体现语法功能的成分，经历了从言说动词到引语标记，再到准标句词，最后到标句词的语法化过程。刘丹青（2017）通过分析指出，标句词"道"用在语言思维类动词后，就表示其后的成分为内容宾语小句，其从言语义动词到标句词的语法化过程在宋元之交已经完成。当"说"和"道"为言语义动词时，可作为连动式中的独立动词，当它们虚化后，不能作为连动式的独立动词，不能算作连动式的独立构成成分。如下例：

[①] 陈重瑜：《"动性"与"动态"的区别：汉语与英语的状态动词比较》，载徐杰主编《汉语研究的类型学视角》，北京语言大学出版社 2005 年，第 67-85。

（a）便拦傻狗说："不咱们就住下罢。"（《儿女英雄传》第 5 回）

（b）老爷便怄九公道："这样听起来，只怕还有位大如嫂呢罢？"（《儿女英雄传》第 15 回）

（c）安老爷吩咐道："明日这一课不是照往日一样作法。"（《儿女英雄传》第 34 回）

（d）他便高声朗诵道：……此中庸之极诣，性情之大同。（《儿女英雄传》第 34 回）

（e）安太太此时是已经吓得惛住了，只问着舅太太说："这乌里雅苏台可是那里呀？"（《儿女英雄传》第 40 回）

（f）丫头学说，两个说了一夜话，说他爹怎的跪着上房的叫妈妈，上房的又怎的声唤摆话的。（《金瓶梅词话》第 21 回）

上述例句中的"说""道"有三种情况：第一类是独立的动词；第二类是虚化的言说动词；第三类是标句词。在例（a）和例（b）中，"说"和"道"为独立动词，它们与其前的动词构成连动式。在例（c）、例（d）、例（e）中，"道"和"说"为虚化的言说动词，用在语言思维类动词之后，语义发生虚化，不再表示实际动作，它们和其前的动词一起只能表达一个动作，在句中都可以省略而不影响句子意思的表达，不具有［+active/动态］的属性，因而不能算作连动式。例（f）中"说"单独位于小句的句首，是典型的标句词的用法了。将上述例句中已经虚化了的"说"和"道"省略后，不影响句子的表达。因而，例（c）、例（d）、例（e）、例（f）从表面上看都是两个动词的连用，但都不能算作连动式。

2. 状中式

动词或动词短语可以充当状语成分，如"他设局害人""他捧粗腿奉承财主""身子别来回摇晃""电视台跟踪报道了这起重大事故"。上述举例中的"设局""捧粗腿""来回""跟踪"等动词都只具有［+dynamic/动性］而不具有［+active/动态］的属性，在句中不能表达动态事件。在明清时期的语料中，我们也发现了不少类似的例句。

（a）怎么，露着你的鼻子儿尖、眼睛儿亮，瞧出来了，抵死不喝。（《儿女英雄传》第 5 回）

（b）文章呢，倒糊弄着作上了；谁知把个诗倒了平仄，六韵诗我又只作了十句，给他落了一韵，连个复试也没巴结上。（《儿女英雄传》第 15 回）

(c) 再说今日亲家老爷、太太都不在家，他们伴儿们倒跟了好几个去，在家里的呢，也熬了这么几天了，谁不偷空儿歇歇儿？(《儿女英雄传》第 29 回)

(d) 当初在蔡通判家房里，和大婆作弊养汉，坏了事，才打发出来，嫁了厨子蒋聪。(《金瓶梅词话》第 25 回)

上述例句中的"抵死不喝""糊弄着作上了""偷空儿歇歇儿""作弊养汉"中的"抵死""糊弄着""偷空儿""作弊"都只具有［＋dynamic/动性］而不具有［＋active/动态］的属性，在句中都不是动词本义，并不能表达动态事件，只能表示状态，不能算作独立动词，句中动词连用整体上只表示一个行为动作，所以上述例句均为状中式。

在状中式中，存在着一类特殊的状中句式——比拟式。通过动词的［＋dynamic/动性］和［＋active/动态］属性，我们也可以将其与连动式进行有效区分，在明清汉语语料中也发现了一些用例，如：

(e) 向我捣蒜也似价磕了阵头，就待告退。(《儿女英雄传》第 16 回)

(f) 王婆一面打着揎鼓儿说，西门庆奖了一回。(《金瓶梅词话》第 3 回)

上述例句中，例（e）"捣蒜也似价磕了阵头"中的"捣蒜"只具有［＋dynamic/动性］的属性，而不具有［＋active/动态］的属性，在句中不能表达动态事件，因而不属于连动式。例（f）中的"打着揎鼓儿"为"帮腔怂恿"之意，意思和俗语"敲边鼓"相近，为比喻用法。"打着揎鼓儿"也不具有［＋active/动态］的属性，在句中不能表达动态事件，因而也不能算作连动式。

3. 比较式

蔡御史道："我到扬州，你等径来察院见我。我比别的商人早掣取你盐一个月。"(《金瓶梅词话》第 49 回)

上述例句中表比较意义的动词"比"只具有［＋dynamic/动性］的属性，而不具有［＋active/动态］的属性，不能算作独立动词，因而不属于连动式。

4. 介词短语

(a) 是日也约了安公子，一同在那里舒散一天，作个"题糕雅集"，便借此等榜。(《儿女英雄传》第 35 回)

(b) 你不经我这番训诲，又靠甚的去成名？（《儿女英雄传》第36回）

(c) 韩道国与西门庆磕头，拜谢回家。（《金瓶梅词话》第38回）

上述例句中，"借此等榜"中的"借"、"靠甚的去成名"中的"靠"、"与西门庆磕头"中的"与"，都已由实义动词虚化为介词，都不具有［＋active/动态］的属性，均为介宾短语充当状语，属于偏正式。

5. 助动词结构

助动词与后面的谓词性词语构成助动词结构。关于助动词结构的性质，有合成谓语说、状心说、述宾说、双谓语说等多种意见。助动词由动词虚化而来，在虚化过程中脱落了［＋active/动态］的属性，这正是助动词与动词之间的属性区别，因此自然不应把助动词结构纳入连动式的范畴。

(a) 我眼前还有些未了的小事，须得亲自走一趟，回来你我短话长说着。（《儿女英雄传》第5回）

(b) 他在厅柱上绑着，请想，怎的会咕咚一声倒了呢？（《儿女英雄传》第6回）

(c) 明日这课我要试你一试，一交寅初，你就起来，我也陪你起个早，你跟我吃些东西，等到寅正，出去发给你题目，便在我讲学的那个所在作起来。（《儿女英雄传》第34回）

上述例句中，助动词"须得""会""要"都只具有［＋dynamic/动性］的属性，而不具有［＋active/动态］的属性，这类助动词结构均不属于连动式。

6. 动词拷贝式

赵林晓、杨荣祥、吴福祥的研究表明，动词拷贝式（重动式、重动句）主要有五种来源。"这几种来源中，只有第二类来源连动结构的前VP与现实世界的时间过程发生联系，具有叙实特征，其他四种来源结构中的前VP都是概括性的话题或说话人假设的、判定的情况，陈述性都很弱。"[①] 但如果我们仔细考察第二类即"语段中的连动结构"演化而成的动词拷贝式，不难发现其"VO"的陈述性也明显降低，同样具有话题的属性。尤其当其处于句首被说明的位置时，话题性更为明显。

[①] 赵林晓、杨荣祥、吴福祥：《近代汉语"VOV得C"重动句的类别、来源及历时演变》，《中国语文》2016年第4期，第415-425页。

(a) 一地里寻平安儿寻不着,急的傅伙计插香赌誓。(《金瓶梅词话》第 95 回)

(b) 碧峰道:"你今日寻徒弟寻的费了力,我今日个等你等的费了神"。(《西洋记》第 1 回)

上例中的"寻平安儿""寻徒弟""等你"虽然都具有一定的陈述性,但陈述性都明显降低,不能带时体标记,具有话题的属性,不具有[＋active/动态]的属性,整个拷贝式只能表示一个独立事件。

关于动趋式和动结式这两类动补式,刘丹青通过论元共享、增容扩展能力、体貌标记、可能式转换、方言补语标记、韵律特征等多个方面的句法和韵律事实的展示,论证了现代汉语动结式和动趋式"虽然语源上来自于连动式,但在共时层面已裂变为无关的句法构式,由不同的句法规则生成,不属于同一个句法范畴"①。有些趋向动词在语法化的过程中,由趋向补语进一步虚化为时体助词,如表完成体的"来"、表起始体的"起来"、表持续体的"下去"以及表经历体的"过"等,这些动词构成的动补式离连动式也就更远了。

通过上述分析,我们可以发现,[＋dynamic/动性]和[＋active/动态]属性是连动式中动词的核心属性,将明清汉语连动式与一系列类似结构进行有效区分,甚至不需要借助另外两个构成要素——不借助其他动词、能充当句子谓语。

下面我们将没有特殊编码和用无省略的表达方式这两个属性与汉语连动式分别进行观照,发现对于汉语连动式而言,通过这几项构成要素,可将汉语连动式与有标记的紧缩式、无标记的紧缩式等类似结构进行有效区分。

(二) 无特殊编码

所谓特殊编码,是指动词之间采用固定的表达格式,如结构重复"你爱去哪儿去哪儿",或使用固定的关联词语,如"他一发脾气就扔东西"。这一点排除了有标记的紧缩式,因为这类紧缩句往往采用特殊编码,用单句的形式表达复句的语义内容。在明清时期的语料中,也有不少这样的例句,如:

(a) 他也每见必学,每学必会,每会必精,却是每精必厌。(《儿女英雄传》第 18 回)

(b) 不想被这位新娘子小小的游戏了一阵,来了几个留下了几个,不曾跑脱一个,这班贼好不扫兴!(《儿女英雄传》第 32 回)

---

① 刘丹青:《汉语动补式和连动式的库藏裂变》,《语言教学与研究》2017 年第 2 期,第 1 页。

（c）只因公主爱啼，锦川去医，<u>一见即住</u>，来了复啼。（《跻春台·心中人》）

（三）用无省略的表达方式

这一点将连动式与无标记的紧缩式进行了区分，因为无标记的紧缩式通常是用省略的方式进行表达的：

（a）这才不枉我教养你一场！<u>有话到里头说去罢</u>。（《儿女英雄传》第40回）

（b）安老爷道："既如此，叫人看着些，<u>快到了先进来回我一句</u>。"（《儿女英雄传》第24回）

（c）我骑着驴儿从旁经过，只听得一个道："咱们有本事硬把他被<u>套里的那二三千银子搬运过来</u>，还不领他的情呢！"（《儿女英雄传》第8回）

（d）要赌，像朱家有爷在前边，身边落落动，<u>拿得出来去赌</u>。（《型世言》第23回）

这几例均为表假设条件关系的紧缩句，完整的表达应为"你如果有话就到里头说去罢""如果快到了先进来回我一句""咱们如果有本事的话就硬把他被套里的那二三千银子搬运过来""拿得出来的话才去赌"。这几例均为省略了标记的紧缩式，都不能算作连动式。

独立动词是构成连动式比较概念中最为重要的一个参项，我们通过对独立动词的构成要素（特别是"表达动态事件"这一核心构成要素）进行分析，可以使连动式的独特属性得以凸显。

下面，我们将对另外两个参项"连接成分"与"动词之间的谓语-论元关系"进行考察分析。

三、关于连接成分

Haspelmath认为，就印欧语系来看，虽然在英语及其亲属语言中也存在无连接词的并列式和主从式，但没有并列连词或者从属标记等连接成分大概是连动式最突出的特点。没有连接成分可能是学者们最广泛引用的连动式的标准，因此Haspelmath认为应将这一点纳入连动式的定义当中。

关于连词的使用问题，现代汉语和古代汉语的情况不同，需要区别对待。在现代汉语连动式中，连动式各项间是否可以有连词连接，对于这个问题早期曾经有过争议。张志公（1956）认为，连动式的两个动词之间可以用虚词连接，但殷焕先（1954）强调，连动式不同的动词之间"有某种虚词"，因为连动式成了"复合句"，赵元任（1979）认为连动式动词之间"没有关联词语"。通常，现代汉语连动式中不能有连词，如果有连词，应处理为复句。

连词使用的问题主要涉及古代汉语连动式的研究。在古代汉语的一系列连词中，与连动式相关的最重要的连词是"而"。就以往的研究来看，在古代汉语连动式的研究中，不少学者将使用连词的情况纳入连动式的范畴进行考虑，如管燮初（1953，1981）、魏兆惠（2008）等。他们将"而""以""则""而后"等连词连接的连用动词都划归为连动式，分析由连词连接的连动式与由连词连接的并列式之间的区别，并就连动式中连词使用的情况进行分类讨论。

对此，也有学者持不同看法。刘丹青（2011）谈到，梅广从并列连词"而"的多样性功能中，发现古代汉语是并列结构发达的语言，指出"历史上汉语句法结构的整个发展趋势就是从并列到主从，上古汉语是一种以并列为结构主体的语言；中古以降，汉语变成一种以主从为结构主体的语言"[①]。但刘丹青认为，"上古汉语在动词短语方面确实是并列型语言，上古连动式不发达"，"中古以后的汉语应以连动为特征。汉语史上真正的类型演变是并列式由盛而衰、连动式由弱而强"[②]。这里涉及谓词性连词"而"消亡的问题。但对于这个问题，尚有待进一步研究。

"'而'的基本作用是用作动词和形容词成分乃至分句的并列连词。这一连接谓词的连词用法，本身在普通话中就没有对应手段可用"[③]。就汉语自身来说，古代汉语中的连词不仅仅可以表示顺承关系，还可以表示并列、递进、转折等其他语义关系。若包括连词，在形态标记不丰富且缺乏判断标准的情况下，人们就更难确定包含连词的动词连用的结构是不是连动式，它可能是并列式，或者是转折或紧缩复句。汉语的谓词性连词为什么会消失是一个非常重要但未能得到解决的问题，但我们还是应该将这个问题与古代汉语连动式的研究区分开来。

四、关于谓语-论元关系

Haspelmath 提出，连动式中的动词之间没有谓语-论元关系。也就是说，连

[①] 梅广：《迎接一个考证学和语言学结合的汉语语法史研究新局面》，载何大安主编《古今通塞：汉语的历史与发展》，"中研院"语言学研究所筹备处 2003 年版，第 23-47 页。

[②] 刘丹青：《汉语的若干显赫范畴：语言库藏类型学视角》，《世界汉语教学》2012 年第 3 期，第 296 页。

[③] 刘丹青：《并列结构的句法限制及其初步解释》，载《语法研究和探索（十四）》，商务印书馆 2008 年版。

动式中的任何动词不能是另一个动词的论元或论元中的一部分（it should not be the case that one of the verbs is (part of) an argument of the other verb），这就将连动式和致使结构以及其他种类的补足语从句进行了区分。

在以往的研究中，补足语从句常常被认为是连动式，Aikhenvald 等（2006）认为，这类结构是连动式的一种特殊的次类。但 Haspelmath 认为，最好将补足语从句进行区分，因为其不属于连动现象的原始核心模式。如果将补足语从句也算作连动式的话，那么很多语言中将只会出现这一类连动式。除了 Jansen 等人在 1978 年提出明确排除不定式补足语之外，这条准则在以往的研究中极少被提及。

对于汉语而言，"连动式中的动词之间没有谓语-论元关系"这条规定首先区别了"是字句"这类判断句，同时还意味着连动式与动宾式、兼语式为不同构式。如下面的例子：

（a）小人自来也不曾到东京，就那里观兴上国景致走一遭，<u>也是恩相抬举</u>。（《金瓶梅词话》第 2 回）

（b）那个老号军便帮他<u>把东西归着清楚</u>，交卷领签，赶头排便出了场。（《儿女英雄传》第 34 回）

（c）却说河台一日接得邳州禀报，<u>禀称邳州管河州判病故出缺</u>。（《儿女英雄传》第 2 回）

（d）与马巡抚计议<u>伐木做厢车攻城</u>，又用大将军炮攻打。（《型世言》第 17 回）

上述例句中，动词短语"恩相抬举"，"把东西归着清楚""邳州管河州判病故出缺""伐木做厢车攻城"分别为动词或动词短语"是""帮他""禀称""计议"的补足语小句，它们之间具有谓语-论元关系，均为动宾式，不属于连动式。

（e）当下那程师爷在坐，便说道："吏部有我个同乡，正在功司，<u>等我去找他问问</u>，就便托他抄个原奏的底子来看看，就放心了。"（《儿女英雄传》第 3 回）

（f）据那骡夫说，他有事不得分身，他家离店不远，就<u>请我到他那里去住</u>。（《儿女英雄传》第 12 回）

上述两例均为兼语式，例（e）中"去找他问问"是 V_1 "等"的部分论元；例（f）中"到他那里去住"是 V_1 "请"的部分论元。这类例句中，前后动词之间均存在着谓语-论元关系，不属于连动式。

五、小结

对于汉语连动式来说，在连动式比较概念的四个参项中，"独立动词"这一参项最为重要，而在"独立动词"这一参项的构成要素中，"表达动态事件"这一要素最为重要，这意味着连动式中的动词应同时具备［＋dynamic/动性］和［＋active/动态］的双重属性。这是汉语连动式中动词的核心属性，它将汉语连动式与其他众多类似结构串联起来，并进行了有效的区分。四个参项中，"单一小句"的否定判定标准并不能完全适用于汉语连动式，这一点主要体现在肯否类连动式及部分具有因果关系的连动式中，这两类汉语连动式中的动词可以出现单独否定，Haspelmath提出的"单一小句"的否定判定标准并不能适用于汉语连动式。在"独立动词"这一参项中，［＋dynamic/动性］和［＋active/动态］属性是汉语连动式动词的核心属性，将汉语连动式与状中式、动词拷贝式、介词短语、比拟式、比较式、助动词结构以及由标句词"说""道"构成的短语等容易混淆或以往有争议的构式进行了有效区分。"没有特殊编码和省略表达"这一属性将汉语连动式与有标记的紧缩式和无标记的紧缩式进行了有效区分。"没有连接项"这一参项将汉语连动式（特别是古代汉语连动式）与复句进行了有效区分。"没有谓语-论元关系"这一参项则将汉语连动式与"是"字判断句、小句充当宾语的动宾式、兼语式等进行了有效区分。通过这一系列的考察分析，我们可以对汉语连动式的范围进行以下界定：汉语连动式是一种单一小句结构，中间没有停顿，由多个独立动词组成，动词兼具［＋dynamic/动性］和［＋active/动态］的双重属性，它们之间没有连接项，没有特殊编码和省略表达，也没有谓语-论元关系。

第三节　汉语连动式与形似结构

在对汉语连动式进行了界定之后，我们将在此基础上考察明清汉语连动式的面貌和特征。由于连动式与诸多形似结构在句表形式上容易混淆，均由两个或多个动词或动词短语依次排列而成，因而在具体考察明清汉语连动式之前，我们先就各类形似结构进行举例说明。

一、连动式与并列式

(a) 他杀人污佛地，我仗剑下云端，划恶锄奸。（《儿女英雄传》第10回）

(b) 想罢，便把那题目条儿高高的粘起来，望着他，谋篇立意，选词琢句，一面研得墨浓，蘸得笔饱，落起草来。（《儿女英雄传》第34回）

上述各例并列式中，前后动词短语可以变换语序位置，而不影响句义。如"铲恶锄奸"也可以说成"锄奸铲恶"；"谋篇立意"也可以说成"立意谋篇"；"选词琢句"也可以说成"琢句选词"，句子的意思都不会发生改变。因此，它们都不是连动式。

二、连动式与主谓式

（a）<u>回船装米甚方便</u>，看来利息有二三。（《跻春台·十年鸡》）

（b）那两个还只道他是跌了腿，悄悄的说道："你扎挣些，<u>溜到背静地方躲一躲要紧</u>！"（《儿女英雄传》第 31 回）

上述例句中，动词连用作为小句的主语，并与其后谓语构成主谓式。"回船装米""溜到背静地方躲一躲"均为小句主语，与形容词"方便""要紧"构成主谓式。因此，它们都不是连动式。

三、连动式与述宾式

（a）却说河台一日接得邳州禀报，<u>禀称邳州管河州判病故出缺</u>。（《儿女英雄传》第 2 回）

（b）人家都<u>知道挣钱养家</u>，独他好吃懒做，喝酒耍钱，永远不知道顾顾我。（《儿女英雄传》第 7 回）

（c）孙雪娥<u>单管率领家人媳妇在厨中上灶</u>，打发各房饮食。（《金瓶梅词话》第 11 回）

上述例句中，述宾式中动词作为谓语后接由多个动词短语连用构成的复杂宾语，如例（a）中，"邳州管河州判病故出缺"整体作为谓语"禀称"的宾语；例（b）中，"挣钱养家"整体作为谓语"知道"的宾语；例（c）中，兼语结构"率领家人媳妇在厨中上灶"整体作为谓语"管"的宾语。因此，它们都不是连动式。

四、连动式与偏正式

偏正式包括动词作为状语、介词短语及比拟式等，前文已分别进行过举例分析。下面再略举几例：

（a）华忠听了，便<u>插嘴道</u>："老大爷，你老人家算了罢，那可不是话！"（《儿女英雄传》第 3 回）

（b）公子才点了点头，还没说出话来，那白脸儿狼忙着<u>抢过来说</u>："你别搅局。"（《儿女英雄传》第 5 回）

(c) 却说安太太见何玉凤经张金凤一片良言，言下大悟，奔到自己膝下，跪倒尘埃，低首含羞的叫了声"亲娘"，知他"满怀心腹事，尽在不言中"。(《儿女英雄传》第 27 回)

(d) 然后才交到监试填榜的外帘官手里，就有承值填榜的书吏，用碗口来大的字照签誊写在那张榜上。(《儿女英雄传》第 35 回)

上述例句中，V_1 或者不具有独立动词的属性，或者在其后明确出现状语标记，V_1 与 V_2 之间存在明确的修饰和被修饰的关系。因此，它们都不是连动式。

五、连动式与兼语式

(a) 次日，房里送进稿来，先送师爷点定，签押呈上老爷标画。(《儿女英雄传》第 2 回)

(b) 一面委员摘印接署，一面委员提安老爷到淮安候审。(《儿女英雄传》第 2 回)

兼语式中 V_1 的受事同时也是 V_2 的施事，如例（a）中，"老爷"既是动词"呈上"的受事，同时又是动词"标画"的施事。例（b）中有两个兼语，分别是"员"和"安老爷"，其中"员"既是动词"委"的受事，同时也是动词"提"的施事；"安老爷"既是"提"的受事，同时也是后面连用动词短语"到淮安候审"的施事。由于动词之间没有谓语-论元关系，我们在上文中已经将兼语式排除在连动式的范畴之外了。

六、连动式与紧缩式

连动式与紧缩式的最大区别在于，紧缩式中紧缩项与紧缩项之间的语义关系，必须是一种和复句相同的逻辑语义关系，例如条件、假设、并列、递进等，而不能是连动、兼语等非逻辑语义关系，并且紧缩式中常常伴有小句紧缩现象。就句表形式而言，连动式的前后动词（短语）之间不能出现关联标记，紧缩式中常常会出现关联副词或关联连词等关联标记。根据关联标记的有无，可以将紧缩式分为有标紧缩式和无标紧缩式。有标紧缩式指的是紧缩式中明确出现"就""才""虽……却……""一……就……"等关联连词；无标紧缩式是指紧缩式中没有出现关联连词，这一点可以从语义的角度进行判定，它在句表形式上容易与连动式混淆。有的无标紧缩式会采取特殊编码，如"想到哪里说到哪里"，通过前后紧缩项句法结构上的重复来表示特定的语义。有标紧缩式和无标紧缩式各举例句如下：

1. 有标紧缩式

(a) 原来武松去后,武大每日只是晏出早归,<u>到家便关门</u>。(《金瓶梅词话》第 2 回)

(b) 掳了掳袖子,<u>上前就去割那绳子</u>,颤儿哆嗦的鼓捣了半日,边锯带挑,才得割开。(《儿女英雄传》第 31 回)

(c) 有盗在后看路,<u>因踏空跌于厨后</u>,雇工拿获欲打。(《跻春台·吃得亏》)

(d) 二僧自煮自吃,每至朔望,烧香者多,东廊僧苦修,各施米菜,间或无食,他只打坐,<u>即三五天亦不下山乞化</u>。(《跻春台·南乡井》)

上述四例中,关联连词"便""就""因""即……亦……"分别表示条件、连贯、因果和转折关系。

2. 无标紧缩式

(a) 也有送酒席的,也有送下程的,到后来就不好了,闹起整匣的燕窝,整桶的海参鱼翅,甚至尺头珍玩,<u>打听着甚么贵送起甚么来了</u>。(《儿女英雄传》第 13 回)

(b) 安公子先前听何小姐说话的时节,还只认作他又动了往日那独往独来的性情,<u>想到那里说到那里</u>,不过句句带定张姑娘,说着得辞些,还不曾怪着张姑娘。(《儿女英雄传》第 30 回)

(c) 一言将我来提醒,<u>打死伤了父子情</u>。(《跻春台·比目鱼》)

(d) 差人中也有认得他的,禀曰:"他在前居处与郭彦珍不远,<u>赶大树坡要从平安桥过</u>。"(《跻春台·捉南风》)

(e) <u>见我的家贫无怨恨</u>,平日里相敬又如宾。(《跻春台·冬瓜女》)

例(a)中的"打听着甚么贵送起甚么了"和例(b)中的"想到那里说到那里"均为特殊编码,中间省略了关联词"就",紧缩项"打听着甚么贵""想到那里"与紧缩项"送起甚么""说到那里"之间的语义关系是一种类似复句的逻辑语义关系。在例(c)和例(d)中,"打死"和"伤了父子情"之间、"赶大树坡"和"要从平安桥过"之间均为条件假设关系,省略了关联词"如果"或"的话"。例(e)中,"见我的家贫"和"无怨恨"之间为转折关系,省略了关联词"却"。因此,它们都不是连动式。

七、连动式与动补式

汉语动补式包括动结式和动趋式。对于动补式的研究，学界还存有争议。在汉语史的研究领域，大多数学者认为动补式是一类句法结构（王力，2002；梁银峰，2006），也有学者认为动补式是一种词汇结构（太田辰夫，1958；志村良治，1995；董秀芳，2007）。梁银峰（2006：11）认为，从句式来源上看，动补式可分为非隔开式动补式和隔开式动补式。非隔开式动补式来源于双动共宾式，句表形式为 V_1+V_2+O，两个动词共享宾语论元，如"战败""扑灭"；隔开式动补式是语句融合的结果，句表形式为 V_1+NP+V_2，其形成过程可以表示为：V_1+O，$O(S)+V_2$（打头，头破）→V_1+O，V_2（打头，破）→V_1+NP+V_2（打头破）。最终，在宾语不出现或提前做话题的情况下，补语与动词紧邻，成为"V_1+V_2+O"的句表形式，两种类型在句表形式上也就合流了。刘丹青（2017）也论证了现代汉语动结式和动趋式不属于同一个句法范畴。

1. 不带补语标记"得"

（a）妇人量了长短，裁得完备，<u>缝将起来</u>。（《金瓶梅词话》第3回）

（b）料想着人追赶也是无益，便连那本秘书也不敢在人面前拆看，<u>收了起来</u>。（《儿女英雄传》第18回）

（c）只听得一声响，簌簌地将那树枝带叶<u>打将下来</u>。（《金瓶梅词话》第1回）

（d）阴阳<u>宣念经毕</u>，揭起千秋旛，扯开白绢，用五轮八宝玩着那两点神水，定睛看时，见武大指甲青，唇口紫，面皮黄，眼皆突出，就知是中恶。（《金瓶梅词话》第6回）

在上述例句中，V_2 或者不是独立动词，如例（a）中的"起来"表起始体，例（b）和例（c）中的"起来""下来"表行为动作"收""打"的趋向；或者与 V_1 不是同一个施事，如例（d）中的"毕"指的是"宣念经"这件事的完成，动补式中动词之间在语法地位上是不平等的，前者是主要的，后者是附属的，后者在意义上对前者进行补充和说明。

2. 带补语标记"得"

（a）把个张老夫妻<u>吓得往外藏躲不迭</u>。（《儿女英雄传》第13回）

(b) <u>怄得他想要翻转拳头向后搗去</u>,却又搗他不着。(《儿女英雄传》第 18 回)

补语标记"得"的出现标志着动补式的发展成熟,上述例句中的"往外藏躲不迭""想要翻转拳头向后搗去"分别为动词"吓"和"怄"的补语。

第三章
基于《金瓶梅词话》的明代汉语连动式研究

　　为了考察明代汉语连动式的使用面貌,本书选取《金瓶梅词话》和《型世言》这两部白话著作,将它们分别作为明代北方官话和南方官话的代表性语料进行分析研究。本章介绍《金瓶梅词话》中的连动式。《金瓶梅词话》是一部大约成书于明代嘉靖年间至万历初年(16世纪)的白话长篇小说,在我国小说史上是一部里程碑式的作品,反映了当时山东一带的官话方言特色。它是近代汉语在明代中后叶最具代表性的著作,是研究近代汉语非常重要的一部著作。

　　本书依据的是 2000 年人民文学出版社出版的由陶慕宁校注的《金瓶梅词话》版本。

第一节　《金瓶梅词话》连动式的使用面貌

一、《金瓶梅词话》连动式的结构形式及其对应的语义关系

　　为了便于分析,我们将连动式中的动词或动词短语称为连动项,连动项是连动式中位于同一句法结构层级的动词或动词短语成分。以动词为核心,由 2 个动词或动词短语构成的连动式具有 2 个或相应的连动项,由 3 个或 3 个以上动词或动词短语构成的连动式具有 3 个或相应的连动项。连动项用字母 X 表示,不同的连动项分别标识为 X_1、X_2、X_3、X_4 等。

从《金瓶梅词话》连动式的句法结构来看,由 2 个动词或动词短语构成的连动式有 5 种结构形式,即"X_1+X_2""$AVD+X_1+X_2$"① "X_1+X_2+O"②"X_1+X_2+C""$AVD+X_1+X_2+C$"③。由 3 个动词或动词短语构成的连动式有 3 种结构形式,即"$X_1+X_2+X_3$""$AVD+X_1+X_2+X_3$""$X_1+AVD+X_2+X_3$"。由 4 个动词或动词短语构成的连动式只有 1 种结构形式,即"$X_1+X_2+X_3+X_4$"。下面将逐一进行分析说明。

(一) 由 2 个连动项连用构成的连动式

这类格式是由 2 个连动项连用构成的连动式。按照连动项外部是否有附加成分,一共可以分为 5 个大类:"X_1+X_2""$AVD+X_1+X_2$""X_1+X_2+O""X_1+X_2+C""$AVD+X_1+X_2+C$"。连动项 X 内部的单个动词 V 可以带状语、宾语、补语等附加成分,也可以为光杆动词。④ 每一个由连动项 X 组成的大类下都有多种由动词 V 构成的形式小类,我们将"X_1+X_2""$AVD+X_1+X_2$"这 2 个大类中的各个小类分别按照"连动项中的 V 为光杆动词""连动项中的 V 出现 1 类附加成分""连动项中的 V 出现 2 类附加成分""连动项中的 V 出现 3 类附加成分"的类别排序,将各类结构形式小类进行分类排列,具体情况如下。

1. "X_1+X_2"类连动式

(1) 连动项中的 V 为光杆动词

这里说的连动项中的 V 为光杆动词,指的就是"V_1+V_2"的形式。所谓光杆动词,并非指连动式中的动词没有任何附加成分,而是指这类连动式中,V_1 和 V_2 都没有状语、补语、宾语等附加成分。连动项 X_1 和 X_2 分别由 V_1 和 V_2 构成。如:

(a) 李桂姐与桂卿两个<u>打扮迎接</u>,老虔婆出来跪着陪礼。(《金瓶梅词话》第 21 回)

(b) 正值崔中书在家,即<u>出迎接</u>,至厅叙礼相见,道及寒暄契阔之情,拂去尘土,坐下。(《金瓶梅词话》第 70 回)

除了上述例句,还有一类特殊的"V+体标记"结构连用的连动式,在《金瓶梅词话》中也出现了多例,这类连动式中体标记实际上充当补语成分,和动

---

① AVD 表示状语成分。
② O 表示宾语成分。
③ C 表示补语成分。
④ 附加成分只考虑主语、谓语、宾语、定语、状语、补语等句法成分,不考虑动词带时体态标记和语气词的情况。

词连用构成动结式，如果不考虑体标记这类特殊的补语成分，只考虑连动式中动词与宾语、定语、状语和体标记之外的补语等附加成分的搭配情况，也可以将这类连动式纳入"V_1+V_2"这一类格式中，具体例句如下：

(c) 抢白的那个急了，<u>赶着踢打</u>，这贼就走了。（《金瓶梅词话》第73回）

(d) 月娘便<u>立了听着</u>，又在板缝里瞧着。（《金瓶梅词话》第53回）

(e) 韩伙计<u>等着见了</u>，在厅上坐的，悉把前后往回事说了一遍。（《金瓶梅词话》第59回）

上面几例中，"赶着踢打""立了听着"和"等着见了"实为"V+体标记"结构的连用，而不是单个动词的连用。三例中体助词"着"分别表动作进行、动作持续和动作完成，"赶着""听着""等着"均为动结式，体助词"了"表过去完成时，"立了"和"见了"也均为动结式。

上述例句中，动词没有宾语、状语、定语等附加成分，补语成分仅为体标记。为了便于研究，我们只考虑连动式中动词与宾语、定语、状语和体标记之外的补语等附加成分的搭配情况，不考虑动词带体标记和语气词的情况，我们在形式上将这类连动式也归入"V_1+V_2"这一类格式当中，但并不是认为这三例同前两例一样是两个动词的直接连用。在后面的例句分析中，我们也一律做同样的处理，就不再另加说明了。

在实际整理语料中，我们共搜集到92条该类语料，但其中70例为由"来""去"构成的不典型的连动式，如"来报、来见、来聚会、去看治、去夺"等。对于这些用例，所有由"来"构成的连动式在统计时只算作1例，所有由"去"构成的连动式也只算作1例。所以最终总结为24条语料。

这24例连动式中表承接关系的有15例，如上面例句中的"赶着踢打""等着见了"；表方式关系的有9例，如"陪着吃了、坐着说话、携带着住"。

(2) 连动项中的V出现1类附加成分

① $(V_1+O)+V_2$

这类连动式中，V_1的附加成分仅为宾语，V_2没有状语、补语、宾语等附加成分。连动项X_1和X_2分别由V_1+O和V_2构成。

在《金瓶梅词话》连动式中，这类连动式用例较多，共313例。如：

(a) 一日，守备<u>领人马出巡</u>。（《金瓶梅词话》第97回）

(b) 我这里一两银子相谢，先生<u>买一盏茶吃</u>。（《金瓶梅词话》第12回）

（c）未到黄昏，投客店村坊安歇，次早再行。（《金瓶梅词话》第84回）

这类用例中，也出现了动词为多音节词组的情况：

（d）那春梅方救得金哥苏省，听言大惊失色。（《金瓶梅词话》第99回）

这313例连动式中，连动项之间的语义关系较为多样，表承接关系的共247例，如"伐那桑烹煮、低了头思想、督兵救援"；表解释说明关系的共21例，如"货物没处发脱、有甚事做、没钱使用"；表方式关系的共25例，如"卖蒸饼儿生理、悬梁自缢、着素衣织巾拜见"；表因果关系的有7例，如"得个拙病死了、出痘死了、遇赦回还"；表"行为-目的"关系的共13例，如"挂红庆贺、择吉发引、诵经追荐"。

② （V_1＋C）＋V_2

这类连动式中，V_1的附加成分仅为补语，V_2没有状语、补语、宾语、定语等附加成分。连动项X_1和X_2分别由V_1＋C和V_2构成。

在《金瓶梅词话》连动式中，这类连动式用例较多，共119例。如：

（a）且表西门庆跳下楼窗，顺着房山，扒伏在人家院里藏了。（《金瓶梅词话》第10回）

（b）妇人接过来观看，却是一对金寿字簪儿，说道："倒好样儿。"（《金瓶梅词话》第50回）

（c）如今他虽是飘零书剑，家里也还有一百亩田，三四带房子，整的洁净住着。（《金瓶梅词话》第56回）

（d）说毕哭泣，烧化了钱纸。（《金瓶梅词话》第88回）

这类用例中，还出现了1例两个补语成分连用的情况：

（e）正是：云淡淡天边鸾凤，水沉沉波底鸳鸯。写成今世不休书，结下来生欢喜带。两个干讫一度作别，比时难割难舍。（《金瓶梅词话》第86回）

上例中，由动词"讫"和数量短语"一度"充当的两个补语成分连用。

从连动项之间的语义关系来看，这类连动式中，表方式关系的有13例，如"拿在手里观看、站在西稍间檐柱儿底下那里歇凉、搂在怀里膝盖儿坐的"；表"行为-目的"关系的有1例，为"马也备在门外接了"；其余用例均为承接关系。

③ （AVD＋V_1）＋V_2

这类连动式中，V_1的附加成分仅为状语，V_2没有状语、补语、宾语、定语等附加成分。连动项X_1和X_2分别由AVD＋V_1和V_2构成。

在《金瓶梅词话》连动式中，这类连动式用例不多，共17例。如：

（a）那老者见不是话，低着头，<u>一声儿没言语走了</u>。（《金瓶梅词话》第33回）

（b）或倚肩嘲笑，或<u>并坐调情</u>，掏打揪拽，通无忌惮。（《金瓶梅词话》第82回）

这类连动式中，还出现了动词为词组的用例：

（c）于是也不打了，一头撞倒在地，就<u>直挺挺的昏迷不省人事</u>。（《金瓶梅词话》第94回）

上例中，V_2为词组"不省人事"。

从连动项之间的语义关系来看，这17例连动式中，表承接关系的共10例；表方式关系的有5例，如例（b）；表补充说明关系的有2例，分别为例（a）和例（c）。

④ $V_1 + (V_2 + O)$

这类连动式中，V_2的附加成分仅为宾语，V_1没有状语、补语、宾语、定语等附加成分。连动项X_1和X_2分别由V_1和$V_2 + O$构成。

在《金瓶梅词话》连动式中，这类连动式用例较多，共221例。如：

（a）武松梳洗裹帻，<u>出门去县里画卯</u>。（《金瓶梅词话》第1回）

（b）于是解松罗带，卸褪湘裙，<u>坐换睡鞋</u>，脱了裈裤，上床钻在被窝里，与西门庆并枕而卧。（《金瓶梅词话》第73回）

（c）西门庆<u>听了没言语</u>，进入后边月娘房来。（《金瓶梅词话》第78回）

这类连动式中，还出现了多音节词组的用例，如：

（d）这蔡老娘<u>千恩万谢出门</u>。（《金瓶梅词话》第30回）

这类连动式中，也出现了宾语成分为小句和双宾语的用例，如：

（e）回到上房，<u>告辞要回家去</u>。（《金瓶梅词话》第45回）

（f）玳安道："他<u>来问韩大叔几时来</u>。"（《金瓶梅词话》第50回）

（g）子虚这里安排了一席，叫了两个妓者，请西门庆来知谢，就<u>找着问他银两下落</u>。（《金瓶梅词话》第14回）

在例（e）和例（f）中，V_2"要"和"问"的宾语成分分别为"回家去"和"韩大叔几时来"。例（g）中V_2"问"后带双宾语成分"他"和"银两下落"。

这类连动式中，V_1多由"来"或"去"构成，后接V_2和宾语，这样的用例共计97例，都属于不太典型的连动式，这类由"来"和"去"构成的连动式均表承接关系。

V_1＋（V_2＋O）这类连动式共有221例，连动式的语义关系较为多样，表承接关系的共184例；表方式关系的共23例，如"陪着吃了几杯酒、押着抓寻周义、笑骂伯爵"；表"行为-目的"的共12例，如"打包做甚么、弹唱劝酒、收拾要家去"；表"目的-行为"关系的有1例，为"充饥吃了三斗米饭"；表补充说明关系的有1例，为上面的例（c）。

⑤ V_1＋（V_2＋C）

这类连动式中，V_2的附加成分仅为补语，V_1没有状语、补语、宾语、定语等附加成分。连动项X_1和X_2分别由V_1和V_2＋C构成。

在《金瓶梅词话》连动式中，这类连动式用例不少，共51例。如：

（a）西门庆听了笑将起来："我并不知干娘有如此手段！"（《金瓶梅词话》第2回）

（b）这西门庆不听便罢，听了记在心里。（《金瓶梅词话》第29回）

这类连动式中，也出现了动词重叠表尝试态的用例，如：

（c）我来看看，乞他大爹再三央陪伴他坐坐儿，谁知倒把我来挂住了，不得脱身。（《金瓶梅词话》第26回）

这类连动式中，从连动项之间的语义关系来看，大多表承接关系，共39例，如上述例句；表方式关系的有12例，如"赶着泼去、嬉笑进来了"。

⑥ V_1＋（AVD＋V_2）

这类连动式中，V_2的附加成分仅为状语，V_1没有状语、补语、宾语、定语等附加成分。连动项X_1和X_2分别由V_1和AVD＋V_2构成。

在《金瓶梅词话》连动式中，这类连动式用例较多，共72例。如：

（a）正是有眼不识荆山玉，拿着顽石一样看。（《金瓶梅词话》第21回）

（b）西门庆见他胳膊儿瘦的银条儿相似，守着在房内哭泣，衙门中隔日去走一走。（《金瓶梅词话》第62回）

（c）看毕黑书，众妇女听了皆各叹息。（《金瓶梅词话》第62回）

（d）那春梅听见，和迎春、玉箫等慌的行回不顾将，拜了贲四嫂，辞的一溜烟跑了。（《金瓶梅词话》第46回）

（e）李瓶儿道："老冯领了个十五岁的丫头，后边二姐姐买了房里使唤，要七两五钱银子。请你过去瞧瞧。要送与他去哩。"（《金瓶梅词话》第30回）

这类用例中，V₂前还出现两个状语连用的情况：

(f) 这孙雪娥不听便罢，<u>听了心中大怒</u>，骂道："怪小淫妇儿，马回子拜节，来到的就是！锅儿是铁打的，也等慢慢儿的来。"(《金瓶梅词话》第11回)

这类连动式中，V₂还可以为多音节词组，如：

(g) 月娘见了<u>不觉放声大哭</u>。(《金瓶梅词话》第100回)

从连动项之间的语义关系来看，绝大多数表承接关系，共57例，表补充说明关系的有6例，均为肯否类连动式，如"笑不言语、花费了不知觉"；表方式关系的有8例，如"陪着同吃、笑的往前边来、假倚共坐"；表"目的-行为"关系的有1例，为"躲避在外间歇了"。

⑦ (AVD_1+V_1) + (AVD_2+V_2)

这类连动式中，连动式中的V只出现了1类附加成分，V_1和V_2的附加成分均为状语。连动项X_1和X_2分别由AVD_1+V_1和AVD_2+V_2构成。

在《金瓶梅词话》连动式中，这类连动式用例不多，共6例，如：

(a) 又见大妗子没轿子，都把轿子抬着，<u>后面跟随不坐</u>，领定一簇男女，吴大舅牵着驴儿，压后同行，踏青游玩。(《金瓶梅词话》第89回)

(b) 随即马上差旗牌快手，往河下捉拿坐地虎刘二，<u>锁解前来</u>。(《金瓶梅词话》第99回)

从连动项之间的语义关系来看，表承接关系的有3例；表补充说明关系的有2例，如例（a）；表方式关系的有1例，如例（b）。

⑧ (V_1+O_1) + (V_2+O_2)

这类连动式中，连动式中的V只出现了1类附加成分，V_1和V_2的附加成分均为宾语。连动项X_1和X_2分别由V_1+O_1和V_2+O_2构成。

在《金瓶梅词话》连动式中，这类连动式用例很多，共计644例，如：

(a) 恰好武大挑担儿进门，妇人<u>拽门下了帘子</u>。(《金瓶梅词话》第3回)

(b) 一面<u>开箱子打点细软首饰衣服</u>，与西门庆过目。(《金瓶梅词话》第20回)

(c) 长老出来问讯，旋炊火煮茶，<u>伐草根喂马</u>。(《金瓶梅词话》第71回)

这类连动式中，也出现了宾语为小句的情况：

（d）跪的他梳了头，教春梅扯了他裤子，拿大板子要打他。（《金瓶梅词话》第41回）

这类连动式中，也出现了双宾语的情况，如：

（e）须臾过去，爱月儿近前与西门庆抢红，吴银儿却往下席递李三、黄四酒。（《金瓶梅词话》第68回）

（f）正说着，只见小玉进来，说道："五娘，你信我奶奶倒三颠四的！小大姐扶持你老人家一场，瞒上不瞒下，你老人家拿出他箱子来，拣上色的包与他两套，教薛嫂儿替他拿了去，做个一念儿，也是他番身一场。"（《金瓶梅词话》第85回）

这类连动式是《金瓶梅词话》连动式中用例最多的一类。从连动项之间的语义关系来看，这类连动式可表达的语义关系多样。其中，表承接关系的共505例，如例（a）；表"行为-目的"关系的共46例，如"使钱救你、寻俺春梅姑姑要果子、拿刀子要杀主子"；表方式关系的共61例，如"放官吏债结识人、讨风流钱过日、夹着毡包进门"；表因果关系的共3例，如"西门庆观戏感李瓶、遇赦回家"；表解释说明关系的共23例，大多为"有"字类连动式，如"有甚良言劝你、没本事寻个地方儿、谁得闲做他、无处栖身"；表补充说明关系的共6例，如"嫁与张都监为妾、病枕着床无了休"。

⑨（V_1+C_1）+（V_2+C_2）

这类连动式中，连动式中的V只出现了1类附加成分，这类连动式中，V_1和V_2的附加成分均为补语。连动项X_1和X_2分别由V_1+C_1和V_2+C_2构成。

在《金瓶梅词话》连动式中，这类连动式用例较多，共计73例，如：

（a）那李铭便过来站在桶子边，低头敛足，只见僻厅鬼儿一般，看着二人说话，再不敢言语。（《金瓶梅词话》第72回）

（b）王潮道："是猫咬老鼠，钻在坑洞底下嚼的响。"（《金瓶梅词话》第86回）

（c）这经济支更一夜，没曾睡，就歪下睡着了（《金瓶梅词话》第93回）

（d）可怜月娘，扯住恸哭了一场，干生受养了他一场，到十五岁，指望承家嗣，不想被这个老师幻化去了。（《金瓶梅词话》第100回）

这类连动式中，也出现了动词重叠式表动作状态的用例：

（e）良久，王婆只在茶局里，比时冷眼张见他在门前，踅过东看一看，又转西去，又复一复，一连走了七八遍。（《金瓶梅词话》第2回）

(f) 妇人登在脚上试了试，寻出来这一只比旧鞋略紧些，方知是来旺儿媳妇子的鞋，"不知几时与了贼强人，不敢拿到屋里，悄悄藏放在那里，不想又被奴才翻将出来。"（《金瓶梅词话》第28回）

上述用例中，动词重叠式分别表示短时态和尝试态。

从连动项之间的语义关系来看，这类用例均为承接关系。

⑩ $(V_1+C) + (AVD+V_2)$

这类连动式中，连动式中的 V 只出现了 1 类附加成分，其中 V_1 的附加成分为补语，V_2 的附加成分为状语。连动项 X_1 和 X_2 分别由 V_1+C 和 $AVD+V_2$ 构成。

在《金瓶梅词话》连动式中，这类连动式用例共64例，如：

(a) 没奈何，放了三日，抬出一把火烧了。（《金瓶梅词话》第9回）

(b) 西门庆坐于椅上以手扇摇凉，只见来安儿、画童儿两个小厮来井上打水。（《金瓶梅词话》第29回）

(c) 那小玉和玉楼走到芭蕉丛下，孩子便倘在席上登手登脚的怪哭，并不知金莲在那里。（《金瓶梅词话》第52回）

从连动项之间的语义关系来看，表补充说明关系的有5例，均为肯否类连动式，如"丢下不吃、睡熟了不答、拦住了不肯"；表方式关系的有3例，如"立于窗下潜听"；其余用例均表承接关系。

⑪ $(AVD+V_1) + (V_2+C)$

这类连动式中，连动式中的 V 只出现了 1 类附加成分，其中 V_1 的附加成分为状语，V_2 的附加成分为补语。连动项 X_1 和 X_2 分别由 $AVD+V_1$ 和 V_2+C 构成。

在《金瓶梅词话》连动式中，这类连动式用例共11例，如：

(a) 却说他师弟明悟禅师，在禅床上入定回来，已知五戒差了念头，犯了色戒，淫垢了红莲女子，把多年德行一旦抛弃了。（《金瓶梅词话》第73回）

(b) 把金莲房中春梅，上房玉箫，李瓶儿房中迎春，玉楼房中兰香，一般儿四个丫鬟，衣服首饰妆束出来，在前厅西厢房，教李娇儿兄弟乐工李铭来家，教演习学弹唱。（《金瓶梅词话》第20回）

这类连动式中，也出现了动词反复体的用例：

(c) 伊西我在东，何日再逢？花笺慢写封又封。（《金瓶梅词话》第61回）

（d）因问经济说道："我昔时曾在府相扰，今差满回京去，敬来拜谢拜谢，不期作了故人。"（《金瓶梅词话》第 80 回）

例（c）中，"封又封"指同一个动作的反复。例（d）中，动词"拜谢"重复表尝试态。

从连动项之间的语义关系来看，这类用例中表承接关系的有 9 例，表方式关系的有 2 例，如例（b）。

⑫（V$_1$+C）+（V$_2$+O）

这类连动式中，连动式中的 V 只出现了 1 类附加成分，V$_1$ 的附加成分为补语，V$_2$ 的附加成分为宾语。连动项 X$_1$ 和 X$_2$ 分别由 V$_1$+C 和 V$_2$+O 构成。

在《金瓶梅词话》连动式中，这类连动式用例较多，共 208 例，如：

（a）又拿出一件金厢鸦青帽顶子，说是过世老公公的，起下来上等子秤，四钱八分重。（《金瓶梅词话》第 20 回）

（b）且说金莲和孟玉楼，从西门庆进他房中去，站在角门边打听消息。（《金瓶梅词话》第 20 回）

（c）茶罢着棋，就席饮酒叙谈，两个小优儿在旁弹唱。（《金瓶梅词话》第 38 回）

这类连动式中，还出现了宾语成分为小句的情况，如：

（d）在路上雨水所阻，只觉得神思不安，身心恍惚，赶回要看哥哥。（《金瓶梅词话》第 8 回）

上述例句，例（d）中 V$_2$ 为情态动词"要"，后面的宾语成分为动词短语"看哥哥"。

这类连动式中，还出现了一例双宾语的用例：

（e）西门庆正在家耽心不下，那夏提刑一日一遍来问信，听见来保二人到了，叫至后边问他端的。（《金瓶梅词话》第 48 回）

从连动项之间的语义关系来看，表"行为-目的"关系的有 5 例，如"收起要盖、留下做甚么"；表方式关系的有 12 例，这类连动式中 V$_1$ 后大多为表方位的介宾短语，如"坐在一处做针指、搂在怀中问他、坐在穿廊下一张凉椅儿上纳鞋、举的高高奉与西门庆"；其余 191 例均为承接关系。

⑬（V$_1$+O）+（V$_2$+C）

这类连动式中，连动式中的 V 只出现了 1 类附加成分，V$_1$ 的附加成分为宾语，V$_2$ 的附加成分为补语。连动项 X$_1$ 和 X$_2$ 分别由 V$_1$+O 和 V$_2$+C 构成。

在《金瓶梅词话》连动式中，这类连动式用例较多，共 242 例，如：

(a) 那婆子拣好的递将过来,与妇人吃。(《金瓶梅词话》第3回)

(b) 看看天色将黑了,妇人在房里点上灯,下面烧了大锅汤,拿了一方抹布煮在锅里。(《金瓶梅词话》第5回)

(c) 且说潘金莲怎肯斋戒,陪伴西门庆睡到日头半天,还不起来。(《金瓶梅词话》第8回)

(d) 不多时,王婆买了见成肥鹅烧鸭、熟肉鲜鲊、细巧果子归来,尽把盘碟盛了,摆在房里桌子上。(《金瓶梅词话》第3回)

这类用例中,还出现了动词重叠表动作状态的用例,如:

(e) 刘婆子看了,说:"哥儿着了些惊气入肚,又路上撞见五道将军。不打紧,烧些纸儿退送退送,就好了。"(《金瓶梅词话》第48回)

(f) 西门庆道:"等我到几时再去着,也携带你走走。"(《金瓶梅词话》第61回)

上述例句中,动词反复体表尝试态或短时态。

这类连动式中,表承接关系的有215例,如例(a);表"行为-目的"关系的有2例,分别为"寻一个寄住些时、烧些纸儿退送退送";表"目的-行为"关系的有1例,为"散闷坐一日";表方式关系的有20例,如"踏着那乱琼碎玉归来、拄拐送出、携手哭了一回";表解释说明关系的有2例,为"有攒盘领下去、五十两银子还没处寻去";表补充说明关系的有1例,为"玳安跟盒担走不上";表因果关系的有1例,为"他媳妇儿有病去不的"。

⑭ (AVD+V_1) + (V_2+O)

这类连动式中,连动式中的V只出现了1类附加成分,V_1的附加成分为状语,V_2的附加成分为宾语。连动项X_1和X_2分别由AVD+V_1和V_2+O构成。

在《金瓶梅词话》连动式中,这类连动式用例共33例,如:

(a) 玉楼道:"一二年不曾回家,再有那个孟舅,莫不是我二哥孟锐来家了,千山万水来看我?"(《金瓶梅词话》第92回)

(b) 羞对菱花拭净妆,为郎瘦损减容光。(《金瓶梅词话》第99回)

(c) 李安道:"养娘,你这晚来有甚事?"(《金瓶梅词话》第100回)

这类用例中,出现了几例宾语成分为小句的用例,如:

(d) 妇人道:"你没这个心,你就睹了誓。淫妇死的不知往那去了,你还留着他鞋做甚么?早晚看着好思想他。正经俺每和你怎一场,你也没怎个心儿,还教人和你一心一计哩。"(《金瓶梅词话》第28回)

(e) 薛嫂道："只要四两半银子，紧等着要交账去。"（《金瓶梅词话》第 97 回）

例（d）和例（e）中，V_2 "好"和"要"均为情态动词，后面的宾语成分分别为动词短语"思想他"和"交账去"。

从连动项之间的语义关系来看，表承接关系的共 22 例，如"早起开门、复行助阵"；表方式关系的共 6 例，如"对坐下象棋儿、上陪着吃了一盏茶、大恨归房"；表"行为-目的"关系的有 5 例，如"县中紧等要回文书、在他家落脚做眼、这晚来有甚事"。

⑮ $(V_1+O) + (AVD+V_2)$

这类连动式中，连动式中的 V 只出现了 1 类附加成分，V_1 的附加成分为宾语，V_2 的附加成分为状语。连动项 X_1 和 X_2 分别由 V_1+O 和 $AVD+V_2$ 构成。在《金瓶梅词话》连动式中，这类连动式用例共 174 例，如：

(a) 西门庆勒马在门首等候，薛嫂先入去。（《金瓶梅词话》第 7 回）

(b) 我见他举止处堂堂俊雅，我去那灯影儿下孜孜的觑着。（《金瓶梅词话》第 41 回）

(c) 强打着精神，只吃了上半盏儿，拣了两筯儿鸽子雏儿在口内，就摇头儿不吃了。（《金瓶梅词话》第 79 回）

这类连动式中，还出现了多个状语成分连用的用例，如：

(d) 闷了时，唤童子松阴下横琴膝上；醉后，携棋秤柳阴中对友笑谈。（《金瓶梅词话》第 27 回）

(e) 这来旺儿得不迭一声，拉着雪娥往前飞走。（《金瓶梅词话》第 90 回）

从连动项之间的语义关系来看，这类连动式语义关系多样，表承接关系的共 106 例，如例（a）；表方式关系的有 24 例，如"提着篮儿在那里张望、蹲着身子替他捶、骑着小马后面随从"；表"行为-目的"关系的有 15 例，如"设酒和西门庆接风、与了老和尚一两银子相谢、借尊府奉请、推事故不去"；表解释说明关系的有 14 例，均为"有"字类连动式，如"有几段唱未合拍、没气力和你两个缠"；表补充说明关系的有 14 例，如"寻这个人不见、放着椅儿不坐、摇头儿不吃了、放财物不耽心"；表因果关系的有 1 例，为"二娘害腿疼不去"。

(3) 连动项中的 V 出现 2 类附加成分

① $[(V_1+C)+O]+V_2$

这类连动式中，V_1 的附加成分为宾语和补语，V_1 与补语构成动词性短语，后接宾语，V_2 没有状语、补语、宾语、定语等附加成分。连动项 X_1 和 X_2 分别由 $(V_1+C)+O$ 和 V_2 构成。

在《金瓶梅词话》连动式中，这类连动式用例较多，共 68 例，如：

(a) 拆开回帖观看，原来雷兵备回钱主事帖子多在里面，上写道：来论悉已处分。（《金瓶梅词话》第 67 回）

(b) 这西门庆于是走到李瓶儿房中，奶子、丫头又早起来收拾干净，安顿下茶水伺候。（《金瓶梅词话》第 74 回）

(c) 西门大姐搬进李娇儿房中居住，经济寻取药材衣物，同玳安或平安眼同出入。（《金瓶梅词话》第 83 回）

从连动项之间的语义关系来看，这类用例均为承接关系。

② $[(V_1+O)+C]+V_2$

这类连动式中，V_1 的附加成分为宾语和补语，V_1 和宾语构成动词性短语，后接补语，V_2 没有状语、补语、宾语、定语等附加成分。连动项 X_1 和 X_2 分别由 $(V_1+O)+C$ 和 V_2 构成。

在《金瓶梅词话》连动式中，这类连动式用例共 43 例，如：

(a) 算计的没处去了，把师父缸内的毒药汁，舀了两碗来吃了。（《金瓶梅词话》第 93 回）

(b) 慌了冯妈妈，进房来看视。（《金瓶梅词话》第 17 回）

从连动项之间的语义关系来看，这类连动式均为承接关系。

③ $V_1+[AVD+(V_2+O)]$

这类连动式中，V_1 没有状语、补语、宾语、定语等附加成分，V_2 的附加成分为状语和宾语。V_2 与宾语构成动词性短语，受状语修饰。连动项 X_1 和 X_2 分别由 V_1 和 $AVD+(V_2+O)$ 构成。

在《金瓶梅词话》连动式中，这类连动式用例共 16 例。如：

(a) 鲁华道："他原借小的银两发送妻丧，至今三年光景，延挨不还小的。（《金瓶梅词话》第 19 回）

(b) 你就拜认与爹娘做干女儿，对我说了便怎的，莫不搀了你什么分儿？（《金瓶梅词话》第 32 回）

从连动项之间的语义关系来看，表承接关系的共 11 例，多为由"来"充当 V_1 的连动式，如"来与老爷进献生辰礼物、来与五娘磕头"；表补充说明关系的有 3 例，均为肯否类连动式，如例（a）；表方式关系的有 1 例，为"扒着替他打腿"；表"行为-目的"关系的有 1 例，为"拜认与爹娘做干女儿"。

④ V_1 + [(V_2+C) +O]

这类连动式中,V_1 没有状语、补语、宾语、定语等附加成分,V_2 的附加成分为补语和宾语,V_2 与补语构成动词性短语,后带宾语。连动项 X_1 和 X_2 分别由 V_1 和(V_2+C) +O 构成。

在《金瓶梅词话》连动式中,这类连动式用例共 18 例,如:

(a) 房倒压不杀人,<u>舌头倒压杀人</u>。(《金瓶梅词话》第 78 回)

(b) 少顷,月娘等<u>迎接进入后堂</u>,相见叙礼已毕,请西门庆拜见。(《金瓶梅词话》第 78 回)

从连动项之间的语义关系来看,表承接关系的共 12 例,如例(b);表方式关系的共 3 例,如"跪呈上大红纸手本、跪着吃毕酒";表因果关系的共 2 例,如"熬打逼死女命";表"行为-目的"关系的有 1 例,为"拿着做上些小买卖儿"。

⑤ V_1 + [(V_2+O) +C]

这类连动式中,V_1 没有状语、补语、宾语、定语等附加成分。V_2 的附加成分为宾语和补语,V_2 与宾语构成动词性短语,后带补语。连动项 X_1 和 X_2 分别由 V_1 和(V_2+O) +C 构成。

在《金瓶梅词话》连动式中,这类连动式用例共 21 例,如:

(a) 那王婆陪着吃了几杯酒,吃的脸红红的,<u>告辞回家去了</u>。(《金瓶梅词话》第 8 回)

(b) 西门庆以实情告诉他,就<u>谢了上马来</u>。(《金瓶梅词话》第 54 回)

从连动项之间的语义关系来看,这类用例中表承接关系的共 18 例,如例(a);表方式关系的有 3 例,如"赶着打了他一下、西门庆笑了起身去"。

⑥ V_1 + [AVD+ (V_2+C)]

这类连动式中,V_1 没有状语、补语、宾语、定语等附加成分。V_2 的附加成分为状语和补语,V_2 与补语构成动词性短语,再带状语修饰。连动项 X_1 和 X_2 分别由 V_1 和 AVD+ (V_2+C) 构成。

在《金瓶梅词话》连动式中,这类连动式用例仅 3 例,如:

常时节<u>拉了到店里坐下</u>,量酒打上酒来,摆下一盘熏肉,一盘鲜鱼。(《金瓶梅词话》第 56 回)

从连动项之间的语义关系来看,这类用例中表承接关系的有 2 例,表方式关系的有 1 例。

⑦ [AVD+（V_1+O）]+V_2

这类连动式中，V_1 的附加成分为状语和宾语，V_1 与宾语构成动词性短语，再带状语修饰。V_2 没有状语、补语、宾语、定语等附加成分。连动项 X_1 和 X_2 分别由 AVD+（V_1+O）和 V_2 构成。

在《金瓶梅词话》连动式中，这类连动式用例共 29 例，如：

(a) 只见大家人儿子小铁棍儿，笑嘻嘻在根前舞旋旋的，且拉着经济，<u>问姑夫要炮火章放</u>。（《金瓶梅词话》第 24 回）

(b) 今早应二爹来和书童儿说话，想必受了几两银子，大包子拿到铺子里，就<u>硬凿了二三两使了</u>。（《金瓶梅词话》第 34 回）

从连动项之间的语义关系来看，表承接关系的有 12 例，如例（a）和例（b）；表方式关系的有 6 例，如"两只手抱着他香腮亲着、在炕上铺着小褥子儿倘着、紧挨着他坐"；表解释说明关系的有 4 例，如"不得闲来、多有衣裳穿"；表"行为-目的"关系的有 6 例，如"问咱借房儿住、问我要烧酒吃"；表因果关系的有 1 例，为"晚夕贪睡失晓"。

⑧ [AVD+（V_1+C）]+V_2

这类连动式中，V_1 的附加成分为状语和补语，V_1 与补语构成动词性短语，再带状语修饰。V_2 没有状语、补语、宾语、定语等附加成分。连动项 X_1 和 X_2 分别由 AVD+（V_1+C）和 V_2 构成。

在《金瓶梅词话》连动式中，这类连动式用例共 7 例，如：

(a) 后次他小叔武松东京回来告状，误打死了皂隶李外传，被大官人<u>垫发充军去了</u>。（《金瓶梅词话》第 15 回）

(b) 那玉箫跟到房中，<u>打旋磨儿跪在地下央及</u>："五娘，千万休对爹说。"（《金瓶梅词话》第 64 回）

这类用例中，也出现了多音节词组的用例：

(c) 月娘与众妇人<u>早起来施朱付粉</u>，插花插翠，锦裙绣袄，罗袜弓鞋，妆点妖娆，打扮可喜，都来后边月娘房内，厮见行礼。（《金瓶梅词话》第 78 回）

例（c）中，"施朱傅粉"为固定词组。

这类用例中，还出现了多个状语成分连用的情况，如：

(d) 只见孙雪娥听见李瓶儿前边养孩子，<u>后边慌慌张张一步一跌走来观看</u>，不防黑影里被台基险些不曾绊了一交。（《金瓶梅词话》第 30 回）

例（d）中出现了3个状语成分"后边""慌慌张张""一步一跌"连用的情况。

从连动项之间的语义关系来看，这类用例中表承接关系的有5例，如例（a）；表方式关系的有2例，分别为例（b）和例（d）。

⑨ $(V_1+O_1)+[(V_2+C)+O_2]$

这类连动式中，连动式中的 V_1 只有1类附加成分，V_2 有2类附加成分。V_1 的附加成分为宾语；V_2 的附加成分为补语和宾语，V_2 先与补语构成动词性短语，再带宾语。连动项 X_1 和 X_2 分别由 V_1+O_1 和 $(V_2+C)+O_2$ 构成。

在《金瓶梅词话》连动式中，这类连动式用例共30例，如：

（a）玳安跟盒担走不上，雇了匹驴儿骑来家，打发抬盒人去了。（《金瓶梅词话》第90回）

（b）那王柱掀帘进入房里，朝上磕了头，与李铭站立在旁。（《金瓶梅词话》第46回）

这类连动式中还出现了1例双宾语的用例：

（c）取笔批下命词八句："花盛果收奇异时，欣遇良君立凤池。"（《金瓶梅词话》第91回）

从连动项之间的语义关系来看，表承接关系的共27例；表方式关系的有3例，为"拉着李瓶儿走出仪门、陪着他吃了一回酒、雇了匹驴儿骑来家"。

⑩ $[(V_1+O_1)+C]+(V_2+O_2)$

这类连动式中，连动式中的 V_1 有2类附加成分，V_2 只有1类附加成分。V_1 的附加成分为宾语和补语，V_1 先与宾语构成动词性短语，再带补语；V_2 的附加成分为宾语。连动项 X_1 和 X_2 分别由 $(V_1+O_1)+C$ 和 V_2+O_2 构成。

在《金瓶梅词话》连动式中，这类连动式的用例共62例，如：

（a）他送盒来亲近你我，又在个紧邻，咱休差了礼数，到明日也送些礼物回答他。（《金瓶梅词话》第10回）

（b）饮酒至晚回家，就在前边和如意儿歇了。（《金瓶梅词话》第78回）

（c）这经济见词上许他在荼蘼架下等候私会佳期，随即封了一柄金湘妃竹扇儿，亦写一词在上面答他，袖入花园内。（《金瓶梅词话》第82回）

这类连动式中，也出现了1例双宾语的用例：

（d）书童下席来递西门庆酒，又唱第三个前腔儿："东篱菊绽开，金井梧桐败。"（《金瓶梅词话》第35回）

从连动项之间的语义关系来看，这类用例中，表承接关系的共 48 例；表"行为-目的"关系的共 14 例，如"稍封书去问安、送盒来亲近你我、送礼来祝寿"。

⑪ [（V_1＋O）＋C_1] ＋（V_2＋C_2）

这类连动式中，连动式中的 V_1 有 2 类附加成分，V_2 只有 1 类附加成分。V_1 的附加成分为宾语和补语，V_1 先与宾语构成动词性短语，再带补语，V_2 的附加成分为补语，连动项 X_1 和 X_2 分别由（V_1＋O）＋C_1 和 V_2＋C_2 构成。

在《金瓶梅词话》连动式中，这类连动式的用例共 7 例，如：

（a）书童儿取了一盏茶来递上。（《金瓶梅词话》第 34 回）

（b）茶毕，就揭桌盒盖儿，桌上许多汤饭馔品，拿盏筋儿来安下。（《金瓶梅词话》第 70 回）

这类连动式中，也出现了动词重复的用例：

（c）那奶子如意儿见玉楼往后边，也抱了孝哥儿来看一看。（《金瓶梅词话》第 89 回）

例（c）中，反复体"看一看"表短时态。

从连动项之间的语义关系来看，这类用例均表承接关系。

⑫（V_1＋O_1）＋[（V_2＋O_2）＋C]

这类连动式中，连动式中的 V_1 只有 1 类附加成分，V_2 有 2 类附加成分。V_1 的附加成分为宾语；V_2 的附加成分为宾语和补语，V_2 先与宾语构成动词性短语，再带补语。连动项 X_1 和 X_2 分别由 V_1＋O_1 和（V_2＋O_2）＋C 构成。

在《金瓶梅词话》连动式中，这类连动式用例共 31 例，如：

（a）周守御亦欠身致谢不尽。（《金瓶梅词话》第 76 回）

（b）小玉捧了茶进房去，月娘才起来，闷闷的坐在房里，说道："我没有儿子，受人这样懊恼。"（《金瓶梅词话》第 53 回）

（c）妇人一见，笑的要不的，骂道："怪贼牢拉的短命！猛可舒出你老子头来，唬了我一跳。你趁早好好抽进去，我好不好，拿针刺与你一下子，教你忍痛哩！"（《金瓶梅词话》第 82 回）

这类用例中，出现了 1 例特殊的用例：

（d）西门庆先打发四个唱的轿子去了，拿大钟赏李铭等三人每人两钟酒，与了六钱唱钱，临出门，叫回李铭分付："我十五日要请你周爷，和你荆爷，何老爹众位，你早替叫下四个唱的，休要误了。"（《金瓶梅词话》第 79 回）

例（d）中，连动式中的补语成分为"每人两钟酒"，补充说明动作行为的方式。

这类用例中，还出现了1例名词短语作补语成分的用例：

(e) 舍了江山雪山去，<u>割肉喂鹰鹊巢顶</u>。（《金瓶梅词话》第51回）

例（e）中，方位短语"鹊巢顶"充当补语成分，补充说明动作行为的地点。

从连动项之间的语义关系来看，表承接关系的共27例；表方式关系的共3例，分别为"打着灯笼送他来、带着小帽儿进屋里来、坐轿看他家女儿去"；表解释说明关系的有1例，为"有了五分银子雇你一日"。

⑬ $(V_1+C_1) + [(V_2+C_2)+O]$

这类连动式中，连动式中的 V_1 只有1类附加成分，V_2 有2类附加成分。V_1 的附加成分为补语；V_2 的附加成分为补语和宾语，V_2 先与补语构成动词性短语，再带宾语。连动项 X_1 和 X_2 分别由 V_1+C_1 和 $(V_2+C_2)+O$ 构成。

在《金瓶梅词话》连动式中，这类连动式用例共14例，如：

(a) 今日这六包银子三百两，你<u>拿去搭上个主管</u>，在家门首开个酒店，月间寻些利息孝顺我，也是好处。（《金瓶梅词话》第26回）

(b) <u>坐下吃毕茶</u>，方才说起："李三哥来，今有一宗买卖与你说，你做不做？"（《金瓶梅词话》第78回）

这类连动式中，也出现了动词重叠或反复的用例，如：

(c) 常时节道："我胜那白阿弟的扇子，倒是板骨的，倒也好打板。"金钏道："<u>借来打一打板</u>。"（《金瓶梅词话》第54回）

(d) 到明日买分礼物，<u>过去看看大娘</u>，只相不敢亲近。（《金瓶梅词话》第13回）

例（c）和例（d）中，"打一打"和"看看"分别为动词重复和重叠，前者表动作行为的反复，后者表动作行为的尝试态。

从连动项之间的语义关系来看，这类用例中连动项之间均为承接关系。

⑭ $(V_1+C_1) + [(V_2+O)+C_2]$

这类连动式中，连动式中的 V_1 只有1类附加成分，V_2 有2类附加成分。V_1 的附加成分为补语；V_2 的附加成分为宾语和补语，V_2 先与宾语构成动词性短语，再带补语。连动项 X_1 和 X_2 分别由 V_1+C_1 和 $(V_2+O)+C_2$ 构成。

在《金瓶梅词话》连动式中，这类连动式用例共8例，如：

(a) 董娇儿、韩玉钏儿<u>下来行礼毕</u>，坐下说道："俺两个来了这一日，还没曾唱个儿与娘们听。"（《金瓶梅词话》第43回）

(b) 你汉子吃醉了进我屋里来，我又不曾在前边，平白对着人羞我，望着我丢脸儿。（《金瓶梅词话》第 51 回）

从连动项之间的语义关系来看，这类用例均为承接关系。

⑮ [（V_1＋C_1）＋O] ＋（V_2＋C_2）

这类连动式中，连动式中的 V_1 有 2 类附加成分，V_2 有 1 类附加成分。V_1 的附加成分为补语和宾语，V_1 先与补语构成动词性短语，再带宾语；V_2 的附加成分为补语。连动项 X_1 和 X_2 分别由（V_1＋C_1）＋O 和 V_2＋C_2 构成。

在《金瓶梅词话》连动式中，这类连动式用例共 25 例，如：

(a) 割断脚带解卸下，搣救了半日，不知多咱时分呜呼哀哉死了。（《金瓶梅词话》第 26 回）

(b) 来安儿拿上案酒摆下，西门庆分付："再取双钟筯儿，请你姐夫来坐坐。"（《金瓶梅词话》第 72 回）

这类连动式中，也出现了动词反复体的用例，如：

(c) 阎王道：那得知你吃不吃，且割开肚子验一验。（《金瓶梅词话》第 54 回）

从连动项之间的语义关系来看，这类用例均为承接关系。

⑯ [（V_1＋C）＋O_1] ＋（V_2＋O_2）

这类连动式中，连动式中的 V_1 有 2 类附加成分，V_2 有 1 类附加成分。V_1 的附加成分为补语和宾语，V_1 先与补语构成动词性短语，再带宾语；V_2 的附加成分为宾语。连动项 X_1 和 X_2 分别由（V_1＋C_1）＋O_1 和 V_2＋O_2 构成。

在《金瓶梅词话》连动式中，这类连动式用例共 84 例，如：

(a) 吃毕茶，两个放桌儿，摆下棋子盘儿下棋。（《金瓶梅词话》第 11 回）

(b) 陈定听见大姐死了，恐怕连累，先走去西门庆家中报知月娘。（《金瓶梅词话》第 92 回）

这类用例中，也出现了宾语成分为小句的情况：

(c) 出来院内要打秋菊。（《金瓶梅词话》第 30 回）

(d) 挨不过凄凉要寻死路，百忙里舍不的颜命。（《金瓶梅词话》第 93 回）

例 (c) 和例 (d) 中，V_2 情态动词"要"后的宾语成分为动词短语"打秋菊"和"寻死路"。

从连动项之间的语义关系来看，表行为-目的关系的有 2 例，如"择定几时起身";表因果关系的有 1 例;其余用例均表承接关系。

⑰ [（V_1+O_1）+C_1] + [（V_2+C_2）+O_2]

这类连动式中，连动式中的 V 均有 2 类附加成分，V_1 和 V_2 的附加成分均为宾语和补语，V_1 先与宾语构成动词性短语，再带补语；V_2 先与补语构成动词性短语，再带宾语。连动项 X_1 和 X_2 分别由（V_1+O_1）+C_1 和（V_2+C_2）+O_2 构成。

在《金瓶梅词话》连动式中，这类连动式用例共 4 例，如：

(a) 老婆道："呸！贼没算计的。比是搭月台，买些砖瓦来盖上两间厦子，却不好？"（《金瓶梅词话》第 48 回）

(b) 迎春便把绣褥来衬起李瓶儿的手，又把锦帕来拥了玉臂，又把自己袖口笼着他纤指，从帐底下露出一段粉白的臂来，与太医看脉。（《金瓶梅词话》第 54 回）

从连动项之间的语义关系来看，这类用例均为承接关系。

⑱ [（V_1+C_1）+O_1] + [（V_2+O_2）+C_2]

这类连动式中，连动式中的 V 均有 2 类附加成分，V_1 和 V_2 的附加成分均为宾语和补语，V_1 先与补语构成动词性短语，再带宾语；V_2 先与宾语构成动词性短语，再带补语。连动项 X_1 和 X_2 分别由（V_1+C_1）+O_1 和（V_2+O_2）+C_2 构成。

在《金瓶梅词话》连动式中，这类连动式用例共 8 例，如：

(a) 武二听言，沉吟了半晌，便撇下了王婆出门去。（《金瓶梅词话》第 9 回）

(b) 唬的春梅两步做来一步走，奔入后房中看孩儿去了。（《金瓶梅词话》第 99 回）

从连动项之间的语义关系来看，这类用例均为承接关系。

⑲ [（V_1+C_1）+O_1] + [（V_2+C_2）+O_2]

这类连动式中，连动式中的 V 均有 2 类附加成分，V_1 和 V_2 的附加成分均为补语和宾语，V_1 和 V_2 均先与补语构成动词性短语，再带宾语。连动项 X_1 和 X_2 分别由（V_1+C_1）+O_1 和（V_2+C_2）+O_2 构成。

在《金瓶梅词话》连动式中，这类连动式用例共 5 例，如：

(a) 二人掀开帘子进入明间内，只见书童在书房里。（《金瓶梅词话》第 34 回）

(b) 出来厅上拂去尘土，把行李搭连教王经送到家去。（《金瓶梅词话》第 59 回）

从连动项之间的语义关系来看,这类用例均为承接关系。

⑳ [(V_1+O)+C]+(AVD+V_2)

这类连动式中,连动式中的 V_1 有 2 类附加成分,V_2 有 1 类附加成分。V_1 的附加成分为宾语和补语,V_1 先与宾语构成动词性短语,再带补语;V_2 的附加成分为状语。连动项 X_1 和 X_2 分别由(V_1+O)+C 和 AVD+V_2 构成。

在《金瓶梅词话》连动式中,这类连动式用例仅 2 例:

(a) 于是取了苕帚来替他扫瓜子皮儿。(《金瓶梅词话》第 24 回)

(b) 玳安进到房里去话了一声,就掌灯出来回报。(《金瓶梅词话》第 54 回)

从连动项之间的语义关系来看,上述例句为承接关系。

㉑ [(V_1+C)+O]+(AVD+V_2)

这类连动式中,连动式中的 V_1 有 2 类附加成分,V_2 有 1 类附加成分。V_1 的附加成分为补语和宾语,V_1 先与补语构成动词性短语,再带宾语;V_2 的附加成分为状语。连动项 X_1 和 X_2 分别由(V_1+C)+O 和 AVD+V_2 构成。

在《金瓶梅词话》连动式中,这类连动式用例共 14 例,如:

(a) 武大若挑担儿出去,大户候无人,便蓦入房中与金莲厮会。(《金瓶梅词话》第 1 回)

(b) 小园昨日春风急,吹折江梅就地拖。(《金瓶梅词话》第 86 回)

这类连动式中,还出现了多个状语成分连用的用例,如:

(c) 那傅伙计最是个小胆儿的人,见头势不好,穿上衣裳悄悄往家一溜烟走了。(《金瓶梅词话》第 86 回)

从连动项之间的语义关系来看,这类用例均为承接关系。

㉒ (V_1+C)+[AVD+(V_2+O)]

这类连动式中,连动式中的 V_1 有 1 类附加成分,V_2 有 2 类附加成分。V_1 的附加成分为补语;V_2 的附加成分为宾语和状语,V_2 先与宾语构成动词性短语,再带状语。连动项 X_1 和 X_2 分别由 V_1+C 和 AVD+(V_2+O) 构成。

在《金瓶梅词话》连动式中,这类连动式用例共 17 例,如:

(a) 老身却走过去问他借历日,央及人拣个好日期,叫个裁缝来做。(《金瓶梅词话》第 3 回)

(b) 这西门庆赶出去不见他,只见春梅站在上房门首,就一手搭伏着春梅肩背,往前边来。(《金瓶梅词话》第 73 回)

这类连动式中，也出现了多个状语成分连用的用例，如：

(c) 到晚夕要吃茶，淫妇就<u>起来连忙替他送茶</u>，又忔忽儿替他盖被儿，两个就弄将起来。(《金瓶梅词话》第72回)

(d) 痛哭了一场，<u>起来与春梅、翠屏插烛也似磕了四个头</u>，说道："奴与他虽是露水夫妻，他与奴说山盟，言海誓，情深意厚，实指望和他同谐到老。"(《金瓶梅词话》第99回)

从连动项之间的语义关系来看，这类用例中表承接关系的共15例；表补充说明关系的有2例，分别为"躲了一夜不敢出来"和例(b)。

㉓ (V_1+C_1) + [AVD+ (V_2+C_2)]

这类连动式中，连动式中的 V_1 有1类附加成分，V_2 有2类附加成分。V_1 的附加成分为补语；V_2 的附加成分为状语和状语，V_2 先与补语构成动词性短语，再带状语。连动项 X_1 和 X_2 分别由 V_1+C_1 和 AVD+ (V_2+C_2) 构成。

《金瓶梅词话》连动式中，这类连动式用例共12例，如：

(a) 吃了饭，<u>出来在书房内坐下</u>。(《金瓶梅词话》第77回)

(b) 一面<u>跪在地下不起来</u>。(《金瓶梅词话》第72回)

(c) 少顷，画童儿拿茶至，三人吃了茶，<u>出来外边松墙外各花台边走了一遭</u>。(《金瓶梅词话》第52回)

从连动项之间的语义关系来看，这类用例中表承接关系的共11例，表补充说明关系的有1例，为例(b)。

㉔ [(V_1+C_1) +O_1] + [AVD+ (V_2+O_2)]

这类连动式中，连动式中的 V 均有2类附加成分。V_1 的附加成分为补语和宾语，V_2 的附加成分为状语和宾语。V_1 先与补语构成动词性短语，再带宾语；V_2 先与宾语构成动词性短语，再带状语。连动项 X_1 和 X_2 分别由 (V_1+C_1) + O_1 和 AVD+ (V_2+O_2) 构成。

在《金瓶梅词话》连动式中，这类连动式用例共6例，如：

(a) 春梅洴上梅汤，走来扶着椅儿，<u>取过西门庆手中芭蕉扇儿替他打扇</u>，问道："头里大娘和你说甚么话来？"(《金瓶梅词话》第29回)

(b) 如意儿道："相五娘那边，潘姥姥来一遭，遇着爹在那边歇，<u>就过来这屋里和娘做伴儿</u>，临去娘与他鞋面、衣服、银子，甚么不与他！五娘还不道是。(《金瓶梅词话》第62回)"

(c) 终宵故把芳心诉，<u>留住东风不放归</u>。(《金瓶梅词话》第72回)

从连动项之间的语义关系来看，表"行为-目的"关系的有 1 例，为例（a）；表补充说明关系的有 1 例，为例（c）；其余用例均表承接关系。

㉕ $(V_1+O_1) + [AVD+ (V_2+O_2)]$

这类连动式中，连动式中的 V_1 有 1 类附加成分，V_2 有 2 类附加成分。V_1 的附加成分为宾语；V_2 的附加成分为状语和宾语，V_2 先与宾语构成动词性短语，再带状语。连动项 X_1 和 X_2 分别由 V_1+O_1 和 $AVD+ (V_2+O_2)$ 构成。

在《金瓶梅词话》连动式中，这类连动式用例不多，共计 66 例，如：

（a）西门庆陪侍，韩金钏儿把金樽在旁边递酒，书童拍手歌唱［玉芙蓉］唱道：东风柳絮飘。（《金瓶梅词话》第 49 回）

（b）你二人休教你老爷知道，拿这银子替我买一具棺材，把他装殓了，抬出城外，择方便地方埋葬停当，我还重赏你。（《金瓶梅词话》第 88 回）

（c）常时口干，得恁一个在口内，噙着他倒生好些津液。（《金瓶梅词话》第 68 回）

（d）闭门不管闲风月，分付梅花自主张。（《金瓶梅词话》第 99 回）

这类连动式中，也出现了多个状语成分连用的用例，如：

（e）小玉骂道："你这淫妇！我后边看茶，你抱着执壶在席上与娘斟酒。"（《金瓶梅词话》第 31 回）

这类用例中，也出现了双宾语的情况，如：

（f）每人递书帕二事与西门庆祝寿。（《金瓶梅词话》第 58 回）

从连动项之间的语义关系来看，表承接关系的有 42 例，如例（d）；表方式关系的有 7 例，如"执着烛满帐得蚊、拿大金桃杯满斟一杯、捧着经济脸一连亲了几个嘴、挨身做一处饮酒"；表补充说明关系的有 5 例，如"赌个誓不接他、来家不敢隐讳"；表"行为-目的"关系的有 7 例，如"买些酒食与他回礼、寻书童儿问他讨话、备了些礼儿在此谢我、收拾花园内楼下三间与他做房"；表解释说明关系的有 2 例，如"有些个机密事紧要商量"；表因果关系的有 3 例，如"有眼疾不得来"。

㉖ $(V_1+O) + [AVD+ (V_2+C)]$

这类连动式中，连动式中的 V_1 有 1 类附加成分，V_2 有 2 类附加成分。V_1 的附加成分为宾语；V_2 的附加成分为状语和补语，V_2 先与补语构成动词性短语，再带状语。连动项 X_1 和 X_2 分别由 V_1+O 和 $AVD+ (V_2+C)$ 构成。

在《金瓶梅词话》连动式中，这类连动式用例共 36 例，如：

（a）不一时，婆子拿篮子买了许多鸡鱼嘎饭菜蔬果品，<u>来厨下替他安排端正</u>。（《金瓶梅词话》第 37 回）

（b）李瓶儿<u>拿机儿在旁边坐下</u>，桌下放着一架小火盆儿。（《金瓶梅词话》第 38 回）

（c）西门庆<u>出门厮见毕</u>，两个一齐说："哥哥一路辛苦。"（《金瓶梅词话》第 55 回）

这类用例中，也出现了多个状语成分连用的用例，如：

（d）这妇人情知不是，<u>叉手望他深深拜了一拜</u>，说道："奴家一时被风失手，误中官人，休怪。"（《金瓶梅词话》第 2 回）

（e）那韩道国千恩万谢，<u>出门与节级同往牛皮街分付去了</u>。（《金瓶梅词话》第 34 回）

这类用例中，也出现了动词重叠的用例，如：

（f）春梅向月娘说："姥姥，你<u>引我往俺娘那边花园山子下走走</u>。"（《金瓶梅词话》第 96 回）

例（f）中，"走走"为动词重叠表短时态。

从连动项之间的语义关系来看，表承接关系的有 22 例，如例（e）；表方式关系的有 7 例，如"挑着担儿大雪里归来、瞒着俺每已搬过去了、骑着驴子打门首过去了、陪他对坐下"；表补充说明关系的有 3 例，分别为"偷了东西不拿出来、到房门首不进去、躲酒不出来"；表解释说明关系的有 1 例，为"有甚言语在别人处说来"；表"行为-目的"关系的有 3 例，如"拿帖段子铺讨去罢、脱了衣裳好生要要"。

㉗ [（V_1＋O）＋C] ＋ [AVD＋（V_2＋O）]

这类连动式中，连动式中的 V 均有 2 类附加成分。V_1 的附加成分为宾语和补语，V_2 的附加成分为状语和补语。V_1 先与宾语构成动词性短语，再带补语。V_2 先与宾语构成动词性短语，再带状语。连动项 X_1 和 X_2 分别由（V_1＋O）＋C 和 AVD＋（V_2＋O）构成。

在《金瓶梅词话》连动式中，这类连动式用例仅 2 例，如：

（a）不想那日韩道国妻王六儿，亦备了张祭桌，乔素打扮，<u>坐轿子来与西门庆烧纸</u>。（《金瓶梅词话》第 80 回）

（b）那经济笑着，<u>拿酒来刚呷了两口</u>，潘姥姥叫："春梅姐姐，你拿箸儿与哥哥，教他吃寡酒？"（《金瓶梅词话》第 33 回）

从连动项之间的语义关系来看，上述例句均表承接关系。

㉘ [AVD+（V$_1$+O）]+（V$_2$+C）

这类连动式中，连动式中的 V$_1$ 有 2 类附加成分，V$_2$ 有 1 类附加成分。V$_1$ 的附加成分为宾语和状语，V$_2$ 的附加成分为补语。V$_1$ 与宾语构成动词性短语，再带状语。连动项 X$_1$ 和 X$_2$ 分别由 AVD+（V$_1$+O）和 V$_2$+C 构成。

在《金瓶梅词话》连动式中，这类连动式用例共 19 例，如：

（a）这安童<u>向怀中取状递上</u>。（《金瓶梅词话》第 48 回）

（b）西门庆坐下，妇人又<u>浓浓点一盏胡桃夹盐笋泡茶递上去</u>，西门庆吃了。（《金瓶梅词话》第 37 回）

（c）正是：梦中无限伤心事，<u>独坐空房哭到明</u>。（《金瓶梅词话》第 88 回）

从连动项之间的语义关系来看，表方式关系的有 1 例，为例（c）；其余用例均表承接关系。

㉙ [AVD$_1$+（V$_1$+O）]+（AVD$_2$+V$_2$）

这类连动式中，连动式中的 V$_1$ 有 2 类附加成分，V$_2$ 有 1 类附加成分。V$_1$ 的附加成分为宾语和状语，V$_2$ 的附加成分为状语。V$_1$ 与宾语构成动词性短语，再带状语。连动项 X$_1$ 和 X$_2$ 分别由 AVD$_1$+（V$_1$+O）和 AVD$_2$+V$_2$ 构成。

在《金瓶梅词话》连动式中，这类连动式用例共 19 例，如：

（a）那守门官道："老爷不在家了，<u>朝中议事未回</u>。"（《金瓶梅词话》第 18 回）

（b）<u>到跟前拿银子和他讲</u>，三百五十两上，也该拆他的。（《金瓶梅词话》第 35 回）

（c）金莲见官哥儿脖子里围着条白挑线汗巾子，<u>手里把着个李子往口里吮</u>，问道："是你的汗巾子？"（《金瓶梅词话》第 52 回）

这类用例中，也出现了多个状语成分连用的用例：

（d）老婆央来旺儿对西门庆说了，<u>替他拿贴儿县里和县丞说</u>，差人捉住正犯，问成死罪，抵了蒋聪命。（《金瓶梅词话》第 22 回）

从连动项之间的语义关系来看，表承接关系的有 15 例；表补充说明关系的有 2 例，分别为"朝中议事未回、径低头不言语"；表因果关系的有 1 例，为"经济庙中有事不去"；表方式关系的有 1 例，为"正搂着春梅做一处顽耍"。

㉚ [AVD$_1$+（V$_1$+C）]+（AVD$_2$+V$_2$）

这类连动式中，连动式中的 V$_1$ 有 2 类附加成分，V$_2$ 有 1 类附加成分。V$_1$ 的附加成分为补语和状语，V$_2$ 的附加成分为状语。V$_1$ 与补语构成动词性短语，再带状语。连动项 X$_1$ 和 X$_2$ 分别由 AVD$_1$+（V$_1$+C）和 AVD$_2$+V$_2$ 构成。

在《金瓶梅词话》连动式中，这类连动式用例仅 2 例：

（a）就是外边有三百四百两银子欠帐，文书合同已都交与你老人家，<u>陆续讨来家中盘缠</u>。（《金瓶梅词话》第 7 回）

（b）玳安<u>悄悄进来替他禀问</u>，被西门庆喝了一声，唬的众人一溜烟走了。（《金瓶梅词话》第 68 回）

从连动项之间的语义关系来看，这类用例均为承接关系。

㉛ [AVD$_1$ +（V$_1$ + O$_1$）] + [AVD$_2$ +（V$_2$ + O$_2$）]

这类连动式中，连动式中的 V 均有 2 类附加成分。两者的附加成分均为宾语和状语，均先与宾语构成动词性短语，再带状语。连动项 X$_1$ 和 X$_2$ 分别由 AVD$_1$ +（V$_1$ + O$_1$）和 AVD$_2$ +（V$_2$ + O$_2$）构成。

在《金瓶梅词话》连动式中，这类连动式用例仅 2 例：

（a）西门庆于是吃毕，<u>亦满斟了一杯回奉妇人</u>，安他上席坐下。（《金瓶梅词话》第 16 回）

（b）不想那日二捣鬼打听他哥不在，大白日装酒，和妇人吃醉了，<u>倒插了门在房里干事</u>。（《金瓶梅词话》第 33 回）

从连动项之间的语义关系来看，上述用例均表承接关系。

㉜ [AVD+（V$_1$ + O$_1$）] +（V$_2$ + O$_2$）

这类连动式中，连动式中的 V$_1$ 有 2 类附加成分，V$_2$ 有 1 类附加成分。V$_1$ 的附加成分为宾语和状语，V$_2$ 的附加成分为宾语。V$_1$ 与宾语构成动词性短语，再带状语。连动项 X$_1$ 和 X$_2$ 分别由 AVD+（V$_1$ + O$_1$）和 V$_2$ + O$_2$ 构成。

在《金瓶梅词话》连动式中，这类连动式用例共 43 例，如：

（a）即忙打点金银宝玩，驮装停当，把家人来保、来旺叫到卧房中，悄悄分付，如此如此，这般这般，雇头口，<u>星夜上东京打听消息</u>，不消到尔陈亲家老爹下处，但有不好声色，取巧打点停当，速来回报。（《金瓶梅词话》第 17 回）

（b）春梅也不拿箸，故意殴他，<u>向攒盒内取了两个核桃递与他</u>。（《金瓶梅词话》第 33 回）

这类用例中，也出现了宾语成分为小句和宾语前置的用例，如：

（c）<u>仰观神女思同寝</u>，每见嫦娥要讲欢。（《金瓶梅词话》第 89 回）

（d）<u>猛回头凤楼凝望</u>，全不见碧琉璃瓦鸳鸳鸯鸯。（《金瓶梅词话》第 71 回）

例（c）中，V$_2$ "思" 的宾语成分为动词短语 "同寝"。例（d）中，V$_2$ "凝望" 的宾语成分 "凤楼" 前置。

从连动项之间的语义关系来看，表承接关系的有 31 例；表方式关系的有 2 例，分别为"街上卖炊饼度日、趁熟觅些衣饭为生"；表"行为-目的"关系的有 9 例，如"问你三娘讨三钱银子赏他、问他娘张氏要本钱做买卖、书袋内取一两银子谢长老"；表解释说明关系的有 1 例，为"包内又有几件妇女衣服与你娘"。

㉝ [AVD+（V_1+O_1）]+[（V_2+O_2）+C]

这类连动式中，连动式中的 V 均有 2 类附加成分。V_1 的附加成分为宾语和状语，V_2 的附加成分为宾语和补语。V_1 与宾语构成动词性短语，再带状语。V_2 与宾语构成动词性短语，再带补语。连动项 X_1 和 X_2 分别由 AVD+（V_1+O_1）和（V_2+O_2）+C 构成。

在《金瓶梅词话》连动式中，这类连动式用例仅 1 例，为：

慌的老身背着王家人，连忙撺掇姐儿，<u>打后门起身上轿去了</u>。（《金瓶梅词话》第 59 回）

从连动项之间的语义关系来看，上例表承接关系。

㉞ [AVD+（V_1+O_1）]+[（V_2+C）+O_2]

这类连动式中，连动式中的 V 均有 2 类附加成分。V_1 的附加成分为宾语和状语，V_2 的附加成分为宾语和补语。V_1 与宾语构成动词性短语，再带状语；V_2 与补语构成动词性短语，再带宾语。连动项 X_1 和 X_2 分别由 AVD+（V_1+O_1）和（V_2+C）+O_2 构成。

在《金瓶梅词话》连动式中，这类连动式用例仅 2 例，为：

（a）这玳安慢慢掀帘子进入书房，向西门庆请道："桂姐家去，请爹说话。"（《金瓶梅词话》第 45 回）

（b）次日，委典史臧不息，带领吏书保甲邻人等，<u>前至经济家抬出尸首</u>，当场检验。（《金瓶梅词话》第 92 回）

从连动项之间的语义关系来看，上例表承接关系。

㉟ [AVD+（V_1+C_1）]+（V_2+C_2）

这类连动式中，连动式中的 V_1 有 2 类附加成分，V_2 有 1 类附加成分。V_1 的附加成分为补语和状语，V_2 的附加成分为补语。V_1 与补语构成动词性短语，再带状语。连动项 X_1 和 X_2 分别由 AVD+（V_1+C_1）和 V_2+C_2 构成。

在《金瓶梅词话》连动式中，这类连动式用例共 8 例，如：

（a）待西门庆出了门，口里喃喃呐呐骂道："贼作死的强盗，把人妆出去杀了，才是好汉！一个猫儿碍着你吃噇屎，<u>亡神也似走的来摔死了</u>。"（《金瓶梅词话》第 59 回）

（b）刚合眼一场幽梦，<u>猛惊回哭到天明</u>。（《金瓶梅词话》第 93 回）

这类连动式中，也出现了多个状语成分连用和动词反复体的用例，如：

（c）教秋菊："你往后边问他每借来使使罢。"（《金瓶梅词话》第72回）

从连动项之间的语义关系来看，这类用例均表承接关系。

㊱ [AVD+（V$_1$+C）]+（V$_2$+O）

这类连动式中，连动式中的 V$_1$ 有 2 类附加成分，V$_2$ 有 1 类附加成分。V$_1$ 的附加成分为补语和状语，V$_2$ 的附加成分为宾语。V$_1$ 与补语构成动词性短语，再带状语。连动项 X$_1$ 和 X$_2$ 分别由 AVD+（V$_1$+C）和 V$_2$+O 构成。

在《金瓶梅词话》连动式中，这类连动式用例共 12 例，如：

（a）那王经接毡包进去，良久抱出来交与应宝，说道："里面两套上色段子织金衣服，大小五件头面，一双二珠环儿。"（《金瓶梅词话》第78回）

（b）只见陈经济打他门首过，向前扒在地下磕了个头。（《金瓶梅词话》第93回）

这类连动式中，也出现了动词反复体和宾语成分为小句的用例：

（c）铺子里钥匙并帐簿，都交与奔四罢了，省的你又上宿去，家里歇息歇息好走路儿。（《金瓶梅词话》第51回）

例（c）中，方位短语"家里"充当状语成分，"歇息歇息"为动词反复体表短时态，V$_2$"好"为情态动词，后接的宾语成分为动词短语"走路儿"。

从连动项之间的语义关系来看，这类用例中表承接关系的有 9 例，如例（a）；表"行为-目的"关系的有 2 例，分别为"强霸拦在此做甚"和例（c）；表方式关系的有 1 例，为"一窝丝攒上戴着银丝鬏髻"。

㊲ （AVD$_1$+V$_1$）+[AVD$_2$+（V$_2$+O）]

这类连动式中，连动式中的 V$_1$ 有 1 类附加成分，V$_2$ 有 2 类附加成分。V$_1$ 的附加成分为状语，V$_2$ 的附加成分为状语和宾语。V$_2$ 与宾语构成动词性短语，再带状语。连动项 X$_1$ 和 X$_2$ 分别由 AVD$_1$+V$_1$ 和 AVD$_2$+（V$_2$+O）构成。

在《金瓶梅词话》连动式中，这类连动式用例共 5 例，如：

（a）如今阴司不收，我白日游游荡荡，夜归向各处寻讨浆水，适间蒙你送了一陌钱纸与我。（《金瓶梅词话》第88回）

（b）经济道："是非终日有，不听自然无。怪不的说舌的奴才，到明日得了好？大娘眼见不信他。"（《金瓶梅词话》第83回）

从连动项之间的语义关系来看，表承接关系的有 4 例；表补充说明关系的有 1 例，为例（b）。

㊳（$V_1+C_1+O+C_2$）+V_2

这类连动式中，在连动项 X 内部，V_1 的附加成分为补语和宾语。其中，补语成分由复合趋向词语充当，分列宾语前后，构成 $V+C_1+O+C_2$ 格式。V_2 没有状语、补语、宾语、定语等附加成分。连动项 X_1 和 X_2 分别由 $V_1+C_1+O+C_2$ 和 V_2 构成。

在《金瓶梅词话》连动式中，这类连动式用例不少，共 24 例，如：

(a) 这西门庆便仆<u>入床下去</u>躲。(《金瓶梅词话》第 5 回)

(b) 金莲<u>取过等子来</u>秤，只重三钱七分，因问："李娇儿怎的？"(《金瓶梅词话》第 21 回)

(c) 众人才<u>拿起汤饭来</u>吃，只见玳安走来报道："祝爹来了。"(《金瓶梅词话》第 42 回)

上面的例句中，补语由复合趋向词语"入……去""过……来""起……来"充当，从而构成 $V+C_1+O+C_2$ 格式，即"入床下去""取过等子来""拿起汤饭来"，再与第二个连动项"躲""秤""吃"连用，构成连动式。

从连动项之间的关系来看，这类连动式均表承接关系。

㊴（$V_1+C_1+O_1+C_2$）+（V_2+O_2）

这类连动式中，在连动项 X 内部，连动式中的 V_1 有 2 类附加成分，V_2 只有 1 类附加成分。V_1 的附加成分为补语和宾语，其中，补语成分由复合趋向词语充当，分列宾语前后，构成 $V+C_1+O_1+C_2$ 格式。V_2 的附加成分为宾语。连动项 X_1 和 X_2 分别由 $V_1+C_1+O_1+C_2$ 和 V_2+O_2 构成。

在《金瓶梅词话》连动式中，这类连动式用例共 16 例，如：

(a) 王婆一力撺掇，<u>拿出一吊钱来与何九</u>，打发众火家去了，就问几时出去。(《金瓶梅词话》第 6 回)

(b) 堂客都在灵旁厅内，围着帏屏，<u>放下帘来摆放桌席</u>，朝外观看。(《金瓶梅词话》第 80 回)

从连动项之间的语义关系来看，这类用例均表承接关系。

㊵（$V_1+C_1+O+C_2$）+（$AVD+V_2$）

这类连动式中，在连动项 X 内部，连动式中的 V_1 有 2 类附加成分，V_2 只有 1 类附加成分。V_1 的附加成分为补语和宾语，其中，补语成分由复合趋向词语充当，分列宾语前后，构成 $V+C_1+O+C_2$ 格式。V_2 的附加成分为状语。连动项 X_1 和 X_2 分别由 $V_1+C_1+O+C_2$ 和 $AVD+V_2$ 构成。

在《金瓶梅词话》连动式中，这类连动式用例共 4 例，如：

(a) 妇人拿在手内，取过他的那只鞋来一比，都是大红四季花嵌八宝段子白绫平底绣花鞋儿，绿提根儿，蓝口金儿。(《金瓶梅词话》第 28 回)

(b) 当下直吃到炎光西坠，微雨生凉的时分，春梅拿起大金荷花杯来相劝。(《金瓶梅词话》第 97 回)

从连动项之间的语义关系来看，这类用例均表承接关系。

㊶ $(V_1+C_1+O+C_2)+[AVD+(V_2+C_3)]$

这类连动式中，在连动项 X 内部，连动式中的 V 均有 2 类附加成分。V_1 的附加成分为补语和宾语，其中，补语成分由复合趋向词语充当，分列宾语前后，构成 $V+C_1+O+C_2$ 格式。V_2 的附加成分为状语和补语，V_2 先与补语结合构成动词短语，再带状语。连动项 X_1 和 X_2 分别由 $V_1+C_1+O+C_2$ 和 $AVD+(V_2+C_3)$ 构成。

在《金瓶梅词话》连动式中，这类连动式用例仅 1 例，为：

土兵摆上酒来，热下饭来一齐拿上来。(《金瓶梅词话》第 2 回)

从连动项之间的语义关系来看，上例表承接关系。

㊷ $(V_1+C_1+O+C_2)+(V_2+C_3)$

这类连动式中，在连动项 X 内部，连动式中的 V_1 有 2 类附加成分，V_2 只有 1 类附加成分。V_1 的附加成分为补语和宾语，其中，补语成分由复合趋向词语充当，分列宾语前后，构成 $V_1+C_1+O+C_2$ 格式。V_2 的附加成分为补语。连动项 X_1 和 X_2 分别由 $V_1+C_1+O+C_2$ 和 V_2+C_3 构成。

在《金瓶梅词话》连动式中，这类连动式用例共 7 例，如：

(a) 一面接过官儿来抱在怀里，一直往后去了。(《金瓶梅词话》第 32 回)

(b) 西门庆请任医官来看一遍，讨将药来吃下去，如水浇石一般，越吃药越旺。(《金瓶梅词话》第 60 回)

这类用例中，也出现了动词反复体的用例：

(c) 金莲道："他在屋里，好不哭着寻你，我抱出他来走走。"(《金瓶梅词话》第 32 回)

上例中，动词重叠表反复，表动作行为的短时态。

从连动项之间的语义关系来看，这类用例均表承接关系。

㊸ $(V_1+C_1+O_1+C_2)+[(V_2+O_2)+C_3]$

这类连动式中，在连动项 X 内部，连动式中的 V 均有 2 类附加成分，V_1 和 V_2 的附加成分均为补语和宾语，其中，V_1 的补语成分由复合趋向词语充当，分列宾语前后，构成 $V_1+C_1+O_1+C_2$ 格式。连动项 X_1 和 X_2 分别由 $V_1+C_1+O_1+C_2$ 和 $(V_2+O_2)+C_3$ 构成。

在《金瓶梅词话》连动式中，这类连动式用例仅 2 例：

(a) 你来家该摆席酒儿，<u>请过人来知谢人一知谢儿</u>，还一扫帚扫的人光光的，问人找起后帐儿来了！（《金瓶梅词话》第 14 回）

(b) 既好些了，罢；若不好，<u>拿到衙门里去拶与老淫妇一拶子</u>。（《金瓶梅词话》第 33 回）

从连动项之间的语义关系来看，例（a）表行为-目的关系，例（b）表承接关系。

㊹ $V_1+(V_2+C_1+O+C_2)$

这类连动式中，在连动项 X 内部，V_1 没有状语、补语、宾语、定语等附加成分。V_2 有两类附加成分，分别为补语和宾语。其中，补语成分由复合趋向词语充当，分列宾语前后，构成 $V_2+C_1+O+C_2$ 格式。连动项 X_1 和 X_2 分别由 V_1 和 $V_2+C_1+O+C_2$ 构成。

在《金瓶梅词话》连动式中，这类连动式用例仅 2 例：

(a) 到次日，李三、黄四果然买了酒礼，伯爵领着两个小厮，<u>抬着送到西门庆家来</u>。（《金瓶梅词话》第 45 回）

(b) 我好意往你家问，反吃你兄弟杨二风拿瓦楔礤破头，<u>赶着打上我家门来</u>。（《金瓶梅词话》第 96 回）

从连动项之间的语义关系来看，上述用例均表承接关系。

㊺ $(V_1+O_1)+(V_2+C_1+O_2+C_2)$

这类连动式中，在连动项 X 内部，连动式中的 V_1 有 1 类附加成分，V_2 有 2 类附加成分。V_1 的附加成分为宾语，V_2 的附加成分为宾语和补语，其中，补语成分由复合趋向词语充当，分列宾语前后，构成 $V_2+C_1+O_2+C_2$ 格式。连动项 X_1 和 X_2 分别由 V_1+O_1 和"$V_2+C_1+O_2+C_2$ 构成。

在《金瓶梅词话》连动式中，这类连动式用例共 12 例，如：

(a) 螃蟹方欲跳，撞遇两个女子来汲水，用草绳儿把他拴住，<u>打了水带回家去</u>。（《金瓶梅词话》第 21 回）

(b) 不一时，<u>放桌儿摆上饭来</u>。（《金瓶梅词话》第 60 回）

(c) 当下吴大舅一行人骑头口，<u>簇拥着月娘轿子进入山来</u>。（《金瓶梅词话》第 84 回）

从连动项之间的语义关系来看，这类用例中表承接关系的有 8 例，如例（a）；表方式关系的有 3 例，分别为"睁着眼骂起我来、拿着草归到房来、簇拥着月娘轿子进入山来";表目的-行为关系的有 1 例,为"做甚么拿进他这把壶来"。

㊻ $(V_1+C_1+O_1+C_2) + (V_2+C_3+O_2+C_4)$

这类连动式中,在连动项 X 内部,连动式中的 V 均有 2 类附加成分,V_1 和 V_2 的附加成分均为宾语和补语,其中,两者的补语成分均由复合趋向词语充当,分列宾语前后,构成 $V_1+C_1+O_1+C_2$ 和 $V_2+C_3+O_2+C_4$ 格式。连动项 X_1 和 X_2 分别由 $V_1+C_1+O_1+C_2$ 和 $V_2+C_3+O_2+C_4$ 构成。

在《金瓶梅词话》连动式中,这类连动式用例仅 1 例,为:

我便一头顶住那老婆子,你便<u>奔入房里去叫起屈来</u>。(《金瓶梅词话》第 5 回)

从连动项之间的语义关系来看,上例表承接关系。

(4) 连动项中的 V 出现 3 类附加成分

① $(V_1+C_1) + \{AVD+[(V_2+C_2)+O]\}$

这类连动式中,在连动项 X 内部,连动式中的 V_1 只有 1 类附加成分,V_2 有 3 类附加成分。V_1 的附加成分为补语,V_2 的附加成分为宾语、补语和状语,V_2 先与补语构成动词性短语,再带宾语,最后受状语修饰。连动项 X_1 和 X_2 分别由 V_1+C_1 和 $AVD+[(V_2+C_2)+O]$ 构成。

在《金瓶梅词话》连动式中,这类连动式用例仅 2 例:

(a) <u>走出来一把手扯住经济</u>,就问他要人。(《金瓶梅词话》第 93 回)

(b) 只见小周儿在影壁前探头舒脑的,李瓶儿道:"小周儿,你来的好,<u>且进来与小大官儿剃剃头</u>,把头发都长长了。"(《金瓶梅词话》第 52 回)

例(b)中,V_2"剃剃头"为动词重叠式,表动作行为的尝试态。从连动项之间的语义关系来看,这类用例均表承接关系。

② $(V_1+O_1) + \{AVD+[(V_2+C)+O_2]\}$

这类连动式中,连动式中的 V_1 只有 1 类附加成分,V_2 有 3 类附加成分。V_1 的附加成分为宾语,V_2 的附加成分为宾语、补语和状语,V_2 先与补语构成动词性短语,再带宾语,最后受状语修饰。连动项 X_1 和 X_2 分别由 V_1+O_1 和 $AVD+[(V_2+C)+O_2]$ 构成。

在《金瓶梅词话》连动式中,这类连动式用例共 4 例,如:

(a) 春梅方才喜欢了,<u>陪侍西门庆在屋里吃了一日酒</u>。(《金瓶梅词话》第 41 回)

(b) 这玳安交下毡包，拿着帖子，骑马云飞般走到夏提刑家，如此这般，说了巡按宋老爷送礼来。(《金瓶梅词话》第51回)

从连动项之间的语义关系来看，这类用例均表承接关系。

③ $(V_1+O_1) + \{AVD+ [(V_2+O_2) +C] \}$

这类连动式中，连动式中的 V_1 只有1类附加成分，V_2 有3类附加成分。V_1 的附加成分为宾语，V_2 的附加成分为宾语、补语和状语，V_2 先与宾语构成动词性短语，再带补语，最后受状语修饰。连动项 X_1 和 X_2 分别由 V_1+O_1 和 $AVD+ [(V_2+O_2) +C]$ 构成。

在《金瓶梅词话》连动式中，这类连动式用例仅2例，为：

(a) 西门庆留下了，正在书房中，拿帖儿与沈定回家去了。(《金瓶梅词话》第68回)

(b) 即差玳安拿帖，送邸报往荆都监、周守御两家报喜去。(《金瓶梅词话》第77回)

从连动项之间的语义关系来看，上述用例均表承接关系。

④ $V_1+ \{AVD+ [(V_2+C) +O] \}$

这类连动式中，连动式中的 V_1 没有附加成分，V_2 有3类附加成分，分别为宾语、补语和状语，V_2 先与补语构成动词性短语，再带宾语，最后受状语修饰。连动项 X_1 和 X_2 分别由 V_1 和 $AVD+ [(V_2+C) +O]$ 构成。

在《金瓶梅词话》连动式中，这类连动式用例仅2例，为：

(a) 李瓶儿哭着往房中寻出他几件小道衣、道髻、鞋袜之类，替他安放在棺椁内，钉了长命钉。(《金瓶梅词话》第59回)

(b) 你去与他陪过不是儿，天大事都了了。(《金瓶梅词话》第76回)

从连动项之间的语义关系来看，例（a）表方式关系；例（b）表承接关系。

⑤ $V_1+ \{AVD+ [(V_2+O) +C] \}$

这类连动式中，连动式中的 V_1 没有附加成分，V_2 有3类附加成分，分别为宾语、补语和状语，V_2 先与宾语构成动词性短语，再带补语，最后受状语修饰。连动项 X_1 和 X_2 分别由 V_1 和 $AVD+ [(V_2+O) +C]$ 构成。

在《金瓶梅词话》连动式中，这类连动式用例仅1例，为：

今日观里打上元醮，拈了香回来，还赶了往周菊轩家吃酒去，不知到多咱才得来家。(《金瓶梅词话》第43回)

从连动项之间的语义关系来看，上例表承接关系。

⑥ $\{AVD+[(V_1+O_1)+C]\}+V_2$

这类连动式中，连动式中的 V_1 有 3 类附加成分，V_2 没有附加成分。V_1 的附加成分分别为宾语、补语和状语，V_1 与宾语结合构成动词性短语，后带补语，最后受状语修饰。连动项 X_1 和 X_2 分别由 $AVD+[(V_1+O_1)+C]$ 和 V_2 构成。

在《金瓶梅词话》连动式中，这类连动式用例仅 2 例，为：

(a) 当下只说了声，那左右排军<u>登时取了五六把新拶子来伺候</u>。（《金瓶梅词话》第 69 回）

(b) <u>前边吃酒到二更时分散了</u>。（《金瓶梅词话》第 73 回）

从连动项之间的语义关系来看，上述例句都表承接关系。

⑦ $\{AVD_1+[(V_1+C)+O]\}+(AVD_2+V_2)$

这类连动式中，连动式中的 V_1 有 3 类附加成分，V_2 有 1 类附加成分。V_1 的附加成分分别为宾语、补语和状语，V_1 与补语结合构成动词性短语，后接宾语，最后带状语。V_2 的附加成分为状语。连动项 X_1 和 X_2 分别由 $AVD_1+[(V_1+C)+O]$ 和 AVD_2+V_2 构成。

在《金瓶梅词话》连动式中，这类连动式用例仅 1 例，为：

<u>打窗眼里润破窗纸望里张看</u>，见房中掌着明晃晃灯烛，三个人吃的大醉，都光赤着身子，正做得好。（《金瓶梅词话》第 83 回）

从连动项之间的语义关系来看，上例表承接关系。

⑧ $\{AVD+[(V_1+O_1)+C]\}+(V_2+O_2)$

这类连动式中，连动式中的 V_1 有 3 类附加成分，V_2 有 1 类附加成分。V_1 的附加成分分别为宾语、补语和状语，V_1 与宾语结合构成动词性短语，后接补语，最后带状语。V_2 的附加成分为宾语。连动项 X_1 和 X_2 分别由 $AVD+[(V_1+O_1)+C]$ 和 V_2+O_2 构成。

在《金瓶梅词话》连动式中，这类连动式用例共 3 例，为：

(a) 三口儿同吃了饭，妇人<u>双手捧一杯茶来递与武松</u>。（《金瓶梅词话》第 1 回）

(b) <u>一径把壶来斟酒</u>，劝那妇人酒。（《金瓶梅词话》第 4 回）

(c) 巴到天明，正待起身，那翟家门户重掩，<u>着那里讨水来净脸</u>。（《金瓶梅词话》第 55 回）

从连动项之间的语义关系来看，这类用例均表承接关系。

⑨ $\{AVD+[(V_1+C)+O]\}+V_2$

这类连动式中，连动式中的 V_1 有 3 类附加成分，V_2 没有附加成分。V_1 的附加成分分别为补语、宾语和状语，V_1 与补语结合构成动词性短语，后带宾语，最后带状语。连动项 X_1 和 X_2 分别由 AVD+［(V_1+C）+O］和 V_2 构成。

在《金瓶梅词话》连动式中，这类连动式用例共 4 例，如：

（a）<u>袖中取出春扇儿摇凉</u>，与西门庆携手并观，看桂卿与谢希大、张小闲踢行头、白秃子、罗回子在傍虚撮脚儿等漏，往来拾毛。（《金瓶梅词话》第 15 回）

（b）西门庆不因不由，<u>信步走入里面观看</u>，见一个和尚形骨古怪，相貌掐瘦。（《金瓶梅词话》第 49 回）

从连动项之间的语义关系来看，这类用例均表承接关系。

⑩ ｛AVD+［(V_1+C_1）+O］｝+（V_2+C_2）

这类连动式中，连动式中的 V_1 有 3 类附加成分，V_2 有 1 类附加成分。V_1 的附加成分分别为补语、宾语和状语，V_1 与补语结合构成动词性短语，后带宾语，最后带状语。连动项 X_1 和 X_2 分别由 AVD+（V_1+C_1）+O］和 V_2+C_2 构成。

在《金瓶梅词话》连动式中，这类连动式用例共 5 例，如：

（a）将大冰盘盛了，连姜蒜碟儿，教小厮儿用方盒拿到前边李瓶儿房里，<u>旋打开金华酒筛来</u>。（《金瓶梅词话》第 23 回）

（b）因<u>向袖中取出揭帖递上</u>，随即离席跪下。（《金瓶梅词话》第 69 回）

从连动项之间的语义关系来看，这类用例均表承接关系。

⑪ ｛AVD+［(V_1+C_1）+O_1］｝+（V_2+O_2）

这类连动式中，连动式中的 V_1 有 3 类附加成分，V_2 有 1 类附加成分。V_1 的附加成分分别为补语、宾语和状语，V_1 与补语结合构成动词性短语，后接宾语，最后带状语。连动项 X_1 和 X_2 分别由 AVD+［(V_1+C_1）+O_1］和 V_2+O_2 构成。

在《金瓶梅词话》连动式中，这类连动式用例共 12 例，如：

（a）<u>向头上拔下一根金头银簪子与他</u>，央往西门庆家走走，去请他来。（《金瓶梅词话》第 8 回）

（b）西门庆因分付书童："他唱了两日，<u>连赏赐封下五两银子赏他</u>。"（《金瓶梅词话》第 43 回）

这类用例中，也出现了 1 个名词活用充当状语的用例，为：

（c）西门庆满心欢喜，一面递了三钟酒与韩先生，管待了酒饭，<u>红漆盘捧出一匹尺头、十两白金与韩先生</u>。（《金瓶梅词话》第 63 回）

从连动项之间的语义关系来看,这类用例均表承接关系。

⑫ [AVD+($V_1+C_1+O+C_2$)] +V_2

这类连动式中,连动式中的 V_1 有 3 类附加成分,V_2 没有附加成分。V_1 的附加成分分别为宾语、补语和状语,其中,补语成分由复合趋向词语充当,分列宾语前后,构成 AVD+($V_1+C_1+O+C_2$)格式,最后受状语修饰。连动项 X_1 和 X_2 分别由 AVD+($V_1+C_1+O+C_2$)和 V_2 构成。

在《金瓶梅词话》连动式中,这类连动式用例仅 1 例,为:

那胡僧直竖起身来,<u>向床头取过他的铁柱杖来拄着</u>,背上他的皮褡裢,褡裢内盛着两个药葫芦儿,下的禅堂,就往外走。(《金瓶梅词话》第 49 回)

从连动项之间的语义关系来看,上述用例表承接关系。

⑬ V_1+ [AVD+($V_2+C_1+O+C_2$)]

这类连动式中,连动式中的 V_1 没有附加成分,V_2 有 3 类附加成分,分别为宾语、补语和状语,其中,补语成分由复合趋向词语充当,分列宾语前后,构成 $V_2+C_1+O+C_2$ 格式,最后受状语修饰。连动项 X_1 和 X_2 分别由 V_1 和 AVD+($V_2+C_1+O+C_2$)构成。

在《金瓶梅词话》连动式中,这类连动式用例仅 1 例,为:

经济<u>笑向腰里解下两吊铜钱来</u>,放在面前,说:"这两吊钱权作王奶奶一茶之费,教我且见一面,改日还重谢你老人家。"(《金瓶梅词话》第 86 回)

从连动项之间的语义关系来看,上例表承接关系。

⑭ [AVD_1+($V_1+C_1+O+C_2$)] +(AVD_2+V_2)

这类连动式中,连动式中的 V_1 有 3 类附加成分,V_2 有 1 类附加成分。V_1 的附加成分分别为宾语、补语和状语,其中,补语成分由复合趋向词语充当,分列宾语前后,构成 $V_1+C_1+O+C_2$ 格式,最后受状语修饰,V_2 的附加成分为状语。连动项 X_1 和 X_2 分别由 AVD_1+($V_1+C_1+O+C_2$)和 AVD_2+V_2 构成。

在《金瓶梅词话》连动式中,这类连动式用例仅 1 例,为:

春梅<u>床头上取过睡鞋来与他换了</u>,带上房门出来。(《金瓶梅词话》第 51 回)

从连动项之间的语义关系来看,上例表承接关系。

⑮ [AVD+($V_1+C_1+O_1+C_2$)] +(V_2+O_2)

这类连动式中,连动式中的 V_1 有 3 类附加成分,V_2 有 1 类附加成分。V_1

的附加成分分别为宾语、补语和状语，其中，补语成分由复合趋向词语充当，分列宾语前后，构成 $V_1+C_1+O_1+C_2$ 格式，最后受状语修饰。连动项 X_1 和 X_2 分别由 AVD+（$V_1+C_1+O_1+C_2$）和 V_2+O_2 构成。

在《金瓶梅词话》连动式中，这类连动式用例共 3 例，如：

(a) 那土兵向前唱了一个喏，便<u>向身边取出家书来交与王婆</u>。（《金瓶梅词话》第 8 回）

(b) 当下三人抹了回牌，<u>须臾摆上酒来饮酒</u>。（《金瓶梅词话》第 77 回）

从连动项之间的语义关系来看，这类用例均表承接关系。

⑯ [AVD+（$V_1+C_1+O+C_2$）]+（V_2+C_3）

这类连动式中，连动式中的 V_1 有 3 类附加成分，V_2 有 1 类附加成分。V_1 的附加成分分别为宾语、补语和状语，其中，补语成分由复合趋向词语充当，分列宾语前后，构成 $V_1+C_1+O+C_2$ 格式，最后受状语修饰。连动项 X_1 和 X_2 分别由 AVD+（$V_1+C_1+O+C_2$）和 V_2+C_3 构成。

在《金瓶梅词话》连动式中，这类连动式用例共 4 例，如：

(a) 那时已是日色平西时分，西门庆乘着酒兴，<u>顺袋内取出银托子来使上</u>。（《金瓶梅词话》第 37 回）

(b) 那人<u>向身边取出书来递上</u>，书内封折赙仪银十两。（《金瓶梅词话》第 66 回）

从连动项之间的语义关系来看，这类用例均表承接关系。

2. "AVD+X_1+X_2" 类连动式

(1) 连动项中的 V 为光杆动词

这里说的连动项中的 V 为光杆动词，指的是 "AVD+（V_1+V_2）" 的形式。

与 V_1+V_2 类连动式不同的是，在连动项 X 外部，两个连动项还共同受同一个状语成分的修饰。

在《金瓶梅词话》连动式中，这类连动式用例较多，共 30 例，如：

(a) 西门庆慌了，却使心腹家人来保、来旺，身边袖着银两，打点官吏，<u>都买嘱了</u>。（《金瓶梅词话》第 9 回）

(b) 到角门首，推了推，开着，遂潜身徐步而入，也不怕苍苔冰透了凌波，花刺抓伤了裙褶，跐足隐身，<u>在藏春坞月窗下站听</u>。（《金瓶梅词话》第 23 回）

(c) 妇人见花枝摇影,知是他来,便在院内咳嗽接应。(《金瓶梅词话》第 82 回)

例 (a) 中,连动项 V_1 "买" 和连动项 V_2 "嘱" 均受范围副词 "都" 的修饰;例 (b) 中,连动项 V_1 "站" 和连动项 V_2 "听" 均受地点状语 "在藏春坞月窗下" 的修饰;例 (c) 中,连动项 V_1 "咳嗽" 和连动项 V_2 "接应" 均受地点状语 "在院内" 的修饰。

这类连动式中,也出现了多个状语成分连用的情况,如:

(d) 他自从你前番说了他,使性儿一向不来走动,怎好又请,他肯来?(《金瓶梅词话》第 69 回)

例 (d) 中,固定词组 "使性儿"、频率副词 "一向" 和否定副词 "不" 三个状语成分连用。

在笔记实际收集的语料中,该类语料共有 96 例,但其中 68 例为由 "来" "去" 构成的不典型的连动式,如 "来报、来见、来聚会、去看治、去夺" 等。对于这些用例,所有的由 "来" 构成的连动式在统计时只算作 1 例,由 "去" 构成的连动式也只算作 1 例。

在所有出现的 96 例连动式中,连动项之间为方式关系的有 14 例,如 "前边鼓乐吹打迎接、正打鼾睡、早晚看着耍子";其余均为承接关系。

(2) 连动项中的 V 出现 1 类附加成分

① AVD+ [(V_1+O) +V_2]

这类连动式中,在连动项 X 内部,V_1 的附加成分仅为宾语,V_2 没有状语、补语、宾语等附加成分。连动项 X_1 和 X_2 分别由 V_1+O 和 V_2 构成。与 (V_1+O) +V_2 类连动式不同的是,在连动项 X 外部,两个连动项还共同受同一个状语成分修饰。

在《金瓶梅词话》连动式中,这类连动式用例较多,共 132 例,如:

(a) 本待等韩伙计到家,和他理会,要房子时,我就替他兑银子买。(《金瓶梅词话》第 56 回)

(b) 妇人用手拣肉丝细菜儿裹卷了,用小碟儿托了,递与西门庆吃。(《金瓶梅词话》第 37 回)

这类连动式中,也出现了多个状语成分连用的情况,如:

(c) 这一家子,都那个不借他银使,只有借出来,没有个还进去的。(《金瓶梅词话》第 64 回)

(d) 原来把我的事都透露出与他,怪道前日他见了我笑,原来有你的话在里头。(《金瓶梅词话》第 82 回)

(e) 晚夕又多与他老人家装些厢库焚化。(《金瓶梅词话》第89回)

上述例句中，例（c）中连动项"借他银"和连动项"使"均受其前两个状语成分的修饰，这两个状语成分分别为范围副词"都"和否定副词"不"。例（d）中连动项"见了我"和连动项"笑"均受其前两个状语成分的修饰，这两个状语成分分别为语气副词"怪道"和时间词"前日"。例（e）中连动项"装些厢库"和连动项"焚化"均受其前多个状语成分的修饰，这几个状语成分分别为时间词"晚夕"、频率副词"又"、形容词"多"和介宾短语"与他老人家"。

这类用例中，也出现了不少名词短语活用作状语的情况，如：

(f) 西门庆道："值甚么，每人都与他一匹整绢，头须系腰，后边房儿里摆茶管待。过夜。"(《金瓶梅词话》第63回)

上例中，方位名词短语"后边房儿里"充当状语成分。

这类连动式中，连动项之间的语义关系较为多样，表承接关系的有97例，如例（d）；表方式关系的共26例，如"月下跳马索儿耍子、在床脚板上搭着铺睡、正在楼上凭栏盼望、单拣着有时运的跟"；表解释说明关系的有2例，为"那里有二三百两银子使、怎么得工夫去"；表行为-目的关系的有3例，为"才待发火烧毁、奴和你买盏酒吃、巴巴儿只要这皮袄穿"；表因果关系有3例，为"好不寻他哭、常得阴人发迹、从去年在东京得病没了"。

② AVD+［(V₁+C)+V₂］

这类连动式中，在连动项 X 内部，V_1 的附加成分仅为补语，V_2 没有状语、补语、宾语、定语等附加成分。连动项 X_1 和 X_2 分别由 V_1+C 和 V_2 构成。与 $(V_1+C)+V_2$ 类连动式不同的是，在连动项 X 外部，两个连动项还共同受同一个状语成分修饰。

在《金瓶梅词话》连动式中，这类连动式用例不多，共29例，如：

(a) 甚是爱惜他，终日抱在膝上摸弄。(《金瓶梅词话》第59回)

(b) 这月娘撤了酒席，与众姊妹慌忙走来看视。(《金瓶梅词话》第61回)

(c) 妇人道："我这两日身子有些不快，不曾出去走动。"(《金瓶梅词话》第85回)

这类用例中，也出现了名词活用作状语的用例：

(d) 拿到厅上，西门庆灯下打开观看，内中止有一包银两，馀者都是锡铅锭子。(《金瓶梅词话》第26回)

这类连动式中，也出现了多个状语连用的情况，如：

(e)"明日叫媒人，即时与我拉出去卖了。"(《金瓶梅词话》第44回)

从连动项之间的语义关系来看，表方式关系的有 2 例，分别为例（a）和"夜晚扒在墙上看觑"；其余用例均表承接关系。

③ $AVD_1 + [(AVD_2 + V_1) + V_2]$

这类连动式中，在连动项 X 内部，V_1 的附加成分仅为状语，V_2 没有状语、补语、宾语、定语等附加成分。连动项 X_1 和 X_2 分别由 $AVD_2 + V_1$ 和 V_2 构成。与（$AVD + V_1$）+ V_2 类连动式不同的是，在连动项 X 外部，两个连动项还共同受同一个状语成分修饰。

在《金瓶梅词话》连动式中，这类连动式用例较少，只有 6 例，如：

(a) 急的经济只是油回磨转，转眼看见金莲身底下露出钥匙带儿来，说道："这不是钥匙！"才待用手去取，被金莲褪在袖内，不与他。(《金瓶梅词话》第 33 回)

(b) 次日早起辞别，望山东而行。(《金瓶梅词话》第 55 回)

这类连动式中，也出现了多个状语连用的情况，如：

(c) 却说那月娘自从听见金莲背地讲他爱官哥，两日不到官哥房里去看。(《金瓶梅词话》第 53 回)

连动项之间的语义关系均为承接关系。

④ $AVD + [V_1 + (V_2 + O)]$

这类连动式中，在连动项 X 内部，V_2 的附加成分仅为宾语，V_1 没有状语、补语、宾语、定语等附加成分。连动项 X_1 和 X_2 分别由 V_1 和 $V_2 + O$ 构成。与 $V_1 + (V_2 + O)$ 类连动式不同的是，在连动项 X 外部，两个连动项还共同受同一个状语成分修饰。

在《金瓶梅词话》连动式中，这类连动式用例较多，共 163 例，如：

(a) 大雪里着恼来家，进仪门，看见上房烧夜香，想必听见些甚么话儿，两个才到一答里。(《金瓶梅词话》第 21 回)

(b) 明日早装载进城，收卸停当，交割数目。(《金瓶梅词话》第 25 回)

(c) 回来见朝，不想被曹禾论劾，将学生敝同年一十四人之在史馆者，一时皆黜授外职。(《金瓶梅词话》第 49 回)

这类连动式中，也出现了宾语成分为小句的用例，如：

(d) 他在中间扭着要送问，同僚上，我又不好处得。(《金瓶梅词话》第 34 回)

这类连动式中，也出现了多个状语成分连用的情况，如：

（e）说道："你二娘这里没人，<u>明日好歹你来帮扶天福儿</u>，看着人搬家伙过去。"（《金瓶梅词话》第19回）

（f）不想街坊有几个浮浪子弟，见妇人搽脂抹粉，打扮乔模乔样，<u>常在门首站立睃人</u>。（《金瓶梅词话》第33回）

这类连动式中，有109例中的 V_1 由"来"或"去"构成，后接 V_2 和宾语，都属于不太典型的连动式。

从连动项之间的语义关系来看，这类163例连动式中，127例均表承接关系；表方式关系的有18例，如"在花园里亭子上坐着做针指、再三跪着央及我、灵前哭泣上纸"；表行为-目的关系的有17例，如"倒好收拾开个绒线铺子、今日特来拜老爹、专一留待士大夫官长"；表因果关系的有1例，为"不期阮三在家思想成病"。

⑤ AVD+［V_1＋（V_2＋C）］

这类连动式中，在连动项 X 内部，V_2 的附加成分仅为补语，V_1 没有状语、补语、宾语、定语等附加成分。连动项 X_1 和 X_2 分别由 V_1 和 V_2＋C 构成。与 V_1＋（V_2＋C）类连动式不同的是，在连动项 X 外部，两个连动项还共同受同一个状语成分修饰。

在《金瓶梅词话》连动式中，这类连动式用例共31例，如：

（a）当下二人会下话，这经济吃了几杯酒，<u>少顷告辞回去</u>。（《金瓶梅词话》第92回）

（b）这经济一口听记在心，又与了爱姐二三两盘缠，和主管算了帐目，包了利息银两，作别，骑头口来家。（《金瓶梅词话》第99回）

（c）当下两个救了半日，这爱姐吐了口粘痰，方才苏省，<u>尚哽咽哭不出声来</u>。（《金瓶梅词话》第99回）

这类连动式中，也出现了多个动词反复的用例，如：

（d）我这里备了张插桌祭祀，又封了香仪儿，<u>都去吊问吊儿</u>。（《金瓶梅词话》第77回）

上例中，"吊问吊儿"为动词重叠式，表建议。

这类连动式中，也出现了多个状语成分连用的情况，如：

（e）须臾，拿上各样果碟儿来，那伯爵推让温秀才，<u>只顾不住手拈放在口里</u>，一壁又往袖中揣。（《金瓶梅词话》第68回）

上例中，连动项前出现两个状语成分"只顾"和"不住手"。

这类用例中，V_1 多由"来"或"去"构成。从连动项之间的语义关系来看，表承接关系的有 27 例；表方式关系的有 3 例，如"才待赶着摔了去、慌跳走出来"；表补充说明关系的有 1 例，为例（c）。

⑥ $AVD_1 + [V_1 + (AVD_2 + V_2)]$

这类连动式中，在连动项 X 内部，V_2 的附加成分仅为状语，V_1 没有状语、补语、宾语、定语等附加成分。连动项 X_1 和 X_2 分别由 V_1 和 $AVD_2 + V_2$ 构成。与 $V_1 + (AVD + V_2)$ 类连动式不同的是，在连动项 X 外部，两个连动项还共同受同一个状语成分修饰。

在《金瓶梅词话》连动式中，这类连动式用例共 23 例，如：

（a）昨日吴大舅亲自来和爹说了，爹不依。（《金瓶梅词话》第 34 回）

（b）妇人只顾延挨不脱，被西门庆拖番在床地平上，袖中取出鞭子来，抽了几鞭子，妇人方才脱去上下衣裳，战兢兢跪在地平上。（《金瓶梅词话》第 19 回）

这类用例中，也出现了名词活用充当状语以及名词活用充当动词的用例，如：

（c）连忙撏掇："掩着孩儿耳朵，快抱了后边去罢。"（《金瓶梅词话》第 48 回）

（d）再若犯在我手里，定然枷号在院门首示众！（《金瓶梅词话》第 69 回）

上例中，方位名词"后边"活用，充当状语，名词"枷号"活用，充当动词。

这类用例中，也出现了多个状语连用的情况，如：

（e）不防李瓶儿正在遮槅子外边站立偷觑，两个撞了个满怀，西门庆回避不及。（《金瓶梅词话》第 13 回）

上例中，时间副词"正"和介宾短语"在遮槅子外边"连用，都充当状语。

从连动项之间的语义关系来看，表承接关系的有 12 例，如例（a）；表补充说明关系的有 6 例，均为肯否类连动式，如例（b）；表方式关系的有 3 例，如例（e）；表行为-目的关系的有 1 例，为"特来和哥哥说知"；表目的-行为关系的有 1 例，为"一径躲的往院里去了"。

⑦ $AVD_1 + [(AVD_2 + V_1) + (AVD_3 + V_2)]$

这类连动式中，在连动项 X 内部，连动式中的 V 只出现了 1 类附加成分，V_1 和 V_2 的附加成分均为状语。连动项 X_1 和 X_2 分别由 $AVD_2 + V_1$ 和 $AVD_3 +$

V_2 构成。与（AVD_1+V_1）+（AVD_2+V_2）类连动式不同的是，在连动项 X 外部，两个连动项还共同受同一个状语成分修饰。

在《金瓶梅词话》连动式中，这类连动式用例仅 1 例，为：

正与刁氏在亭侧相倚私语，不意天秀卒至，躲避不及。（《金瓶梅词话》第 47 回）

从连动项之间的语义关系来看，上例为方式关系。

⑧ AVD+〔（V_1+O_1）+（V_2+O_2）〕

这类连动式中，在连动项 X 内部，连动式中的 V 只出现了 1 类附加成分，V_1 和 V_2 的附加成分均为宾语。连动项 X_1 和 X_2 分别由 V_1+O_1 和 V_2+O_2 构成。与（V_1+O_1）+（V_2+O_2）类连动式不同的是，在连动项 X 外部，两个连动项还共同受同一个状语成分修饰。

在《金瓶梅词话》连动式中，这类连动式用例较多，共 198 例，如：

(a) 自从武松搬去县前客店宿歇，武大自依前上街卖炊饼。（《金瓶梅词话》第 1 回）

(b) 他送盒来亲近你我，又在个紧邻，咱休差了礼数，到明日也送些礼物回答他。（《金瓶梅词话》第 10 回）

(c) 一个临栏对景，戏将红豆掷金鳞；一个伏槛观花，笑把罗纨惊粉蝶。（《金瓶梅词话》第 19 回）

(d) 潘金莲早辰梳妆打扮，走来楼上观音菩萨前烧香，不想陈经济正拿钥匙上楼，开库房间拿药材香料，撞遇在一处。（《金瓶梅词话》第 82 回）

这类连动式中，出现了较多处多个状语连用的情况，如：

(e) 王婆道："娘子怎的这两日不过贫家吃茶？"（《金瓶梅词话》第 3 回）

(f) 我有数贯钱，我把与你去，你可明日早早来紫石街巷口等我。（《金瓶梅词话》第 5 回）

(g) 自此以后，常在门首成两价拿银钱买剪截花翠汗巾之类，甚至瓜子儿四五升量进去，教与各房丫鬟并众人吃。（《金瓶梅词话》第 23 回）

(h) 何千户道："今日与长官计议了，咱每几时与本主老爹见礼领劄付？"（《金瓶梅词话》第 70 回）

这类连动式中，也出现了宾语为小句的情况，如：

(i) 大娘留住，大门首吃酒看放烟花哩。（《金瓶梅词话》第 42 回）

这类连动式中，也出现了 1 例双宾语的情况，为：

(j) 董娇儿赢了，<u>连忙递酒一杯与蔡御史</u>。（《金瓶梅词话》第 49 回）

从连动项之间的语义关系来看，这类连动式可表达的语义关系多样，其中，表承接关系的共 154 例，如例（c）和例（d）；表行为-目的关系的共 11 例，如"在傍虚撮脚儿等漏、头里进他屋里寻衣裳、好歹说个人情救我、慢慢替他寻一个儿与他"；表方式关系的有 25 例，如"妇人正和西门庆在房里饮酒作欢、于灯下照镜理容、巴巴的关着门儿写礼帖"；表因果关系的有 2 例，分别为"不幸遭官事没了家、莫不想着汉子骚水发"；表解释说明关系的有 3 例，如"心下便已有几分喜他了、那里有大钱与你"；表补充说明关系的有 3 例，分别为"晓夜无眠想万方、在这里挑河做夫子、在段子铺煮饭做火头"。

⑨ AVD+［（V_1+C_1）+（V_2+C_2）］

这类连动式中，在连动项 X 内部，连动式中的 V 只出现了 1 类附加成分，V_1 和 V_2 的附加成分均为补语。连动项 X_1 和 X_2 分别由 V_1+C_1 和 V_2+C_2 构成。与（V_1+C_1）+（V_2+C_2）类连动式不同的是，在连动项 X 外部，两个连动项还共同受同一个状语成分修饰。

在《金瓶梅词话》连动式中，这类连动式用例较少，共 10 例，如：

(a) 把金华酒分付来安儿就在旁边打开，<u>用铜甑儿筛热了拿来</u>。（《金瓶梅词话》第 35 回）

(b) 昨日又去府里与老爹领这银子，<u>今日李三哥起早打卯去了</u>，我竟来老爹这里交银子，就央说此事，救俺丈人。（《金瓶梅词话》第 67 回）

(c) 妇人迎门接着，笑语说道："好人儿，<u>就不进来走走儿</u>。"（《金瓶梅词话》第 83 回）

从连动项之间的语义关系来看，这类用例均为承接关系。

⑩ AVD_1 +［（V_1+C）+（AVD_2+V_2）］

这类连动式中，在连动项 X 内部，连动式中的 V 只出现了 1 类附加成分，其中 V_1 的附加成分为补语，V_2 的附加成分为状语，连动项 X_1 和 X_2 分别由 V_1+C 和 AVD_2+V_2 构成。与（V_1+C）+（AVD+V_2）类连动式不同的是，在连动项 X 外部，两个连动项还共同受同一个状语成分修饰。

在《金瓶梅词话》连动式中，这类连动式用例共 9 例，如：

(a) 自此为始，西门庆过去睡了来，就告妇人说：李瓶儿怎的生得白净，"身软如绵花瓜子一般，好风月，又善饮，俺两个帐子里放着

果盒,看牌饮酒,常顽耍半夜不睡。"(《金瓶梅词话》第13回)

(b) 我只说先往铺子里睡去,你原来在这里挺的好觉儿,还不起来跟我去!(《金瓶梅词话》第61回)

(c) 当下如意儿就挨近在桌上边站立,侍奉斟酒,又亲剥炒栗子儿与他下酒。(《金瓶梅词话》第75回)

从连动项之间的语义关系来看,表承接关系的有6例,如"通不出来闲耍、悄悄走来窗下听觑";表补充说明关系的有3例,如"如何住这些时不来、常顽耍半夜不睡"。

⑪ AVD_1 + [(AVD_2 + V_1) + (V_2 + C)]

这类连动式中,在连动项 X 内部,连动式中的 V 只出现了1类附加成分,其中 V_1 的附加成分为状语,V_2 的附加成分为补语,连动项 X_1 和 X_2 分别由 AVD_2 + V_1 和 V_2 + C 构成。与(AVD+V_1)+(V_2+C)类连动式不同的是,在连动项 X 外部,两个连动项还共同受同一个状语成分修饰。

在《金瓶梅词话》连动式中,这类连动式用例仅2例,为:

(a) 李瓶儿道:"妈妈子,怎的不往那边去走走?"(《金瓶梅词话》第24回)

(b) 四人闲话多时,却早西门庆到门前下轿了,众妻妾一齐相迎进去。(《金瓶梅词话》第55回)

从连动项之间的语义关系来看,上述用例均为承接关系。

⑫ AVD+ [(V_1+C) + (V_2+O)]

这类连动式中,在连动项 X 内部,连动式中的 V 只出现了1类附加成分,V_1 的附加成分为补语,V_2 的附加成分为宾语,连动项 X_1 和 X_2 分别由 V_1+C 和 V_2+O 构成。与(V_1+C)+(V_2+O)类连动式不同的是,在连动项 X 外部,两个连动项还共同受同一个状语成分修饰。

在《金瓶梅词话》连动式中,这类连动式用例共53例,如:

(a) 李瓶儿一块石头方才落地,只顾抱在怀里拍哄着他,说道:"好小周儿,恁大胆,平白进来把哥哥头来剃了去了。"(《金瓶梅词话》第52回)

(b) 你到明日进来磕头,管情就掩住许多口嘴。(《金瓶梅词话》第78回)

(c) 黄四因用下官钱粮,和李三家,还有咱家出去的保官儿,都为钱粮拿在监里追赃。(《金瓶梅词话》第97回)

这类连动式中,也出现了多个状语成分连用的用例,如:

（d）那妇人便道："奴等了一早辰，叔叔怎的不归来吃早饭？"（《金瓶梅词话》第 1 回）

（e）玉钏儿道："俺姐姐家中有人包着哩，好些时没出来供唱。"（《金瓶梅词话》第 32 回）

这类连动式中，也出现了 1 个双宾语的用例，为：

（f）对我说："姐姐，你不出去待他锺茶儿？却不难为罢了人了？"（《金瓶梅词话》第 51 回）

从连动项之间的语义关系来看，表方式关系的有 2 例，如"正坐在炕边纳鞋"；表行为-目的关系的有 6 例，如"今日且借来应急儿、只顾还放在这屋里做甚么、都为钱粮拿在监里追赃"；其他用例均表承接关系。

⑬ AVD+ [（V_1+O）+（V_2+C）]

这类连动式中，在连动项 X 内部，连动式中的 V 只出现了 1 类附加成分，V_1 的附加成分为宾语，V_2 的附加成分为补语，连动项 X_1 和 X_2 分别由 V_1+O 和 V_2+C 构成。与（V_1+O）+（V_2+C）类连动式不同的是，在连动项 X 外部，两个连动项还共同受同一个状语成分修饰。

在《金瓶梅词话》连动式中，这类连动式用例共 52 例，如：

（a）他适才有些小事出去了，便来也。（《金瓶梅词话》第 13 回）

（b）西门庆道："货船不知在那里担阁着，书也没稍封寄来，好生放不下。"（《金瓶梅词话》第 56 回）

（c）这春梅连忙舀了一小铫子水坐在火上，使他挝了些炭在火内，须臾就是茶汤。（《金瓶梅词话》第 73 回）

这类连动式中，也出现了多个状语成分连用的用例，如：

（d）且说西门庆，约一更时分从夏提刑家吃了酒归来。（《金瓶梅词话》第 38 回）

（e）月娘叫住便问："老薛，你往那里去？怎的一向不来俺这里走走？"（《金瓶梅词话》第 95 回）

从连动项之间的语义关系来看，表承接关系的有 43 例，如"不如捡粪送来、忽然上宾进房看见"；表方式关系的有 5 例，如"同吴大舅雇了两个驴儿骑将来、一屁股挨着他坐在床上、黑影里拦腰抱住"；表解释说明关系的有 1 例，为"那里有这些银子赔上"；表补充说明关系的有 1 例，为"一地里拿银子寻不出来"；表行为-目的关系的有 1 例，为"快拿个灯笼接去罢"；表因果关系的有 1 例，为"不想刚才亲上门来拜见"。

⑭ AVD + ［（AVD$_2$ + V$_1$）+（V$_2$ + O）］

这类连动式中，在连动项 X 内部，连动式中的 V 只出现了 1 类附加成分，V$_1$ 的附加成分为状语，V$_2$ 的附加成分为宾语，连动项 X$_1$ 和 X$_2$ 分别由 AVD$_2$ + V$_1$ 和 V$_2$ + O 构成。与（AVD + V$_1$）+（V$_2$ + O）类连动式不同的是，在连动项 X 外部，两个连动项还共同受同一个状语成分修饰。

在《金瓶梅词话》连动式中，这类连动式用例共 6 例，如：

(a) 西门庆道："长官这等费心盛设待学生，就不是同僚之情。"（《金瓶梅词话》第 71 回）

(b) 次日早起上山，望岱岳庙来。（《金瓶梅词话》第 84 回）

从连动项之间的语义关系来看，这类用例中，表方式关系的有 3 例，如"坛内俯伏行礼、何必撑着头儿来寻趁人"；表承接关系的有 3 例，如例（b）。

⑮ AVD$_1$ + ［（V$_1$ + O）+（AVD$_2$ + V$_2$）］

这类连动式中，在连动项 X 内部，连动式中的 V 只出现了 1 类附加成分，V$_1$ 的附加成分为宾语，V$_2$ 的附加成分为状语，连动项 X$_1$ 和 X$_2$ 分别由 V$_1$ + O 和 AVD$_2$ + V$_2$ 构成。与（V$_1$ + O）+（AVD + V$_2$）类连动式不同的是，在连动项 X 外部，两个连动项还共同受同一个状语成分修饰。

在《金瓶梅词话》连动式中，这类连动式用例共 48 例，如：

(a) 他列位每都明日起身远接，你我虽是武官，系领敕衙门，提点刑狱，比军卫有司不同。（《金瓶梅词话》第 35 回）

(b) 婆子问道："如今他家要发脱的紧，又有三四处官户人家争着娶，都回阻了价钱不兑。"（《金瓶梅词话》第 87 回）

(c) 为此具状上告。（《金瓶梅词话》第 92 回）

(d) 哄的众人扭颈回头，当下化阵清风不见了。（《金瓶梅词话》第 100 回）

这类连动式中，也出现了名词活用充当状语的用例，如：

(e) 不说来保到家收拾行李，第二日起身东京去了，不题。（《金瓶梅词话》第 51 回）

这类连动式中，也出现了多个状语成分连用的用例，如：

(f) 你家汉子，成日摽着人在院里顽酒快肉吃，大把家挝了银子钱家去，你过阴去来？（《金瓶梅词话》第 52 回）

从连动项之间的语义关系来看，这类连动式语义关系多样，表承接关系的有 30 例，如"一齐起身到王俊家来、连忙下阶相迎"；表行为-目的关系的有

3 例，如"那日开大殿与老爹铺坛、今积了些俸资奉偿"；表方式关系的有 6 例，如"与西门庆携手并观、晚夕常抱着他在被窝里睡、都打着银两远接"；表解释说明关系的有 3 例，为"后头还有事相烦、今有一宗买卖与你说"；表补充说明关系的有 6 例，如"如何借了鲁华银子不还、皆称冤不服、都回阻了价钱不兑"。

（3）连动项中的 V 出现 2 类附加成分

① AVD+ ｛［（V$_1$+C）+O］+V$_2$｝

这类连动式中，在连动项 X 内部，V$_1$ 的附加成分为补语和宾语。V$_1$ 与补语构成动词性短语，后接宾语。连动项 X$_1$ 和 X$_2$ 分别由（V$_1$+C）+O 和 V$_2$ 构成。与［(V$_1$+C)+O］+V$_2$ 类连动式不同的是，在连动项 X 外部，两个连动项还共同受同一个状语成分修饰。

在《金瓶梅词话》连动式中，这类连动式用例共 11 例，如：

（a）因令左右掌起灯来，厅上揭开纸被观看，手掐丑更，说道："正当五更二点彻，还属丑时断气。"（《金瓶梅词话》第 62 回）

（b）妇人道："叔叔何不搬来家里住。省的在县前土兵服事，做饭腌臜。"（《金瓶梅词话》第 1 回）

（c）王六儿听见西门庆来，家中又整治下春台果盒酒肴等候。（《金瓶梅词话》第 79 回）

例（a）中的"厅上"和例（b）中的"家中"均为名词短语充当状语成分。从连动项之间的语义关系来看，连动项之间均为承接关系。

② AVD+ ｛［（V$_1$+O）+C］+V$_2$｝

这类连动式中，在连动项 X 内部，V$_1$ 的附加成分为宾语和补语。V$_1$ 和宾语构成动词性短语，后接补语。连动项 X$_1$ 和 X$_2$ 分别由（V$_1$+O）+C 和 V$_2$ 构成。与［(V$_1$+O)+C］+V$_2$ 类连动式不同的是，在连动项 X 外部，两个连动项还共同受同一个状语成分修饰。

在《金瓶梅词话》连动式中，这类连动式用例共 11 例，如：

（a）次日才搬行李来住，不在言表。（《金瓶梅词话》第 77 回）

（b）西门庆坐下，就分付小厮琴童："把轿回了家去，晚夕骑马来接。"（《金瓶梅词话》第 59 回）

这类连动式中，也出现了多个状语连用的情况，如：

（c）他指称吓诈他几两银子，不想刚才亲上门来拜见，与我磕了头，赔了不是。（《金瓶梅词话》第 69 回）

从连动项之间的语义关系来看，这类连动式均为承接关系。

③ $AVD_1 + \{V_1 + [AVD_2 + (V_2+O)]\}$

这类连动式中,在连动项 X 内部,V_1 没有状语、补语、宾语、定语等附加成分,V_2 的附加成分为宾语和状语,V_2 与宾语构成动词性短语,受状语修饰。连动项 X_1 和 X_2 分别由 V_1 和 $AVD_2+(V_2+O)$ 构成。与 $V_1+[AVD+(V_2+O)]$ 类连动式不同的是,在连动项 X 外部,两个连动项还共同受同一个状语成分修饰。

在《金瓶梅词话》连动式中,这类连动式用例共 17 例,如:

(a) 蒋竹山道:"我不知阁下姓甚名谁,素不相识,如何来问我要银子?"(《金瓶梅词话》第 19 回)

(b) 这春梅又只顾坐着不动身。(《金瓶梅词话》第 46 回)

从连动项之间的语义关系来看,表承接关系的共 14 例,多为由"来"充当 V_1 的连动式,如"常来与奴浆洗些衣裳";表补充说明关系的有 2 例,如例(b);表行为-目的关系的有 1 例,为"特来与你烧陌纸钱"。

④ $AVD + \{V_1 + [(V_2+C)+O]\}$

这类连动式中,在连动项 X 内部,V_1 没有状语、补语、宾语、定语等附加成分,V_2 的附加成分为补语和宾语,V_2 与补语构成动词性短语,后带宾语。连动项 X_1 和 X_2 分别由 V_1 和 $(V_2+C)+O$ 构成。与 $V_1+[(V_2+C)+O]$ 类连动式不同的是,在连动项 X 外部,两个连动项还共同受同一个状语成分修饰。

在《金瓶梅词话》连动式中,这类连动式用例共 7 例,如:

(a) 如意儿道:"冯妈妈贵人,怎的不来看看娘?"(《金瓶梅词话》第 62 回)

(b) 早被春梅双手扶住,不曾跌着磕伤了头脸。(《金瓶梅词话》第 79 回)

(c) 妇人一把扣了瓜子穰儿,用碟儿盛着,安在枕头边,将口儿噙着,舌尖密哺送下口中。(《金瓶梅词话》第 72 回)

从连动项之间的语义关系来看,这类用例中表承接关系的有 5 例,如例(a);表因果关系的有 1 例,为例(b);表方式关系的有 1 例,为例(c)。

⑤ $AVD + \{V_1 + [(V_2+O)+C]\}$

这类连动式中,在连动项 X 内部,V_1 没有状语、补语、宾语、定语等附加成分,V_2 的附加成分为宾语和补语,V_2 与宾语构成动词性短语,后带补语。连动项 X_1 和 X_2 分别由 V_1 和 $(V_2+O)+C$ 构成。与 $V_1+[(V_2+O)+C]$ 类连动式不同的是,在连动项 X 外部,两个连动项还共同受同一个状语成分修饰。

在《金瓶梅词话》连动式中,这类连动式用例共 12 例,如:

（a）两个上下肩掺着，便从后门扶归家中楼上去，安排他床上睡了。(《金瓶梅词话》第 5 回)

（b）不一时吃了茶，宋御史道："学生有一事奉渎四泉：今有巡抚侯石泉老先生，新升太常卿，学生同两司作东，二十九日借尊府置杯酒奉饯，初二日就起行上京去了，未审四泉允诺否？"(《金瓶梅词话》第 74 回)

这类用例中，出现了不少动词的反复体的用例，如：

（c）平昔这妇人嘴儿乖，常在门前站立买东买西，赶着傅伙计叫傅大郎，陈经济叫姐夫，贲四叫老四。(《金瓶梅词话》第 23 回)

（d）我恁不好，你就不来看我看儿。(《金瓶梅词话》第 62 回)

（e）妇人道："你怎的不交李瓶儿替你咂来？我这屋里尽着交你撮弄，不知吃了甚么行货子，咂了这一日，亦发咂了没事没事。"(《金瓶梅词话》第 51 回)

例（c）中，"买东买西"为动词反复表频率高；例（d）中，"看我看儿"为动词反复表短时态；例（e）中，"没事没事"为动宾结构的重复，属于比较特殊的反复体，在这里表示程度高。

从连动项之间的语义关系来看，这类用例中表承接关系的有 10 例；表行为-目的关系的有 2 例，如"今日特来见你一面"。

⑥ $AVD_1 + \{V_1 + [AVD_2 + (V_2+C)]\}$

这类连动式中，在连动项 X 内部，V_1 没有状语、补语、宾语、定语等附加成分，V_2 的附加成分为补语和状语，V_2 与补语构成动词性短语，再带状语。连动项 X_1 和 X_2 分别由 V_1 和 $AVD_2 + (V_2+C)$ 构成。与 $V_1 + [AVD+(V_2+C)]$ 类连动式不同的是，在连动项 X 外部，两个连动项还共同受同一个状语成分修饰。

在《金瓶梅词话》连动式中，这类连动式用例仅 3 例，如：

（a）西门庆说毕，就走出外来，分付玳安、书童、画童："打点衣服行李，明日跟随东京走一遭。"(《金瓶梅词话》第 55 回)

（b）都来大坐回儿，左右关目还未了哩。(《金瓶梅词话》第 63 回)

从连动项之间的语义关系来看，这类用例均为承接关系。

⑦ $AVD_1 + \{[AVD_2 + (V_1+O)] + V_2\}$

这类连动式中，在连动项 X 内部，V_2 没有状语、补语、宾语、定语等附加成分，V_1 的附加成分为宾语和状语，V_1 与宾语构成动词性短语，再带状语。连

动项 X_1 和 X_2 分别由 AVD_2 + (V_1 + O) 和 V_2 构成。与 [AVD + (V_1 + O)] + V_2 类连动式不同的是，在连动项 X 外部，两个连动项还共同受同一个状语成分修饰。

在《金瓶梅词话》连动式中，这类连动式用例仅2例，为：

(a) 金莲道："有本事，<u>到明日问汉子要一件穿</u>，也不枉的。平白拾了人家旧皮袄来，披在身上做甚么！"（《金瓶梅词话》第46回）

(b) 知县喝道："你既娶下娼妇，<u>如何又问他要饭吃</u>？尤说不通。"（《金瓶梅词话》第92回）

从连动项之间的语义关系来看，上述两例均为行为-目的关系。

⑧ AVD + {(V_1 + O_1) + [(V_2 + C) + O_2]}

这类连动式中，在连动项 X 内部，连动式中的 V_1 只有1类附加成分，V_2 有2类附加成分。V_1 的附加成分为宾语，V_2 的附加成分为补语和宾语，V_2 先与补语构成动词性短语，再带宾语。连动项 X_1 和 X_2 分别由 V_1 + O_1 和 (V_2 + C) + O_2 构成。与 (V_1 + O_1) + [(V_2 + C) + O_2] 类连动式不同的是，在连动项 X 外部，两个连动项还共同受同一个状语成分修饰。

在《金瓶梅词话》连动式中，这类连动式的用例共9例，如：

(a) 粉头亲手奉与西门庆下酒，<u>又用舌尖噙凤香蜜饼送入他口中</u>。（《金瓶梅词话》第77回）

(b) 当下伯爵拿大钟斟<u>上暖酒</u>，众人陪西门庆吃，四个妓女拿乐器弹唱。（《金瓶梅词话》第68回）

这类用例中，也出现了动词重叠表短时态的用例，如：

(c) 丧事费劳了人家，亲朋罢了，士夫官员，你<u>不上门谢谢孝</u>，礼也过不去。（《金瓶梅词话》第67回）

从连动项之间的语义关系来看，这类用例均为承接关系。

⑨ AVD + {[(V_1 + O_1) + C] + (V_2 + O_2)}

这类连动式中，在连动项 X 内部，连动式中的 V_1 有2类附加成分，V_2 只有1类附加成分。V_1 的附加成分为宾语和补语，V_1 先与宾语构成动词性短语，再带补语，V_2 的附加成分为宾语，连动项 X_1 和 X_2 分别由 (V_1 + O_1) + C 和 V_2 + O_2 构成。与 [(V_1 + O_1) + C] + (V_2 + O_2) 类连动式不同的是，在连动项 X 外部，两个连动项还共同受同一个状语成分修饰。

在《金瓶梅词话》连动式中，这类连动式用例共24例，如：

(a) 我对你说，<u>我今日将这篮雪梨去寻西门大官</u>，挂一小勾子，一地里没寻处。（《金瓶梅词话》第5回）

(b) 到次日，也<u>不挑担儿出来卖生活</u>，慢慢蕩来西门庆门首，等来昭出来，与他唱喏。(《金瓶梅词话》第 90 回)

(c) 我常来看你，<u>按季送衣服鞋脚来与你</u>。(《金瓶梅词话》第 93 回)

这类连动式中，也出现了多个状语连用的用例，如：

(d) 伯爵道："这等又好了。<u>怕不的他今日买些鲜物儿来孝顺你</u>。"(《金瓶梅词话》第 52 回)

这类连动式中，也出现了宾语成分为小句的用例，如：

(e) 我到见你杭州来家，教你领三百两银子做买卖，<u>如何黉夜进内来要杀我</u>？(《金瓶梅词话》第 26 回)

例 (e) 中，V_2 "要"后的宾语成分为动词短语"杀我"。

从连动项之间的语义关系来看，表行为-目的关系的有 4 例，如"平白带了书童儿去做甚么、今日买了些礼儿来谢我"；其余用例均为承接关系。

⑩ AVD＋｛(V_1＋O_1) ＋［(V_2＋O_2) ＋C］｝

这类连动式中，在连动项 X 内部，连动式中的 V_1 只有 1 类附加成分，V_2 有 2 类附加成分。V_1 的附加成分为宾语，V_2 的附加成分为宾语和补语，V_2 先与宾语构成动词性短语，再带补语。连动项 X_1 和 X_2 分别由 V_1＋O_1 和 (V_2＋O_2) ＋C 构成。与 (V_1＋O_1) ＋［(V_2＋O_2) ＋C］类连动式不同的是，在连动项 X 外部，两个连动项还共同受同一个状语成分修饰。

在《金瓶梅词话》连动式中，这类连动式用例共 10 例，如：

(a) 一面替他接了衣服，说道："<u>你今日送殡来家早</u>。"(《金瓶梅词话》第 11 回)

(b) 西门庆把玳安往返的事告说了一遍："钱龙野书到，雷兵备旋<u>行牌提了犯人上去</u>，从新问理，把孙文相父子两个都开出来了，只认十两烧埋钱，打了杖罪，没事了。"(《金瓶梅词话》第 67 回)

这类连动式中，也出现了 1 个动词反复体的用例，为：

(c) 前日俺两个在他家，望着俺每好不哭哩，说他从腊里不好到如今，大官人通<u>影边儿不进里面看他看儿</u>。(《金瓶梅词话》第 15 回)

例 (c) 中，"看他看儿"表动作行为的短时态。

从连动项之间的语义关系来看，这类用例中表承接关系的有 7 例，如例 (b)；表方式关系的有 2 例，分别为"止戴着冠戴进后边去、可拿猪毛绳子套了他来"；表解释说明关系的有 1 例，为"那得工夫送巧来"。

⑪ AVD+｛（V_1+C_1）+［（V_2+C_2）+O］｝

这类连动式中，在连动项 X 内部，连动式中的 V_1 只有 1 类附加成分，V_2 有 2 类附加成分。V_1 的附加成分为补语，V_2 的附加成分为补语和宾语，V_2 先与补语构成动词性短语，再带宾语。连动项 X_1 和 X_2 分别由 V_1+C_1 和（V_2+C_2）+O 构成。与（V_1+C_1）+［（V_2+C_2）+O］类连动式不同的是，在连动项 X 外部，两个连动项还共同受同一个状语成分修饰。

在《金瓶梅词话》连动式中，这类连动式用例仅 1 例，为：

小项，老虔婆扶拐而出，向西门庆见毕礼，数说道："老身又不曾怠慢了姐夫，<u>如何一向不进来看看姐姐儿</u>？"（《金瓶梅词话》第 15 回）

上例中，动词 V_2 "看看"为反复体，表短时态。从连动项之间的语义关系来看，上例连动项之间均为承接关系。

⑫ AVD+｛（V_1+C_1）+［（V_2+O）+C_2］｝

这类连动式中，在连动项 X 内部，连动式中的 V_1 只有 1 类附加成分，V_2 有 2 类附加成分。V_1 的附加成分为补语，V_2 的附加成分为宾语和补语，V_2 先与宾语构成动词性短语，再带补语。连动项 X_1 和 X_2 分别由 V_1+C_1 和（V_2+O）+C_2 构成。与（V_1+C_1）+［（V_2+O）+C_2］类连动式不同的是，在连动项 X 外部，两个连动项还共同受同一个状语成分修饰。

在《金瓶梅词话》连动式中，这类连动式用例共 5 例，如：

（a）前日打了淫妇家，昨日李铭那王八先来打探子儿，今日应二和姓谢的，大清早辰，<u>勾使鬼走来勾了他去了</u>。（《金瓶梅词话》第 21 回）

（b）既是这等，<u>如今提出来戒饬他一番</u>，放了罢。（《金瓶梅词话》第 35 回）

（c）咬的老婆怪叫，骂："怪花子，<u>平白进来鬼混人死了</u>！"（《金瓶梅词话》第 68 回）

例（a）中，名词"勾使鬼"活用充当状语，意为"像勾使鬼一样"。

这类用例中，还出现了 1 个动词重复的用例，为：

（d）西门庆道："既不是风病，如何这软瘫热化起不来了？你<u>还不下去央及他央及儿哩</u>！"（《金瓶梅词话》第 28 回）

从连动项之间的语义关系来看，这类用例均为承接关系。

⑬ AVD+｛［（V_1+C_1）+O］+（V_2+C_2）｝

这类连动式中，在连动项 X 内部，连动式中的 V_1 有 2 类附加成分，V_2 只有 1 类附加成分。V_1 的附加成分为补语和宾语，V_1 先与补语构成动词性短语，再带宾语，V_2 的附加成分为补语。连动项 X_1 和 X_2 分别由（V_1+C_1）+O 和 V_2+C_2 构成。与（V_1+C_1）+O]+（V_2+C_2）类连动式不同的是，在连动项 X 外部，两个连动项还共同受同一个状语成分的修饰。

在《金瓶梅词话》连动式中，这类连动式用例共 7 例，如：

(a) 你今日了毕官司出来，两脚踏住平川地，得命思财，疮好忘痛，来家还问老婆找起后帐儿来了！（《金瓶梅词话》第 14 回）

(b) 那绣春不一时走过那边取了来。（《金瓶梅词话》第 78 回）

从连动项之间的语义关系来看，这类用例均为承接关系。

⑭ AVD+{[（V_1+C）+O_1]+（V_2+O_2）}

这类连动式中，在连动项 X 内部，连动式中的 V_1 有 2 类附加成分，V_2 只有 1 类附加成分。V_1 的附加成分为补语和宾语，V_1 先与补语构成动词性短语，再带宾语，V_2 的附加成分为宾语。连动项 X_1 和 X_2 分别由（V_1+C_1）+O_1 和 V_2+O_2 构成。与[（V_1+C）+O_1]+（V_2+O_2）类连动式不同的是，在连动项 X 外部，两个连动项还共同受同一个状语成分修饰。

在《金瓶梅词话》连动式中，这类连动式用例共 15 例，如：

(a) 你过阴，有你写来的贴子见在。没你的手字儿，我擅自拿出你的银子寻人情，抵盗与人便难了！（《金瓶梅词话》第 14 回）

(b) 慌的老冯连忙开了门，让众妇女进来，旋戳开炉子顿茶，挈着壶往街上取酒。（《金瓶梅词话》第 24 回）

(c) 过了三日，妇人凑了三百两银子，与竹山打开门面两间开店，焕然一新的。（《金瓶梅词话》第 17 回）

这类连动式中，出现了 1 个宾语前置的用例，为：

(d) 于是二人连忙将银往各处置了布匹，装在扬州苗青家安下，待货物买完起身。（《金瓶梅词话》第 81 回）

从连动项之间的语义关系来看，这类用例均为承接关系。

⑮ AVD+{[（V_1+C_1）+O_1]+[（V_2+O_2）+C_2]}

这类连动式中，在连动项 X 内部，连动式中的 V 均有 2 类附加成分，V_1 和 V_2 的附加成分均为宾语和补语，V_1 先与补语构成动词性短语，再带宾语；V_2 先与宾语构成动词性短语，再带补语。连动项 X_1 和 X_2 分别由（V_1+C_1）+O_1 和（V_2+O_2）+C_2 构成。与[（V_1+C_1）+O_1]+[（V_2+O_2）+C_2]类连动式不同的是，在连动项 X 外部，两个连动项还共同受同一个状语成分修饰。

在《金瓶梅词话》连动式中，这类连动式用例仅 1 例，为：

那应伯爵见西门庆有酒了,<u>刚看罢烟火下楼来</u>,见王六儿在这里,推小净手,拉着谢希大、祝日念,也不辞西门庆,就走了。(《金瓶梅词话》第42回)

从连动项之间的语义关系来看,上例为承接关系。

⑯ AVD+ { [(V_1+C_1) +O_1] + [(V_2+C_2) +O_2] }

这类连动式中,在连动项 X 内部,连动式中的 V 均有2类附加成分,V_1 和 V_2 的附加成分均为补语和宾语,V_1 和 V_2 均先与补语构成动词性短语,再带宾语。连动项 X_1 和 X_2 分别由 (V_1+C_1) +O_1 和 (V_2+C_2) +O_2 构成。与 [(V_1+C_1) +O_1] + [(V_2+C_2) +O_2] 类连动式不同的是,在连动项 X 外部,两个连动项还共同受同一个状语成分的修饰。

在《金瓶梅词话》连动式中,这类连动式用例共2例,为:

(a) 常时节道:"我方走了热剩剩的,<u>正待打开衣带扇扇扇子</u>,又要下棋?也罢么,待我胡乱下局罢。"(《金瓶梅词话》第54回)

(b) 那文嫂<u>悄悄掀开暖帘进入里面</u>,向西门庆磕头。(《金瓶梅词话》第69回)

从连动项之间的语义关系来看,上述用例均为承接关系。

⑰ AVD_1+ { [(V_1+O) +C] + (AVD_2+V_2) }

这类连动式中,在连动项 X 内部,连动式中的 V_1 有2类附加成分,V_2 有1类附加成分。V_1 的附加成分为宾语和补语,V_1 先与宾语构成动词性短语,再带补语,V_2 的附加成分为状语。连动项 X_1 和 X_2 分别由 (V_1+O) +C 和 AVD_2+V_2 构成。与 [(V_1+O) +C] + (AVD+V_2) 类连动式不同的是,在连动项 X 外部,两个连动项还共同受同一个状语成分修饰。

在《金瓶梅词话》连动式中,这类连动式用例仅1例,为:

他浑家乐三嫂,与王六儿所交敬厚,<u>常过王六儿这边来做伴儿坐</u>。(《金瓶梅词话》第47回)

从连动项之间的语义关系来看,上例为承接关系。

⑱ AVD_1+ { [(V_1+C) +O] + (AVD_2+V_2) }

这类连动式中,在连动项 X 内部,连动式中的 V_1 有2类附加成分,V_2 有1类附加成分。V_2 的附加成分为状语,V_1 的附加成分为补语和宾语,V_1 先与补语构成动词性短语,再带宾语。连动项 X_1 和 X_2 分别由 (V_1+C) +O 和 AVD_2+V_2 构成。与 [(V_1+C) +O] + (AVD+V_2) 类连动式不同的是,在连动项 X 外部,两个连动项还共同受同一个状语成分修饰。

在《金瓶梅词话》连动式中,这类连动式用例共5例,如:

（a）老婆听见有人来，连忙系上裙子往外走，看见金莲，把脸通红了。（《金瓶梅词话》第22回）

（b）唬的众妇女看见，都丢下棍棒乱跑了。（《金瓶梅词话》第86回）

从连动项之间的语义关系来看，这类用例均为承接关系。

⑲ $AVD_1 + \{(V_1+C) + [AVD_2 + (V_2+O)]\}$

这类连动式中，在连动项 X 内部，连动式中的 V_1 有 1 类附加成分，V_2 有 2 类附加成分。V_1 的附加成分为补语，V_2 的附加成分为宾语和状语，V_2 先与宾语构成动词性短语，再带状语。连动项 X_1 和 X_2 分别由 V_1+C 和 $AVD_2+(V_2+O)$ 构成。与 $(V_1+C) + [AVD+(V_2+O)]$ 类连动式不同的是，在连动项 X 外部，两个连动项还共同受同一个状语成分修饰。

在《金瓶梅词话》连动式中，这类连动式用例共 8 例，如：

（a）你如何走来拿人散气？（《金瓶梅词话》第24回）

（b）旧与这妇人有奸，要便赶韩道国不在家，铺中上宿，他便时常走来与妇人吃酒，到晚夕刮涎，就不去了。（《金瓶梅词话》第33回）

（c）便道："我儿，还不过来与你娘磕头！"（《金瓶梅词话》第76回）

（d）小玉到上房回大娘，只说："鏧身子去了，衣服都留下没与他。"（《金瓶梅词话》第85回）

从连动项之间的语义关系来看，这类用例中表承接关系的共 7 例，表补充说明关系的有 1 例，为例（d）。

⑳ $AVD_1 + \{(V_1+C_1) + [AVD_2 + (V_2+C_2)]\}$

这类连动式中，在连动项 X 内部，连动式中的 V_1 有 1 类附加成分，V_2 有 2 类附加成分。V_1 的附加成分为补语，V_2 的附加成分为补语和状语，V_2 先与补语构成动词性短语，再带状语。连动项 X_1 和 X_2 分别由 V_1+C_1 和 $AVD_2+(V_2+C_2)$ 构成。与 $(V_1+C_1) + [AVD+(V_2+C_2)]$ 类连动式不同的是，在连动项 X 外部，两个连动项还共同受同一个状语成分修饰。

在《金瓶梅词话》连动式中，这类连动式用例仅 3 例，如：

（a）这钱安儿早已知此消息，一直躲在潘金莲房里不出来。（《金瓶梅词话》第26回）

（b）当时天子祀毕南郊回来，文武百官聚集于宫省，等候设朝。（《金瓶梅词话》第71回）

例（b）中，名词短语"南郊"活用，充当状语成分。

从连动项之间的语义关系来看，例（a）为补充说明关系，表承接关系的有 2 例，如例（b）。

㉑ $AVD_1 + \{(V_1+O_1) + [AVD_2 + (V_2+O_2)]\}$

这类连动式中，在连动项 X 内部，连动式中的 V_1 有 1 类附加成分，V_2 有 2 类附加成分。V_1 的附加成分为宾语，V_2 的附加成分为状语和宾语，V_2 先与宾语构成动词性短语，再带状语。连动项 X_1 和 X_2 分别由 V_1+O_1 和 $AVD_2+(V_2+O)$ 构成。与 $(V_1+O_1) + [AVD+(V_2+O_2)]$ 类连动式不同的是，在连动项 X 外部，两个连动项还共同受同一个状语成分修饰。

在《金瓶梅词话》连动式中，这类连动式用例不多，共计 14 例，如：

(a) 于是二人连忙将银往各处置了布匹，装在扬州苗青家安下，待货物买完起身。（《金瓶梅词话》第 81 回）

(b) 常二寻思道："妇人家也是难做，受了辛苦埋怨人，也怪他不的。我今日有了银子不采他，人就道我薄情，便大官人知道，也须断我不是。"（《金瓶梅词话》第 56 回）

这类用例中，也出现了多个状语成分连用的用例，如：

(c) 到次日，果然大清早辰领贼瞎径进大门，往里走。（《金瓶梅词话》第 12 回）

从连动项之间的语义关系来看，表承接关系的有 10 例，如例（a）；表补充说明关系的有 2 例，如"终日思卿不见卿"；表方式关系的有 2 例，分别为"都伴桂姐在月娘房里吃酒、平白扯着脖子和他强怎么"。

㉒ $AVD_1 + \{(V_1+O) + [AVD_2 + (V_2+C)]\}$

这类连动式中，在连动项 X 内部，连动式中的 V_1 有 1 类附加成分，V_2 有 2 类附加成分。V_1 的附加成分为宾语，V_2 的附加成分为补语和状语，V_2 先与补语构成动词性短语，再带状语。连动项 X_1 和 X_2 分别由 V_1+O 和 $AVD_2+(V_2+C)$ 构成。与 $(V_1+O) + [AVD+(V_2+C)]$ 类连动式不同的是，在连动项 X 外部，两个连动项还共同受同一个状语成分修饰。

在《金瓶梅词话》连动式中，这类连动式用例仅 3 例，为：

(a) 有甚难处勾当，等我出去安抚他，再安排些酒肉点心茶水，哄她吃着，我悄悄领你从后门出去，干事回来，他会胜也不知道。（《金瓶梅词话》第 69 回）

(b) 我那里管他这闲帐！刚才陪他灯市里走了走。（《金瓶梅词话》第 42 回）

(c) 爱姐<u>不免解衣仰卧在床上</u>,交媾在一处。(《金瓶梅词话》第 98 回)

从连动项之间的语义关系来看,这类用例均为承接关系。

㉓ $AVD_1 + \{[(V_1+O_1)+C] + [AVD_2+(V_2+O_2)]\}$

这类连动式中,在连动项 X 内部,连动式中的 V 均有 2 类附加成分。V_1 的附加成分为宾语和补语,V_2 的附加成分为状语和宾语。V_1 先与宾语构成动词性短语,再带补语,V_2 先与宾语构成动词性短语,再带状语。连动项 X_1 和 X_2 分别由 $(V_1+O_1)+C$ 和 $AVD_2+(V_2+O_2)$ 构成。与 $[(V_1+O_1)+C] + [AVD+(V_2+O_2)]$ 类连动式不同的是,在连动项 X 外部,两个连动项还共同受同一个状语成分修饰。

在《金瓶梅词话》连动式中,这类连动式用例仅 2 例,为:

(a) 先将符药一把罨在口内,<u>急把酒来大呷半碗</u>,几乎呕将出来,眼都忍红了。(《金瓶梅词话》第 53 回)

(b) 何十出来,<u>到日买礼来重谢老爹</u>。(《金瓶梅词话》第 76 回)

从连动项之间的语义关系来看,上述用例为承接关系。

㉔ $AVD_1 + \{[(V_1+O)+C_1] + [AVD_2+(V_2+C_2)]\}$

这类连动式中,在连动项 X 内部,连动式中的 V 均有 2 类附加成分。V_1 的附加成分为宾语和补语,V_2 的附加成分为状语和补语。V_1 先与宾语构成动词性短语,再带补语,V_2 先与补语构成动词性短语,再带状语。连动项 X_1 和 X_2 分别由 $(V_1+O)+C_1$ 和 $AVD_2+(V_2+C_2)$ 构成。与 $[(V_1+O)+C_1] + [AVD+(V_2+C_2)]$ 类连动式不同的是,在连动项 X 外部,两个连动项还共同受同一个状语成分修饰。

在《金瓶梅词话》连动式中,这类连动式用例仅 2 例,为:

(a) 把药来看玩了一番,又恐怕药气出了,<u>连忙把面浆来依旧封得紧紧的</u>,原进后房,锁在梳匣内了。(《金瓶梅词话》第 53 回)

(b) 遂都上床去畅美的睡了一夜。(《金瓶梅词话》第 53 回)

从连动项之间的语义关系来看,上述例句均为承接关系。

㉕ $AVD_1 + \{[AVD_2+(V_1+O)] + (V_2+C)\}$

这类连动式中,在连动项 X 内部,连动式中的 V_1 有 2 类附加成分,V_2 有 1 类附加成分。V_1 的附加成分为宾语和状语,V_2 的附加成分为补语。V_1 先与宾语构成动词性短语,再带状语。连动项 X_1 和 X_2 分别由 $AVD_2+(V_1+O)$ 和 V_2+C 构成。与 $AVD+(V_1+O)] + (V_2+C)$ 类连动式不同的是,在连动项 X 外部,两个连动项还共同受同一个状语成分修饰。

在《金瓶梅词话》连动式中，这类连动式用例共5例，如：

(a) 大姐道："有了银子，刚才丫头地下扫地拾起来，我拿着哩。"（《金瓶梅词话》第51回）

(b) 西门庆做攒眉道："教我那里有银子？你眼见我前日支盐的事没有银子，与乔亲家挪得五百两凑用，那里有许多银子放出去！"（《金瓶梅词话》第53回）

从连动项之间的语义关系来看，表承接关系的有3例，如"另换了一双鞋穿在脚上"；表解释说明关系的有1例，为例（b）；表方式关系的有1例，为"都用汗巾儿搭着头出来"。

㉖ $AVD_1 + \{[AVD_2 + (V_1+O_1)] + (V_2+O_2)\}$

这类连动式中，在连动项X内部，连动式中的V_1有2类附加成分，V_2有1类附加成分。V_1的附加成分为宾语和状语，V_2的附加成分为宾语。V_1先与宾语构成动词性短语，再带状语。连动项X_1和X_2分别由$AVD_2+(V_1+O_1)$和V_2+O_2构成。与$[AVD+(V_1+O_1)]+(V_2+O_2)$类连动式不同的是，在连动项X外部，两个连动项还共同受同一个状语成分修饰。

在《金瓶梅词话》连动式中，这类连动式用例共5例，如：

(a) 妇人正手里拿着叉竿放帘子，忽被一阵风将叉竿刮倒，妇人手擎不牢，不端不正却打在那人头巾上。（《金瓶梅词话》第2回）

(b) 大官人每日衙门中来家摆饭，常请去陪侍，没我便吃不下饭去。（《金瓶梅词话》第33回）

(c) 到底是那小淫妇做势儿，对你参说："我终日不得个闲收拾屋里，只好晚夕来这屋里睡罢了。"（《金瓶梅词话》第58回）

从连动项之间的语义关系来看，表承接关系的有2例，如例（b）；表方式关系的有2例，如例（a）；表解释说明关系的有1例，为例（c）。

㉗ $AVD_1 + \{[AVD_2 + (V_1+C)] + (V_2+O)\}$

这类连动式中，在连动项X内部，连动式中的V_1有2类附加成分，V_2有1类附加成分。V_1的附加成分为补语和状语，V_2的附加成分为宾语。V_1先与补语构成动词性短语，再带状语。连动项X_1和X_2分别由$AVD_2+(V_1+C)$和V_2+O构成。与$[AVD+(V_1+C)]+(V_2+O)$类连动式不同的是，在连动项X外部，两个连动项还共同受同一个状语成分修饰。

在《金瓶梅词话》连动式中，这类连动式用例仅1例，为：

却说陈经济早辰从铺子里进来寻衣服，走到花园角门首。（《金瓶梅词话》第28回）

从连动项之间的语义关系来看，上述用例为承接关系。

㉘ AVD+〔（$V_1+C_1+O+C_2$）+V_2〕

这类连动式中，在连动项 X 内部，V_1 的附加成分为补语和宾语。其中，补语成分由复合趋向词语充当，分列宾语前后，构成 $V_1+C_1+O+C_2$ 格式。V_2 没有状语、补语、宾语、定语等附加成分。连动项 X_1 和 X_2 分别由 $V_1+C_1+O+C_2$ 和 V_2 构成。与（$V_1+C_1+O+C_2$）+V_2 类连动式不同的是，在连动项 X 外部，两个连动项还共同受同一个状语成分修饰。

在《金瓶梅词话》连动式中，这类连动式用例共 3 例，如：

一回又取下他头上金鱼撇杖儿来瞧，因问："你这样儿是那里打的？"（《金瓶梅词话》第 58 回）

上述两例连动式中，连动项之间的关系均为承接关系。

㉙ AVD+〔（$V_1+C_1+O_1+C_2$）+（V_2+O_2）〕

这类连动式中，在连动项 X 内部，V_1 的附加成分为补语和宾语。其中，补语成分由复合趋向词语充当，分列宾语前后，构成 $V_1+C_1+O_1+C_2$ 格式。V_2 的附加成分为宾语。连动项 X_1 和 X_2 分别由 $V_1+C_1+O_1+C_2$ 和 V_2+O_2 构成。与（$V_1+C_1+O_1+C_2$）+（V_2+O_2）类连动式不同的是，在连动项 X 外部，两个连动项还共同受同一个状语成分修饰。

在《金瓶梅词话》连动式中，这类连动式用例共 6 例，如：

（a）那韩玉钏儿、董娇儿连忙立起身来接茶，还望小玉拜了一拜。（《金瓶梅词话》第 43 回）

（b）月娘忽抬头看见，说道："五姐，你说的什么话？早是他妈妈没在跟前，这咱晚平白抱出他来做什么？举的恁高，只怕唬着他。"（《金瓶梅词话》第 32 回）

从连动项之间的语义关系来看，表行为-目的关系的有 1 例，为例（b），其余用例均为承接关系。

㉚ AVD+〔（$V_1+C_1+O+C_2$）+（V_2+C_3）〕

这类连动式中，在连动项 X 内部，V_1 的附加成分为补语和宾语。其中，补语成分由复合趋向词语充当，分列宾语前后，构成 $V_1+C_1+O+C_2$ 格式。V_2 的附加成分为补语。连动项 X_1 和 X_2 分别由 $V_1+C_1+O+C_2$ 和 V_2+C_3 构成。与（$V_1+C_1+O+C_2$）+（V_2+C_3）类连动式不同的是，在连动项 X 外部，两个连动项还共同受同一个状语成分修饰。

在《金瓶梅词话》连动式中，这类连动式用例仅 2 例，为：

(a) 金莲笑道："我儿，你原来掐下恁几朵来放在这里，不与娘戴。"(《金瓶梅词话》第 27 回)

(b) 西门庆交吴月娘，<u>又寻出他四套上色衣服来装在棺内</u>，四角安放了四锭小银子儿。(《金瓶梅词话》第 63 回)

从连动项之间的语义关系来看，上述用例均为承接关系。

㉛ $AVD_1 + [(V_1 + C_1 + O + C_2) + (AVD_2 + V_2)]$

这类连动式中，在连动项 X 内部，V_1 的附加成分为补语和宾语。其中，补语成分由复合趋向词语充当，分列宾语前后，构成 $V_1 + C_1 + O + C_2$ 格式。V_2 的附加成分为状语。连动项 X_1 和 X_2 分别由 $V_1 + C_1 + O + C_2$ 和 $AVD_2 + V_2$ 构成。与 $(V_1 + C_1 + O + C_2) + (AVD + V_2)$ 类连动式不同的是，在连动项 X 外部，两个连动项还共同受同一个状语成分修饰。

在《金瓶梅词话》连动式中，这类连动式用例仅 1 例，为：

西门庆悄悄<u>在西厢房放下帘来偷瞧</u>，见这蓝氏年约不上二十岁，生的长挑身材，打扮的如粉妆玉琢。(《金瓶梅词话》第 78 回)

从连动项之间的语义关系来看，上例为承接关系。

㉜ $AVD + [V_1 + (V_2 + C_1 + O + C_2)]$

这类连动式中，在连动项 X 内部，V_1 没有状语、补语、宾语、定语等附加成分。V_2 的附加成分为补语和宾语，其中，补语成分由复合趋向词语充当，分列宾语前后，构成 $V_2 + C_1 + O + C_2$ 格式。连动项 X_1 和 X_2 分别由 V_1 和 $V_2 + C_1 + O + C_2$ 构成。与 $V_1 + (V_2 + C_1 + O + C_2)$ 类连动式不同的是，在连动项 X 外部，两个连动项还共同受同一个状语成分修饰。

在《金瓶梅词话》连动式中，这类连动式用例仅 1 例，为：

你<u>再去问声嫂子来</u>，咱好起身。(《金瓶梅词话》第 13 回)

从连动项之间的语义关系来看，上述用例为承接关系。

㉝ $AVD + [(V_1 + O_1) + (V_2 + C_1 + O_2 + C_2)]$

这类连动式中，在连动项 X 内部，V_1 的附加成分为宾语，V_2 的附加成分为宾语和补语，其中，补语成分由复合趋向词语充当，分列宾语前后，构成 $V_2 + C_1 + O_2 + C_2$ 格式。连动项 X_1 和 X_2 分别由 $V_1 + O_1$ 和 $V_2 + C_1 + O_2 + C_2$ 构成。与 $(V_1 + O_1) + (V_2 + C_1 + O_2 + C_2)$ 类连动式不同的是，在连动项 X 外部，两个连动项还共同受同一个状语成分修饰。

在《金瓶梅词话》连动式中，这类连动式用例共 3 例，如：

(a) 拿了门外寺里一个和尚顶缺，<u>明日做文书送过东平府去</u>。(《金瓶梅词话》第 76 回)

(b) 走来木槿花下摇花枝为号，不听见里面动静，<u>不免踩着太湖石扒过粉墙去</u>。(《金瓶梅词话》第 82 回)

从连动项之间的语义关系来看，这类用例中 2 例为承接关系，1 例为方式关系。

(4) 连动项中的 V 出现 3 类附加成分

① $AVD_1 + ((V_1+O_1) + (AVD_2 + ((V_2+O_2) +C)))$

这类连动式中，在连动项 X 内部，连动式中的 V_1 只有 1 类附加成分，V_2 有 3 类附加成分。V_1 的附加成分为宾语，V_2 的附加成分为宾语、补语和状语，V_2 先与宾语构成动词性短语，再带补语，最后受状语修饰。连动项 X_1 和 X_2 分别由 V_1+O_1 和 $AVD_2 + ((V_2+O_2) +C)$ 构成。与 $(V_1+O_1) + \{AVD+ [(V_2+O_2) +C]\}$ 类连动式不同的是，在连动项 X 外部，两个连动项还共同受同一个状语成分修饰。

在《金瓶梅词话》连动式中，这类连动式用例仅 1 例，为：

争奈我父亲在东京，<u>我明日起身往东京取银子去</u>。(《金瓶梅词话》第 86 回)

从连动项之间的语义关系来看，上例为承接关系。

② $AVD_1 + ((AVD_2 + ((V_1+O_1) +C)) +V_2)$

这类连动式中，在连动项 X 内部，连动式中的 V_1 有 3 类附加成分，V_2 没有附加成分。V_1 的附加成分为宾语、补语和状语，V_1 与宾语构成动词性短语，再带补语，最后受状语修饰。连动项 X_1 和 X_2 分别由 $AVD_2 + [(V_1+O_1) +C]$ 和 V_2 构成。与 $\{AVD+ [(V_1+O_1) +C]\} +V_2$ 类连动式不同的是，在连动项 X 外部，两个连动项还共同受同一个状语成分修饰。

在《金瓶梅词话》连动式中，这类连动式用例仅 1 例，为：

明年先打发崔大哥押一船杭州货来，<u>他与来保还往松江下五处置买些布货来发卖</u>。(《金瓶梅词话》第 66 回)

从连动项之间的语义关系来看，上例为承接关系。

③ $AVD_1 + ((AVD_2 + ((V_1+C_1) +O_1)) + (V_2+O_2))$

这类连动式中，在连动项 X 内部，连动式中的 V_1 有 3 类附加成分，V_2 有 1 类附加成分。V_1 的附加成分为宾语、补语和状语，V_1 与补语构成动词性短语，再带宾语，最后受状语修饰。连动项 X_1 和 X_2 分别由 $AVD_2 + [(V_1+C_1) +O_1]$ 和 V_2+O_2 构成。与 $\{AVD_2 + [(V_1+C_1) +O]\} + (V_2+O_2)$ 类连动式不同的是，在连动项 X 外部，两个连动项还共同受同一个状语成分修饰。

在《金瓶梅词话》连动式中，这类连动式用例共 2 例，为：

（a）月娘与李瓶儿每人袖中摘去一两银子与他，磕头谢了。（《金瓶梅词话》第46回）

（b）黄四又早伙中封下十两银子谢他："大官人分付教俺过节去，口气儿只是搞那五百两银子文书的情。"（《金瓶梅词话》第45回）

从连动项之间的语义关系来看，上述用例均为承接关系。

3. "X_1+X_2+O"类连动式

这类由两个连动项连用构成的连动式，为由两个连动项连用后再附加共同的宾语成分构成，具体使用情况如下。

① $(V_1+V_2)+O$

这类连动式中，连动项 X_1 和 X_2 分别由 V_1 和 V_2 构成。两个连动项同时带同一个宾语成分。

在《金瓶梅词话》中，这类连动式用例共9例，为：

（a）近来发迹有钱，专在县里管些公事，与人把揽说事过钱，交通官吏，因此满县人都惧怕他。（《金瓶梅词话》第2回）

（b）到晚夕，桂姐临家去，拜辞月娘。（《金瓶梅词话》第12回）

（c）西门庆大怒，喝令左右："与我用起刑来！你两个贼人，专一积年在江河中，假以舟楫装载为名，实是劫帮凿漏，邀截客旅，图财致命。"（《金瓶梅词话》第47回）

（d）一面收卸砖瓦木石，修盖土库，里面装画牌面，待货车到日，堆卸货物。（《金瓶梅词话》第58回）

（e）母思忆之，痛切号哭，遂即把他孩儿抛向水中。（《金瓶梅词话》第59回）

（f）李瓶儿呼唤丫鬟，都睡熟了不答，乃自下床来，倒靸弓鞋，翻披绣袄，开了房门，出户视之。（《金瓶梅词话》第60回）

（g）西门庆与陈经济穿孝衣在灵前还礼，应伯爵、谢希大与温秀才、甘伙计等迎待宾客。（《金瓶梅词话》第63回）

（h）次日却是八月初一日，韩道国早到，西门庆教同崔本、甘伙计，在房子内看着收卸砖瓦木石，收拾装修土库。（《金瓶梅词话》第59回）

（i）言未毕，见一人出离班部，倒笏躬身，绯袍象简，玉带金鱼，跪在金阶，口称："光禄大夫、掌金吾卫事、太尉、太保兼太子太保臣朱，引天下提刑官员事，后面跪的两淮、两浙、山东、山西、河南、河北、关东、关西、福建、广南、四川等处刑狱千户章隆等二十六员，

例该考察,已更升补,<u>缴换劄付</u>,合当引奏,未敢擅便,请旨定夺。"(《金瓶梅词话》第71回)

上述例句中,例(a)"交通官吏"中的"官吏"同时充当动词"交"和"通"的宾语成分;例(b)"拜辞月娘"中的"月娘"同时充当"拜"和"辞"的宾语成分;例(c)"邀截客旅"中的"客旅"同时充当动词"邀"和"截"的宾语成分;例(d)"收卸砖瓦木石"中的"砖瓦木石"同时充当动词"收"和"卸"的宾语成分;例(e)"母思忆之"中的"之"同时充当"思"和"忆"的宾语成分;例(f)"翻披绣袄"中的"绣袄"同时充当"翻"和"披"的宾语成分;例(g)"迎待宾客"中的"宾客"同时充当"迎"和"待"的宾语成分;例(h)"收拾装修土库"中的"土库"同时充当"收拾"和"装修"的宾语成分;例(i)"缴换劄付"中的"劄付"同时充当"缴"和"换"的宾语成分。

② AVD+〔(V_1+V_2)+O〕

这类连动式中,连动项 X_1 和 X_2 分别由 V_1 和 V_2 构成。两个连动项再附加共同的宾语成分和状语成分。

在《金瓶梅词话》中,这类连动式用例共4例,为:

(a)又动音乐,<u>往李瓶儿灵前摄召引魂</u>,朝参玉陛,旁设几筵,闻经悟道。(《金瓶梅词话》第66回)

(b)西门庆入房中椅上坐了,迎春拿茶来吃了,西门庆令他解衣带,如意儿就知他在这房里歇,<u>连忙收拾伸铺</u>,用汤婆熨的被窝暖洞洞的,打发他歇下。(《金瓶梅词话》第67回)

(c)夏公道:"<u>学生还不曾拜贺长官</u>,到承长官先施;昨者小房又烦费心,感谢不尽。"(《金瓶梅词话》第71回)

(d)老婆起来穿了衣服,教丫鬟打发舀水,净了手,<u>重筛暖酒</u>,再上佳肴,情话攀盘,又吃了几钟,方才起身上马。(《金瓶梅词话》第61回)

例(a)"往李瓶儿灵前摄召引魂"中的"魂"同时充当"摄"和"召引"的宾语成分;例(b)"连忙收拾伸铺"中的"铺"同时充当"收拾"和"伸"的宾语成分;例(c)"学生还不曾拜贺长官"中的"长官"同时充当"拜"和"贺"的宾语成分;例(d)"重筛暖酒"中的"酒"同时充当"筛"和"暖"的宾语成分。

4. "X_1+X_2+C"类连动式

这类由两个连动项连用构成的连动式,为由两个连动项连用后再附加共同的补语成分构成,具体使用情况如下。

① (V_1+V_2) +C

这类连动式中，连动项 X_1 和 X_2 分别由 V_1 和 V_2 构成。补语成分同时对连动项 X_1 和 X_2 进行补充说明。

在《金瓶梅词话》中，这类连动式用例共 4 例，如：

(a) 那和尚在旁陪坐，举筯儿才待让月娘众人吃时，忽见两个青衣汉子，走的气喘吁吁，暴雷也一般报与长老，说道："长老还不快出来迎接，府中小奶奶来祭祀来了！"（《金瓶梅词话》第 89 回）

(b) 那鸡鹅嗄饭割切安排停当，用盘碟盛了果品之类，都摆在房中。（《金瓶梅词话》第 6 回）

(c) 周守备开读已毕，打发使命官去了。（《金瓶梅词话》第 99 回）

② [V_1+ (V_2+C_1)] +C_2

这类连动式中，连动项 X_1 和 X_2 分别由 V_1 和 V_2+C_1 构成。补语成分同时对连动项 X_1 和 X_2 进行补充说明。

在《金瓶梅词话》中，这类连动式用例仅 1 例，为：

使绣春："二姐，你去瞧瞧去。"（《金瓶梅词话》第 78 回）

上例中，"瞧瞧"为动词重叠式，表尝试态。

③ [(V_1+O) +V_2] +C

这类连动式中，连动项 X_1 和 X_2 分别由 V_1+O 和 V_2 构成。补语成分同时对连动项 X_1 和 X_2 进行补充说明。

在《金瓶梅词话》中，这类连动式用例有 2 例，为：

(a) 你陪他坐去，我这里吩咐看菜儿。（《金瓶梅词话》第 61 回）

(b) 这边连忙就使玳安儿穿青衣，具请书儿请去。（《金瓶梅词话》第 96 回）

④ [(V_1+C_1) +V_2] +C_2

这类连动式中，连动项 X_1 和 X_2 分别由 V_1+C_1 和 V_2 构成。补语成分同时对连动项 X_1 和 X_2 进行补充说明。

在《金瓶梅词话》中，这类连动式用例有 1 例，为：

这西门庆便教拿衣服穿了，出去迎接去了。（《金瓶梅词话》第 74 回）

⑤ {[(V_1+C_1) +O] +V_2} +C_2

这类连动式中，连动项 X_1 和 X_2 分别由 (V_1+C_1) +O 和 V_2 构成。补语成分同时对连动项 X_1 和 X_2 进行补充说明。

在《金瓶梅词话》中，这类连动式用例有 1 例，为：

你要吃，拿过一边吃去。(《金瓶梅词话》第 38 回)

⑥ [V$_1$ + (V$_2$+O)] +C

这类连动式中，连动项 X$_1$ 和 X$_2$ 分别由 V$_1$ 和 V$_2$+O 构成。补语成分同时对连动项 X$_1$ 和 X$_2$ 进行补充说明。

在《金瓶梅词话》中，这类连动式用例共 10 例，如：

(a) 容一日，奴去看姐姐去。(《金瓶梅词话》第 89 回)

(b) 老者便问："陈大官，做得买卖如何？房钱到了，来取房钱来了？"(《金瓶梅词话》第 93 回)

⑦ [(V$_1$+O$_1$) + (V$_2$+O$_2$)] +C

这类连动式中，连动项 X$_1$ 和 X$_2$ 分别由 V$_1$+O$_1$ 和 V$_2$+O$_2$ 构成。补语成分同时对连动项 X$_1$ 和 X$_2$ 进行补充说明。

在《金瓶梅词话》中，这类连动式用例共 9 例，如：

(a) 当时哄动了东平府，抬起了清河县，都说："巡按老爷也认的西门大官人，来他家吃酒来了。"(《金瓶梅词话》第 49 回)

(b) 众人正笑做一团，只听得晓月长老打梆子，各人都拿锹镢筐杠，上工做活去了。(《金瓶梅词话》第 96 回)

⑧ [(V$_1$+C$_1$) + (V$_2$+O)] +C$_2$

这类连动式中，连动项 X$_1$ 和 X$_2$ 分别由 V$_1$+C$_1$ 和 V$_2$+O 构成。补语成分同时对连动项 X$_1$ 和 X$_2$ 进行补充说明。

在《金瓶梅词话》中，这类连动式用例共 3 例，如：

(a) 李瓶儿随后送出，月娘道："你莫送我，进去看官哥去罢。"(《金瓶梅词话》第 53 回)

(b) 这衙内分付玉楼"管待二舅"，就出去待客去了。(《金瓶梅词话》第 92 回)

⑨ {V$_1$ + [AVD+ (V$_2$+O)]} +C

这类连动式中，连动项 X$_1$ 和 X$_2$ 分别由 V$_1$ 和 AVD+ (V$_2$+O) 构成。补语成分同时对连动项 X$_1$ 和 X$_2$ 进行补充说明。

在《金瓶梅词话》中，这类连动式用例共 3 例，为：

(a) 翟管家答礼相还，说道："前者累你。你来与老爷进生辰担礼来了？"(《金瓶梅词话》第 30 回)

(b) 春梅道："我来问玉箫要汗巾子来，他今日借了我汗巾子戴来。"（《金瓶梅词话》第 31 回）

(c) 伯爵失惊道："真个他来和哥陪不是来了？"（《金瓶梅词话》第 69 回）

⑩ { (V_1+C_1) + [AVD+ (V_2+O)] } +C_2

这类连动式中，连动项 X_1 和 X_2 分别由 V_1+C_1 和 AVD+ (V_2+O) 构成。补语成分同时对连动项 X_1 和 X_2 进行补充说明。

在《金瓶梅词话》中，这类连动式用例仅 1 例，为：

秋菊道："你还说哩！我尿急了，往那里溺？我拔开了吊，出来院子里溺尿来。"（《金瓶梅词话》第 83 回）

⑪ { (V_1+O_1) + [AVD+ (V_2+O_2)] } +C

这类连动式中，连动项 X_1 和 X_2 分别由 V_1+O_1 和 AVD+ (V_2+O_2) 构成。补语成分同时对连动项 X_1 和 X_2 进行补充说明。

在《金瓶梅词话》中，这类连动式用例仅 1 例，为：

一面分付讨出四两银子，赏跟随小马儿上的人，拿帖儿回谢周守备了去。（《金瓶梅词话》第 72 回）

⑫ [(V_1+ V_2) +O] +C

这类连动式中，连动项 X_1 和 X_2 为连动同宾句 (V_1+V_2) +O。补语成分同时对连动项 X_1 和 X_2 进行补充说明。

在《金瓶梅词话》中，这类连动式用例仅 1 例，为：

那日壬子日，又是个紧要的日子，所以清早闭了房门，烧香点烛，先诵过了，就到后房，开取药来，叫小玉炖起酒来。（《金瓶梅词话》第 53 回）

上述例句中，"开取药来"中"药"同时充当"开"和"取"的宾语成分，补语"来"同时对前面两个连动项进行补充说明。

"X_1+X_2+C"类连动式共计上述 12 个小类，连动项后附加的补语成分仅限于"来""去""毕""停当"四个词语，在这类连动式中出现的补语和状语成分均较为简单。从连动项之间的语义关系来看，这类用例均为承接关系。

5. "AVD+X_1+X_2+C"类连动式

这类由两个连动项连用构成的连动式，由两个连动项连用后再附加共同的状语成分和补语成分构成，具体使用情况如下：

① AVD＋（V₁＋V₂）＋C

这类连动式中，连动项 X₁ 和 X₂ 分别由 V₁ 和 V₂ 构成。连动项受同一个状语成分修饰，补语成分同时对连动项 X₁ 和 X₂ 进行补充说明。

在《金瓶梅词话》中，这类连动式用例仅 2 例，为：

(a) <u>连夜打点驮装停当</u>，求了他亲家陈宅一封书，差家人上东京。（《金瓶梅词话》第 14 回）

(b) 不想一日，因浑家葛翠屏<u>往娘家回门住去了</u>，他独自个在西书房寝歇。（《金瓶梅词话》第 99 回）

例（a）中，X₁ 为"打点"，X₂ 为"驮装"，两个连动项之前的共同修饰成分为时间副词"连夜"，之后的共同补语成分为形容词"停当"。例（b）中，X₁ 为"回门"，X₂ 为"住"，两个连动项之前的共同修饰成分为介词短语"往娘家"，之后的共同补语成分为趋向动词"去"。

② AVD＋〔（V₁＋O）＋V₂〕＋C

这类连动式中，连动项 X₁ 和 X₂ 分别由 V₁＋O 和 V₂ 构成。连动项受同一个状语成分修饰，补语成分同时对连动项 X₁ 和 X₂ 进行补充说明。

在《金瓶梅词话》中，这类连动式用例共 6 例，如：

(a) 两个顽了一回，妇人道："咱<u>往葡萄架那里投壶耍子儿去</u>，走来。"（《金瓶梅词话》第 27 回）

(b) 当下二人一面分付手下，<u>都回门外寺里歇去</u>，明日早拿马来接。（《金瓶梅词话》第 36 回）

例（a）中，X₁ 为"投壶"，X₂ 为"耍子儿"，两个连动项之前的共同修饰成分为介词短语"往葡萄架那里"，之后的共同补语成分为趋向动词"去"。例（b）中，X₁ 为"回门外寺里"，X₂ 为"歇"，两个连动项之前的共同修饰成分为范围副词"都"，之后的共同补语成分为趋向动词"去"。

③ AVD＋〔V₁＋（V₂＋C₁）〕＋C₂

这类连动式中，连动项 X₁ 和 X₂ 分别由 V₁ 和 V₂＋C₁ 构成。连动项受同一个状语成分修饰，补语成分同时对连动项 X₁ 和 X₂ 进行补充说明。

在《金瓶梅词话》中，这类连动式用例仅 1 例，为：

只怕大官人来家了，你<u>还不走的瞧瞧去</u>！（《金瓶梅词话》第 72 回）

上例中，"瞧瞧"为动词重叠式，表尝试态。X₁ 为"走的"，X₂ 为"瞧瞧"，两个连动项之前的共同修饰成分为否定副词"还不"，之后的共同补语成分为趋向动词"去"。

④ AVD+［（V$_1$+O$_1$）+（V$_2$+O$_2$）］+C

这类连动式中，连动项 X$_1$ 和 X$_2$ 分别由 V$_1$+O$_1$ 和 V$_2$+O$_2$ 构成。连动项受同一个状语成分修饰，补语成分同时对连动项 X$_1$ 和 X$_2$ 进行补充说明。

在《金瓶梅词话》中，这类连动式用例共 10 例，如：

(a) 我让他吃茶，他不吃，忙忙就上头口来了，<u>几时进屋里吃酒来</u>！（《金瓶梅词话》第 86 回）

(b) 打点车辆，<u>同妇人归枣强县家里攻书去了</u>。（《金瓶梅词话》第 92 回）

⑤ AVD+［（V$_1$+O）+（V$_2$+C$_1$）］+C$_2$

这类连动式中，连动项 X$_1$ 和 X$_2$ 分别由 V$_1$+O 和 V$_2$+C$_1$ 构成。连动项受同一个状语成分修饰，补语成分同时对连动项 X$_1$ 和 X$_2$ 进行补充说明。

在《金瓶梅词话》中，这类连动式用例仅 1 例，为：

西门庆又说："夏大人临来，再三央我早晚看顾看顾他家里，<u>容日你买分礼儿走走去</u>。"（《金瓶梅词话》第 72 回）

上例中，"走走"为动词重叠式，表尝试态。

⑥ AVD$_1$+［（AVD$_2$+V$_1$）+V$_2$］+C

这类连动式中，连动项 X$_1$ 和 X$_2$ 分别由 AVD$_2$+V$_1$ 和 V$_2$ 构成。连动项受同一个状语成分修饰，补语成分同时对连动项 X$_1$ 和 X$_2$ 进行补充说明。

在《金瓶梅词话》中，这类连动式用例仅 1 例，为：

就问薛嫂儿："<u>几时相会看去</u>？"（《金瓶梅词话》第 7 回）

⑦ AVD$_1$+［V$_1$+（AVD$_2$+V$_2$）］+C

这类连动式中，连动项 X$_1$ 和 X$_2$ 分别由 V$_1$ 和 AVD$_2$+V$_2$ 构成。连动项受同一个状语成分修饰，补语成分同时对连动项 X$_1$ 和 X$_2$ 进行补充说明。

在《金瓶梅词话》中，这类连动式用例共 2 例，如：

"<u>不若我先去对武大说去</u>。"回身便走。（《金瓶梅词话》第 4 回）

⑧ AVD$_1$+｛V$_1$+［AVD$_2$+（V$_2$+O）］｝+C

这类连动式中，连动项 X$_1$ 和 X$_2$ 分别由 V$_1$ 和 AVD$_2$+（V$_2$+O）构成。连动项受同一个状语成分修饰，补语成分同时对连动项 X$_1$ 和 X$_2$ 进行补充说明。

在《金瓶梅词话》中，这类连动式用例仅 1 例，为：

你再不来相靠着我胸膛儿来呵，生把这热突突心肝割上一刀。（《金瓶梅词话》第 59 回）

⑨ $AVD+[(V_1+C_1)+(V_2+O)]+C_2$

这类连动式中，连动项 X_1 和 X_2 分别由 V_1+C_1 和 V_2+O 构成。连动项受同一个状语成分修饰，补语成分同时对连动项 X_1 和 X_2 进行补充说明。

在《金瓶梅词话》中，这类连动式用例仅 1 例，为：

那伯爵得了这消息，<u>急急走去回他每话去了</u>。(《金瓶梅词话》第 35 回)

⑩ $AVD_1+\{(V_1+O_1)+[AVD_2+(V_2+O_2)]\}+C$

这类连动式中，连动项 X_1 和 X_2 分别由 V_1+O_1 和 $AVD_2+(V_2+O_2)$ 构成。连动项受同一个状语成分修饰，补语成分同时对连动项 X_1 和 X_2 进行补充说明。

在《金瓶梅词话》中，这类连动式用例仅 1 例，为：

开了河，你<u>早起身往下边接船去</u>。(《金瓶梅词话》第 79 回)

"$AVD+X_1+X_2+C$"类连动式共计上述 10 个小类，连动项后附加的补语成分仅限于"来""去""停当"三个词，这类连动式中出现的补语和状语成分均较为简单。从连动项之间的语义关系来看，这类用例均为承接关系。

综上所述，在《金瓶梅词话》中，由两个连动项连用构成的连动式，分属 "X_1+X_2""$AVD+X_1+X_2$""X_1+X_2+O""X_1+X_2+C""$AVD+X_1+X_2+C$" 五个大类，其中"X_1+X_2+C"类连动式共有 12 个小类，"$AVD+X_1+X_2+C$" 类连动式共有 10 个小类。"X_1+X_2"和"$AVD+X_1+X_2$"这两类连动式又可以分为"连动项中的 V 为光杆动词""连动项中的 V 出现 1 类附加成分""连动项中的 V 出现 2 类附加成分""连动项中的 V 出现 3 类附加成分"四个类别。

（二）由 3 个连动项连用构成的连动式

由 3 个连动项连用构成的连动式，在《金瓶梅词话》中分属 3 种结构形式："$X_1+X_2+X_3$""$AVD+X_1+X_2+X_3$""$X_1+AVD+X_2+X_3$"。下面逐一进行考察分析。

1. "$X_1+X_2+X_3$"类连动式

（1）连动项中的 V 为光杆动词

这类连动式的形式为 $V_1+V_2+V_3$。连动项 X_1、X_2 和 X_3 分别由 V_1、V_2 和 V_3 构成。

在《金瓶梅词话》连动式中，这类连动式用例仅 2 例，为：

(a) 崔本也<u>来帮扶照管</u>。(《金瓶梅词话》第 59 回)

(b) 玉楼装点打扮，<u>伺候出见</u>。（《金瓶梅词话》第 92 回）

(2) 连动项中的 V 出现 1 类附加成分

① $V_1 + (V_2+O) + V_3$

这类连动式中，连动项 X_1、X_2 和 X_3 分别由 V_1、V_2+O 和 V_3 构成。连动式中只有 V_2 后出现了宾语成分。

在《金瓶梅词话》连动式中，这类连动式用例共 7 例，如：

(a) 打了回双陆，<u>收拾摆饭吃了</u>，二人在帘里观看灯市。（《金瓶梅词话》第 42 回）

(b) 主管算了利钱银两递与他，打发起身上马，<u>伴当跟随打着马走</u>。（《金瓶梅词话》第 99 回）

② $(V_1+O) + V_2 + V_3$

这类连动式中，连动项 X_1、X_2 和 X_3 分别由 V_1+O、V_2 和 V_3 构成。连动式中只有 V_1 后出现了宾语成分。

在《金瓶梅词话》连动式中，这类连动式用例共 10 例，如：

(a) 但只是仇人未获，我的尸首埋在当街，你可念旧日之情，<u>买具棺材盛了葬埋</u>，免得日久暴露。（《金瓶梅词话》第 88 回）

(b) <u>点灯拨看</u>，原来是个男胎，已成形了。（《金瓶梅词话》第 33 回）

③ $(V_1+O_1) + V_2 + (V_3+O_2)$

这类连动式中，连动项 X_1、X_2 和 X_3 分别由 V_1+O_1、V_2 和 V_3+O_2 构成。连动式中 V_1 和 V_3 后均出现了宾语成分。

在《金瓶梅词话》连动式中，这类连动式用例共 12 例，如：

(a) 陈经济到那日，<u>宰猪祭祀烧纸</u>。（《金瓶梅词话》第 98 回）

(b) 当下薛嫂儿说了半日话，<u>提着花箱儿拜辞出门</u>。（《金瓶梅词话》第 97 回）

(c) 那手下的大小厮天喜儿，从子虚病倒之时，<u>拐了五两银子走了无踪迹</u>。（《金瓶梅词话》第 14 回）

(d) 话休饶舌，有日货物置完，<u>打包装载上船</u>。（《金瓶梅词话》第 81 回）

④ $(V_1+O_1) + (V_2+O_2) + V_3$

这类连动式中，连动项 X_1、X_2 和 X_3 分别由 V_1+O_1、V_2+O_2 和 V_3 构成。连动式中 V_1 和 V_2 后均出现了宾语成分。

在《金瓶梅词话》连动式中，这类连动式用例共 14 例，如：

(a) 冯金宝又说大姐："成日横草不拈，竖草不动，偷米换烧饼吃。"(《金瓶梅词话》第92回)

(b) 当下食割五道，歌吟二套，秉烛上来，西门庆起身更衣告辞。(《金瓶梅词话》第72回)

(c) 苗天秀从梦中惊醒，便探头出舱外观看，被陈三手持利刀，一下刺中脖下，推在洪波荡里。(《金瓶梅词话》第47回)

(d) 武松梳洗裹帻，出门去县里画卯。(《金瓶梅词话》第1回)

⑤ $(V_1+O_1)+(V_2+O_2)+(V_3+O_3)$

这类连动式中，连动项 X_1、X_2 和 X_3 分别由 V_1+O_1、V_2+O_2 和 V_3+O_3 构成。连动式中的动词后均出现了宾语成分。

在《金瓶梅词话》连动式中，这类连动式用例共20例，如：

(a) 西门庆拿大杯拦门递酒，款留不住，俱送出门。(《金瓶梅词话》第63回)

(b) 当日西门庆烧了这老婆身上三处香，开门寻了一件玄色段子妆花比甲儿与他。(《金瓶梅词话》第78回)

(c) 玳安接了衣赏回马来家，到日西时分又骑马接去。(《金瓶梅词话》第17回)

(d) 搽抹身体干净，撤去浴盆，止着薄纩短襦，上床安放炕桌果酌饮酒。(《金瓶梅词话》第29回)

⑥ $V_1+(V_2+O_1)+(V_3+O_2)$

这类连动式中，连动项 X_1、X_2 和 X_3 分别由 V_1、V_2+O_1 和 V_3+O_2 构成。连动式中 V_2 和 V_3 后均出现了宾语成分。

在《金瓶梅词话》连动式中，这类连动式用例共10例，如：

(a) 其日正寻得一篮儿雪梨，提着街寻西门庆。(《金瓶梅词话》第4回)

(b) 不想那日贲四从东京来家，梳洗头脸，打选衣帽齐整，来见西门庆磕头，递上夏指挥回书。(《金瓶梅词话》第78回)

⑦ $V_1+V_2+(V_3+O)$

这类连动式中，连动项 X_1、X_2 和 X_3 分别由 V_1、V_2 和 V_3+O 构成。连动式中只有 V_3 后出现了宾语成分。

在《金瓶梅词话》连动式中，这类连动式用例共5例，如：

(a) 一席话说的婆子屁滚尿流，陪的坐吃了两道茶。(《金瓶梅词话》第7回)

(b) 一日尚举人来拜辞起身，上京会试，问西门庆借皮箱、毡衫。（《金瓶梅词话》第 77 回）

⑧ $(V_1+O_1) + (V_2+O_2) + (V_3+C)$

这类连动式中，连动项 X_1、X_2 和 X_3 分别由 V_1+O_1、V_2+O_2 和 V_3+C 构成。连动式中 V_2 后出现了宾语成分，V_3 后出现了补语成分。

在《金瓶梅词话》连动式中，这类连动式用例共 7 例，如：

(a) 这西门庆头戴缠棕大帽，一撒钩绦，粉底皂靴，进门见婆子拜四拜。（《金瓶梅词话》第 7 回）

(b) 你去了这半个来月，奴那刻儿放下心来！晚间夜又长，独自一个又睡不着，随问怎的暖床暖铺，只是害冷，伸着腿儿触冷伸不开，手中丫的酸了，数着日子儿白盼不到，枕边眼泪不知流勾多少。（《金瓶梅词话》第 72 回）

(c) 两个絮聒了一回，见夜深了，不免解卸衣衫，挨身上床倘下。（《金瓶梅词话》第 82 回）

⑨ $V_1 + (V_2+C) + V_3$

这类连动式中，连动项 X_1、X_2 和 X_3 分别由 V_1、V_2+C 和 V_3 构成。连动式中只有 V_2 后出现了补语成分。

在《金瓶梅词话》连动式中，这类连动式用例共 3 例，如：

(a) 敲残了更鼓你便才来到，见我这脸儿不瞧，来跪在奴身边告。（《金瓶梅词话》第 74 回）

(b) 这西门庆见他言语儿投着机会，心中越发喜欢，搭着他雪白的两只腿儿，——穿着一双绿罗扣花鞋儿，接着睡到五更鸡叫时分散。（《金瓶梅词话》第 75 回）

⑩ $V_1 + (V_2+C_1) + (V_3+C_2)$

这类连动式中，连动项 X_1、X_2 和 X_3 分别由 V_1、V_2+C_1 和 V_3+C_2 构成。连动式中 V_2 和 V_3 后均出现了补语成分。

在《金瓶梅词话》连动式中，这类连动式用例仅 1 例，为：

西门庆无法可处，只得叫过琐安近前分付："对你六娘说，收拾了出来见见罢。"（《金瓶梅词话》第 20 回）

⑪ $V_1 + (V_2+C) + (V_3+O)$

这类连动式中，连动项 X_1、X_2 和 X_3 分别由 V_1、V_2+C 和 V_3+O 构成。连动式中 V_2 后出现了补语成分，V_3 后出现了宾语成分。

在《金瓶梅词话》连动式中，这类连动式用例共 2 例，为：

(a) 原来家中教了十二名吹打的小厮，两个师范<u>领着上来磕头</u>。（《金瓶梅词话》第71回）

(b) 于是把花子虚一下儿也没打，批了一道公文，<u>押发清河县前来估计庄宅</u>。（《金瓶梅词话》第14回）

⑫ (V_1+C) + (V_2+O) + V_3

这类连动式中，连动项 X_1、X_2 和 X_3 分别由 V_1+C、V_2+O 和 V_3 构成。连动式中 V_1 后出现了补语成分，V_2 后出现了宾语成分。

在《金瓶梅词话》连动式中，这类连动式用例共14例，如：

(a) 妇人晚间吃了他的药下去，夜里得睡，便不惊恐，渐渐饮食加添，<u>起来梳头走动</u>。（《金瓶梅词话》第17回）

(b) "你二人<u>收去买壶酒吃</u>，就是我酬谢你了。后头还有事相烦。"（《金瓶梅词话》第19回）

(c) 这陈经济扒在地下<u>磕头谢了</u>，说道："小侄知会。"（《金瓶梅词话》第93回）

(d) 月娘等皆孝髻，头须系腰，麻布孝裙，<u>出来回礼举哀</u>，让后边待茶摆斋。（《金瓶梅词话》第63回）

⑬ (V_1+C) + (V_2+O_1) + (V_3+O_2)

这类连动式中，连动项 X_1、X_2 和 X_3 分别由 V_1+C、V_2+O_1 和 V_3+O_2 构成。连动式中 V_1 后出现了补语成分，V_2 和 V_3 后均出现了宾语成分。

在《金瓶梅词话》连动式中，这类连动式用例共10例，如：

(a) 西门庆<u>起来穿衣净手</u>，妇人开了房门，叫丫鬟进来，再添美馔，复饮香醪，满斟暖酒，又陪西门庆吃了十数杯。（《金瓶梅词话》第79回）

(b) 那吴月娘连忙拜谢了知县，<u>出来坐轿子回家</u>，委付来昭厅下伺候。（《金瓶梅词话》第92回）

(c) 西门庆<u>走出来拈香拜佛</u>，安童背后扯了衣服，好不冠冕气象。（《金瓶梅词话》第53回）

⑭ V_1 + (V_2+O) + (AVD+V_3)

这类连动式中，连动项 X_1、X_2 和 X_3 分别由 V_1、V_2+O 和 AVD+V_3 构成。连动式中 V_2 后出现了宾语成分，V_3 前出现了状语成分。

在《金瓶梅词话》连动式中，这类连动式用例仅2例，为：

(a) 荆统制娘子、张团练娘子、乔亲家母、崔亲家母、吴大姨、吴大妗子、段大姐，坐子好一回，上罢元宵圆子，方才起身，<u>告辞上</u>

轿家去了。(《金瓶梅词话》第 79 回)

(b) 把到楼上,交武大看了,说道:"这贴心疼药,太医交你半夜里吃,吃了倒头一睡,把一两床被发些汗,明日便起得来。"(《金瓶梅词话》第 5 回)

⑮ V_1 + (V_2+O) + (V_3+C)

这类连动式中,连动项 X_1、X_2 和 X_3 分别由 V_1、V_2+O 和 V_3+C 构成。连动式中 V_2 后出现了宾语成分,V_3 后出现了补语成分。

在《金瓶梅词话》连动式中,这类连动式用例仅 1 例,为:

西门庆留下两对在书房内,馀者袖进李瓶儿房内坐下。(《金瓶梅词话》第 77 回)

上例中的连动式意为"将剩余的几对金头银簪装在袖子里,进李瓶儿房内坐下"。

⑯ V_1 + (V_2+C) + (AVD+V_3)

这类连动式中,连动项 X_1、X_2 和 X_3 分别由 V_1、V_2+C 和 AVD+V_3 构成。连动式中 V_2 后出现了补语成分,V_3 前出现了状语成分。

在《金瓶梅词话》连动式中,这类连动式用例仅 1 例,为:

李瓶儿亦不题起金莲抱他后边去一节,只说道:"不知怎的,睡了起来这等哭,奶也不吃。"(《金瓶梅词话》第 32 回)

⑰ (V_1+C_1) + (V_2+C_2) + (V_3+O)

这类连动式中,连动项 X_1、X_2 和 X_3 分别由 V_1+C_1、V_2+C_2 和 V_3+O 构成。连动式中 V_1 和 V_2 后均出现了补语成分,V_3 后出现了宾语成分。

在《金瓶梅词话》连动式中,这类连动式用例仅 2 例,为:

(a) 别了太医,飞的进去,交玳安拿一两银子,赶上随去讨药,直到任太医家。(《金瓶梅词话》第 54 回)

(b) 却表秋菊在后边厨下,睡到半夜里起来净手,见房门倒扣着,推不开。(《金瓶梅词话》第 83 回)

⑱ (V_1+C) + (V_2+O) + (AVD+V_3)

这类连动式中,连动项 X_1、X_2 和 X_3 分别由 V_1+C、V_2+O 和 AVD+V_3 构成。连动式中 V_1 后出现了补语成分,V_2 后出现了宾语成分,V_3 前出现了状语成分。

在《金瓶梅词话》连动式中,这类连动式用例仅 1 例,为:

妇人因见他手中擎着一根红骨细洒金金钉铰川扇儿，<u>取过来迎亮处只一照</u>。(《金瓶梅词话》第 8 回)

⑲ (V_1+C) + V_2 + V_3

这类连动式中，连动项 X_1、X_2 和 X_3 分别由 V_1+C、V_2 和 V_3 构成。连动式中只有 V_1 后出现了补语成分。

在《金瓶梅词话》连动式中，这类连动式用例仅 2 例，为：

(a) 李桂姐与桂卿两上打扮迎接，<u>老虔婆出来跪着陪礼</u>。(《金瓶梅词话》第 21 回)

(b) 且说应伯爵闻知西门庆没了，<u>走来吊孝哭泣</u>，哭了一回。(《金瓶梅词话》第 79 回)

⑳ (V_1+C) + V_2 + (V_3+O)

这类连动式中，连动项 X_1、X_2 和 X_3 分别由 V_1+C、V_2 和 V_3+O 构成。连动式中 V_1 后出现了补语成分，V_3 后出现了宾语成分。

在《金瓶梅词话》连动式中，这类连动式用例仅 1 例，为：

经济把因走百病，被人剒开门不见了狗，<u>坐在当街哭喊骂人</u>，"今早他汉子来家，一顿好打的，这咱还没起来哩。"(《金瓶梅词话》第 24 回)

㉑ (V_1+O) + V_2 + (AVD+V_3)

这类连动式中，连动项 X_1、X_2 和 X_3 分别由 V_1+O、V_2 和 AVD+V_3 构成。连动式中 V_1 后出现了宾语成分，V_3 前出现了状语成分。

在《金瓶梅词话》连动式中，这类连动式用例共 3 例，为：

(a) 他还<u>等着你会同一答儿引奏</u>，当堂上作主，进了礼，好领割付。(《金瓶梅词话》第 70 回)

(b) 其馀发落已完，当堂府尹押行公文，差两个防送公人，<u>领了武松解赴孟州交割</u>。(《金瓶梅词话》第 10 回)

(c) 这月桂走至西书房中，推开门，见经济歪在床上，<u>推打鼾睡不动</u>。(《金瓶梅词话》第 97 回)

在例(c)的连动式"推打鼾睡不动"中，第一个连动项"推"后，动词短语"打鼾"充当宾语，第二个连动项为"睡"，第三个连动项为"不动"。

㉒ (V_1+O_1) + (V_2+O_2) + (AVD+V_3)

这类连动式中，连动项 X_1、X_2 和 X_3 分别由 V_1+O_1、V_2+O_2 和 AVD+V_3 构成。连动式中 V_1 和 V_2 后均出现了宾语成分，V_3 前出现了状语成分。

在《金瓶梅词话》连动式中，这类连动式用例共 6 例，如：

(a) 委官前至尸所，拘集使忤甲邻人等，检验明白，取供具结，<u>填图解缴前来</u>，覆审无异词。(《金瓶梅词话》第 10 回)

(b) 那周守备那里肯放，<u>拦门拿巨杯相劝</u>。(《金瓶梅词话》第 17 回)

(c) 周守备开读已毕，打发使命官去了，一面叫过张胜、李安两个虞候，近前分付："<u>先押两车箱驮行李细软器物家去</u>。"(《金瓶梅词话》第 99 回)

(d) 这李桂姐和吴银儿，<u>就跟着潘金莲、孟玉楼出仪门往花园中来</u>。(《金瓶梅词话》第 58 回)

㉓ (V_1+O) +V_2+ (V_3+C)

这类连动式中，连动项 X_1、X_2 和 X_3 分别由 V_1+O、V_2 和 V_3+C 构成。连动式中 V_1 后出现了宾语成分，V_3 后出现了补语成分。

在《金瓶梅词话》连动式中，这类连动式用例仅 1 例，为：

西门庆分付，后边拿了茶来，那苗青在松树下立着吃了，<u>磕头告辞回去</u>。(《金瓶梅词话》第 47 回)

㉔ (V_1+O) + (V_2+C) +V_3

这类连动式中，连动项 X_1、X_2 和 X_3 分别由 V_1+O、V_2+C 和 V_3 构成。连动式中 V_1 后出现了宾语成分，V_2 后出现了补语成分。

在《金瓶梅词话》连动式中，这类连动式用例共 3 例，为：

(a) 丈夫知道，常被责打。俺老公与他回背，书了二道符，<u>烧灰放在水缸下埋着</u>。(《金瓶梅词话》第 12 回)

(b) 到次日，果然伯爵领了甘出身，<u>穿青衣走来拜见</u>，讲说了回买卖之事，西门庆叫将崔本来，会乔大户那边，收拾房子卸货，修盖土库局面，择日开张举事。(《金瓶梅词话》第 58 回)

(c) 一面<u>整装出来拜见</u>。(《金瓶梅词话》第 92 回)

㉕ (V_1+C_1) + (V_2+C_2) + (V_3+C_3)

这类连动式中，连动项 X_1、X_2 和 X_3 分别由 V_1+C_1、V_2+C_2 和 V_3+C_3 构成。连动式中动词后均出现了补语成分。

在《金瓶梅词话》连动式中，这类连动式用例仅 1 例，为：

见经济起身出去，无人处，<u>走向前挨在他身边坐下</u>，作娇作痴说道："官人，你将头上金簪子借我看一看。"(《金瓶梅词话》第 98 回)

㉖ (V_1+C) + (AVD+V_2) + (V_3+O)

这类连动式中，连动项 X_1、X_2 和 X_3 分别由 V_1+C、AVD+V_2 和 V_3+O

构成。连动式中 V_1 后出现了补语成分，V_2 前出现了状语成分，V_3 后出现了宾语成分。

在《金瓶梅词话》连动式中，这类连动式用例仅 1 例，为：

胡太医正在家，<u>出来相见声喏</u>。(《金瓶梅词话》第 85 回)

㉗ (AVD+V_1) +V_2+V_3

这类连动式中，连动项 X_1、X_2 和 X_3 分别由 AVD+V_1、V_2 和 V_3 构成。连动式中只有 V_1 前出现了状语成分。

在《金瓶梅词话》连动式中，这类连动式用例仅 1 例，为：

延之中堂，妇人<u>盛妆出见</u>，道了万福，茶汤两换，请入房中，酒馔已陈，麝兰香蔼。(《金瓶梅词话》第 17 回)

㉘ (AVD+V_1) +V_2+ (V_3+C)

这类连动式中，连动项 X_1、X_2 和 X_3 分别由 AVD+V_1、V_2 和 V_3+C 构成。连动式中 V_1 前出现了状语成分，V_3 后出现了补语成分。

在《金瓶梅词话》连动式中，这类连动式用例仅 1 例，为：

你教薛妈替你寻个好人家去罢，我脆韭，已是入不的畦了。<u>我往东京俺父亲那里去计较了回来</u>，把他家女儿休了，只要我家寄放的箱子。(《金瓶梅词话》第 86 回)

㉙ (AVD+V_1) + (V_2+O) + (AVD+V_3)

这类连动式中，连动项 X_1、X_2 和 X_3 分别由 AVD+V_1、V_2+O 和 AVD+V_3 构成。连动式中 V_1 和 V_3 前均出现了状语成分，V_2 后出现了宾语成分。

在《金瓶梅词话》连动式中，这类连动式用例仅 1 例，为：

金莲道："我起的早，打发他爹往门外与贺千户送行去了。教我约下李大姐，花园里赶早凉做些生活。等住回，日头过，热了做不的。我才描了一只鞋，教李大姐替我描着，<u>径来约你同去</u>，咱三个一答儿哩好做。"(《金瓶梅词话》第 29 回)

(3) 连动项中的 V 出现 2 类附加成分

① [(V_1+C) +O] +V_2+V_3

这类连动式中，连动式中的 V_1 有 2 类附加成分，V_2 和 V_3 没有附加成分。V_1 的附加成分分别为补语和宾语，V_1 与补语结合构成动词性短语，再带宾语。连动项 X_1、X_2 和 X_3 分别由 (V_1+C_1) +O、V_2 和 V_3 构成。

在《金瓶梅词话》连动式中，这类连动式用例仅 2 例，为：

(a) 这经济关上门笑道："岂可我这些事儿不知道？那房内几缸黄米酒，哄我是甚毒药汁；那后边养的几只鸡，说是凤凰，要骑他上升！"（《金瓶梅词话》第93回）

(b) 孙雪娥见拿了刘二，恐怕拿他，走到房中自缢身死。（《金瓶梅词话》第99回）

② $[(V_1+C)+O_1]+V_2+(V_3+O_2)$

这类连动式中，连动式中的 V_1 有 2 类附加成分，V_3 有 1 类附加成分。V_1 的附加成分分别为补语和宾语，V_1 与补语结合构成动词性短语，后带宾语。连动项 X_1、X_2 和 X_3 分别由 $(V_1+C)+O_1$、V_2 和 V_3+O_2 构成。

在《金瓶梅词话》连动式中，这类连动式用例仅 1 例，为：

这武二竟走来街坊前去寻郓哥，只见那小猴子手里拿着个柳笼簸罗儿，正籴米回来。（《金瓶梅词话》第9回）

③ $[(V_1+C)+O_1]+(V_2+O_2)+(V_3+O_3)$

这类连动式中，连动式中的 V_1 有 2 类附加成分，V_2 和 V_3 均有 1 类附加成分。V_1 的附加成分分别为补语和宾语，V_1 与补语结合构成动词性短语，后带宾语。连动项 X_1、X_2 和 X_3 分别由 $(V_1+C)+O_1$、V_2+O_2 和 V_3+O_3 构成。

在《金瓶梅词话》连动式中，这类连动式用例共 3 例，为：

(a) 走来木槿花下摇花枝为号，不听见里面动静，不免踩着太湖石扒过粉墙去。（《金瓶梅词话》第82回）

(b) 每日拿厮锣儿，出去酒楼上接客供唱，做这道路营生。（《金瓶梅词话》第94回）

(c) 伺候大朝引奏毕，来衙门中领劄赴任。（《金瓶梅词话》第68回）

④ $(V_1+C)+V_2+[AVD+(V_3+O)]$

这类连动式中，连动式中的 V_1 有 1 类附加成分，V_3 有 2 类附加成分。V_3 的附加成分分别为状语和宾语，V_3 与宾语结合构成动词性短语，再受状语修饰。连动项 X_1、X_2 和 X_3 分别由 V_1+C、V_2 和 $AVD+(V_3+O)$ 构成。

在《金瓶梅词话》连动式中，这类连动式用例仅 1 例，为：

说的西门庆急了，跳起来赶着拿靴脚踢他，那妇人夺门一溜烟跑了。（《金瓶梅词话》第73回）

上例中的"拿靴脚"为介宾短语充当状语成分。

⑤ $(V_1+C_1)+[(V_2+O)+C_2]+V_3$

这类连动式中，连动式中的 V_1 有 1 类附加成分，V_2 有 2 类附加成分。V_2

的附加成分分别为宾语和补语，V_2 与宾语结合构成动词性短语，再带补语。连动项 X_1、X_2 和 X_3 分别由 V_1+C_1、$(V_2+O)+C_2$ 和 V_3 构成。

在《金瓶梅词话》连动式中，这类连动式用例仅 1 例，为：

伯爵与希大居上，西门庆主位，韩道国打横，<u>坐下把酒来斟</u>。（《金瓶梅词话》第 42 回）

⑥ $(V_1+O_1)+[AVD+(V_2+O_2)]+(V_3+O_3)$

这类连动式中，连动式中的 V_1 有 1 类附加成分，V_2 有 2 类附加成分。V_2 的附加成分分别为宾语和状语，V_2 与宾语结合构成动词性短语，再受状语修饰。连动项 X_1、X_2 和 X_3 分别由 V_1+O_1、$AVD+(V_2+O_2)$ 和 V_3+O_3 构成。

在《金瓶梅词话》连动式中，这类连动式用例仅 1 例，为：

在家只住了十个日子，到十一月初旬时分，守备收拾起身，<u>带领张胜、李安前去济南到任</u>，留周仁、周义看家。（《金瓶梅词话》第 98 回）

⑦ $(V_1+O_1)+[(V_2+O_2)+C]+V_3$

这类连动式中，连动式中的 V_1 有 1 类附加成分，V_2 有 2 类附加成分。V_2 的附加成分分别为宾语和补语，V_2 与宾语结合构成动词性短语，再带补语。连动项 X_1、X_2 和 X_3 分别由 V_1+O_1、$(V_2+O_2)+C$ 和 V_3 构成。

在《金瓶梅词话》连动式中，这类连动式用例仅 1 例，为：

子虚一倒了头，李瓶就使了冯妈妈请了西门庆过去与他商议，买棺入殓，<u>念经发送子虚到坟上埋葬</u>。（《金瓶梅词话》第 14 回）

⑧ $[(V_1+O_1)+C]+(V_2+O_2)+V_3$

这类连动式中，连动式中的 V_1 有 2 类附加成分，V_2 有 1 类附加成分。V_1 的附加成分分别为宾语和补语，V_1 与宾语结合构成动词性短语，再带补语。连动项 X_1、X_2 和 X_3 分别由 $(V_1+O_1)+C$、V_2+O_2 和 V_3 构成。

在《金瓶梅词话》连动式中，这类连动式用例共 3 例，为：

（a）西门庆道："咱两个在这太湖石下，<u>取酒来投个壶儿耍子</u>，吃三杯。"（《金瓶梅词话》第 27 回）

（b）那日午间，又是本县知县李拱极，县丞钱成，主簿任廷贵，典史夏恭基，又有阳谷县知县狄斯彬，共五员官，都斗了分，<u>穿孝服来上纸帛吊问</u>。（《金瓶梅词话》第 65 回）

（c）这陈经济就信了，反骂大姐："贼不是才料淫妇！你害馋痨馋痞了，<u>偷米出去换烧饼吃</u>，又和丫头打伙儿偷肉吃！"（《金瓶梅词话》第 92 回）

⑨ [（V_1+O_1）+C] +（V_2+O_2）+（V_3+O_3）

这类连动式中，连动式中的 V_1 有 2 类附加成分，V_2 和 V_3 均有 1 类附加成分。V_1 的附加成分分别为宾语和补语，V_1 与宾语结合构成动词性短语，再带补语。连动项 X_1、X_2 和 X_3 分别由（V_1+O_1）+C、V_2+O_2 和 V_3+O_3 构成。

在《金瓶梅词话》连动式中，这类连动式用例仅 1 例，为：

科道官上本极言：童掌事大了，宦官不可封王。如今马上差官，<u>拿金牌去取童掌事回京</u>。（《金瓶梅词话》第 64 回）

⑩ [AVD_1 +（V_1+O）] + V_2 +（AVD_2+V_3）

这类连动式中，连动式中的 V_1 有 2 类附加成分，V_3 有 1 类附加成分。V_1 的附加成分分别为宾语和状语，V_1 与宾语结合构成动词性短语，再受状语修饰。连动项 X_1、X_2 和 X_3 分别由 AVD_1 +（V_1+O）、V_2 和 AVD_2+V_3 构成。

在《金瓶梅词话》连动式中，这类连动式用例仅 1 例，为：

琴童道："头里下的还是雪，这回沾在身都是水珠儿，只怕湿了娘们的衣服，<u>问姈子这里讨把伞打了家去</u>。"（《金瓶梅词话》第 46 回）

⑪ [AVD+（V_1+O_1）] + [（V_2+O_2）+C] + V_3

这类连动式中，连动式中的 V_1 和 V_2 均有 2 类附加成分，V_3 没有附加成分。V_1 的附加成分分别为宾语和状语，V_1 与宾语结合构成动词性短语，再受状语修饰。V_2 的附加成分分别为宾语和补语，V_2 先与宾语结合构成动词性短语，再带补语。连动项 X_1、X_2 和 X_3 分别由 AVD+（V_1+O_1）、（V_2+O_2）+C 和 V_3 构成。

在《金瓶梅词话》连动式中，这类连动式用例仅 1 例，为：

<u>又另拿钱打了酒来吃着</u>，骂来安儿："贼小奴才儿，你别要慌！你主子不待见我，连你这奴才们也欺负我起来了，使你使儿不动。"（《金瓶梅词话》第 86 回）

⑫ [AVD+（V_1+O）] +（V_2+C）+ V_3

这类连动式中，连动式中的 V_1 有 2 类附加成分，V_2 有 1 类附加成分。V_1 的附加成分分别为宾语和状语，V_1 与宾语结合构成动词性短语，再受状语修饰。连动项 X_1、X_2 和 X_3 分别由 AVD+（V_1+O）、V_2+C 和 V_3 构成。

在《金瓶梅词话》连动式中，这类连动式用例仅 1 例，为：

假如你每日卖十扇笼炊饼，你从明日为始，<u>只做五扇笼炊饼出去卖</u>。（《金瓶梅词话》第 2 回）

⑬ [（V_1+C_1）+O_1] +（V_2+C_2）+（V_3+O_2）

这类连动式中，连动式中的 V_1 有 2 类附加成分，V_2 和 V_3 均有 1 类附加成分。V_1 的附加成分分别为补语和宾语，V_1 与补语结合构成动词性短语，再带宾语。连动项 X_1、X_2 和 X_3 分别由（V_1+C_1）+O_1、V_2+C_2 和 V_3+O_2 构成。

在《金瓶梅词话》连动式中，这类连动式用例仅 1 例，为：

<u>坐下桶子起来穿裙子</u>，只见眼面前黑黑的一块子，就不觉天旋地转起来，由不的身子就倒了。(《金瓶梅词话》第 61 回)

⑭ [（V_1+C）+O_1] +（V_2+O_2）+V_3

这类连动式中，连动式中的 V_1 有 2 类附加成分，V_2 有 1 类附加成分。V_1 的附加成分分别为补语和宾语，V_1 与补语结合构成动词性短语，再带宾语。连动项 X_1、X_2 和 X_3 分别由（V_1+C）+O_1、V_2+O_2 和 V_3 构成。

在《金瓶梅词话》连动式中，这类连动式用例共 2 例，为：

(a) 陈经济<u>走来金莲房中讨茶吃</u>。(《金瓶梅词话》第 18 回)

(b) 月娘问道："云伙计留你坐来？"西门庆道："他在家，见我去，甚是无可不可，旋放桌儿，留我坐，<u>打开一坛酒陪我吃</u>。"(《金瓶梅词话》第 76 回)

⑮ （V_1+O_1）+（V_2+C）+[AVD+（V_3+O_2）]

这类连动式中，连动式中的 V_1 和 V_2 均有 1 类附加成分，V_3 有 2 类附加成分。V_3 的附加成分分别为状语和宾语，V_3 与宾语结合构成动词性短语，再受状语修饰。连动项 X_1、X_2 和 X_3 分别由 V_1+O_1、V_2+C 和 AVD+（V_3+O_2）构成。

在《金瓶梅词话》连动式中，这类连动式用例仅 1 例，为：

西门庆正在金莲房中饮酒，忽听小厮打门，说前边有吴大舅、吴二舅、傅伙计、女儿、女婿、众亲戚送礼来祝寿，方才撇了金莲，<u>整衣出来前边陪待宾客</u>。(《金瓶梅词话》第 12 回)

⑯ （V_1+O_1）+（$V_2+C_1+O_2+C_2$）+（V_3+C_3）

这类连动式中，连动式中的 V_2 有 2 类附加成分，V_1 和 V_3 均有 1 类附加成分。V_2 的附加成分分别为补语和宾语，V_2 后带趋向补语，分列宾语前后。连动项 X_1、X_2 和 X_3 分别由 V_1+O_1、$V_2+C_1+O_2+C_2$ 和 V_3+C_3 构成。

在《金瓶梅词话》连动式中，这类连动式用例仅 1 例，为：

西门庆不肯，就<u>侧身磕下头去拜两拜</u>。(《金瓶梅词话》第 69 回)

⑰ (V_1+O_1) + (V_2+O_2) + [(V_3+O_3) +C]

这类连动式中，连动式中的 V_3 有 2 类附加成分，V_1 和 V_2 均有 1 类附加成分。V_3 的附加成分分别为宾语和补语，V_1 与宾语结合构成动词性短语，再带补语。连动项 X_1、X_2 和 X_3 分别由 V_1+O_1、V_2+O_2 和（V_3+O_3）+C 构成。

在《金瓶梅词话》连动式中，这类连动式用例仅 2 例，为：

(a) 次日早，雇头口上东京取银子去。(《金瓶梅词话》第 86 回)

(b) 张胜提刀绕屋里床背后寻春梅不见，大拔步径望后厅走。
(《金瓶梅词话》第 99 回)

⑱ V_1 + (V_2+C_1) + [(V_3+O) +C_2]

这类连动式中，连动式中的 V_3 有 2 类附加成分，V_2 有 1 类附加成分。V_3 的附加成分分别为宾语和补语，V_3 与宾语结合构成动词性短语，再带补语。连动项 X_1、X_2 和 X_3 分别由 V_1、V_2+C_1 和（V_3+O）+C_2 构成。

在《金瓶梅词话》连动式中，这类连动式用例仅 1 例，为：

那妇人听说，笑的走井边打水去了。(《金瓶梅词话》第 56 回)

(4) 连动项中的 V 出现 3 类附加成分

这类连动式的格式为（V_1+O_1） + [AVD+ ($V_2+C_1+O_2+C_2$)] + (V_3+O_3)。

这类连动式中，连动式中的 V_2 有 3 类附加成分，V_1 和 V_3 均有 1 类附加成分。V_2 的附加成分分别为宾语、补语和状语，V_2 后带趋向补语，分列宾语前后，与宾语一起结合构成动词性短语，再受状语修饰。连动项 X_1、X_2 和 X_3 分别由 V_1+O_1、AVD+ ($V_2+C_1+O_2+C_2$) 和 V_3+O_3 构成。

在《金瓶梅词话》连动式中，这类连动式用例仅 1 例，为：

这来保还克了一锭，到家只拿出一锭元宝来与月娘，还将言语恐吓月娘："若不是我去，还不得他这锭元宝拿家来。"(《金瓶梅词话》第 81 回)

2. "AVD+X_1+X_2+X_3"类连动式

这类连动式在连动项外还出现了状语成分，3 个连动项 X_1、X_2、X_3 共同受其修饰。

(1) 连动项中的 V 出现 1 类附加成分

① AVD+ [(V_1+O) +V_2+V_3]

在《金瓶梅词话》连动式中，这类连动式用例仅 2 例，为：

(a) 到次日，腊月初一日，早往衙门中去，同何千户发牌升厅画卯，发放公文。(《金瓶梅词话》第76回)

(b) 道坚连忙合掌问讯谢了。(《金瓶梅词话》第49回)

上述两例中，句中连动项之前的状语分别为副词"同"和"连忙"。

② AVD＋［（V$_1$＋O$_1$）＋V$_2$＋（V$_3$＋O$_2$）］

在《金瓶梅词话》连动式中，这类连动式用例仅2例，为：

(a) 武大依前上街挑卖炊饼。(《金瓶梅词话》第1回)

(b) 才抹桌儿收拾放菜儿，只见应伯爵到了。(《金瓶梅词话》第76回)

上述两例中，句中连动项之前的状语分别为介宾短语"依前"和副词"才"。

③ AVD＋［（V$_1$＋O$_1$）＋（V$_2$＋O$_2$）＋（V$_3$＋O$_3$）］

在《金瓶梅词话》连动式中，这类连动式用例共3例，为：

(a) 西门庆复上席陪蔡御史吃酒，海盐子弟在旁歌唱。(《金瓶梅词话》第49回)

(b) 西门庆答应，收了。宋御史又下席作揖致谢。(《金瓶梅词话》第74回)

(c) 来昭道："你且去着，改日来。昨日大娘来家，哥儿不好，叫医婆、太医看下药，整乱一夜，好不心焦，今日才好些，那得工夫称银子与你！"(《金瓶梅词话》第87回)

上述3例中，句中连动项之前的状语分别为副词"复""又"和"那"。

④ AVD＋［（V$_1$＋O）＋（V$_2$＋C）＋V$_3$］

在《金瓶梅词话》连动式中，这类连动式用例仅2例，为：

(a) 里边月娘众姊妹多穿着袍出来迎接。(《金瓶梅词话》第42回)

(b) 比及来，这温秀才又衣巾过来伺候，具了一篇长束，递与琴童儿。(《金瓶梅词话》第76回)

上述例句中，句中连动项之前的状语分别为形容词"多"和副词"才""又"。

⑤ AVD＋［（V$_1$＋O）＋V$_2$＋（V$_3$＋C）］

在《金瓶梅词话》连动式中，这类连动式用例仅2例，为：

(a) 次日早辰，经济说："我一向不曾往河下去，今日没事去走一

遭，一者和主管算帐，二来就避炎暑，散走走便回。"（《金瓶梅词话》第 99 回）

(b) 林氏道："我女妇人家，<u>如何寻人情去救得</u>。"（《金瓶梅词话》第 69 回）

上述例句中，句中连动项之前的状语分别为时间词"今日"和语气副词"如何"。

⑥ AVD+〔（V_1+O_1）+（V_2+O_2）+（AVD+V_3）〕

在《金瓶梅词话》连动式中，这类连动式用例仅 2 例，为：

(a) 不一时吃了茶，宋御史道："学生有一事奉渎四泉：今有巡抚侯石泉老先生，新升太常卿，学生同两司作东，<u>二十九日借尊府置杯酒奉饯</u>，初二日就起行上京去了，未审四泉允诺否？"（《金瓶梅词话》第 74 回）

(b) 也曾黄金美玉当场赌，<u>也曾驮米担柴往院里供</u>。（《金瓶梅词话》第 93 回）

上述例句中，句中连动项之前的状语分别为时间词"二十九日"和副词"曾"。

⑦ AVD_1+〔V_1+（AVD_2+V_2）+（V_3+O）〕

在《金瓶梅词话》连动式中，这类连动式用例仅 1 例，为：

想起当初，有西门庆在日，姊妹们那样热闹，往人家赴席来家，<u>都来相见说话</u>，一条板凳姊妹们都坐不了，如今并无一个儿了。（《金瓶梅词话》第 91 回）

⑧ AVD+〔V_1+（V_2+O_1）+（V_3+O_2）〕

在《金瓶梅词话》连动式中，这类连动式用例仅 2 例，为：

(a) 近来发迹有钱，专在县里管些公事，<u>与人把揽说事过钱</u>，交通官吏，因此满县人都惧怕他。（《金瓶梅词话》第 2 回）

(b) 相我，<u>水皮子上顾瞻将家中这许多银子货物来家</u>，若不是我，都乞韩伙计老牛箍嘴，拐了往东京去。（《金瓶梅词话》第 81 回）

⑨ AVD+〔（V_1+C）+V_2+（V_3+O）〕

在《金瓶梅词话》连动式中，这类连动式用例仅 1 例，为：

不一时，打伙儿傅伙计、甘伙计、吴二舅、贲四、崔本，<u>都进来看视问安</u>。（《金瓶梅词话》第 79 回）

(2) 连动项中的 V 出现 2 类附加成分

① $AVD+\{(V_1+O_1)+V_2+[(V_3+O_2)+C]\}$

在《金瓶梅词话》连动式中，这类连动式用例仅 1 例，为：

　　这婆子生怕打搅了事，自又添钱去买好酒好食、希奇果子来，殷勤相待。（《金瓶梅词话》第 3 回）

② $AVD_1+\{[AVD_2+(V_1+O)]+(V_2+C)+V_3\}$

在《金瓶梅词话》连动式中，这类连动式用例仅 1 例，为：

　　明朝便少做些炊饼出来卖，我自在巷口等你。（《金瓶梅词话》第 5 回）

3. "$X_1+AVD+X_2+X_3$" 类连动式

(1) 连动项中的 V 出现 1 类附加成分

① $(V_1+C)+AVD+(V_2+V_3)$

这类连动式中，连动项 X_1、X_2 和 X_3 分别由 V_1+C、V_2 和 V_3 构成，连动项 X_2 和 X_3 受同一状语成分修饰。

在《金瓶梅词话》连动式中，这类连动式用例仅 1 例，为：

　　王婆笑道："今日晚了，且回去过半年三个月来商量。"（《金瓶梅词话》第 3 回）

② $(V_1+C)+AVD+[(V_2+O)+V_3]$

这类连动式中，连动项 X_1、X_2 和 X_3 分别由 V_1+C、V_2+O 和 V_3 构成，连动项 X_2 和 X_3 受同一状语成分修饰。

在《金瓶梅词话》连动式中，这类连动式用例仅 1 例，为：

　　两个坐在厨下问老冯要茶吃，每人呵了一瓯子茶，交小伴当点上灯笼，牵出马去。（《金瓶梅词话》第 50 回）

③ $(V_1+O_1)+AVD+[V_2+(V_3+O_2)]$

这类连动式中，连动项 X_1、X_2 和 X_3 分别由 V_1+O_1、V_2 和 V_3+O_2 构成，连动项 X_2 和 X_3 受同一状语成分修饰。

在《金瓶梅词话》连动式中，这类连动式用例仅 1 例，为：

　　赶趁得村落渔翁罢钓，卷钩纶疾走回家；山中樵子魂惊，掇斧斤忙奔归舍。（《金瓶梅词话》第 71 回）

④ $(V_1+O)+AVD+[V_2+(AVD+V_3)]$

这类连动式中，连动项 X_1、X_2 和 X_3 分别由 V_1+O、V_2 和 $AVD+V_3$ 构

成，连动项 X_2 和 X_3 受同一状语成分修饰。

在《金瓶梅词话》连动式中，这类连动式用例仅 2 例，为：

(a) <u>有句话特来和你说</u>：你从来为人懦弱，我不在家，恐怕外人来欺负。（《金瓶梅词话》第 2 回）

(b) 小人会了二叔<u>敬来对老爹说</u>，老爹若做，张二官府拿出五千两来，老爹拿出五千两来，两家合着做这宗买卖。（《金瓶梅词话》第 78 回）

⑤ $(V_1+O)+AVD+[V_2+V_3]$

这类连动式中，连动项 X_1、X_2 和 X_3 分别由 V_1+O、V_2 和 V_3 构成，连动项 X_2 和 X_3 受同一状语成分修饰。

在《金瓶梅词话》连动式中，这类连动式用例仅 1 例，为：

那玉楼道："六姐，教他烧了，<u>拿盒子拿到这里来吃罢</u>"。（《金瓶梅词话》第 23 回）

⑥ $(V_1+O_1)+AVD+[(V_2+O_2)+V_3]$

这类连动式中，连动项 X_1、X_2 和 X_3 分别由 V_1+O_1、V_2+O_2 和 V_3 构成，连动项 X_2 和 X_3 受同一状语成分修饰。

在《金瓶梅词话》连动式中，这类连动式用例共 3 例，为：

(a) 一日，三月春光明媚时分，金莲打扮光鲜，单等武大出门，就在门前帘下站立；约莫将及他归来时分，便<u>下了帘子自去房内坐的</u>。（《金瓶梅词话》第 2 回）

(b) 西门庆道："我分付下平安儿，留下四名青衣排军，<u>拿栏杆在大门首拦人伺候</u>，休放闲杂人挨挤。"（《金瓶梅词话》第 42 回）

(c) 西门庆约会刘、薛二内相、周守备、荆都监、张团练，合卫官员，<u>出人情与他挂轴文庆贺</u>。（《金瓶梅词话》第 48 回）

⑦ $V_1+AVD+[(V_2+O_1)+(V_3+O_2)]$

这类连动式中，连动项 X_1、X_2 和 X_3 分别由 V_1、V_2+O_1 和 V_3+O_2 构成，连动项 X_2 和 X_3 受同一状语成分修饰。

在《金瓶梅词话》连动式中，这类连动式用例仅 1 例，为：

众里正大户<u>都来与武松作贺庆喜</u>，连连夸官，吃了三五日酒。（《金瓶梅词话》第 1 回）

⑧ $(V_1+O_1)+AVD+[V_2+(V_3+O_2)]$

这类连动式中，连动项 X_1、X_2 和 X_3 分别由 V_1+O_1、V_2 和 V_3+O_2 构成，

连动项 X_2 和 X_3 受同一状语成分修饰。

在《金瓶梅词话》连动式中，这类连动式用例仅 1 例，为：

倒是插烛也似与西门庆磕了四个头，<u>方才安座儿在旁陪坐饮酒</u>。（《金瓶梅词话》第 12 回）

(2) 连动项中的 V 出现 2 类附加成分

① $[AVD_1+(V_1+O_1)]+[AVD_2+(V_2+O_2)]+(V_3+O_3)$

在《金瓶梅词话》连动式中，这类连动式用例仅 1 例，为：

年除岁末，渔翁<u>忽带安童正出河口卖鱼</u>，正撞见陈三、翁八在船上饮酒，穿着他主人衣服，上岸来买鱼。（《金瓶梅词话》第 47 回）

② $[AVD_1+(V_1+O)]+AVD_2+[V_2+V_3]$

在《金瓶梅词话》连动式中，这类连动式用例仅 1 例，为：

仿佛见花子虚抱着官哥儿叫他，<u>新寻了房儿同去居住</u>。（《金瓶梅词话》第 60 回）

（三）由 4 个连动项连用构成的连动式

由 4 个连动项连用构成的连动式，在《金瓶梅词话》中分属 2 种结构形式："$X_1+X_2+X_3+X_4$" 和 "$AVD+X_1+X_2+X_3+X_4$"，前者有 5 例，共 4 个小类，后者有 2 例，共 2 个小类。具体用例情况如下。

1. "$X_1+X_2+X_3+X_4$" 类连动式

① $V_1+V_2+V_3+(V_4+O)$

在《金瓶梅词话》中，这类连动式用例仅 1 例，为：

即便把西门氏买棺装殓，<u>发送葬埋来回话</u>，我这里好申文书往上司去。（《金瓶梅词话》第 92 回）

连动项分别为"发送""葬埋""来""回话"。动词多为单音节。

② $(V_1+O)+(V_2+C)+V_3+V_4$

在《金瓶梅词话》中，这类连动式用例仅 1 例，为：

不一时，<u>西门庆陪花大舅进来看问</u>，见李瓶儿睡在炕上不言语。（《金瓶梅词话》第 62 回）

③ $V_1+(V_2+O_1)+(V_3+O_2)+V_4$

在《金瓶梅词话》中，这类连动式用例仅 2 例，为：

(a) 且说西门庆正和县中一个皂隶李外传，专一在县在府绰揽些公事，往来听气儿撰钱使。(《金瓶梅词话》第 9 回)

(b) 西门庆道："大舅，你若上任摆酒没银子使，我这里兑一千两银子，你那里使者。"(《金瓶梅词话》第 77 回)

例（a）中连动项分别为"往来""听气儿""撰钱""使"；例（b）中连动项分别为"上任""摆酒""没银子""使"。

④ $(V_1+C) + (V_2+O_1) + (V_3+O_2) + (V_4+O_3)$

在《金瓶梅词话》中，这类连动式用例仅 1 例，为：

当日却是安郎中摆酒，西门庆起来梳头净面出门。(《金瓶梅词话》第 74 回)

连动项分别为"起来""梳头""净面""出门"。

2. "AVD＋X_1＋X_2＋X_3＋X_4"类连动式

① AVD＋[$(V_1+O_1) + (V_2+O_2) + (V_3+O_3) + (V_4+O_4)$]

在《金瓶梅词话》中，这类连动式用例仅 1 例，为：

荆都监听了，又转身下坐作揖致谢："老翁费心，提携之力，铭刻难忘。"(《金瓶梅词话》第 76 回)

连动项分别为"转身""下坐""作揖""致谢"。

② AVD＋{V_1＋[(V_2+O_1)＋C]＋(V_3+O_2)＋V_4}

在《金瓶梅词话》中，这类连动式用例仅 1 例，为：

平白的祝麻子、孙寡嘴领了来俺家来讨茶吃，俺姐姐又不在家。(《金瓶梅词话》第 51 回)

连动项分别为"领""来俺家来""讨茶""吃"，连动项之前的共同修饰成分为语气副词"平白的"。

二、与把字句和被字句搭配使用的情况

（一）与把字句搭配使用的情况

《金瓶梅词话》中出现了大量连动式与把字句搭配使用的用例，共 36 个小类。

① 把＋O＋(V_1+V_2)

这类用例共 2 例，为：

(a) 一壁推辞，一壁把银子接的袖了，深深道了个万福，说道："谢姐夫的布施！"（《金瓶梅词话》第15回）

(b) 那秋菊把嘴谷都着去了。（《金瓶梅词话》第78回）

② 把＋O_1＋［(V_1＋O_2）＋V_2］

这类用例共2例，如：

即便把西门氏买棺装殓，发送葬埋来回话，我这里好申文书往上司去。（《金瓶梅词话》第92回）

③ 把/将＋O＋［(V_1＋C）＋V_2］

这类用例共10例，如：

少顷，林氏穿着大红通袖袄儿，珠翠盈头，粉妆腻脸，与西门庆见毕礼数，留坐待茶，分付大官把马牵于后槽喂养。（《金瓶梅词话》第78回）

④ 把/将＋O_1＋｛［(V_1＋C）＋O_2］＋V_2｝

这类用例共3例，如：

(a) 这妇人便将灯台挪近床边桌上放着，一手放下半边纱帐子来，褪去红裈，露见玉体。（《金瓶梅词话》第51回）

(b) 不一时，任道士把杏庵让入方丈松鹤轩叙礼，说："王老居士，怎生一向不到敝庙随喜？今日何幸，得蒙下顾。"（《金瓶梅词话》第93回）

⑤ 把＋O_1＋｛［AVD＋(V_1＋O_2）］＋V_2｝

这类用例仅1例，为：

妇人那里容他住，说道："你还是那人家哩！只当奴害了汗病，把这三十两银子问你讨了药吃了。"（《金瓶梅词话》第19回）

⑥ 把＋O＋［V_1＋（AVD＋V_2）］

这类用例仅1例，为：

他把银子收了不与，还交我明日买汗巾子来。（《金瓶梅词话》第51回）

⑦ ［(把＋O)＋V_1］＋（AVD＋V_2）

这类用例共4例，如：

(a) 谢希大道："哥用了些粥不曾？"玉箫把头扭着不答应。（《金瓶梅词话》第79回）

(b) 吴大舅问道："对后边说了不曾？"来安儿把嘴谷都着不言语。(《金瓶梅词话》第 80 回)

⑧ $AVD_1 + \{（把+O）+ [V_1 +（AVD_2+V_2）]\}$

这类用例仅 1 例，为：

你还说不偏心哩！嗔道那一日，我不在屋里，三不知把那行货包子偷的往他屋里去了，原来晚夕和他干这个营生。(《金瓶梅词话》第 51 回)

⑨ $[（把+O）+V_1] +（V_2+C）$

这类用例仅 1 例，为：

那玳安把嘴谷都走出来，陈经济问道："你往那去？"玳安道："精是攘气的营生，一遍生活两遍做，这咱晚又往家里跑一遭。"(《金瓶梅词话》第 46 回)

⑩ $V_1 + [（把+O）+（AVD+V_2）]$

这类用例仅 1 例，为：

忽刺八抛去也，我怎肯恁随邪，又去把墙花乱折？(《金瓶梅词话》第 73 回)

⑪ $（把+O）+ [（AVD_1+V_1）+（AVD_2+V_2）]$

这类用例仅 1 例，为：

昨日见我在河下开酒店来，一径使小舅子坐地虎刘二——专一倚逞他在姐夫麾下，在那里开巢窝，放私债，又把雪娥隐占在外奸宿，只瞒了姐姐一人眼目。(《金瓶梅词话》第 99 回)

⑫ $[（把+O_1）+（V_1+C）] +（V_2+O_2）$

这类用例仅 2 例，如：

把经济小伙儿引诱在马头上各唱店中、歌楼上饮酒，请表子顽耍。(《金瓶梅词话》第 81 回)

⑬ $（把+O_1）+ [（V_1+C_1）+（V_2+C_2）]$

这类用例共 3 例，如：

这薛嫂一力撺掇，先把盒担抬进去摆下，打发空盒担儿出去，就请西门庆进来入见。(《金瓶梅词话》第 7 回)

⑭ $AVD + \{（把+O）+ [（V_1+C_1）+（V_2+C_2）]\}$

这类用例仅 1 例，为：

分付月娘："你与我把各房里丫头叫出来审问审问。我使小厮街上买狼筋去了。早拿出来便罢，不然，我就教狼筋抽起来。"(《金瓶梅词话》第43回)

⑮ (把+O_1) + [(V$_1$+C) + (AVD+V$_2$)]
这类用例仅1例，为：

妇人便舒手下边笼撞西门庆玉茎，彼此淫心荡漾，把酒停住不吃了。(《金瓶梅词话》第37回)

⑯ AVD+((把+O) + (V$_1$+C$_1$) + (AVD+(V$_2$+C$_2$)))
这类用例仅1例，为：

又把一个李子放在牝内不取出来，又不行事。(《金瓶梅词话》第27回)

⑰ (将+O_1) + {[AVD$_1$+(V$_1$+C)] + (AVD$_2$+V$_2$)}
这类用例仅1例，为：

这伯爵把汗巾儿掠与西门庆，将瓜仁两把喃在口里都吃了。(《金瓶梅词话》第67回)

⑱ (V$_1$+C) + [(把+O) +V$_2$]
这类用例仅1例，为：

归来把狗儿藏，门上将锁儿套。(《金瓶梅词话》第83回)

⑲ [(V$_1$+C) +O_1] + [(把+O_2) +V$_2$]
这类用例仅1例，为：

奔到家把大门关闭，如铁桶相似，就是樊哙也撞不开。(《金瓶梅词话》第93回)

⑳ (把+O_1) + [(V$_1$+O) + (V$_2$+C)]
这类用例仅1例，为：

你娘养的你忒娇，把馓子儿拿绳儿拴在你手儿上，你还不吃？(《金瓶梅词话》第35回)

㉑ [AVD+(V$_1$+C$_1$+O$_1$+C$_2$)] + [(把+O_2) +V$_2$]
这类用例仅1例，为：

金儿唱毕，赛儿又斟一杯酒递与玳安儿，接过琵琶来唱道：我看

琵琶上尘灰儿倒有，<u>那一只袖子里掏出个汗巾儿来把尘灰摊散</u>。(《金瓶梅词话》第 50 回)

㉒ (V_1+C_1) + [（把+O）+ (V_2+C_2)]

这类用例共 4 例，如：

一面下边吃了茶，<u>上来把筝弦调定</u>，顿开喉音，并足朝上，唱了一套"冬景"［绛都春］"寒风布野"云云。(《金瓶梅词话》第 21 回)

㉓ (V_1+C_1) +AVD+ [（把+O）+ (V_2+C_2)]

这类用例仅 1 例，为：

这金莲不听便罢，听了心头火起，粉面通红，<u>走向前一把手把老婆头发扯住</u>，只用手抠他腹。(《金瓶梅词话》第 72 回)

㉔ (V_1+O_1) + [（把+O_2）+ (V_2+C)]

这类用例共 3 例，如：

一面<u>拿石头把门砸开</u>。(《金瓶梅词话》第 84 回)

㉕ (把+O_1) + [V_1+ (V_2+O_2)]

这类用例共 2 例，为：

(a) 今早爹分付，<u>把后边堆放的那一张凉床子拆了与他</u>，又搬了两张桌子，四张椅子与他坐。(《金瓶梅词话》第 58 回)

(b) 当时统制打死二人，除了地方之害，分付李安将马头大酒店还归本主，<u>把本钱收算来家</u>。(《金瓶梅词话》第 99 回)

㉖ (V_1+O_1) + [（把+O_2）+V_2]

这类用例共 3 例，如：

<u>西门庆取笔把利钱抹了</u>，说道："既是应二哥作保，你明日只还我一百两本钱就是了。我料你上下也得这些银子搅缠。"(《金瓶梅词话》第 31 回)

㉗ (V_1+O_1) +AVD+ [（把+O_2）+V_2]

这类用例仅 1 例，为：

惺惺似懵懂，落伊套中。<u>无言暗把珠泪涌</u>。(《金瓶梅词话》第 61 回)

㉘ [(V_1+O_1) +C_1] + [（将+O_2）+ (V_2+C_2)]

这类用例仅 1 例，为：

入门来将奴搂抱在怀，奴把锦被儿伸开。（《金瓶梅词话》第82回）

㉙（把+O_1）+｛（V_1+O_2）+［AVD+（V_2+O_3）］｝

这类用例共2例，如：

西门庆就把西厢房里收拾三间与他做房。（《金瓶梅词话》第7回）

㉚（把+O_1）+［（V_1+O_2）+（V_2+O_3）］

这类用例共2例，如：

许伯爵："借银子出来，把十两银子买礼物谢老兄。"（《金瓶梅词话》第31回）

㉛｛（将+O_1）+［AVD+（V_1+C）］｝+（V_2+O_2）

这类用例仅1例，为：

见妇人脱得光赤条身子，坐着床沿，低垂着头，将那白生生腿儿横抱膝上缠脚。（《金瓶梅词话》第52回）

㉜（V_1+C_1）+（把+O_2）+［AVD+（V_2+V_3）］

这类用例仅1例，为：

昨日惹了祸，同拴到守备府中，当土贼打了他二十大棍，归来把妈妈的裙袄都去当了。（《金瓶梅词话》第58回）

㉝（V_1+C_1）+（把+O_2）+［（V_1+C_2）+（V_2+C_3）］

这类用例仅1例，为：

李铭连忙磕了个头，起来把盒儿揝进来放下，揭开却是烧鸭二只，老酒二瓶，说道："小人没甚，这些微物儿孝顺二爹赏人。小的有句话，径来央及二爹。"（《金瓶梅词话》第72回）

㉞AVD+［（V_1+C_1）+把+O+（V_2+C_2）］

这类用例仅1例，为：

李瓶儿一块石头方才落地，只顾抱在怀里拍哄着他，说道："好小周儿，恁大胆，平白进来把哥哥头来剃了去了。"（《金瓶梅词话》第52回）

上例中，第二个"来"为语助词，不表实义。

㉟AVD+｛（将+O）+［V_1+（V_2+C）］｝

这类用例仅1例，为：

比及将死，于本年八月廿三日三更时分，<u>方才将女上吊缢死</u>。（《金瓶梅词话》第 92 回）

㊱ AVD+（（把+O）+（AVD+（（V₁+C₁）+（V₂+C₂））））

这类用例仅 1 例，为：

两边左右问是做甚么的，这安童<u>方才把书双手举得高高的呈上</u>。（《金瓶梅词话》第 48 回）

上例中，名词短语"双手"活用充当状语，表方式。

与把字句搭配使用的连动式均为由两个连动项连用构成的连动式，连动式中动词的附加成分都较为简单，连动项之间的语义关系多样，既可以为承接关系，也可以为方式关系、补充说明关系和行为-目的关系。

（二）与被字句搭配使用的情况

在《金瓶梅词话》中，连动式与被字句搭配使用的用例不多，共 11 个小类。

① 被+O+（V₁+V₂）

这类用例仅 1 例，为：

<u>被春梅扶救</u>，苏省过来。（《金瓶梅词话》第 99 回）

② 被+O₁+〔（V₁+O₂）+V₂〕

这类用例仅 1 例，为：

朝中蔡太师、童太尉、李右相、朱太尉、高太尉、李太监六人，都<u>被太学国子生陈东上本参劾</u>，后<u>被科道交章弹奏</u>倒了，圣旨下来，拿送三法司问罪，发烟瘴地面永远充军。（《金瓶梅词话》第 98 回）

③ 被/吃+O+〔（V₁+C）+V₂〕

这类用例共 5 例，如：

（a）好容易来见你一面，又<u>被门神把住嗔喝</u>，不敢进来。（《金瓶梅词话》第 88 回）

（b）说平安儿小厮，偷了印子铺内人家当的金头面，还有一把镀金钩子，在外面养老婆，<u>吃番子拿在巡检司拶打</u>。（《金瓶梅词话》第 95 回）

④ 被+O+〔V₁+（AVD+V₂）〕

这类用例仅 1 例，为：

妇人道："刚才奴到守备府中，又被那门神户尉拦挡不放，奴须慢慢再哀告他则个。"(《金瓶梅词话》第88回)

⑤ 被＋O_1＋[V_1＋(V_2＋O_2)]

这类用例仅1例，为：

这经济终是年小后生，被这铁指甲杨大郎领着游娼楼，串酒店，每日睡睡，终宵荡荡，货物到贩得不多。(《金瓶梅词话》第92回)

⑥ 被＋O＋[(V_1＋C_1)＋(V_2＋C_2)]

这类用例仅1例，为：

被王婆子醒来听见，问："那里响？"(《金瓶梅词话》第86回)

⑦ AVD＋{被＋O＋[(V_1＋C_1)＋(V_2＋C_2)]}

这类用例仅1例，为：

有疾被他撞倒，无情被他挂着，到底被他缠住拿着。(《金瓶梅词话》第4回)

⑧ AVD＋(吃＋O_1＋((V_1＋O_2)＋((V_2＋C)＋O_3)))

这类用例仅1例，为：

我好意往你家问，反吃你兄弟杨二风拿瓦楔破头，赶着打上我家门来。(《金瓶梅词话》第96回)

⑨ 被＋O_1＋[(V_1＋C_1＋O_2＋C_2)＋(V_2＋O_3)]

这类用例仅1例，为：

被西门庆搂过脖子来亲了个嘴，道："怪油嘴，休要胡说。"(《金瓶梅词话》第76回)

⑩ 被＋O_1＋[(V_1＋O_2)＋(AVD＋V_2)]

这类用例仅1例，为：

统制提兵进赶，不防被斡离不兜马反攻，没揪一箭，正射中咽喉，堕马而死。(《金瓶梅词话》第100回)

⑪ 被＋O＋{[AVD＋(V_1＋C_1)]＋(V_2＋C_2)}

这类用例仅1例，为：

韩二夺门就走，被一少年一拳打倒拿住。(《金瓶梅词话》第33回)

与被字句搭配使用的连动式均为两个连动项连用构成的连动式，连动式中动词的附加成分均较为简单，连动项之间大多为承接关系，少数为方式关系和补充说明关系。

第二节 《金瓶梅词话》连动式的语义特点

Halliday 认为，小句与小句之间的关系是修饰关系，包括逻辑语义关系和相互依赖关系。① 其中，相互依赖关系可以分为并列和从属两种。

连动式是小句整合的结果，"在小句级降的过程中，语义上处于次要地位的从句逐渐失去陈述性特征，最终形成'平行复句＞主从复句＞紧缩句＞连动句＞动词拷贝句＞次话题结构＞名物化结构'的连续统"②。

刘丹青（2015）指出，英语等印欧语言属于并列和主从这两类向心结构。在连动型语言中，连动式占据了并列和主从关系中间的那一块，很多连动式都具有主次结构关系，从而形成向心关系的三分法等级序列：并列—主次—主从。连动式占据语义上的原型位置，从类型学的视角来看，连动所占据的语义空间，在非连动语言中位于并列和主从的中介区域。连动式的原型义——先后相继的微事件组成的宏事件，在非连动语言中是由并列结构表示的。连动在句法上是一种独立的结构类型，区别于并列、主从结构；在语义上，它占据非连动语言的并列和主从邻接的区域，与这两种语义关系都部分交叉。作为显赫范畴，连动会拓宽自身的语义域，进一步向并列和主从延伸。

由小句和小句整合而来的连动式的语义关系，同样可以从上述逻辑语义关系和相互依赖关系两个角度进行考察。连动式的语义类别，应当从连动式中各连动项相互之间的关系出发来考虑。

一、连动式连动项之间的逻辑语义关系

对连动式进行逻辑语义关系上的分类，需要注意的是，连动式的语义关系主要是由相继事件这一核心语义与特定语境结合而产生的，相继行为和行为-目的关系本来就有很大的交集，前者在语境中很容易衍生后者的解读。③ 所谓背景

---

① Halliday M A K. An Introduction to Functional Grammar. London：Hodder Education Publishers，1994.
② 高增霞：《从非句化角度看汉语的小句整合》，《中国语文》2005 年第 1 期，第 29-38 页。
③ 刘丹青：《汉语及亲邻语言连动式的句法地位和显赫度》，《民族语文》2015 年第 3 期，第 3-22 页。

性/依存性，在连动式中是一个语义程度问题，与纯粹表示相继发生的事件、不分主次的连动式之间并没有明晰的界限，语义定性有很大的主观性。简单如"买份报纸看"，就有方式性 VP_1 修饰主要动作 VP_2、目的性 VP_2 补充动作 VP_1、VP_1 和 VP_2 为两个动作并重等多种分析法，没有哪一种说法具有绝对的说服力。① 在具体的语料处理中，容易出现两可的情况，只能根据上下文语境来进行判别，有的时候，根据上下文语境容易做出判断，有的时候也难免有见仁见智的不同看法。梅广（2015）根据"意念的聚合"和"先后事件的承接"来区分"而"字连动句和"而"字连谓句，也谈到，"事件的合一或分开，存在着很大的解释空间，紧密或松散，也是相对而言的"；"意念聚合的从属与核心亦是语义解释的问题，从文义上分辨二者有时亦很困难。许多'而'字式例子难以归类，这是原因"，"不过，就汉语的性格而言，恐怕也只能做到如此地步"。②

通过对《金瓶梅词话》连动式的语义关系进行考察③，我们发现，《金瓶梅词话》连动式中连动项之间的逻辑语义关系有 6 类：承接类、方式类、行为-目的类、因果类、补充说明类、解释说明类。《金瓶梅词话》中由 2 个连动项连用构成的连动式用例共计 4205 例。其中，表承接关系的例句共 3428 例，在各类语义关系中占绝对优势；表方式关系的例句共 385 例；表行为-目的关系的例句共 202 例；表因果关系的例句共 28 例；表补充说明关系的例句共 81 例；表解释说明关系的例句共 81 例。

二、连动式连动项之间的相互依赖关系

连动式连动项之间的相互依赖关系，指的是语义上连动项之间的主次关系。从类型学的角度看，非连动型语言的向心结构具有并列和主从关系，而连动型语言则具有三种关系：并列、连动、主从。从连动型语言本身的语义关系来看，很多连动式都具有主次结构关系，从而形成向心关系的三分法等级序列：并列—主次—主从。在语义上，它占据非连动语言的并列和主从邻接的区域，与这两种语义关系都部分交叉。作为显赫范畴，连动会拓宽自身的语义域，进一步向并列和主从延伸。④

---

① 刘丹青：《汉语及亲邻语言连动式的句法地位和显赫度》，《民族语文》2015 年第 3 期，第 3-22 页。
② 梅广：《上古汉语语法纲要》，三民书局 2015 年版，第 194 页。
③ 由于《金瓶梅词话》连动式主要由两个连动项构成，因而这部分的考察主要限于《金瓶梅词话》中由两个连动项构成的连动式。
④ 刘丹青：《汉语及亲邻语言连动式的句法地位和显赫度》，《民族语文》2015 年第 3 期，第 3-22 页。

根据连动项之间的相互依赖关系的比较，连动式所包含的两个连动项在语义关系上，既可以是平行聚合关系，也可以有主次之分。这样，我们就可以将连动式分为以下三类：第一类是从属在前、核心在后；第二类是不能区分从属、核心的平行聚合类；第三类是核心在前、从属在后。为便于分析，我们将连动式中在语义上居于核心地位的连动项称为连动主项；在语义上居于从属地位的称为连动次项；在语义上不能区分从属和核心的、地位平行的称为连动平行项。

（一）平行聚合关系

承接类和补充说明类连动式中的连动项在语义关系上是平行聚合关系。

1. 承接类连动式

承接类连动式中，连动前项和连动后项之间在语义上不能区分从属和核心，为平行聚合关系，如：

（a）妇人接过酒来呷了，却拿注子再斟酒，放在武松面前。（《金瓶梅词话》第 1 回）

（b）说话当下郓哥被王婆子打了，心中正没出气处，提了雪梨篮儿，一径奔来街上寻武大郎。（《金瓶梅词话》第 5 回）

上述例句中，承接类连动式的连动前项"接过酒来""拿注子""奔来街上"和连动后项"呷了""再斟酒""寻武大郎"之间在语义上不能区分从属和核心，为平行聚合关系。

2. 补充说明类连动式

补充说明类连动式中，连动前项和连动后项之间在语义上也不能区分从属和核心，为平行聚合关系，如：

（a）那李瓶儿怎生咽得下去，只吃了半瓯儿，就丢下不吃了。（《金瓶梅词话》第 59 回）

（b）夏提刑便叫鲁华："你怎么说？"鲁华道："他原借小的银两发送妻丧，至今三年光景，延挨不还小的。"（《金瓶梅词话》第 19 回）

上述例句中，补充说明类连动式的连动前项"丢下""延挨"和连动后项"不吃""不还小的"之间在语义上也不能区分从属和核心，为平行聚合关系。

（二）主次关系

除了承接类和补充说明类连动式之外，其他几类连动式中连动项之间的语义关系则有主次之分，其主次次序安排既可以是从属在前、核心在后，也可以是核心在前、从属在后。

1. 方式类连动式

方式类连动式中，表行为方式的连动前项为从属意念，表行为动作的连动后项为核心意念，如：

（a）那玉箫跟到房中，打旋磨儿跪在地下央及："五娘，千万休对爹说。"（《金瓶梅词话》第64回）

（b）或倚肩嘲笑，或并坐调情，捣打揪抖，通无忌惮。（《金瓶梅词话》第82回）

上述例句中，连动前项"打旋磨儿跪在地下""倚肩""并坐"表行为方式，为从属意念；连动后项"央及""嘲笑""调情"表行为动作，为核心意念。

2. 行为-目的类连动式

行为-目的类连动式中，表行为的连动前项为核心意念，表目的的连动后项为从属意念。相应地，目的-行为类连动式中，表目的的连动前项为从属意念，表行为的连动后项为核心意念，如：

（a）那西门庆见月娘脸儿不瞧一面，折跌腿装矮子，跪在地下，杀鸡扯脖，口里姐姐长、姐姐短。（《金瓶梅词话》第21回）

（b）翟谦交府干收了，就摆酒和西门庆洗尘。（《金瓶梅词话》第55回）

（c）声诺毕，说道："老爹明日没事，小人家里治了一杯水酒，无事请老爹贵步下临，散闷坐一日。"（《金瓶梅词话》第61回）

（d）充饥吃了三斗米饭，点心吃了七石缸酒。（《金瓶梅词话》第90回）

前两例为行为-目的类连动式，连动前项"折跌腿""摆酒"表行动，为核心意念，连动后项"装矮子""和西门庆洗尘"表目的，为从属意念。后两例为目的-行为类连动式，连动前项"散闷""充饥"表目的，为从属意念，连动后项"坐一日""吃了三斗米饭"表行为，为核心意念。

3. 因果类连动式

因果类连动式中，表原因的连动前项为从属意念，表结果的连动后项为核心意念，如：

（a）我告诉你，哥哥自从你去了，到四月间，得个拙病死了。（《金瓶梅词话》第9回）

（b）李瓶儿又说："那边房子左右有老冯看守，你这里再叫一个，和天福儿轮着，晚夕上宿就是，不消教旺官去罢。上房姐姐说，他媳妇儿有病去不的。"（《金瓶梅词话》第20回）

（c）二娘害腿疼不去，他在家看家哩。（《金瓶梅词话》第45回）

上述例句中，表原因的连动前项"得个拙病""有病""害腿疼"在语义上表从属意念，表结果的连动后项"死了""去不的""不去"在语义上表核心意念。

4. 解释说明类连动式

表解释说明关系的"有"字类连动式中，具有"＋所属"义素的连动前项为核心意念，连动后项对连动前项进行解释说明，为从属意念，如：

（a）妇人笑道："好个老成久惯的短命，我也没气力和你两个缠。"（《金瓶梅词话》第28回）

（b）你老人家要十六两原价，俺媒人家那里有这些银子赔上！（《金瓶梅词话》第86回）

（c）包内又有几件妇女衣服与你娘。（《金瓶梅词话》第100回）

上述例句中，连动前项"没气力""有这些银子""有几件妇女衣服"为句子的核心意念，连动后项"和你两个缠""赔上""与你娘"分别解释说明"什么气力""什么银子""什么衣服"，在句中为从属意念。

根据上述对各类连动式中连动项之间的相互依赖关系的分析，以及前文对《金瓶梅词话》连动式进行的逻辑语义关系分类，我们可以总结出《金瓶梅词话》中连动项为平行聚合关系、主次关系的连动式分布，如表3-1和表3-2所示。

表3-1　《金瓶梅词话》中连动项为平行聚合关系的连动式分布

连动项为平行聚合关系的连动式	连动平行项	连动平行项	数量
承接类连动式	连动前项	连动后项	3428
补充说明类连动式	连动前项	连动后项	81

表3-2　《金瓶梅词话》中连动项为主次关系的连动式分布

连动项为主次关系的连动式	数量
方式类连动式	385

续表

连动项为主次关系的连动式	数量
行为-目的类连动式	202
因果类连动式	28
解释说明类连动式	81

从表 3-1 和表 3-2 可以看出，在《金瓶梅词话》连动式中，连动项之间为平行聚合关系的连动式有 3509 例，连动项之间为主次关系的连动式有 696 例。

第三节 《金瓶梅词话》连动式的跨语言表征

通过考察分析上述语料中连动式的使用情况，结合前人的研究成果，我们发现《金瓶梅词话》连动式既存在自身的个性特征，也存在跨语言的共性特征。

一、《金瓶梅词话》连动式的个性特征

1. 连动式中的动词不一定具有相同的时态取值

Haspelmath（2016）曾提出，在所有的连动式中，动词都具有相同的时态取值。对于现代汉语连动式中时和体的情况，刘丹青进行了考察，并提出现代汉语连动式对时态的单一性限制很明显，而对体的单一性限制基本不存在。需要注意的是，对于这一点，类型学家 Aikhenvald 和 Dixon 有不同的看法，他们提出连动式的特征是几个动词只有一个时态、一个体、一个极性赋值（要么肯定，要么否定）。也就是说，连动式除了共享时以外，还共享相同的体貌。对此，刘丹青进行了解释：时间是更外部的框架，作用于事件整体，而体是事件内部的过程关照，作用于其中的微事件。通过对《金瓶梅词话》连动式进行考察，我们发现，《金瓶梅词话》连动式中的动词通常具有相同的时态取值，但也有少数连动式中的动词具有不同的时态取值，如：

(a) 明日叫媒人，<u>即时与我拉出去卖了</u>！（《金瓶梅词话》第 44 回）

(b) 那两个那有心想坐，<u>只待出去与李三、黄四分中人钱了</u>，假意说有别的事，急急的别去了。（《金瓶梅词话》第 53 回）

(c) 常时节道："我方走了热剩剩的，<u>正待打开衣带扇扇扇子</u>，又要下棋？也罢么，待我胡乱下局罢。"（《金瓶梅词话》第 54 回）

(d) 保儿上来，打抹春台，才待收拾摆放案酒，忽见帘子外探头舒脑，有几个穿蓝缕衣者，谓之架儿，进来跪下。(《金瓶梅词话》第15回)

(e) 到次早起来，别无他话，只差小玉问官哥下半夜有睡否，还说："大娘吃了粥，就待过来看官哥了。"(《金瓶梅词话》第53回)

(f) 因望着金莲说："昨日王妈妈来说何九那兄弟，<u>今日我已开除来放了</u>。"(《金瓶梅词话》第76回)

(g) 于是二人连忙将银往各处置了布匹，装在扬州苗青家安下，<u>待货物买完起身</u>。(《金瓶梅词话》第81回)

上述例句中，连动式中的动词或动词短语均受同一个时间修饰语的修饰，具有相同的时态取值。例如，在例（a）中，连动式中的动词短语均受时间修饰语"即时"修饰；在例（c）中，连动式中的动词短语均受时间修饰语"正""待"修饰；在例（f）中，连动式中的动词短语均受时间修饰语"今日""已"修饰。

(h) 王八见无人，尽力向我手上捻了一下，吃的醉醉的，<u>看着我嗤嗤待笑</u>。(《金瓶梅词话》第22回)

(i) <u>正摆上饭来吃</u>，小厮来安来报："应二爹来了。"(《金瓶梅词话》第69回)

(j) 就见那惠莲跳下来，把酒拿起来，<u>才待赶着摔了去</u>，被一丈青拦住了。(《金瓶梅词话》第26回)

(k) 可霎作怪，<u>正走在城外他姑娘家投住</u>，一条索子拴将来。(《金瓶梅词话》第100回)。

上述例句中，连动式中的动词或动词短语具有不同的时态取值。例如，在例（h）中，"待"单独修饰其后的动词"笑"，表将来时，而前面的"看着"为进行时；在例（i）和例（k）中，"正"单独修饰其后第一个连动项"摆上饭来""走在城外"，表过去进行时，其后连动项"吃""他姑娘家投住"为过去将来时。

上述情况的出现，一方面与时间副词的演变有关，另一方面与汉语时体表达的特殊方式有关。鉴于汉语缺乏形态上的时态范畴，我们难以测试汉语连动式各个动词的时态特征，刘丹青在对汉语连动式的时态范畴进行考察时，也只能借助表达时态语义的时间词语（名词、副词等）。"一定的语法意义只有同一定的语法形式相结合，才能被确认为语法范畴。不少学者认为汉语没有时范畴，并不等于汉语没有时的观念，只不过'时'的意义在汉语中用的是词汇手段（时间名词或副词）来表示，因为它没有和一定的语法形式相结合，不应立为时范畴"①。"众所周知,汉语是拥有体的表达方式的语言。相比其他语言来说,汉语缺乏表达时间的语法手段,而且不具有时间范畴。因而,在汉语句子中,过去时、现在时、将来时一般是不加区分的。不存在现在时和非现在时的对立,甚至像过去时与非过去时的对立这种在语言类型学研究中被确认为较普遍的现象,在汉语里也不存在。至于将来时,它既可归于时间意义,也可归入情态范畴。它可以用副词来表达,但从未成为强制性手段"②。

从语料考察的情况来看,《金瓶梅词话》连动式中的动词大部分都具有相同的时态取值,但也存在一些特殊用例,少数连动式中的动词具有不同的时态取值。同时,我们也注意到,若将上述例句中的时间副词换成时间名词,上述例句就都不成立了。这也许与副词所表达的意义更虚有关。

2. 连动式中的动词可以有各自单独的时间修饰语

不少类型学家都认为,连动式中的动词不会有各自单独的时间或事件位置修饰语。③④ 通过考察语料,我们发现,对于《金瓶梅词话》中的连动式而言,动词通常不会有各自单独的时间修饰语,但也存在动词受时间修饰语单独修饰的特殊情况,如:

(a) 那琴童<u>看着待笑</u>,半日不言语。(《金瓶梅词话》第46回)

(b) 年除岁末,渔翁忽带安童<u>正出河口卖鱼</u>,正撞见陈三、翁八在船上饮酒,穿着他主人衣服,上岸来买鱼。(《金瓶梅词话》第47回)

例(a)中的"待"单独修饰其后的动词"笑",表过去将来时。例(b)中的"正"单独修饰其后第二个连动项"出河口",表过去进行时。

从语料考察的情况来看,大部分明清汉语连动式中的动词都具有相同的时态取值,通常没有各自单独的时间修饰语,但也存在一些特殊用例,主要涉及一些时间副词和时间名词的搭配使用。这一方面与汉语时间副词的演变有关,另一方面与汉语时体表达的特殊方式有关。

---

① 张双庆:《动词的体》,香港:香港中文大学中国文化研究所吴多泰中国语文研究中心,1996年,第5页。

② 冯力、杨永龙、赵长才:《汉语时体的历时研究》,北京:语文出版社,2009年,第1页。

③ Aikhenvald A Y, Dixon R M W: Serial Verb Constructions: A Cross-Linguistic Typology. Oxford: Oxford University Press, 2006.

④ Haspelmath M: The Serial Verb Construction: Comparative Concept and Cross-linguistic Generalizations. Language & Linguistics, 2016, 17 (3): 291-319.

3. 连动式中如果只有一个人称、时态、语气或否定标志，其不一定出现在边缘位置

Haspelmath（2016）提出，如果只有一个人称、时态、语气或否定标志，它出现在边缘位置，即在第一个动词之前，或在最后一个动词之后。

对于连动式中出现的人称、时态、语气或否定标志等的位置问题，类型学家多有关注，Haspelmath、Aikhenvald 等类型学家普遍认为，上述语法标志在连动式中均出现在边缘位置，即在第一个动词之前，或在最后一个动词之后。通过考察人称、时态、语气、否定标志在《金瓶梅词话》连动式中的位置，我们发现，《金瓶梅词话》连动式在上述标志方面均体现出自身的个性特征，具体情况如下。

（1）人称标志

在人称标志方面，在《金瓶梅词话》连动式中，人称代词既可以出现在边缘位置，即第一个动词之前或最后一个动词之后，也可以出现在核心位置，即第一个动词之后，如：

（a）开了河，你早起身往下边接船去。（《金瓶梅词话》第 79 回）

（b）经济道："是非终日有，不听自然无。怪不的说舌的奴才，到明日得了好？大娘眼见不信他。"（《金瓶梅词话》第 83 回）

（c）王八见无人，尽力向我手上捻了一下，吃的醉醉的，看着我嘻嘻待笑。（《金瓶梅词话》第 22 回）

例（a）中的第二人称代词"你"出现在边缘位置，位于第一个动词前。例（b）中的"大娘眼见不信他"意为"吴大娘亲眼见过后不相信他"，"他"指的是"说舌的奴才"，第三人称代词"他"也出现在边缘位置，位于最后一个动词之后。但在例（c）中，第一人称代词"我"并没有出现在边缘位置，而是位于第一个动词之后，处于核心位置。汉语中人称代词的主格和宾格形式相同，相对英语而言，没有严格的人称一致表达法。

除了人称代词直接充当连动式中的主语或宾语成分这种情况之外，当人称代词充当连动式中介宾短语的宾语成分时，同样既可以出现在边缘位置，也可以出现在核心位置，如：

（d）春梅道："明日叫媒人，即时与我拉出去卖了！"（《金瓶梅词话》第 44 回）

（e）玳安悄悄进来替他禀问，被西门庆喝了一声，唬的众人一溜烟走了。（《金瓶梅词话》第 68 回）

（f）春梅床头上取过睡鞋来与他换了，带上房门出来。（《金瓶梅词话》第 51 回）

在例（d）连动式"即时与我拉出去卖了"中，介宾短语"与我"充当连动式的状语成分，此时人称代词"我"位于第一个动词之前，处于边缘位置。在例（e）和例（f）连动式"玳安悄悄进来替他禀问""春梅床头上取过睡鞋来与他换了"中，介宾短语"替他"和"与他"均充当第二个连动项的状语成分，此时人称代词"他"位于第一个动词之后、第二个动词之前，处于核心位置。这与汉语状语位置的灵活性有关。在汉语中，介宾短语充当状语成分时，既可以出现在句首或句尾，也可以出现在句中，而在英语中，介宾短语充当状语成分时，通常出现在句首或句尾的边缘位置。

（2）时态标志

《金瓶梅词话》连动式中的时态标志既可以出现在连动式中的第一个动词前，也可以出现在连动式中的其他动词之前，对此前文已有论述，因此不再赘述。

（3）语气标志

在语气标志方面，汉语的语气表达方式丰富多样，在《金瓶梅词话》连动式中，如果只有一个语气标志，它既可以出现在边缘位置，也可以出现在中间位置。

徐晶凝指出，"在汉语中，语气在语音层、词汇层和语法层都可以得到体现，汉语的语气表达方式主要有六种，即语调、语气助词、叹词、语气副词、句法格式、同义选择"①。在汉语中，用句法格式表达语气，主要有动词重叠、异位、追加、固定句子格式等句法形式。

如果从语气副词、语气词和动词重叠这三个方面来看《金瓶梅词话》连动式中语气标志的位置问题，我们就可以发现《金瓶梅词话》连动式中语气词和语气副词处于边缘位置，但动词重叠表语气则位于连动式的核心位置。语气词一般位于连动式末尾，语气副词一般位于连动式前部，具体用例如下：

（a）二人只在楼上说话未了，只见武大买了些肉菜果饼归来，放在厨下，走上楼来，叫道："大嫂，你<u>且下来安排则个</u>。"（《金瓶梅词话》第1回）

（b）西门庆道："既如此，你<u>快拿个灯笼接去罢</u>。"（《金瓶梅词话》第34回）

（c）知县喝道："你既娶下娼妇，<u>如何又问他要饭吃</u>？尤说不通。"（《金瓶梅词话》第92回）

---

① 徐晶凝：《汉语语气表达方式及语气系统的归纳》，《北京大学学报》（哲学社会科学版），2000年第3期。

(d) 常时节道："我方走了热剩剩的，<u>正待打开衣带扇扇扇子</u>，又要下棋？也罢么，待我胡乱下局罢。"(《金瓶梅词话》第 54 回)

(e) 刘婆子看了，说："哥儿着了些惊气入肚，又路上撞见五道将军。不打紧，<u>烧些纸儿退送退送</u>，就好了。"(《金瓶梅词话》第 48 回)

在例（a）连动式"且下来安排则个"中，语气副词"且"位于第一个动词前，近代汉语祈使语气词"则个"位于连动式末尾，两种表达方式共现表委婉的祈使语气。例（b）连动式"快拿个灯笼接去罢"中，语气词"罢"位于连动式末尾，表祈使语气。例（c）连动式"如何又问他要饭吃"中，语气副词"如何"位于连动式最前部，表反问语气。例（d）和例（e）连动式"正待打开衣带扇扇扇子"和"烧些纸儿退送退送"中，动词重叠式"扇扇"和"退送退送"位于连动式的核心位置，都表示舒缓轻松的语气。

英语以动词为中心进行语气表达，英语的语气表达与时体等语法范畴结合紧密，而汉语的语气与动词时体的关系不大。从汉语语气表达方式和语气系统来看，汉语的语气表达并不以动词为中心，汉语的语气不通过动词变形来表示。汉语的语气属于整个小句，与动词的时体关联不大，语气标志不一定出现在边缘位置。

(4) 否定标志

在否定标志方面，《金瓶梅词话》连动式的个性特征非常明显。《金瓶梅词话》连动式的否定标志不一定出现在边缘位置，它既可以出现在连动式中第一个动词前，也可以出现在连动式其他动词之前，且两种情况都很普遍，如：

(a) 王婆只推不看见，只顾在茶局子内搧火，<u>不出来问茶</u>。(《金瓶梅词话》第 2 回)

(b) 玉钏儿道："俺姐姐家中有人包着哩，<u>好些时没出来供唱</u>。"(《金瓶梅词话》第 32 回)

(c) 伯爵一见，便说："这个却怎样儿的？我还<u>没送礼儿去与他</u>，他来请我，怎好去？"(《金瓶梅词话》第 78 回)

(d) 妇人道："我这两日身子有些不快，<u>不曾出去走动</u>。"(《金瓶梅词话》第 85 回)

(e) 这钱安儿早已知此消息，<u>一直躲在潘金莲房里不出来</u>。(《金瓶梅词话》第 26 回)

(f) 周守御娘子<u>有眼疾不得来</u>，差人来回。(《金瓶梅词话》第 78 回)

(g) 小玉到上房回大娘，只说："鏖身子去了，<u>衣服都留下没与他</u>。"(《金瓶梅词话》第 85 回)

(h) 众人都熬了一夜没曾睡。(《金瓶梅词话》第62回)

(i) 正说的热闹,只见那陈经济要与西门庆说话,跟寻了好一回不见,问那玳安,说在月娘房里。(《金瓶梅词话》第57回)

(j) 三寸气断去弗回,改头换面无遍数。(《金瓶梅词话》第80回)

上述例句中,有的连动式中否定标志出现在边缘位置,有的连动式中否定标志并没有出现在边缘位置,而是出现在中间位置。

至于否定的句法位置这一特性,是 Haspelmath（2016）基于将否定作为小句的判定标准而提出的,但通过前文中的分析,我们知道,这一标准并不适用于明清时期的汉语连动式,因而否定词在汉语连动式中并不一定处于边缘位置。

二、《金瓶梅词话》连动式的跨语言共性特征

已有研究显示,世界上大概有 1/3 的语言中存在连动式这种结构类型。语言类型学是通过跨语言比较的方法归纳语言共性的语言流派。在连动式的研究中,类型学家发现了单一语言研究忽略的众多特点和连动型语言的类型共性,为我们进一步深入认识汉语连动式提供了深厚的研究基础。

通过考察分析,我们发现《金瓶梅词话》中的连动式也表现出了一些跨语言的共性特征,主要体现在以下几个方面。

1. 所有的连动式在语调上都位于同一语调曲拱中

这条共性最早由 Aikhenvald 和 Dixon（2006）提出,许多学者也进行过阐释。对于这一条共性在汉语连动式中的表现情况,刘丹青（2015）曾进行过进一步考察,并指出,在汉语连动式中,在韵律上,连动式的语调特征与单句一致。连动式中的几个 VP 之间都不能有停顿,保证整句的语调可以贯穿而过。一有停顿,就会割断连动式内部的句法关系和语义关系。连动式中每个 VP 所表达的微事件都无法脱离其他动词而存在。一旦有停顿,各 VP 之间的关系不再是必然的,也可以有其他的解读。通过分析语料,我们发现,《金瓶梅词话》中的连动式也具有这一特征,如:

少顷,老虔婆扶拐而出,向西门庆见毕礼,数说道:"老身又不曾急慢了姐夫,如何一向不进来看看姐姐儿!"(《金瓶梅词话》第15回)

在上例中的连动式"如何一向不进来看看姐姐儿"中,"进来看看姐姐儿"为一个语调曲拱,如果割裂开来,则会产生其他的语义解读,如"如何一向不进来"（进来不一定是为了看姐姐）,或者"如何一向不看看姐姐儿"（看姐姐儿未必要进来才能看）。

2. 如果连动式表达因果关系或事件先后顺序，两个动词呈现出时态象似性，即表示原因的动词位于表示结果的动词之前，先发生事件的动词位于后发生事件的动词之前

这条共性是所有连动式的显著共性特征。对此，前人多有论述。连动式符合时间象似性原则，动词的排列顺序在多个层面上呈现出时间先后关系。这一特性体现出连动式遵循时间象似性原则，《金瓶梅词话》中的连动式也不例外，如：

(a) 又吃了几口酒，就<u>讨温茶来漱净口</u>，睡向床上去了。(《金瓶梅词话》第 53 回)

(b) 我告诉你，哥哥自从你去了，到四月间，<u>得个拙病死了</u>。(《金瓶梅词话》第 9 回)

例 (a) 中连动项"讨温茶来"和"漱净口"之间为承接关系，例 (b) 中连动项"得个拙病"和"死了"之间为因果关系，动词之间的排列顺序均符合时间象似性原则，先发生事件"讨温茶来"中的动词"讨"位于后发生事件"漱净口"中的动词"漱"之前，表原因的动词短语"得个拙病"中的动词"得"位于表结果的动词"死"之前。

3. 在连动式中，所有的动词共享至少一个论元，所有带连动式的语种都具有"共享主语的连动式"这种类型，也可能有其他类型

所谓论元共享，是指连动式几个动词（谓词）拥有共同的论元，该论元只在句中出现一次，即句法上只加于一个动词。在针对非洲语言的研究中，生成语法学派的学者将连动式的范围限定得很窄，认为连动式中两个动词必须共享域内论元。例如，非洲语言埃维（Ewe）语中的结果类连动结构和先后类连动结构均为域内论元共享。Aikhenvald 和 Dixon（2006）在其研究中指出，共享主语的连动式在任何连动型语言中都是主要类型。

就《金瓶梅词话》连动式的用例来看，所有的动词至少共享主语论元，同时还可以共享宾语论元。主语论元的共享更为常见，宾语这类域内论元的共享不具有强制性，如：

(a) 那经济走到铺子里，袖内摸摸，不见钥匙，<u>一直走到李瓶儿房里寻</u>。(《金瓶梅词话》第 33 回)

(b) 玳安进到房里去话了一声，就掌灯出来回报。(《金瓶梅词话》第 54 回)

(c) 说话中间，酒过数巡，<u>潘姥姥先起身往前边去了</u>，潘金莲跟着他娘往房里去了。(《金瓶梅词话》第 14 回)

(d) 三口儿同吃了饭，妇人双手捧一杯茶来递与武松。(《金瓶梅词话》第 1 回)

上述例句中，连动式中的动词均共享主语论元。例（a）中连动式"一直走到李瓶儿房里寻"共享主语论元"经济"；例（b）中连动式"进到房里去话了一声"和"掌灯出来回报"共享主语论元"玳安"；例（c）中连动式"潘姥姥先起身往前边去了"中的动词均共享主语论元"潘姥姥"；例（d）中连动式"妇人双手捧一杯茶来递与武松"中的动词均共享主语论元"妇人"。

除了主语共享的连动式之外，还有宾语共享的连动式，如：

(e) 武大不觉又寻紫石街西王皇亲房子，赁内外两间居住，依旧卖炊饼。(《金瓶梅词话》第 1 回)

(f) 我这里一两银子相谢，先生买一盏茶吃。(《金瓶梅词话》第 12 回)

例（e）中连动式"赁内外两间居住"在共享主语论元"武大"的同时，也共享宾语论元"内外两间房子"；例（f）中连动式"先生买一盏茶吃"在共享主语论元"先生"的同时，也共享宾语论元"一盏茶"。

4. 连动式中的动词不会有各自单独的事件位置修饰语

汉语连动式中的动词不会有各自单独的事件位置修饰语，在现代汉语层面，刘丹青已进行过相关研究。[①] 通过分析语料，我们发现《金瓶梅词话》中的连动式也具有这一特征，如：

(a) 如今老爷亲家，户部侍郎韩爷题准事例，在陕西等三边开引种盐，各府州郡县，设立义仓，官粜粮米。(《金瓶梅词话》第 48 回)

(b) 因令左右掌起灯来，厅上揭开纸被观看，手掐丑更，说道："正当五更二点彻，还属丑时断气。"(《金瓶梅词话》第 62 回)

(c) 那日院中吴银儿打听得知，坐轿子来，灵前哭泣上纸。(《金瓶梅词话》第 63 回)

(d) 拜见毕下来，先在卷棚内放桌儿摆茶，极尽希奇美馔。(《金瓶梅词话》第 78 回)

上述例句中，连动式中的动词均共享相同的事件位置修饰语。

---

① 刘丹青：《汉语及亲邻语言连动式的句法地位和显赫度》，《民族语文》2015 年第 3 期，第 3-22 页。

5. 连动式不能带两个不同的施事,即当连动式的动词共享非施事角色时,施事角色也必须被共享

在《金瓶梅词话》中,当连动式中的动词共享非施事角色时,施事角色也被共享。连动式除了共享施事角色之外,受事、工具等角色也可以被共享,如:

(a) 几次把月娘喜欢的没入脚处,称呼他做六姐,<u>衣服首饰拣心爱的与他</u>,吃饭吃茶和他同桌儿一处吃。(《金瓶梅词话》第9回)

(b) 若不是,我定要送问这起光棍!既是他那里分上,我明日到衙门里,<u>每人打他一顿放了罢</u>。(《金瓶梅词话》第34回)

(c) 正吃得热闹,只见书童抢进来,到西门庆身边,附耳低言道:"六娘身子不好的紧,快请爹回来,<u>马也备在门外接了</u>。"(《金瓶梅词话》第54回)

(d) 西门庆道:"货船不知在那里担阁着,<u>书也没稍封寄来</u>,好生放不下。"(《金瓶梅词话》第56回)

(e) 金莲道:"你看这老婆子这等张睛!俺猫在屋里好好儿的卧着不是?你每乱道怎的!把孩子唬了,没的赖人起来,<u>瓜儿只拣软处捏</u>,俺每这屋里是好缠的!"(《金瓶梅词话》第59回)

例(a)连动式"衣服首饰拣心爱的与他"中,"衣服首饰"作为受事角色被共享的同时,施事角色"月娘"也被共享;例(b)连动式"每人打他一顿放了"中,"每人"作为受事角色被共享的同时,施事角色"我"也被共享;例(c)连动式"马也备在门外接了"中,"马"作为工具角色被共享的同时,施事角色"书童"也被共享;例(d)连动式"书也没稍封寄来"中,"书"作为受事角色被共享的同时,隐藏的施事角色也被共享;例(e)连动式"瓜儿只拣软处捏"中,"瓜儿"作为受事角色被共享的同时,隐藏的施事角色也被共享。

第四节 《金瓶梅词话》连动式小结

从结构形式来看,《金瓶梅词话》连动式中分别出现了由2个连动项、3个连动项、4个连动项连用构成的连动式。其中,由2个连动项连用构成的连动式,除去把字句和被字句,共计出现了151个结构形式小类,4205条例句,分属"X_1+X_2""$AVD+X_1+X_2$""X_1+X_2+O""X_1+X_2+C""$AVD+X_1+X_2+C$"4个大类。其中,"X_1+X_2+C"类连动式共有12个小类,"X_1+X_2+O"类连动式有2个小类,"$AVD+X_1+X_2+C$"类连动式共计有10个小类,"X_1+X_2"类连动式共计有80个小类,"$AVD+X_1+X_2$"类连动式共计有50个小类。

《金瓶梅词话》连动式与把字句搭配使用，共 70 例，38 个结构形式小类；与被字句搭配使用，共 14 例，10 个结构形式小类。由 3 个连动项连用构成的连动式共计 278 例，76 个结构形式小类；由 4 个连动项连用构成的连动式共计 7 例，6 个小类。

从语义关系来看，《金瓶梅词话》连动式中连动项之间的逻辑语义关系有 6 类：承接类、方式类、行为-目的类、因果类、补充说明类、解释说明类。其中，表承接关系的例句共 3428 例[①]；表方式关系的例句共 385 例；表行为-目的关系的例句共 202 例；表因果关系的例句共 28 例；表补充说明关系的例句共 81 例；表解释说明关系的例句共 81 例。《金瓶梅词话》连动式中连动项之间的相互依赖关系可以分为 2 类：平行聚合关系和主次关系。其中，连动项之间为平行聚合关系的连动式共 3509 例，连动项之间为主次关系的连动式共 696 例。

从跨语言普遍规律在《金瓶梅词话》连动式中的表现来看，《金瓶梅词话》连动式既存在自身的个性特征，也存在跨语言的共性特征。在个性特征方面，《金瓶梅词话》连动式中的动词不一定都具有相同的时态取值；连动式中的动词可以有各自单独的时间修饰语；《金瓶梅词话》连动式中如果只出现一个人称、时态、语气和否定标志，其不一定在边缘位置，也可以在核心位置。在共性特征方面，《金瓶梅词话》连动式中的动词在语调上都位于同一语调曲拱中；如果连动式表达因果关系或事件先后顺序，两个动词呈现出时态象似性；动词共享至少一个论元，不仅具有"共享主语的连动式"这种类型，还具有其他类型；动词不会有各自单独的事件位置修饰语；连动式不能带两个不同的施事，即当连动式的动词共享非施事角色时，施事角色也必须被共享。

---

① 为行文方便，只统计并分析了由 2 个连动项连用构成的连动式的用例。

第四章
基于《型世言》的明代汉语连动式研究

《型世言》,全称《峥霄馆评定通俗演义型世言》,是明代崇祯五年(公元1632年)前后刊行的拟话本小说集。《型世言》采用当时官话口语写成,反映了当时江浙一带的官话方言特色。康国章曾指出,《型世言》"采用当时通行的白话语言,注重从群众口头汲取语言素材,兼及文言的雅致,形成独特的文人白话小说语言"[①]。

本书依据的是1993年中华书局出版的由覃君点校的《型世言》版本。

第一节 《型世言》连动式的使用面貌

一、《型世言》连动式的结构形式及其对应的语义关系

从《型世言》连动式的句法结构来看,由2个动词或动词短语构成的连动式有4种结构形式:"X_1+X_2""$AVD+X_1+X_2$""X_1+X_2+C""$AVD+X_1+X_2+C$"。由3个动词或动词短语构成的连动式有3种结构形式:"$X_1+X_2+X_3$""$AVD+X_1+X_2+X_3$""$X_1+AVD+X_2+X_3$"。由4个动词或动词短语构成的连动式只有1种结构形式:"$X_1+X_2+X_3+X_4$"。下面将逐一进行分析。

---

① 康国章:《〈型世言〉人物语言艺术》,《殷都学刊》,2000年第4期,第87页。

（一）由 2 个连动项连用构成的连动式

这类格式是由 2 个连动项连用构成的连动式，依据连动项外部是否有附加成分，可以将这类连动式分为 4 个大类："X_1+X_2""$AVD+X_1+X_2$""X_1+X_2+C""$AVD+X_1+X_2+C$"。连动项 X 内部的单个动词 V 可以带状语、宾语、补语等附加成分，也可以为光杆动词①。每一个由连动项 X 组成的大类下都有多种由动词 V 构成的形式小类，我们将"X_1+X_2""$AVD+X_1+X_2$"这两个大类中的各个小类按照"连动项中的 V 为光杆动词""连动项中的 V 出现 1 类附加成分""连动项中的 V 出现 2 类附加成分""连动项中的 V 出现 3 类附加成分"的类别排序，将各类结构形式小类进行分类排列，具体情况如下。

1. "X_1+X_2"类连动式

（1）连动项中的 V 为光杆动词

这里说的连动项中的 V 为光杆动词，指的就是"V_1+V_2"的形式。

在《型世言》连动式中，这类连动式用例不少，共计 15 例，如：

(a) 妙珍<u>起谢</u>，吞所赐药。（《型世言》第 4 回）

(b) 仲含道："前银不必偿还，此聊为卿归途用费。"芳卿<u>谢了</u>再三，<u>别去</u>。（《型世言》第 11 回）

(c) 小儿因此<u>惊病</u>，小妾因此<u>自缢</u>。（《型世言》第 27 回）

(d) 次日，何知县<u>辞回</u>，巡按留饭，道："贤大尹好手段。"（《型世言》第 30 回）

这类用例中，出现了较多由"来""去"构成的不典型的连动式，如"来拜谢、来请、来发作、去告、去回复"等。其中，由"来"构成的这类连动式出现了 42 例，由"去"构成的这类连动式出现了 17 例。对于这些用例，所有的由"来"构成的连动式在统计时只算作 1 例，由"去"构成的连动式也只算作 1 例。

这 15 例连动式中，表承接关系的有 9 例，如例（a）、例（b）；表方式关系的有 2 例，分别为"涕泣奔送、哭奠了"；表因果关系的有 4 例，如"抑郁身死、愤激自缢"。

（2）连动项中的 V 出现 1 类附加成分

① （V_1+O）$+V_2$

在《型世言》连动式中，这类连动式用例较多，共有 133 例，如：

---

① 附加成分只考虑主语、谓语、宾语、定语、状语、补语等句法成分，不考虑动词带时体态标记和语气词的情况。

(a) 铁参政又募死士，乘风雨之夕，多带大炮，<u>来北营左侧施放</u>，扰乱他营中。(《型世言》第1回)

(b) 那程道者便借下个小庵歇宿，<u>赎药调理</u>，无所不至。(《型世言》第8回)

这类用例中，还出现了动词为多音节词组的情况，如：

(c) 因家中未曾娶妻，这班人便<u>驾着他寻花问柳</u>。(《型世言》第23回)

(d) 申澄督兵救援，即被一石块打着面门，死在山下。刑都司<u>带着残兵逃之夭夭了</u>。(《型世言》第17回)

上述例句中，"驾着他寻花问柳、带着残兵逃之夭夭了"中的 V_2 为词组。这类用例中，还出现了双宾语的情况，如：

(e) 朝廷又差曹国公李景隆，<u>督兵六十万进征</u>。(《型世言》第1回)

(f) 此时脱脱丞相当国，他间关到京，<u>投书丞相道</u>："法戒无将……乞赐海涵。"(《型世言》第14回)

上面的例句中，例(e)在现代汉语中已被定中结构所取代，例(f)在现代汉语中则由"给"字双宾语句表达。

这133例连动式中，连动项之间的语义关系较为多样，表承接关系的共101例，如"伐那桑烹煮、低了头思想、督兵救援"；表解释说明关系的共8例，如"有甚么话说、没福受用"；表方式关系的共17例，多为"V着V"类连动式，如"顶着一个大栲栳走、搭着海船行走、附程群楫耳道、斗分祭奠"；表因果关系的有1例，为"染病身亡"；表行为-目的关系的共5例，如"来此话别、打点棺木殡殓、要水吃"；表补充说明关系的有1例，为"点头应承"。

② $(V_1+C)+V_2$

在《型世言》连动式中，这类连动式用例较多，共有75例，如：

(a) 世名<u>拿来把玩</u>，快利之极。(《型世言》第2回)

(b) 这是正月十二，王俊正在单邦家吃酒，<u>吃得烂醉回</u>，跟跟跄跄。(《型世言》第2回)

(c) 夏学这等，<u>兑一兑出</u>，省得挂欠。(《型世言》第13回)

这类用例中，还出现了动词为多音节词组的情况，如：

(d) 吴亮听得，便<u>拜在地下嚎啕大哭</u>，不能仰视，自行复命去了。(《型世言》第8回)

(e) 言罢泪如雨注，四人亦为怏怏。(《型世言》第 11 回)

(f) 正要寻纸包，恰值本房一个周一官失落一把扇子，走来东张西望。(《型世言》第 36 回)

从连动项之间的语义关系来看，表承接关系的共 71 例，表方式关系的有 4 例，分别为"坐在人家等待、站在前面等、站在后门边看、夹在人群里道"。

③ (AVD+V_1) +V_2

在《型世言》连动式中，这类连动式用例不多，共有 18 例，如：

(a) 到午间，烈妇看房中无人，忙起来把一件衣服卷一卷，放在被中，恰似蒙头睡的一般，自己却寻了一条绳，向床后无人处自缢死了。(《型世言》第 10 回)

(b) 三朝，女婿到丈人家去拜见。(《型世言》第 21 回)

这类连动式中，动词前还可以出现多个状语连用的情况，如：

(c) 说了便往里跑，取出一把钉棺的钉，往地下一丢道："你看，你看，此物他都已打点了，还也止得住么？"(《型世言》第 10 回)

(d) 血沥沥在火上炙了吃，又配上些牛羊乳酪，吃罢把手在胸前袄子上揩抹。(《型世言》第 17 回)

从连动项之间的语义关系来看，这 18 例连动式中，表承接关系的有 14 例，如例 (b) 和例 (c)；表方式关系的有 4 例，如例 (a) 和例 (d)。

④ V_1 + (V_2+O)

在《型世言》连动式中，这类连动式用例较多，共 168 例，如：

(a) 便圣上知道难为我，我们得一死，见父母地下，正是快乐处。(《型世言》第 1 回)

(b) 差人押了到朱安国家，果见两只黑箱。(《型世言》第 25 回)

例 (a) 中的连动式意为"圣上知道以后为难我"。

这类连动式中，V_1 还可以为多音节词组，这样的用例有 1 例，为：

(c) 又道自己读书人家，母亲出头露面做歇家，也不雅。(《型世言》第 6 回)

这类连动式中，还出现了双宾语的情况，如：

(d) 圣上闲时，也来试他策论，或时召至便殿，问经史、史乘，考误中道。(《型世言》第 12 回)

这类连动式中，V_1 多由 "来" 或 "去" 构成，后接 V_2 和宾语，这样的用例共计 121 例，都属于不太典型的连动式，由 "来" 或 "去" 构成的这类连动式均表承接关系。

这类连动式的语义关系较为多样，表承接关系的共 146 例；表方式关系的共 8 例，如 "耕种过活、驰驿回京、哭泣受命、招承代还"；表因果关系的共 4 例，如 "丁忧回家、感恩委身、妻妒忌杀妾"；表行为目的关系的共 10 例，如 "囚禁要杀他、打点做亲、留着做把柄"。

⑤ $V_1 + （V_2 + C）$

在《型世言》连动式中，这类连动式用例不多，共 22 例，如：

（a）耿埴听了惊个小死，邓氏也有些着忙，道："花眼哩，是籴得米多，蛀虫拱起来，醉了，去挺尸罢，休在这里怪惊怪唤的若恼老娘。"（《型世言》第 5 回）

（b）拾了藏在怀中。只见后边一个人赶上道："兄拾得什么？"（《型世言》第 12 回）

（c）这悟通中年时曾相处一个菩提庵秋师姑，年纪仿佛，妙智也去蹚得一脚浑水。（《型世言》第 29 回）

这类连动式中，从连动项之间的语义关系来看，大多表承接关系，共 20 例，如例（a）和例（b），表方式关系的有 2 例，如 "附耳说了一会"。

⑥ $V_1 + （AVD + V_2）$

在《型世言》连动式中，这类连动式用例不少，共 52 例，如：

（a）殓时，出二玉珥，以一纳善世口中，以为含，一以与母道："留为我含，九泉之下，以此为信。"（《型世言》第 10 回）

（b）王良疼了一闪，早把手中木橡落下。（《型世言》第 2 回）

（c）邓氏去开门，便嚷道："你道不回了，咱闭好了门，正待睡个安耽觉儿，又来鸟叫唤。"（《型世言》第 5 回）

这类用例中，V_2 前还可以出现 2 个状语连用的情况，如：

（d）几头有本朱淑真《断肠集》，看了每为他叹息，道："把这段才色配个庸流，岂不可恨，倒不如文君得配着相如，名高千古。"（《型世言》第 11 回）

这类连动式中，V_2 还可以为多音节词组，如：

（e）他努力分开人进去，看了不觉放声大哭。（《型世言》第 23 回）

从连动项之间的语义关系来看，绝大多数表承接关系，共 35 例，表补充说明关系的有 14 例，如 "哽咽不语、冤抑不伸"；表方式关系的有 2 例，如 "赶着同走"；表行为-目的关系的有 1 例，为例（a）。

⑦ （AVD$_1$＋V$_1$）＋（AVD$_2$＋V$_2$）

在《型世言》连动式中，这类连动式用例不多，共 11 例，如：

(a) 爱姐怕母亲得知，只把手推鬼厮闹，道："罢，哥哥饶我罢，等做小时凭你。"（《型世言》第 21 回）

(b) 便将所有田产，除可以资给老仆，余尽折价与人，得银五十余两，尽带了往滦州进发。（《型世言》第 14 回）

这类用例中，还出现了 2 个状语连用的用例，如：

(c) 周一到张三家，他妻子道："早间府里去未回。"（《型世言》第 36 回）

例（c）中，V$_1$ "去" 前出现了 2 个状语成分，即 "早间" 和 "府里"。

从连动项之间的语义关系来看，11 例中，表补充说明关系的有 5 例，如 "累举不第、向北立不跪、一去不来"；表方式关系的有 3 例，如 "一路哭向白大道、一死足抵"；表承接关系的有 3 例，如例（b）。

⑧ （V$_1$＋O$_1$）＋（V$_2$＋O$_2$）

在《型世言》连动式中，这类连动式用例很多，共计 283 例，如：

(a) 便去厨下做饭，邀徐亲娘过来，两个吃了起身。（《型世言》第 3 回）

(b) 听得省中发兵，第一路沈参将领兵攻打工尧隘，便吃了一惊，道："此老足智多谋，真我敌手。"（《型世言》第 24 回）

这类连动式中，还出现了宾语为小句的情况，如：

(c) 他便早晚臂上燃香，叩天求把身子代祖母。（《型世言》第 4 回）

例（c）中，V$_2$ 的宾语成分为小句 "把身子代祖母"。

这类连动式中，V$_1$ 或 V$_2$ 后还可以出现双宾语。V$_1$ 和 V$_2$ 后出现双宾语的用例均有 3 例，如：

(d) 芳卿因开箧出诗数首，曰："妾之愧悔，不在今日，但恨脱身无计。"（《型世言》第 11 回）

(e) 陆仲含意思要赎他，向同年亲故中，又借银百两凑与他。（《型世言》第 11 回）

这类双宾语的用法，在现代汉语中已由定中结构取代。

这类连动式是《型世言》连动式中用例最多的一类。从连动项之间的语义关系来看，这类连动式可表达的语义关系多样，其中，表承接关系的共192例，如例（a）和例（b）；表行为-目的关系的共39例，如"架柴要烧佛、留取丹心照汗青、避难借宿商人船中"；表方式关系的共26例，如"架云梯攻城、拼老性命结识他、衣巾簇拥着世名"；表因果关系的共11例，如"尚气结冤仇、恋色亡财"；表解释说明关系的共13例，大多为"有"字类连动式，如"有心守寡、没脸嘴回家"；表补充说明关系的共2例，分别为"立案免供、无钱在家"。

⑨（V_1+C_1）+（V_2+C_2）

在《型世言》连动式中，这类连动式用例较多，共计39例，如：

（a）谁知汪涵宇回去，不提浑家去收拾他行囊，见了这只女鞋，道他在外嫖，<u>将来砍得粉碎</u>，大闹几场，不许出门。（《型世言》第6回）

（b）王太守也<u>接过去看了一看</u>，道："果然笔锋犀利，英英可爱。"（《型世言》第18回）

（c）随行将五带有饮食，与他的可也数十人吃不了，他也不管馍头卷蒸、干粮煤炒，<u>收来吃个罄尽</u>。（《型世言》第33回）

从连动项之间的语义关系来看，均为承接关系。

⑩（V_1+C）+（AVD+V_2）

在《型世言》连动式中，这类连动式用例共48例，如：

（a）朝夕进饮食，哭泣，庐止一扉，山多猛兽，<u>皆环绕于外不入</u>。（《型世言》第4回）

（b）开门，只见董文手里拿着一盏两个钱买的茹桔灯笼进来，邓氏怕照见耿垣，<u>接来往地下一丢</u>，道："日日夜晚才来，破费两个钱，留在家买菜不得！"（《型世言》第5回）

从连动项之间的语义关系来看，表补充说明关系的有4例，均为肯否类连动式，如"拿住不放、撞住不走"；其余用例均表承接关系。

⑪（AVD+V_1）+（V_2+C）

在《型世言》连动式中，这类连动式用例共5例，如：

王世名便<u>乘势一推按在地</u>，把刀就勒。（《型世言》第2回）

从连动项之间的语义关系来看，这类用例均为承接关系。

⑫（V_1+C）+（V_2+O）

在《型世言》连动式中，这类连动式用例较多，共62例，如：

(a) 一日，寂如因与慧朗有约，先<u>睡一睡打熬精神</u>。(《型世言》第 4 回)

(b) 你还有志气，<u>熬不过求归</u>。(《型世言》第 14 回)

这类连动式中，还出现了宾语成分为小句的情况，如：

(c) 常时见床上挂着一把解手刀，便<u>掣在手要杀邓氏</u>。(《型世言》第 5 回)

(d) 讲定了见<u>金着这牌</u>，便道原差某人、该差某人，某人接官该与、某人效劳该与，何知县信得他紧，也就随他说写去。(《型世言》第 30 回)

例 (c) 中 V_2 为情态动词"要"，后面的宾语成分为小句"杀邓氏"；例 (d) 中 V_2 后接宾语成分"金着这牌"。

从连动项之间的语义关系来看，表行为-目的关系的有 10 例，如"赶去要打、换来可以济用"，其余 52 例均表承接关系。

⑬ (V_1＋O) ＋ (V_2＋C)

在《型世言》连动式中，这类连动式用例较多，共 57 例，如：

(a) 一路说说笑笑，打鼓筛锣，宣卷念佛，早已过了北新关，直到松木场，<u>寻一个香荡歇下</u>。(《型世言》第 10 回)

(b) <u>陪宾送得出门</u>，却不是那两人。(《型世言》第 27 回)

(c) 怪是狗赶着叫，帖木儿赶上去，<u>抉几块石片打得开</u>，道："惊了我姐姐。"(《型世言》第 40 回)

这类用例中，还出现了 1 例动词反复态表动作状态的用例，为：

(d) 一日转到桐乡，<u>背了几件衣服闯来闯去</u>，闯到一个村坊，忽抬头见一个妇人，在水口洗衣服，与母亲无二。(《型世言》第 3 回)

这类连动式中，表承接关系的有 47 例，如"捞虾煎好"；表行为-目的关系的有 3 例，分别为"出外躲避一时、拿面头枷枷起、画符封住"；表方式关系的有 7 例，均为"V 着 VC"类连动式，如"挺着长枪杀去、拿着火叉打去"。

⑭ (AVD＋V_1) ＋ (V_2＋O)

在《型世言》连动式中，这类连动式用例共 25 例，如：

<u>笑谈张险局</u>，瞬息除强寇。(《型世言》第 22 回)

从连动项之间的语义关系来看，表承接关系的有 15 例，如"早起开门、复行助阵"；表方式关系的有 6 例，如"痛哭分手、长跪诉衷曲、笑谈张险局"；表行为-目的关系的有 3 例，如"自溺全节、这番去要做亲"；表解释说明关系的

有 1 例，为"一钱也没得与他"。

⑮ （V_1+O） + （AVD+V_2）

在《型世言》连动式中，这类连动式用例共 104 例，如：

(a) 到得庙中，衣衫尽湿，看看昏黑，解衣独坐，不能成寐。（《型世言》第 18 回）

(b) 两个跳到下处，寻陆仲含时，拜客不在，等了一会来了。（《型世言》第 11 回）

这类用例中，也出现了一些多个状语连用的情况，如：

(c) 七老八十，大热天，也没这气力为你府县前走。（《型世言》第 2 回）

(d) 推了再四，朱恺起身往他袖中一塞，陈有容也便笑纳，问道："兄果是要问老裘借多少银子？（《型世言》第 23 回）

从连动项之间的语义关系来看，这类连动式语义关系多样，表承接关系的共 77 例，如例（a）；表方式关系的有 7 例，如"割耳自誓、掩着口在门边笑"；表行为-目的关系的有 4 例，如"捐奉为他嫁送、出钗钏相谢"；表解释说明关系的有 5 例，均为"有"字类连动式，如例（c）；表补充说明关系的有 8 例，如"低头不语、执兵不动"；表因果关系的有 3 例，分别为例（b）和"如岑氏遭逼不愤、没胆不去"。

（3）连动项中的 V 出现 2 类附加成分

① ［（V_1+C）+O］+V_2

在《型世言》连动式中，这类连动式用例不多，共有 18 例，如：

(a) 耿埴便戏了脸，捱近帘边道："昨日承奶奶赐咱表记，今日特来谢奶奶。"（《型世言》第 5 回）

(b) 知县也不到尸首边一看，竟填了尸单，带回县审。（《型世言》第 13 回）

这 18 例连动式中，从连动项之间的语义关系来看，均为承接关系。

② ［（V_1+O）+C］+V_2

在《型世言》连动式中，这类连动式用例不少，共 18 例，如：

(a) 只见一个奶娘王靓娘抱了他一个小儿子，进园来耍，就接他吃饭。（《型世言》第 21 回）

(b) 若在别家吃了来时，鸡也拿他只去准折，略一违拗，便频差拨将来。（《型世言》第 9 回）

从连动项之间的语义关系来看,表承接关系的共 16 例,表行为-目的关系的有 2 例,分别为例(b)和"招集些各洞苗蛮来救"。

③($V_1+C_1+O+C_2$)$+V_2$

在《型世言》连动式中,这类连动式用例很少,共 3 例,如:

此时一个锦衣卫官领了旨,飞也似到卫监,<u>取出李御史来缚了</u>,从东华门押解进来。(《型世言》第 12 回)

这类连动式中,连动项之间的关系均为承接关系。

④ V_1+〔$AVD+$(V_2+O)〕

在《型世言》连动式中,这类连动式用例较少,共 13 例,如:

(a)那寡妇一边哭,一边<u>去问汪涵宇借银子</u>,买办衣衾棺椁,希图绊住汪涵宇。(《型世言》第 6 回)

(b)从则必死,<u>投降诱擒满四</u>,可以得生,还有官赏,怎不依我?(《型世言》第 17 回)

这类用例中,V_2 为情态动词,后接宾语成分的例句共出现了 5 个,如:

(c)从此又三年,林氏又<u>病不能起</u>,便溺俱撒在床上。(《型世言》第 4 回)

从连动项之间的语义关系来看,表承接关系的共 7 例,多为由"来"或"去"充当 V_1 的连动式;表补充说明关系的有 6 例,均为肯否类连动式,如例(c)。

⑤ V_1+〔(V_2+C)$+O$〕

在《型世言》连动式中,这类连动式用例很少,共 7 例,如:

(a)裘龙偏要捉清,<u>去叫住他</u>,朱恺却又站在前面等。(《型世言》第 23 回)

(b)别了,来县前骗了几分银子,<u>收拾了走到杨家</u>。(《型世言》第 31 回)

这类连动式中还出现了 1 个双宾语例句,为:

(c)<u>见了送上石不磷这封书</u>,留茶,问下处,说在船中。(《型世言》第 20 回)

从连动项之间的语义关系来看,这 7 个用例均为承接关系。

⑥ V_1+〔(V_2+O)$+C$〕

在《型世言》连动式中,这类连动式用例很少,共 2 例,为:

(a) 到岸，于伦先去道："我去叫轿来。"（《型世言》第3回）

(b) 每考一番，来做生意一次。（《型世言》第27回）

从连动项之间的语义关系来看，上述2例均为承接关系。

⑦ $(V_1+O_1) + [(V_2+C) +O_2]$

在《型世言》连动式中，这类连动式用例共10例，如：

(a) 一死不辞殉国事，化烟飞上祝融峰。（《型世言》第8回）

(b) 小人们主意，且率领本部杀开重围，护送老爷与家眷到我归顺，再图后举。（《型世言》第24回）

从连动项之间的语义关系来看，表承接关系的共9例，如上面的例（a）和例（b）；表方式关系的有1例，为"拍手道一阵'和尚婆'"。

⑧ $[(V_1+O_1) +C] + (V_2+O_2)$

在《型世言》连动式中，这类连动式的用例共4例，如：

(a) 建文君道："你哄谁来，当日我在便殿，正吃子鹅，撕一片在地上赐汝，那时你两手都拿着物件，伏在地下把舌舔来吃了，你记得么？"（《型世言》第8回）

(b) 钱公布道："没甚趣，女子果然好个女子，拿一钟茶出来请我，一发洁净喷香。"（《型世言》第27回）

从连动项之间的语义关系来看，上述用例均为承接关系。

⑨ $[(V_1+O) +C_1] + (V_2+C_2)$

在《型世言》连动式中，这类连动式的用例共4例，如：

(a) 漏下二鼓，那简小官在床上摸拟半日，伸头起来张一张，不见动静。（《型世言》第21回）

(b) 到次日依了狐狸，将一束草来剉碎，煎汤服了。（《型世言》第38回）

从连动项之间的语义关系来看，这类用例均为承接关系。

⑩ $(V_1+O_1) + [(V_2+O_2) +C]$

在《型世言》连动式中，这类连动式用例共2例，为：

(a) 如絮云头剪不开，扣窗急雪逐风来。（《型世言》第1回）

(b) 话说我朝处州府有一个吏姓杜，他原是本府龙泉县人，纳银充参在本府刑房。（《型世言》第36回）

从连动项之间的语义关系来看，上述2例均为承接关系。

⑪ $(V_1+O_1) + (V_2+C_1+O_2+C_2)$

在《型世言》连动式中，这类连动式用例仅1例，为：

那芦柴早已浮到船边，周颠<u>举身跃上船来</u>。(《型世言》第34回)

从连动项之间的语义关系来看，上例为承接关系。

⑫ $[(V_1+O_1)+C_1] + [(V_2+O_2)+C_2]$

在《型世言》连动式中，这类连动式用例仅1例，为：

吃些饭，就<u>拿一封银子去赎了衣帽回来</u>。(《型世言》第23回)

从连动项之间的语义关系来看，上例为承接关系。

⑬ $(V_1+C_1) + [(V_2+C_2)+O]$

在《型世言》连动式中，这类连动式用例共5例，如：

(a) <u>起来摸得门开</u>，撞了他一个"瓶口木香"，吐了满身。(《型世言》第6回)

(b) 又见了两匹水浸的花绸，一封银子却有些认得，也不想到，<u>且将来晾上一楼</u>，估计仔用。(《型世言》第25回)

从连动项之间的语义关系来看，连动项之间均为承接关系。

⑭ $[(V_1+C_1)+O] + (V_2+C_2)$

在《型世言》连动式中，这类连动式用例共10例，如：

(a) 那官儿见了慌张，<u>拔出小刀赶来</u>，门早已闭上，一脚踢去，止落得一块板，门不能开。(《型世言》第22回)

(b) 次早将来细细改了，留得几个之乎也者字，又将来圈了，<u>加上批语送去</u>。(《型世言》第27回)

从连动项之间的语义关系来看，这类用例均为承接关系。

⑮ $[(V_1+C)+O_1] + (V_2+O_2)$

在《型世言》连动式中，这类连动式用例共17例，如：

(a) 张秀才便<u>拿出二十两送了差人</u>，自己还到庵里。(《型世言》第28回)

(b) 这屠有名拿去便嫖便吃，吃得稀醉，就<u>闯进房里寻阿金</u>，道："娼妇躲在那里？"(《型世言》第29回)

从连动项之间的语义关系来看，表行为-目的关系的有2例，如"拿过书童要打"，其余用例均为承接关系。

⑯ $[(V_1+C_1)+O_1] + [(V_2+C_2)+O_2]$

在《型世言》连动式中，这类连动式用例共4例，如：

(a) 还有这些狡猾租户，将米来着水，或是洒盐卤、串凹谷，或是熬一锅粥汤，<u>和上些糠拌入米里</u>，叫糠拌粥，他又怕人识出不敢。(《型世言》第 33 回)

(b) 朱正便<u>摸出贴子呈上县尊</u>，道："这便是证见。"(《型世言》第 23 回)

从连动项之间的语义关系来看，这类用例均为承接关系。

⑰ [（V_1＋O）＋C] ＋（AVD＋V_2）

在《型世言》连动式中，这类连动式用例仅 1 例，为：

临行，他妻马氏也<u>借了两件衣服来相送</u>。(《型世言》第 31 回)

从连动项之间的语义关系来看，上例为行为-目的关系。

⑱ [（V_1＋C）＋O] ＋（AVD＋V_2）

在《型世言》连动式中，这类连动式用例共 10 例，如：

(a) 屠利道："你这小官官，有分上反道是硬证，<u>谁扯直腿替你夹</u>？"(《型世言》第 2 回)

(b) 也吓走了，只有王孟端陪着他，<u>捏住酒钟不放</u>。(《型世言》第 14 回)

从连动项之间的语义关系来看，这类用例均为承接关系。

⑲（V_1＋C_1＋O＋C_2）＋（AVD＋V_2）

在《型世言》连动式中，这类连动式用例仅 1 例，为：

汪涵宇看了簪，甚是欢喜，<u>接过等子来一称</u>，一称多了三厘。(《型世言》第 6 回)

从连动项之间的语义关系来看，上例为承接关系。

⑳（V_1＋C）＋ [AVD＋（V_2＋O）]

在《型世言》连动式中，这类连动式用例共 5 例，如：

(a) 圆明厨下烧火，妙珍<u>出来佛前烧晚香</u>，只听得门外连弹三弹，妙珍不知其意。(《型世言》第 4 回)

(b) 田有获故意闯到圆静房里，<u>抱住一连做了几个嘴</u>，道："狗才，丢得我下，一向竟不来看我，想是我冲突了你。"(《型世言》第 29 回)

例（a）中，方位名词短语"佛前"充当状语。

从连动项之间的语义关系来看，这类用例中，表承接关系的有 4 例，如上面的例（a）和例（b）；表方式关系的有 1 例，为"坐在中堂与客人攀话"。

㉑ (V_1+C_1) + [AVD+ (V_2+C_2)]

在《型世言》连动式中，这类连动式用例共7例，如：

(a) 次日升堂，正值外边解审，<u>将来一造板子打死</u>，免了揭黄。(《型世言》第31回)

(b) 此时收米将完，正待起身，他舅子来道："下边米得价，<u>带去尽行卖完</u>。"(《型世言》第38回)

从连动项之间的语义关系来看，这类用例均表承接关系。

㉒ (V_1+O_1) + [AVD+ (V_2+O_2)]

在《型世言》连动式中，这类连动式用例不多，共17例，如：

(a) 徐文心知是冤家，也没心去管理他，自把这宗银子暗暗出来，<u>合个伙计在外做些经商生意</u>。(《型世言》第35回)

(b) 只见朱安国得了实信，一迳走到朱玉家来，怒吼吼的道："小叔，你<u>收留迷失子女不报官</u>，也有罪了。"(《型世言》第25回)

从连动项之间的语义关系来看，表承接关系的有9例；表补充说明关系的有4例，如例（b）；表方式关系的有1例，为"使刮刀与他赌誓"；表行为-目的关系的有2例，为"存孤试展经纶手、断头聊雪胸中怒"；表解释说明关系的有1例，为"有事相烦你"。

㉓ (V_1+O) + [AVD+ (V_2+C)]

在《型世言》连动式中，这类连动式用例较少，共6例，如：

(a) 日间把马拴了吃草，去山凹里躲，夜间便骑了往外跑。偏生躲在山里时，这些臊子与鞑婆、小鞑，<u>骑了马山下跑来跑去</u>。(《型世言》第17回)

上例中，方位短语"山下"充当状语，"跑来跑去"为动词重复态表动作状态。

这类用例中，也出现了多个状语连用的情况，如：

(b) 铁参政在城上遥见北军无意攻城，料他必回，忙拣选军士，准备器械粮食，乘他回军，便<u>开门同盛总兵一齐杀出</u>，大败北兵。(《型世言》第1回)

(c) 这边，蚬蛤之类<u>腾身似炮石弹子般一齐打去</u>，打得那些龟鼋缩颈、鳅鳝蜿蜒，金甲神只得带了逃去。(《型世言》第39回)

从连动项之间的语义关系来看，表承接关系的有3例，如例（b）；表方式关系的有3例，如例（c）。

㉔ V_1＋［AVD＋（V_2＋C）］

在《型世言》连动式中，这类连动式用例仅 1 例，为：

寡妇听了平跳起来，将贵梅一掌道："放屁！典了房子，教我何处安身？"（《型世言》第 6 回）

从连动项之间的语义关系来看，上例为承接关系。

㉕ ［AVD＋（V_1＋O）］＋V_2

在《型世言》连动式中，这类连动式用例共 5 例，如：

(a) 邓氏轻轻开门放了，道："哥，明日千定要来。"（《型世言》第 5 回）

(b) 这明明你与妻子不睦，将来杀死，又妄杀一个小厮解说。（《型世言》第 29 回）

从连动项之间的语义关系来看，表承接关系的有 3 例，如例（a）；表方式关系的有 1 例，为"只拣近处可做生意做"；表补充说明关系的有 1 例，为"不终事去了"。

㉖ ［AVD＋（V_1＋C）］＋V_2

在《型世言》连动式中，这类连动式用例仅 2 例，为：

(a) 只得搂在身边，干调了一会睡了。（《型世言》第 21 回）

(b) 他自赶到，床上张一张，帐子掀一掀，床下望一望，把棍子搠两搠，床顶上跳起一看，两只衣厨打开来寻，各处搜遍。（《型世言》第 29 回）

从连动项之间的语义关系来看，上述两例为承接关系。

㉗ ［AVD＋（V_1＋O）］＋（V_2＋C）

在《型世言》连动式中，这类连动式用例共 3 例，如：

他每夜走入人家，知见蒋日休痴想文姬，他就在山中拾了一个骷髅顶在头上，向北斗拜了几拜，宛然成一个女子，生得大有颜色。（《型世言》第 38 回）

从连动项之间的语义关系来看，这 3 例均为承接关系。

㉘ ［AVD_1＋（V_1＋O）］＋（AVD_2＋V_2）

在《型世言》连动式中，这类连动式用例共 7 例，如：

(a) 到家，老仆与小厮在庄上耘田不回，止得一个从嫁来粗婵，又熟睡，再也不醒。（《型世言》第 18 回）

(b) 就一把攫爱姐同坐。（《型世言》第 21 回）

从连动项之间的语义关系来看,表补充说明关系的有 4 例,表承接关系的有 3 例。

㉙ $[AVD_1+(V_1+C)]+(AVD_2+V_2)$

在《型世言》连动式中,这类连动式用例共 4 例,如:

(a) 陈公子便捱到先生身边,连张几张不见。(《型世言》第 27 回)

(b) 这人要换,不若你有银子,拿十两来,我替你押来细看。(《型世言》第 36 回)

从连动项之间的语义关系来看,表承接关系的有 3 例;表补充说明关系的有 1 例,为例(a)。

㉚ $[AVD_1+(V_1+O_1)]+(V_2+O_2)$

在《型世言》连动式中,这类连动式用例共 29 例,如:

(a) 王原道:"我也是个安丘书生,因寻亲渡海,在海中遭风失了行李,店中不容,暂借山门下安宿一宵,明日便行。"(《型世言》第 9 回)

(b) 刘清雪片申文告急,陈巡抚便会了任总兵,着都司刑端、申澄,领各卫兵讨捕。(《型世言》第 17 回)

这类用例中,出现了 1 例双宾语的例句,为:

(c) 寻以贫极,暗商之媒,卖予娼家,诡曰偕予往杨投母舅。(《型世言》第 11 回)

例(c)中,V_1 后出现 2 个宾语成分"之"和"媒",V_2 后也出现了 2 个宾语成分"予"和"娼家"。

从连动项之间的语义关系来看,表承接关系的有 21 例;表补充说明关系的有 1 例,为"自揣身边没钞";表因果关系的有 1 例,为例(c);表方式关系的有 3 例,如"主以金杯酌酒与之";表行为-目的关系的有 3 例,如"高张雉网待冥鸿"。

㉛ $(AVD_1+V_1)+[AVD_2+(V_2+O)]$

在《型世言》连动式中,这类连动式用例共 2 例,为:

(a) 一死自甘伸国法,忍教亲体受凌夷。(《型世言》第 2 回)

(b) 三杯壮胆生仇隙,一醉昏沉赴杳冥。(《型世言》第 29 回)

从连动项之间的语义关系来看,例(a)为行为-目的关系,例(b)为承接关系。

㉜ $[AVD_1+（V_1+O_1）]+[AVD_2+（V_2+O_2）]$

在《型世言》连动式中，这类连动式用例共 3 例，为：

(a) 曾记他和《断肠集》韵，有诗道：初日晖晖透绮窗，<u>细寻残梦未成妆</u>。（《型世言》第 11 回）

(b) 他做秀才，不学这些不肖，<u>日夕上衙门自坏体面</u>，只是往来杭州代考。（《型世言》第 27 回）

(c) 妇人道："晚，他<u>在邻家吃酒未得回</u>，晌午罢。"（《型世言》第 27 回）

从连动项之间的语义关系来看，例（a）和例（b）为因果关系；例（c）为补充说明关系。

㉝ $（AVD+V_1）+[（V_2+C）+O]$

在《型世言》连动式中，这类连动式用例共 2 例，为：

(a) 引了这些人，<u>相随送到山口</u>，洒泪而别。（《型世言》第 20 回）

(b) <u>鲛宫巧织组成袍</u>，蜀锦吴绫笼罩。（《型世言》第 24 回）

从连动项之间的语义关系来看，上述 2 例均为承接关系。

㉞ $[AVD+（V_1+O_1）]+[（V_2+C）+O_2]$

在《型世言》连动式中，这类连动式用例仅 1 例，为：

<u>径入房中撬开箱子</u>，里边还剩得一顶金冠、两对银杯、一双金钗、几枝俏花。（《型世言》第 36 回）

从连动项之间的语义关系来看，上例为承接关系。

㉟ $[AVD_1+（V_1+O）]+[AVD_2+（V_2+C）]$

在《型世言》连动式中，这类连动式用例仅 1 例，为：

毕竟有些怪，<u>远远随他望前门上一个大段铺内走进去</u>。（《型世言》第 5 回）

从连动项之间的语义关系来看，上例为承接关系。

(4) 连动项中的 V 出现 3 类附加成分

① $（V_1+C_1）+\{AVD+[（V_2+C_2）+O]\}$

在《型世言》连动式中，这类连动式用例仅 1 例，为：

倒是他婆婆在间壁居中听了，忙叫亲母，这里只做睡着，他便急急披衣赶来，叫丫鬟点火时，急卒点不着，房又闭着，亏得黑影子被一条小凳绊了一绊，<u>便拿起来两下撞开了门</u>。（《型世言》第 10 回）

第四章 基于《型世言》的明代汉语连动式研究

从连动项之间的语义关系来看，上例为承接关系。
② $V_1+\{AVD+[(V_2+C)+O]\}$
在《型世言》连动式中，这类连动式用例仅 1 例，为：

森甫分了手，回到家中，却去问妻子觅得几分生活钱，犒劳仆人。(《型世言》第 19 回)

从连动项之间的语义关系来看，上例为承接关系。
③ $\{AVD+[(V_1+C_1)+O_1]\}+(V_2+O_2)$
在《型世言》连动式中，这类连动式用例共 4 例，如：

先在拜匣里拿出一封十两雪白锭银做样，把店家帐略略更改了些，道："银子留在这边，咱老爷爷瞧着。"(《型世言》第 5 回)

从连动项之间的语义关系来看，上例为承接关系。
④ $\{AVD_1+[(V_1+O)+C]\}+(AVD_2+V_2)$
在《型世言》连动式中，这类连动式用例仅 1 例，为：

真氏在梦中惊醒，问是谁，徐公子早把剑来床上乱砍。(《型世言》第 29 回)

从连动项之间的语义关系来看，上例为承接关系。

2. "AVD＋X_1＋X_2"类连动式

(1) 连动项中的 V 为光杆动词

这里说的连动项中的 V 为光杆动词，指的就是"AVD＋(V_1+V_2)"的形式。

在《型世言》连动式中，这类连动式用例较多，共 8 例，如：

(a) 赐谥襄毅，与祭葬。(《型世言》第 17 回)

(b) 只是太祖信得真，取函一看，内封道：温凉石一片（其石红润，入手凉沁心骨）。温凉药一丸（圆如龙眼，亦淡红色，其香扑鼻）。道："用水磨服。"(《型世言》第 34 回)

这类连动式中，动词前出现了多个状语成分连用的情况，如：

(c) 那小年纪的道："厅上当官去看。"(《型世言》第 27 回)

例 (c) 中，动词前出现 2 个状语成分，分别由名词短语"厅上"和介宾短语"当官"连用做状语。

这类用例中，出现了 95 例由"来"或"去"构成的不典型的连动式，如例 (c)。其中，由"来"构成的这类连动式出现了 62 例，由"去"构成的这类连动式出现了33例。对于这些用例，所有的由"来"构成的连动式在统计时只算作1例，由"去"构成的连动式也只算作1例。

在所有出现的8例连动式中，连动项之间为方式关系的有4例，为"自坐着等、用水磨服、用网去打、乘水来取"；其余均为承接关系。

(2) 连动项中的V出现1类附加成分

① AVD+ [（V_1+O）+V_2]

在《型世言》连动式中，这类连动式用例较多，共49例，如：

(a) 高秀才道："数日来我正有话要对二小姐讲，前尊君被执赴京，驿舍失火，此时我挈令弟逃窜，欲延铁氏一脉。"（《型世言》第1回）

(b) 向后年余，铁公子因金老已故，代他城中纳粮，在店中买饭吃。（《型世言》第1回）

这类连动式中，动词前还出现了多个状语成分连用的情况，这样的用例共6例，如：

(c) 忙把手揿水波，几件衣服都是酱了。（《型世言》第29回）

(d) 到南京，各寺因上司禁游方僧道，不肯容他，只得向一个印经的印匠徐文家借屋住宿。（《型世言》第35回）

这49例连动式中，连动项之间的语义关系较为多样，表承接关系的共33例，如"替他封关出示、日日来马首缠"；表解释说明关系的共5例，如"反没处挪移、适才周爷有甚讲、那有这等福消受"；表方式关系的共5例，如"从此竟作了通家往还、如今轿子且离着十来家人家歇"；表行为-目的关系的共5例，如"朝廷不时起兵征剿、特具一杯奉屈"；表因果关系有1例，为"昨日有事失陪"。

② AVD+ [（V_1+C）+V_2]

在《型世言》连动式中，这类连动式用例不多，共21例，如：

(a) 连忙学中叫王世名来，王良止挣得一声道："儿，此仇必报。"（《型世言》第2回）

(b) 几次徐文捉来打，他越打越骂，甚至拿着刀，便道："杀你这两个老强盗才好！"（《型世言》第35回）

(c) 大冷时夜间，一泡尿出尿出，怕不走起来收拾？（《型世言》第35回）

这类用例中，还出现了通过使用动词的反复态来表现动作方式的用例，如：

(d) 傍晚先睡一睡，息些精神，将起更听得各客房安息，就在门边蹑来蹑去等候，才弹得一声门，他早已开了。（《型世言》第38回）

这类连动式中，动词前还可以出现多个状语连用的情况，如：

(e) 立法一新，官府正在紧头里，<u>毕竟日夜出来查点</u>。(《型世言》第 22 回)

从连动项之间的语义关系来看，这 21 例连动式中，表承接关系的共 17 例，表方式关系的有 4 例，分别为"死定在那厢等、香船都联做一帮歇了、正坐在楼上想、在门边蹴来蹴去等候"。

③ $AVD_1 + [(AVD_2 + V_1) + V_2]$

在《型世言》连动式中，这类连动式用例较少，共 5 例，如：

(a) 老人道："家下无人，止有一个儿子，金去从军，<u>在峨嵋山大战死了</u>。"(《型世言》第 1 回)

(b) 妙珍又<u>向天再拜道</u>："妙珍忱孝不至，不能得肝，还祈神明指示，愿终身为尼，焚修以报天恩。"(《型世言》第 4 回)

这 5 例连动式中，连动项之间的语义关系均为承接关系。

④ $AVD_1 + [V_1 + (V_2 + O)]$

在《型世言》连动式中，这类连动式用例较多，共 123 例，如：

(a) 他便跪拜号哭，<u>为他沐浴更衣</u>，替父充役。(《型世言》第 9 回)

(b) <u>当日大小姐自家在街上号泣卖身</u>，忽雷博见他好个身分儿，又怜他是孝女，讨了他，不曾请教得奶奶。(《型世言》第 14 回)

这类连动式中，还出现了 1 例双宾语的情况，为：

(c) 无垢道："师兄<u>不来教道我些正事</u>，只如此缠，不是了。"(《型世言》第 35 回)

这类连动式中，连动项前还出现了多个状语成分连用的情况，如：

(d) 又想此僧言语奇怪，也<u>时尝有意无意去看他</u>。(《型世言》第 8 回)

(e) <u>每日早晚暗暗去观星象</u>，望气色，也都累累有验。(《型世言》第 8 回)

这类连动式中，有 111 例中的 V_1 由"来"或"去"构成，后接 V_2 和宾语，都属于不太典型的连动式。

从连动项之间的语义关系来看，117 例均表承接关系，表方式关系的有 2 例，分别为"正身子睡着想这梦"和例（b），表行为-目的关系的有 4 例，如"特来出首"。

⑤ $AVD_1 + [V_1 + (V_2 + C)]$

在《型世言》连动式中，这类连动式用例很少，共 11 例，如：

(a) 果然霍氏<u>依了赶去</u>，恰好路上撞着崔科，一把抓住道："好杀人贼哩！"（《型世言》第 9 回）

(b) 两个落店得一两日，李良雨道："那里有甚好看处，<u>我们同去看一看</u>。"（《型世言》第 37 回）

这类用例中，V_1 多由"来"或"去"构成。

从连动项之间的语义关系来看，表承接关系的有 8 例，表行为-目的关系的有 3 例，如"今日特来送上"。

⑥ $AVD_1 + [V_1 + (AVD_2 + V_2)]$

在《型世言》连动式中，这类连动式用例较少，共 20 例，如：

(a) 仆人再三<u>推了不要</u>，自回家去。（《型世言》第 19 回）

(b) 后来因为治水，又到湖州，恍惚之中，又见前妇人携前女子，还有一个小女子，向<u>公敛衽再拜</u>，道："前得公手札，已自缩强邻之舌，后犹呶呶不已。"（《型世言》第 39 回）

这类用例中，也出现了多个状语连用的情况，如：

(c) 及至去寻时，有见他才跨脚进门，就推不在的；又有明听他里边唱曲、吃酒，反道拜客未回的；<u>花纹轿上故意打盹不见</u>；甘毳寻着了，假做忙，一句说不了就跑。（《型世言》第 15 回）

例（c）中，方位短语"花纹轿上"和情态副词"故意"连用，充当状语成分。

从连动项之间的语义关系来看，表承接关系的共 11 例，如"每日晚至晓去"；表补充说明关系的共 5 例，均为肯否类连动式，如例（a）和例（c）；表方式关系的有 1 例，为"夜间便骑了往外跑"；表行为-目的关系的有 3 例，如"特来一见"。

⑦ $AVD_1 + [(AVD_2 + V_1) + (AVD_3 + V_2)]$

在《型世言》连动式中，这类连动式用例很少，共 3 例，为：

(a) 归来道："今日看见一地，可以腰金，但未知是何人地，<u>明早同往一看</u>，与主家计议。"（《型世言》第 19 回）

(b) 那李良雨<u>早已沉醉要睡</u>，吕达等他先睡了，竟挺进被里。（《型世言》第 37 回）

(c) 李僧湛如遇一女子，<u>每日晚至晓去</u>，此僧日病，众究问其故，令簪花在他头上，去时击门为号，众僧宣咒随逐之，乃是一柄敝帚，是器用之妖。（《型世言》第 38 回）

上述3例中，连动项之间的语义关系均为承接关系。

⑧ AVD+［（V$_1$+O$_1$）+（V$_2$+O$_2$）］

在《型世言》连动式中，这类连动式用例较多，共97例，如：

（a）永乐爷越恼，即杀了那失事将官，<u>从新筑坝灌城</u>，弄得城中家家有水，户户心慌。（《型世言》第1回）

（b）纪指挥就<u>为高秀才租了一所房屋成亲</u>。（《型世言》第1回）

（c）<u>到晚间拿饭与他母亲</u>，他也随分吃些。（《型世言》第10回）

这类连动式中，连动项前还出现了多个状语连用的情况，如：

（d）王喜去时，王原才得两周三岁，<u>后边渐渐的梳了角儿读书</u>，渐渐蓄了发。（《型世言》第9回）

这类用例中，也出现了双宾语的用例，如：

（e）<u>今日买些送盛舅爷礼</u>，过了明后日，二十日起身罢。（《型世言》第23回）

（f）<u>临去与他这布袋作赠</u>，道："我已是病了，以此相赠，待我病好再会。"（《型世言》第38回）

从连动项之间的语义关系来看，这类连动式可表达的语义关系多样，其中，表承接关系的共75例，如例（a）和例（c）；表行为-目的关系的共9例，如"十五年前避难出外、不若寻一机会回朝"；表方式关系的有8例，如"宁可我做生活供养你们、日倚东墙盼落晖"；表因果关系的有2例，分别为"到如今因做亲在家、不料丁了母忧回籍"；表解释说明关系的有3例，如"若果有心向善、不曾有事寻他"。

⑨ AVD+［（V$_1$+C$_1$）+（V$_2$+C$_2$）］

在《型世言》连动式中，这类连动式用例较少，共9例，如：

（a）四顾堂下，见带刀剑的约有四五十人，自己身边并无一个，都是岑璋使计，在外边犒赏，<u>都已灌醉擒下</u>。（《型世言》第24回）

（b）徐公子对田有获道："这两个秃驴，不知那边奸拐来的，我<u>偶然进来遇见</u>，一定要申上司究罪，毁这寺。"（《型世言》第29回）

从连动项之间的语义关系来看，上述用例均为承接关系。

⑩ AVD$_1$+［（V$_1$+C）+（AVD$_2$+V$_2$）］

在《型世言》连动式中，这类连动式用例共12例，如：

（a）<u>次早将来细细改了</u>，留得几个之乎也者字，又将来圈了，加上批语送去。（《型世言》第27回）

(b) 奶子老公与阿财父母先前怕连累，不敢出头，<u>如今一齐赶来替老婆儿子出色</u>，登门嚷骂。(《型世言》第 36 回)

从连动项之间的语义关系来看，上述用例中，2 例表补充说明关系，为"又出去未回、怎推得不去"，其余用例均为承接关系。

⑪ AVD+〔(V_1+C) + (V_2+O)〕

在《型世言》连动式中，这类连动式用例不多，共 19 例，如：

(a) 他道："你这些秃驴，藏着妆佛钱、贴金钱、买烛钱、烧香钱，还有衬钱、开经钱、发符钱，<u>不拿出来买吃</u>，来抢饭？"(《型世言》第 34 回)

(b) 赵氏道："你不拿去，哥哥毕竟拿去，<u>倒不如你拿去做个人情</u>。"(《型世言》第 4 回)

这类用例中，还出现了多个状语连用的情况，如：

(c) 只见进得房来，邓氏又嚷道："叫你不要回，偏要回来。如今门是咱开了，<u>谁为你冷冰冰夜里起来关门</u>。"(《型世言》第 5 回)

(d) 我当时因你小，不敢出手，<u>如今不若拿出去经商</u>，又可生些利息。(《型世言》第 3 回)

这类连动式中，还有 1 个宾语成分为小句的例句，为：

(e) 后来小厮回去说他舍钱救人，就也敬他个尚义，着实礼待他。(《型世言》第 19 回)

例 (e) 中，V_2 "说"的宾语成分为"他舍钱救人"。

从连动项之间的语义关系来看，表行为-目的关系的有 1 例，为"如今他却自捧出来要卖"，其他用例均为承接关系。

⑫ AVD+〔(V_1+O) + (V_2+C)〕

在《型世言》连动式中，这类连动式用例不多，共 22 例，如：

(a) 喜得无人，身子困倦，<u>便在松树下枕了块石头睡去</u>。(《型世言》第 17 回)

(b) 到晚间，千思万想，一个不快活起来，<u>竟自悬梁缢死</u>。(《型世言》第 27 回)

从连动项之间的语义关系来看，表承接关系的共 19 例，如"不如捡粪送来、忽然上宾进房看见"；表方式关系的有 1 例，为"后边掌着黑扇过来"；表解释说明关系的有 1 例，为"如今我那有嘴脸回得"；表行为-目的关系的有 1 例，为"可移纱灯二盏送回"。

⑬ $AVD_1 + [(V_1+O) + (AVD_2+V_2)]$

在《型世言》连动式中，这类连动式用例共 27 例，如：

(a) 参谋冯信进见道："我兵连夜兼行，不免疲敝，<u>不若且屯兵少息</u>。"(《型世言》第 17 回)

(b) 又道各峒熟苗，<u>累年拖欠粮未完</u>，着他到峒征收。(《型世言》第 20 回)

从连动项之间的语义关系来看，这类连动式语义关系多样，表承接关系的有 18 例，如"一齐起身到王俊家来、连忙下阶相迎"；表行为-目的关系的有 3 例，如例（a）；表方式关系的有 2 例，如"正捱着肩同走"；表解释说明关系的有 1 例，为"如何有工夫与他说笑"；表补充说明关系的有 3 例，如"倒做了冰炭不相入"和例（b）。

(3) 连动项中的 V 出现 2 类附加成分

① $AVD + \{[(V_1+C) +O] +V_2\}$

在《型世言》连动式中，这类连动式用例极少，共 5 例，如：

(a) 邓氏不知道，<u>正揭起了被道</u>："哥快来，天冷冻坏了。"(《型世言》第 5 回)

(b) 那时严尚书听见，愕然忙<u>跳下轿道</u>："臣不知陛下尚存，幸陛下自便，臣有以处。"(《型世言》第 8 回)

这 5 例中，连动项之间均为承接关系。

② $AVD + \{[(V_1+O) +C] +V_2\}$

在《型世言》连动式中，这类连动式用例不多，共 10 例，如：

(a) 日午船中<u>做了些饭来吃</u>，盛氏道是女婿家的，也吃了些。(《型世言》第 3 回)

(b) 太祖在卢州领兵来救，叫他来问道："陈友谅领兵围住南昌，<u>我如今发兵去救</u>，可好么？"(《型世言》第 34 回)

这类连动式中，表承接关系的有 8 例，如例（a）；表行为-目的关系的有 2 例，分别为例（b）和"明白做个榜样来逼迫"。

③ $AVD + [(V_1+C_1+O+C_2) +V_2]$

在《型世言》连动式中，这类连动式用例很少，共 2 例，为：

(a) 王奶奶正吹得头也抬不得，眼也开不得，又没处扯余姥姥时，又听得开道，<u>便慌慌张张闪到人家房下檐去躲</u>。(《型世言》第 12 回)

(b) 既中后，王氏兄弟与刘、曹两连襟，<u>不免变转脸来亲热</u>，斗分子贺他，与他送行。(《型世言》第 18 回)

上述两例连动式中，连动项之间的关系均为承接关系。

④ $AVD_1 + \{V_1 + [AVD_2 + (V_2 + O)]\}$

在《型世言》连动式中，这类连动式用例很少，共6例，如：

(a) 一日席地醉饮湖堤，见西北异云起，众人道是景云。正分了个"夏云多奇峰"韵，要做诗。(《型世言》第14回)

(b) 当时吕达常来替他敷药，这时他道好了，再不与他看。(《型世言》第37回)

从连动项之间的语义关系来看，表承接关系的有4例，如例(b)；表补充说明关系的有1例，为"一发眷恋不肯到馆"；表方式关系的有1例，为例(a)。

⑤ $AVD + \{V_1 + [(V_2 + C) + O]\}$

在《型世言》连动式中，这类连动式用例很少，共3例，如：

(a) 胡孺人道："陈亲娘，家下没人，不曾来看得你。"(《型世言》第4回)

(b) 徐文先自己去抉开房门，做了个圈，轻轻把来套在颈上。(《型世言》第35回)

从连动项之间的语义关系来看，这类用例均为承接关系。

⑥ $AVD + \{(V_1 + O_1) + [(V_2 + C) + O_2]\}$

在《型世言》连动式中，这类连动式的用例仅2例，如：

(a) 并不曾有工夫轮到耕种上，麦子竟不曾收得，到夏恰值洪武十八年，是抗旱时节，连菇菇都焦枯了，不结得米。(《型世言》第9回)

(b) 我自回家打得坛白酒，倒也吃了快活。(《型世言》第33回)

例(a)中的连动项之间为解释说明关系，例(b)中的连动项之间为承接关系。

⑦ $AVD + \{[(V_1 + O_1) + C] + (V_2 + O_2)\}$

在《型世言》连动式中，这类连动式用例共6例，如：

(a) 先时在馆中，两个人把后庭拱他，到后渐渐引他去闯寨门，吃空茶。(《型世言》第15回)

(b) 校尉流水似把刀来砍伏戎，伏戎已是走到堂下。(《型世言》第22回)

从连动项之间的语义关系来看，表行为-目的关系的有1例，为"明日便起身去寻父亲"，其余用例均表承接关系。

⑧ AVD+｛[（V$_1$+O）+C$_1$]+（V$_2$+C$_2$）｝

在《型世言》连动式中，这类连动式用例共 4 例，如：

（a）我如今特带他来换去，望二郎方便。（《型世言》第 3 回）

（b）尺头每样拿几件去瞧一瞧，中意了便好兑银。（《型世言》第 5 回）

从连动项之间的语义关系来看，表行为-目的关系的有 3 例，如上面提到的例（a）和例（b）；还有 1 例为承接关系，为"只将他来换了去"。

⑨ AVD+｛[（V$_1$+O$_1$）+[（V$_2$+O$_2$）+C]｝

在《型世言》连动式中，这类连动式用例仅 1 例，为：

便竟自带人起身去了。（《型世言》第 29 回）

从连动项之间的语义关系来看，上例为承接关系。

⑩ AVD+｛[（V$_1$+O$_1$）+C$_1$]+[（V$_2$+O$_2$）+C$_2$]｝

在《型世言》连动式中，这类连动式用例仅 1 例，为：

于伦道："如今我将不贤妇来换母亲回去。"（《型世言》第 3 回）

从连动项之间的语义关系来看，上例为行为-目的关系。

⑪ AVD+｛（V$_1$+C$_1$）+[（V$_2$+C$_2$）+O]｝

在《型世言》连动式中，这类连动式用例共 3 例，如：

妙珍连忙将来割下一块。（《型世言》第 4 回）

从连动项之间的语义关系来看，连动项之间均为承接关系。

⑫ AVD+｛[（V$_1$+C）+O$_1$]+（V$_2$+O$_2$）｝

在《型世言》连动式中，这类连动式用例共 5 例，如：

（a）忙取过来敕寄与张知县，把印匣递与何知县，道："贤大尹，且为我好收。"（《型世言》第 30 回）

（b）徐铭一头说，一头还要来顽耍，被爱姐一推道："还有甚心想缠帐？我嫁期只隔得五日，你须在明后日定下计策覆我。"（《型世言》第 21 回）

从连动项之间的语义关系来看，这类用例均为承接关系。

⑬ AVD$_1$+｛[（V$_1$+O）+C]+（AVD$_2$+V$_2$）｝

在《型世言》连动式中，这类连动式用例仅 1 例，为：

程君忙启书来一看，却是观星望气、奇门遁甲之书，道："如今天下太平，要此何用？"（《型世言》第 8 回）

从连动项之间的语义关系来看，上例为承接关系。

⑭ $AVD_1 + \{(V_1+O_1) + [AVD_2 + (V_2+O_2)]\}$

在《型世言》连动式中，这类连动式用例较少，共7例，如：

(a) 这会巡按，也有个难为秦凤仪光景，因"害人魅人"一句，签了他心，<u>倒避嫌不难为他</u>。(《型世言》第20回)

(b) 今日出几钱分子在某处串戏，明日请某人游山，<u>在某处小娘家嫖</u>，也是小事。(《型世言》第36回)

从连动项之间的语义关系来看，表承接关系的有5例，如例（a）；表补充说明关系的有1例，如例（b）；表方式关系的有1例，如"此时白猿还作个老妇在钦家谭休说咎"。

⑮ $AVD_1 + \{V_1 + [AVD_2 + (V_2+C)]\}$

在《型世言》连动式中，这类连动式用例仅1例，为：

正是赌行中朋友钱十三，道："今日赵家来了个酒，<u>你可去与他来一来</u>。"(《型世言》第23回)

从连动项之间的语义关系来看，上例为承接关系。

⑯ $AVD_1 + \{[AVD_2 + (V_1+O)] + (V_2+C)\}$

在《型世言》连动式中，这类连动式用例共3例，如：

纺了纱，织了布，毕竟<u>也阮大去卖，他又毕竟少卖分把回来</u>。(《型世言》第33回)

从连动项之间的语义关系来看，上例为承接关系。

⑰ $AVD_1 + \{[AVD_2 + (V_1+O_1)] + (V_2+O_2)\}$

在《型世言》连动式中，这类连动式用例仅1例，为：

一到衙门，叫董文："你<u>莫不与邓氏有甚口舌杀了他，反卸与人</u>？"(《型世言》第5回)

从连动项之间的语义关系来看，上例为因果关系。

⑱ $AVD_1 + \{[(V_1+O_1)+C] + [AVD_2 + (V_2+O_2)]\}$

在《型世言》连动式中，这类连动式用例仅1例，为：

那胡似庄弄到一个没生意，<u>反回家来贼做大</u>，叹气连声，道："只为你的相贫寒，连我也不得发达。"(《型世言》第31回)

从连动项之间的语义关系来看，上例为承接关系。

⑲ $AVD_1 + \{(AVD_2+V_1) + [AVD_3 + (V_2+C)]\}$

在《型世言》连动式中，这类连动式用例仅1例，为：

到次日他便高卧不起来，盛氏只得自去看店。(《型世言》第 3 回)

从连动项之间的语义关系来看，上例为补充说明关系。

3. "X_1+X_2+C"类连动式

这类由 2 个连动项连用构成的连动式，由 2 个连动项连用后再附加共同的补语成分构成，具体使用情况如下。

① $[V_1+(V_2+O)]+C$

在《型世言》中，这类连动式用例仅 2 例，为：

(a) 送了，自去处馆去了。(《型世言》第 6 回)

(b) 花芳道："好，不忘旧。"便去寻鲍雷去了。(《型世言》第 33 回)

② $[(V_1+O_1)+(V_2+O_2)]+C$

在《型世言》中，这类连动式用例仅 2 例，为：

(a) 李知县道儿子小，都停着。待后日，自择吉赴任去了。(《型世言》第 18 回)

(b) 又秦相公管家，也赏银二两。自写书谢不磷去了。(《型世言》第 20 回)

从连动项之间的语义关系来看，上述 2 例均为承接关系。

4. "$AVD+X_1+X_2+C$"类连动式

这类由 2 个连动项连用构成的连动式，由 2 个连动项连用后再附加共同的状语成分和补语成分构成，具体使用情况如下。

① $AVD+(V_1+V_2)+C$

在《型世言》中，这类连动式用例仅 1 例，为：

张知县便一把扯了那官，道："我们堂上去收去。"(《型世言》第 22 回)

从连动项之间的语义关系来看，上例为承接关系。

② $AVD+[(V_1+C_1)+(V_2+C_2)]+C_3$

在《型世言》中，这类连动式用例仅 1 例，为：

可拿去卖一卖看。(《型世言》第 32 回)

从连动项之间的语义关系来看，上例为承接关系。

③ AVD+ [（V$_1$+O$_1$）+（V$_2$+O$_2$）] +C

在《型世言》中，这类连动式用例仅 1 例，为：

如古来所载，孙恪秀才遇袁氏，与生二子，后游山寺，见数弥猴，吟诗道："不如逐伴归山去"。（《型世言》第 38 回）

从连动项之间的语义关系来看，上例为承接关系。

综上所述，在《型世言》中，由 2 个连动项连用构成的连动式，分属"X$_1$+X$_2$""AVD+X$_1$+X$_2$""X$_1$+X$_2$+C""AVD+X$_1$+X$_2$+C" 4 个大类。其中，"X$_1$+X$_2$"类连动式共计 56 个小类，"AVD+X$_1$+X$_2$"类连动式共计 33 个小类，"X$_1$+X$_2$+C"类连动式只有 2 个小类，"AVD+X$_1$+X$_2$+C"类连动式只有 3 个小类。

（二）由 3 个连动项连用构成的连动式

由 3 个连动项连用构成的连动式，在《型世言》中分属 3 种结构形式："X$_1$+X$_2$+X$_3$""AVD+X$_1$+X$_2$+X$_3$"和"X$_1$+AVD+X$_2$+X$_3$"。下面逐一进行考察分析。

1. "X$_1$+X$_2$+X$_3$"类连动式

(1) 连动项中的 V 为光杆动词

这里说的连动项中的 V 为光杆动词，指的就是"V$_1$+V$_2$+V$_3$"的形式。在《型世言》连动式中，这类连动式用例共 3 例，为：

(a) 从此竟不进真氏房中，每晚门户重重，自去关闭记认。（《型世言》第 29 回）

(b) 扯了去看，只见两个尸首挺着。（《型世言》第 33 回）

(c) 大众闻言，皆忘此苦，皆大欢喜。作礼而退，信受奉行。（《型世言》第 35 回）

(2) 连动项中的 V 出现 1 类附加成分
① V$_1$+（V$_2$+O$_1$）+（V$_3$+O$_2$）

在《型世言》连动式中，这类连动式用例共 3 例，如：

(a) 末后小银儿、张巧、吴娇，也来暖屋置酒。（《型世言》第 15 回）

(b) 先领兵一跑，田州兵也站脚不住，便走，那一个来射箭抛打石块？（《型世言》第 24 回）

② V_1 + (V_2 + C) + (V_3 + O)

在《型世言》连动式中,这类连动式用例仅 1 例,为:

一时孝顺不到,他<u>去抓来送官</u>。(《型世言》第 22 回)

③ V_1 + (V_2 + C_1) + (V_3 + C_2)

在《型世言》连动式中,这类连动式用例仅 1 例,为:

谢知县叫把庾盈夹起来,<u>夹了把来丢在丹墀下</u>,半日叫敲,敲上五六十,庾盈晕了去,只得招是打杀的。(《型世言》第 33 回)

④ (V_1 + O) + V_2 + V_3

在《型世言》连动式中,这类连动式用例共 5 例,如:

(a) 今令弟寄迹山阳,年已长成,固执要往海南探祖父母,归时于此相会,<u>带令先尊骸骨归葬</u>,故此羁迟耳。(《型世言》第 1 回)

(b) 私自画一轴父亲的神像,侧边画着自己形容,<u>带着刀站立随了</u>。(《型世言》第 2 回)

⑤ (V_1 + O_1) + V_2 + (V_3 + O_2)

在《型世言》连动式中,这类连动式用例共 9 例,如:

(a) 徐文心知是冤家,也<u>没心去管理他</u>,自把这宗银子暗暗出来,合个伙计在外做些经商生意。(《型世言》第 35 回)

(b) 可笑这吴在外吃亲友笑,在家吃妪人骂,道:"没廉耻入娘贼,<u>瞒我去讨甚小老婆没有</u>。"(《型世言》第 26 回)

(c) 写了道:"<u>歇半月我来讨回覆</u>。"(《型世言》第 28 回)

⑥ (V_1 + O_1) + (V_2 + O_2) + V_3

在《型世言》连动式中,这类连动式用例共 4 例,如:

(a) <u>卢苏还率兵随他征讨</u>,尽平藤峡八寨乱苗,立功后升总兵,镇广西。(《型世言》第 24 回)

(b) 到了夜,众僧在堂上做个晚功课,<u>搂了个沙弥去房中睡</u>。(《型世言》第 34 回)

⑦ (V_1 + O_1) + (V_2 + O_2) + (V_3 + O_3)

在《型世言》连动式中,这类连动式用例共 12 例,如:

(a) <u>观政了告假省亲</u>。回来,捐资修葺了向日避雨神祠。(《型世言》第 18 回)

(b) 又到福建张文启与一姓周的，避寇入山见一美女。(《型世言》第 25 回)

这类用例中还出现了 2 个带双宾语的例句，为：

(c) 夏尚书梦中悟是蚌珠，因援笔作诗一首与之。(《型世言》第 39 回)

(d) 徐文只得把十四年前事一一招出，说："十四年前，六月初四，有个英山清凉寺和尚叫做无垢，带银一百二十两来南京印经。"(《型世言》第 35 回)

⑧ (V_1+O_1) + (V_2+O_2) + (V_3+C)
在《型世言》连动式中，这类连动式用例仅 1 例，为：

有时直到他环洞门外，听他讲书。仲含却不走出来，即或撞着，避嫌折身转了去。(《型世言》第 11 回)

⑨ (V_1+O_1) + (V_2+C) + (V_3+O_2)
在《型世言》连动式中，这类连动式用例共 4 例，如：

(a) 又被媳妇卖在此间，做小伏低，也没嘴脸回去见人。(《型世言》第 3 回)

(b) 朱恺便讨了几钱银子出去买礼，撞见姚明，道："大哥那里去？"(《型世言》第 23 回)

⑩ (V_1+C) + V_2+V_3
在《型世言》连动式中，这类连动式用例仅 1 例，为：

那眶这李侍讲走进去，却写出一条纸下来，道："十三日灯市内拾金钗一只，失者说明来取。"贴了几日。(《型世言》第 12 回)

⑪ (V_1+C) + (V_2+O) + V_3
在《型世言》连动式中，这类连动式用例仅 1 例，为：

王太守回来讨文字看，一个篇半，是来得去不得的文字；两个一篇，都也是庸谈，一个半篇，煞是欠通。(《型世言》18 回)

⑫ (V_1+C) + (V_2+O_1) + (V_3+O_2)
在《型世言》连动式中，这类连动式用例共 6 例，如：

(a) 言罢掩泪进房，解下系腰丝绦，悬梁自缢身死。(《型世言》第 8 回)

(b) 又拿一件破道袍、一条裙道："这布道袍因你爹去时是秋天，不曾拿得去，这裙是我穿的，你父亲拿去当钱与崔科，这两件他可认得。你两边都不大认得，可把这个做一执照。"(《型世言》第9回)

(c) 典史坐在一个古庙里唱名给散，银子每钱可有九分书帕，谷一斗也有一升囬谷、一升沙泥，无给极贫。(《型世言》第9回)

⑬ (V_1+C_1) + (V_2+C_2) +V_3

在《型世言》连动式中，这类连动式用例仅1例，为：

他一发动情起来，回去坐在门前纳闷。(《型世言》第19回)

⑭ (V_1+C_1) + (V_2+C_2) + (V_3+O)

在《型世言》连动式中，这类连动式用例仅1例，为：

其余事小的，打几下逐出免供，人人都道清廉，不要钱。(《型世言》第40回)

⑮ V_1+V_2+ (AVD+V_3)

在《型世言》连动式中，这类连动式用例仅1例，为：

累次要取蚌珠，来争不得。(《型世言》第39回)

⑯ V_1+ (V_2+O) + (AVD+V_3)

在《型世言》连动式中，这类连动式用例共2例，为：

(a) 又有这朋友叫做钟暗然，来寻他同去。(《型世言》第28回)

(b) 徐行只得招了，因疑杀妻，恐怕偿命，因此又去杀仆自解。(《型世言》第29回)

⑰ (V_1+O_1) + (V_2+O_2) + (AVD+V_3)

在《型世言》连动式中，这类连动式用例仅1例，为：

王原谢恩出京，就迎了两老口赴任禄养。(《型世言》第9回)

⑱ (V_1+O_1) + (V_2+C) + (AVD+V_3)

在《型世言》连动式中，这类连动式用例共3例，如：

周一道："方才已对姑娘说，拿十两银子押去一看，中意，公估兑换。"(《型世言》第36回)

(3) 连动项中的V出现2类附加成分

① V_1+ [(V_2+O) +C] +V_3

在《型世言》连动式中，这类连动式用例仅1例，为：

那道者道:"记得在家时,这件道袍胸前破坏了,贫道去买尺青布来补,今日胸前亲旧宛然,又因没青线,把白线缝了,贫道觉得不好,上面把墨涂了,如今黑白相间。又还有一二寸,老妻把来接了裙腰,现在裙上,不由人不见物凄然。"(《型世言》第9回)

② $V_1+[(V_2+C_1)+O]+(V_3+C_2)$

在《型世言》连动式中,这类连动式用例仅1例,为:

把肋下来拴了,把肝细细切了,去放在药内煎好了,将来奉与祖母吃。(《型世言》第4回)

③ $(V_1+O_1)+(V_2+C_1+O_2+C_2)+V_3$

在《型世言》连动式中,这类连动式用例共4例,如:

竟提了剑走出中堂来叫:"徐福!徐福!"(《型世言》第29回)

④ $[(V_1+C)+O]+V_2+V_3$

在《型世言》连动式中,这类连动式用例仅1例,为:

且等明日,寻着了他来回覆。(《型世言》第26回)

⑤ $[(V_1+C_1)+O]+(V_2+C_2)+V_3$

在《型世言》连动式中,这类连动式用例仅1例,为:

指上血流不止,拾得一条布儿将来缠了。(《型世言》第36回)

⑥ $V_1+[AVD+(V_2+O)]+V_3$

在《型世言》连动式中,这类连动式用例仅1例,为:

樊氏便去问李氏借了二钱盘费与他,雇了个驴,向灵台山来。(《型世言》第15回)

⑦ $(V_1+C_1+O+C_2)+(V_2+C_3)+(AVD+V_3)$

在《型世言》连动式中,这类连动式用例仅1例,为:

这人不容分说,跳进柜来拿过一看,道:"有了贼了。"(《型世言》第32回)

2. "AVD+$X_1+X_2+X_3$"类连动式

(1) 连动项中的V为光杆动词

这里说的连动项中的V为光杆动词,指的就是"AVD+$(V_1+V_2+V_3)$"的形式。

在《型世言》连动式中,这类连动式用例仅3例,如:

(a) 收罗一班好汉扬虎力、南斗、火敬、张把腰,常时去打围射猎。(《型世言》第17回)

(b) 胡似庄道:"我明日问了来说。"(《型世言》第31回)

(2) 连动项中的 V 出现 1 类附加成分

① AVD+[V_1+V_2+(V_3+O)]

在《型世言》连动式中,这类连动式用例共3例,如:

(a) 王喜也顾他不得,连忙拿了去见崔科。(《型世言》第9回)

(b) 况且各处都差有募兵官员,又有勤王将士,可走往就之,以图兴复。(《型世言》第8回)

② AVD+[V_1+(V_2+O)+V_3]

在《型世言》连动式中,这类连动式用例共5例,如:

(a) 两个斜着眼儿瞧,侧着眼儿望,也有时看了低头笑。(《型世言》第40回)

(b) 董文也便不去掀桶看,道:"咱去,咱去,不敢掇嫂子。"(《型世言》第5回)

③ AVD+[V_1+(V_2+O_1)+(V_3+O_2)]

在《型世言》连动式中,这类连动式用例共6例,如:

(a) 李夫人忙去请医买药。(《型世言》第12回)

(b) 惠氏娘家也好,又因时常去借贷无还,也没脸嘴再说。(《型世言》第32回)

④ AVD+[(V_1+O)+V_2+V_3]

在《型世言》连动式中,这类连动式用例共2例,为:

(a) 如君不弃,君庄中儿幼时往来最熟,夜当脱身来就。(《型世言》第40回)

(b) 他出兵神出鬼没,凡有大伙苗夷,据住高菁深洞,阻兵劫掠的,他定发兵往剿。(《型世言》第24回)

⑤ AVD+[(V_1+O_1)+V_2+(V_3+O_2)]

在《型世言》连动式中,这类连动式用例仅1例,为:

似此数日,帖木儿在庄上只想着被里欢娱,夜间光景,每日也只等个晚,那里有心去催租?(《型世言》第40回)

⑥ AVD+ [（V₁+O₁）+（V₂+O₂）+V₃]
在《型世言》连动式中，这类连动式用例共3例，如：

(a) 两个公然携灯上楼睡了。(《型世言》第6回)

(b) 贼复整兵出城追赶，大赢一阵，贼势大震。(《型世言》第17回)

⑦ AVD+ [（V₁+O₁）+（V₂+O₂）+（V₃+O₃）]
在《型世言》连动式中，这类连动式用例共2例，为：

(a) 有两个丫头，大的江花，十八岁，小的野棠，十三岁，时常来书房里耽茶送水。(《型世言》第29回)

(b) 他无一日不是打便是骂，常时驮刀弄杖要杀我。(《型世言》第35回)

上述两例中，"耽茶送水"和"驮刀弄杖"为并列式，与其他连动式连用。

⑧ AVD+ [（V₁+O₁）+（V₂+C）+（V₃+O₂）]
在《型世言》连动式中，这类连动式用例仅1例，为：

沈氏道："他要上这许多，叫我怎做主？况这时春三二月，只要放出去，如何有银子收来与他？"(《型世言》第28回)

⑨ AVD+ [（V₁+C）+（V₂+O）+V₃]
在《型世言》连动式中，这类连动式用例仅1例，为：

每年收租，都把来变了价封了，上边写某年某人还租几石、卖价几两，一一交与母亲：痛切思亲瘦骨岩，几回清泪染青衫。(《型世言》第2回)

⑩ AVD+ [（V₁+C）+（V₂+O₁）+（V₃+O₂）]
在《型世言》连动式中，这类连动式用例共2例，为：

(a) 每日倒早起来开店做生意，若盛氏在外边，自却在里边煮茶做饭，不走开去。(《型世言》第3回)

(b) 霍氏道："咱身上还有件青绵布衫，胡乱拿去当百来文钱与他罢。"(《型世言》第9回)

⑪ AVD₁+ [（V₁+O₁）+（AVD₂+V₂）+（V₃+O₂）]
在《型世言》连动式中，这类连动式用例仅1例，为：

待我回家与父说知行聘，然后与姐姐毕姻。(《型世言》第38回)

⑫ AVD+ [V$_1$+V$_2$+ (V$_3$+C)]

在《型世言》连动式中,这类连动式用例仅1例,为:

姚明失了一惊,道:"适才才去洗澡回来。"(《型世言》第23回)

⑬ AVD$_1$+ [V$_1$+ (V$_2$+O) + (AVD$_2$+V$_3$)]

在《型世言》连动式中,这类连动式用例仅1例,为:

汪涵宇乘机来做好相劝,捏他一把。(《型世言》第6回)

⑭ AVD$_1$+ [(AVD$_2$+V$_1$) +V$_2$+V$_3$]

在《型世言》连动式中,这类连动式用例共2例,为:

(a) 本年,因纂修,升了学士。正统改元,升了春坊大学士。其时王指挥因弱症病亡,先时李侍讲为他迎医,也朝夕问候,殁时亲临哭奠。(《型世言》第12回)

(b) 却之再三。妇人见公意甚坚,乃与二女再拜泣谢:"公有孟尝之德,妾不能为隋侯之报,妾愧死矣。唯有江枯石烂,铭德不休耳。"(《型世言》第39回)

⑮ AVD+ [(V$_1$+O) + (V$_2$+C) +V$_3$]

在《型世言》连动式中,这类连动式用例仅1例,为:

王喜起了身,霍氏正抱着王原坐在家里愁闷。(《型世言》第9回)

(3) 连动项中的V出现2类附加成分

连动项中的V出现2类附加成分,指的是"AVD+ {V$_1$+ [(V$_2$+O) + C] +V$_3$} "的形式。

在《型世言》连动式中,这类连动式用例仅1例,为:

妇人道:"桂香,快去扯他管家来问。"(《型世言》第26回)

3. "X$_1$+AVD+X$_2$+X$_3$"类连动式

① (V$_1$+O) +AVD+ (V$_2$+V$_3$)

在《型世言》连动式中,这类连动式用例共2例,为:

(a) 他把磨盘向附近村中去合,得了这谋死的人。(《型世言》第21回)

(b) 娘家就会同里递密来伺候。(《型世言》第4回)

② (V$_1$+O$_1$) +AVD+ [V$_2$+ (V$_3$+O$_2$)]

在《型世言》连动式中,这类连动式用例仅1例,为:

若是收了他的，到任他就作娇，告病不来请见，平日还有浸润。(《型世言》第 24 回)

③ $(V_1+O_1)+AVD+[(V_2+O_2)+(V_3+O_3)]$

在《型世言》连动式中，这类连动式用例仅 1 例，为：

还有个木商，是徽州人，拿了几千银子在这里判山发木，不回去的。要娶两头大，这都是好人家。(《型世言》第 16 回)

④ $(V_1+O_1)+AVD+[V_2+(V_3+O_2)]$

在《型世言》连动式中，这类连动式用例仅 1 例，为：

韩氏送出了门，良云恰送了三五里远，自回家与嫂嫂耕种过活。(《型世言》第 37 回)

⑤ $(V_1+O_1)+AVD_1+[(AVD_2+V_2)+(V_3+O_2)]$

在《型世言》连动式中，这类连动式用例仅 1 例，为：

吃了一包子酒，死人般睡在身边，厌剌剌看他不上眼，好歹与哥计较，闪了他与哥别处去过活罢。(《型世言》第 5 回)

⑥ $(V_1+O_1)+AVD+[(V_2+O_2)+V_3]$

在《型世言》连动式中，这类连动式用例仅 1 例，为：

恰是沈氏抱着儿子吃乳，张秀才搭着肩头在那厢逗他耍。(《型世言》第 28 回)

由 3 个连动项连用构成的连动式，在《型世言》中分属 3 种结构形式："$X_1+X_2+X_3$""$AVD+X_1+X_2+X_3$"和"$X_1+AVD+X_2+X_3$"，由 3 个连动项连用构成的连动式共计 117 例，52 个结构形式小类。其中，"$X_1+X_2+X_3$"类结构形式共 74 例，29 个小类；"$AVD+X_1+X_2+X_3$"类结构形式共 36 例，17 个小类；"$X_1+AVD+X_2+X_3$"类结构形式共 7 例，6 个小类。

(三) 由 4 个连动项连用构成的连动式

由 4 个连动项连用构成的连动式，在《型世言》中分属 2 种结构形式："$X_1+X_2+X_3+X_4$"和"$AVD+X_1+X_2+X_3+X_4$"。前者有 4 例，4 个小类；后者有 2 例，2 个小类。具体用例情况如下。

1. "$X_1+X_2+X_3+X_4$"类连动式

① $V_1+(V_2+O_1)+(V_3+O_2)+V_4$

朱恺道："去买些尺头来本地卖。"(《型世言》第 23 回)

② $V_1+V_2+(V_3+O)+V_4$

　　直到五鼓，张婴<u>醉醒讨茶吃</u>，再唤不应。(《型世言》第 5 回)

③ $(V_1+O)+V_2+V_3+(V_4+C)$

　　<u>垂泪叩辞去讫</u>。(《型世言》第 8 回)

④ $(V_1+O_1)+V_2+(V_3+O_2)+V_4$

　　一日穷不过，<u>寻本道经去当酒吃</u>，检出一本，也是祖传抄下的书，上面有斩妖缚邪、祈晴祷雨的符咒。(《型世言》第 24 回)

2. "AVD$+X_1+X_2+X_3+X_4$"类连动式

① AVD$+[V_1+(V_2+O_1)+V_3+(V_4+O_2)]$

　　那张老三因为王喜冲突了崔科，<u>特来打合他去陪礼</u>，走来道："有人在么？"(《型世言》第 9 回)

② AVD$_1+[(V_1+O_1)+(V_2+O_2)+(V_3+C)+(AVD_2+V_4)]$

　　圣上见了，想起他当日触怒先帝的事，<u>次日设朝传旨拿来面讯</u>。(《型世言》第 12 回)

二、与把字句和被字句搭配使用的情况

(一) 与把字句搭配使用的情况

《型世言》中出现了大量连动式与把字句（将字句）搭配使用的用例，共计 40 例，27 个结构形式小类，具体用例情况如下。

① $[(将+O_1)+(V_1+C_1)]+[(V_2+O_2)+C_2]$

这类用例仅 1 例，为：

　　众人将来置在瓶中，<u>仍将他田产卖来建塔于上</u>，人至今称孝女冢，又称神尼塔。(《型世言》第 4 回)

② $(把+O)+[(V_1+C_1)+(V_2+C_2)]$

这类用例仅 1 例，为：

　　此时天色已晚，只见水面上籴过两个箱子，都用绳索联着，上面骑着一个十七八岁女子，一个老妇人也<u>把身子扑在箱上籴来</u>。(《型世言》第 25 回)

③（把＋O_1）＋［（V_1＋O_2）＋（V_2＋C_1＋O_3＋C_2）］
这类用例仅1例，为：

把刀"荡"的一声，先在田伯盈椅上一敲，先把个田伯盈翻斤斗跌下椅来，要杀甘鼋。（《型世言》第15回）

④ V_1＋｛（把＋O）＋［（V_2＋C）＋V_3］｝
这类用例仅1例，为：

王指挥去把衣裳掀起看，只见半边红肿，肿得高高的。（《型世言》第12回）

⑤ AVD＋［把/将＋O＋（V_1＋V_2）］
这类用例共3例，如：

（a）又将南京人上施舍的，都拿来修葺殿宇，装彩殿中圣像，每日在殿上把造来经讽诵解悟。（《型世言》第35回）

（b）不敢伤及那边，只将冯外郎原递失单并两家口词录呈。（《型世言》第36回）

⑥ 将＋O_1＋［（V_1＋O_2）＋V_2］
这类用例仅1例，为：

你只将此一束草煎汤饮，可以脱然病愈。（《型世言》第38回）

⑦ AVD＋｛将＋O＋［（V_1＋C）＋V_2］｝
这类用例共2例，如：

那富尔谷已做定局，一把将姚居仁纽住厮打，姚居仁也不相让。（《型世言》第13回）

⑧ ｛（将＋O）＋［AVD＋（V_1＋C）］｝＋V_2
这类用例仅1例，为：

家中人都已熟睡，烈妇起来悄悄穿了入殓的衣服，将善世平日系腰的线绦轻轻绾在床上自缢。（《型世言》第10回）

⑨ AVD_1＋（将＋O）＋AVD_2＋［（V_1＋C）＋V_2］
这类用例仅1例，为：

这两个内眷又将衣服逐件提出来查，却见这布条儿圆圆筒着，上边有些血痕。（《型世言》第36回）

⑩ AVD+（将+O_1+（（V_1+O_2）+C）+V_2））

这类用例仅 1 例，为：

妙珍果然将纸烧灰去塞，五六日竟收口，瘢疮似缕红线一般。（《型世言》第 4 回）

⑪ 把+O_1+［V_1+（V_2+O_2）］

这类用例共 4 例，如：

过了一晚，只见早早沈实进来见，道："老奴自与相公照管这几座山，先时都已芜荒，却喜得柴草充塞，老奴雇人樵砍，本年已得银数十两，就把这庄子兴造，把各处近地耕种取息，远山木植。"（《型世言》第 15 回）

⑫ 将+O_1+［V_1+（V_2+C）］

这类用例仅 1 例，为：

芳卿随将所蓄银密封放匣中，且与仆人一百钱，令与仲含，勿令人见。（《型世言》第 11 回）

⑬ V_1+［（把+O）+（AVD+V_2）］

这类用例仅 1 例，为：

不合骂了，来把奶子手一扯，道："奶阿姆，我记得你前日手上破鱼伤了，缚条白布条，我家箱里也有这样一条白布条？"（《型世言》第 36 回）

⑭ AVD+｛V_1+［（将+O）+V_2］｝

这类用例仅 1 例，为：

单邦笑道："他有话，道因屋坍压死，你图赖他，阖家去将他打抢"。（《型世言》第 2 回）

⑮ 将/把+O_1+［（V_1+O_2）+（V_2+O_3）］

这类用例共 4 例，如：

（a）到午节边，先生回，陈公子把存下十两银子分五两送他，又送几件玩器，彼此相忘。（《型世言》第 27 回）

（b）又道他辞抚台时好端端的，如今死了，怕抚台见疑，将他行李点明固封，差人缴上，还将病故缘因并盘出银两数目具一密揭报与徐抚台。（《型世言》第 31 回）

⑯ 把+O+｛AVD+［(V$_1$+C$_1$)+(V$_2$+C$_2$)］｝

这类用例仅1例，为：

听得门响，急抬头看时，一个人恶狠狠拿了刀，站在面前，劈脑揪翻花纹在地，一脚踏住，又把甘羹劈领结来揪住，把刀搁在脖项里。（《型世言》第15回）

⑰ 将/把+O$_1$+［(V$_1$+C)+(V$_2$+O$_2$)］

这类用例共4例，如：

(a) 一次，陈公子诈嫌笔不堪写，馆中取笔，把文字藏在笔管中与他。（《型世言》第27回）

(b) 后边陈副使误认了儿子通，也曾大会亲友面课，自在那边看做，钱公布却令小厮，将文字粘在茶杯下送与他，照本誊录。（《型世言》第27回）

⑱ AVD+｛［将+O$_1$+(V$_1$+O$_2$)］+V$_2$｝

这类用例仅1例，为：

他倒疑心，或时将他房门外洒灰记认，或时暗将他房门粘封皮。（《型世言》第29回）

⑲ (V$_1$+O$_1$)+［(把+O$_2$)+V$_2$］

这类用例仅1例，为：

信甫却挺身把这人命认了，救了小主，又倾家把小主上京奏本，把这事辨明，用去万金。（《型世言》第15回）

⑳ (V$_1$+O$_1$)+［(把+O$_2$)+(AVD+V$_2$)］

这类用例仅1例，为：

停了一半日，渐渐脸色稍红，气稍舒，早已苏了，张眼把众人一看，蹙着眉头道："我毕竟死的，只落得又苦我一番。"（《型世言》第10回）

㉑ ［(将+O$_1$)+(V$_1$+O$_2$)］+(AVD+V$_2$)

这类用例仅1例，为：

若依你时，你将此第三束煎汤与他洗，包你如故。（《型世言》第38回）

㉒ (V$_1$+C)+［(把+O)+(AVD+V$_2$)］

这类用例仅1例，为：

着人去看来，那小厮便赶上前把那人一瞧。(《型世言》第 18 回)

㉓ [把＋O＋（V_1＋C）] ＋V_2
这类用例仅 1 例，为：

吴氏便把自己钗梳卖来娶了。(《型世言》第 16 回)

㉔ [把＋O_1＋（V_1＋O_2）] ＋（V_2＋C）
这类用例仅 1 例，为：

只见乡村中扶老携幼，也有驮条布袋的，也有拿着栲栳的，王喜也把腰苎裙联做丫口赶来，等了半日。(《型世言》第 9 回)

㉕ [把＋O_1＋（V_1＋C）] ＋（V_2＋O_2）
这类用例仅 1 例，为：

那族叔之子又把父亲药死诬他，那郡守听了分上，要强把人命坐过来。(《型世言》第 15 回)

㉖ 把＋O_1＋｛[（V_1＋C）＋O_2] ＋（V_2＋O_3）｝
这类用例仅 1 例，为：

后来事平，要散他，只是人多，一时难散，止把兵粮减做一半银、一半钱给他。(《型世言》第 22 回)

㉗ 将＋O_1＋｛AVD＋[（V_1＋C）＋V_2＋（V_3＋O_2）]｝

便将原买的布匹都将来裁剪做烈妇衣衾，母子两个相对缝纫。(《型世言》第 10 回)

与把字句搭配使用的连动式大多为由 2 个连动项连用构成的连动式，仅 1 例为由 3 个连动项连用构成的连动式，连动式中动词的附加成分都较为简单，连动项之间主要为承接和行为-目的关系。

（二）与被字句搭配使用的情况

在《型世言》中，连动式与被字句搭配使用的用例共 9 例，7 个小类。

① 被＋[V_1＋（AVD＋V_2）]
这类用例仅 1 例，为：

王喜因没了马，也走不远，与一起一二百人只逃到林子边，被追着砍杀。(《型世言》第 9 回)

② 被＋O_1＋［V_1＋（V_2＋O_2）］

这类用例仅 1 例，为：

当时文武都各归附，铁尚书还要固守济南，以图兴复，争奈人心渐已涣散，铁尚书全家反<u>被这些贪功的拿解进京</u>。（《型世言》第 1 回）

③ 被＋O＋［V_1＋（AVD＋V_2）］

这类用例仅 1 例，为：

博古备说自己夺买了这鼎，<u>被孙监生怪恨局去</u>，折了廿两。（《型世言》第 32 回）

④ 被＋O_1＋［（V_1＋C）＋（V_2＋O_2）］

这类用例仅 1 例，为：

<u>不料被他看破送官</u>。（《型世言》第 5 回）

⑤ 被＋O_1＋［（V_1＋O_2）＋（V_2＋C）］

这类用例仅 1 例，为：

刘总兵早<u>被项总督伏剑斩于马前</u>，取头号令。（《型世言》第 17 回）

⑥ 被＋O＋［（V_1＋C_1）＋（V_2＋C_2）］

这类用例仅 1 例，为：

又听两个光棍拨置，到县中首他创做白莲佛会，夜聚晓散，男女混杂，<u>被县里拿出打了十五</u>，驱逐出院。（《型世言》第 4 回）

⑦ 被／吃＋O＋［（V_1＋C）＋（AVD＋V_2）］

这类用例共 3 例，为：

（a）不期牢中有几个海贼，与外边的相应，<u>被他进去一搜</u>，搜出器械，他就拿来勘问。（《型世言》第 22 回）

（b）照这样做去，客人不下马，<u>吃咱上去一连三枝箭</u>，客人只求饶命。（《型世言》第 22 回）

（c）花芳<u>被他抱住不放</u>，只得把捏劳氏被骂说了。（《型世言》第 33 回）

与被字句搭配使用的连动式均为由 2 个连动项连用构成的连动式，连动式中动词的附加成分都较为简单，连动项之间主要为承接和因果关系。

第二节 《型世言》连动式的语义特点

一、连动式连动项之间的逻辑语义关系

通过对《型世言》连动式的语义关系进行考察[①]，我们发现，《型世言》连动式中连动项之间的逻辑语义关系有 6 类：承接类；方式类；行为-目的类；因果类；补充说明类、解释说明类。《型世言》中由 2 个连动项连用构成的连动式用例共计 1842 例。其中，《型世言》连动式中表承接语义关系的例句共 1476 例，在各类语义关系中占绝对优势；表方式语义关系的例句共 111 例；表行为-目的关系的例句共 122 例；表因果关系的例句共 29 例；表补充说明关系的例句共 65 例；表解释说明关系的例句共 39 例。

二、连动式连动项之间的相互依赖关系

连动式中，连动项之间的相互依赖关系可以分为两类：平行聚合关系和主次关系。

（一）平行聚合关系

承接类和补充说明类连动式中的连动项在语义关系上是平行聚合关系。

1. 承接类连动式

承接类连动式的连动前项和连动后项之间在语义上不能区分从属和核心，为平行聚合关系，如：

（a）永乐爷大恼，在城外筑起高坝，引济水浸灌城中。（《型世言》第 1 回）

（b）径入房中撬开箱子，里边还剩得一顶金冠、两对银杯、一双金钗、几枝俏花。（《型世言》第 36 回）

上述例句中，承接类连动式的连动前项"引济水""径入房中"和连动后项"浸灌城中""撬开箱子"之间在语义上不能区分从属和核心，为平行聚合关系。

[①] 由于《型世言》连动式主要由 2 个连动项构成，因而这部分的考察主要限于《型世言》中由 2 个连动项构成的连动式。

2. 补充说明类连动式

补充说明类连动式的连动前项和连动后项之间在语义上也不能区分从属和核心，为平行聚合关系，如：

(a) 任天挺早已在剩数里边，只得与这起穿了衣巾、拿了手本，捱去求续，门上又<u>推攮不放</u>。(《型世言》第 32 回)

(b) 只见朱安国得了实信，一迳走到朱玉家来，怒吼吼的道："小叔，你<u>收留迷失子女不报官</u>，也有罪了，却又是侄妇，这乱了伦理，你怎么处？"(《型世言》第 25 回)

上述例句中，补充说明类连动式的连动前项"推攮""收留迷失子女"和连动后项"不放""不报官"之间在语义上也不能区分从属和核心，为平行聚合关系。

（二）主次关系

除了承接类和补充说明类连动式之外，其他几类中连动式连动项之间的语义关系则有主次之分，其主次次序安排既可以是从属在前、核心在后，也可以是核心在前、从属在后。

1. 方式类连动式

方式类连动式中，表方式的连动前项为从属意念，表行为动作的连动后项为核心意念，如：

(a) <u>泪垂玉筯辞官舍</u>，<u>步敛金莲入教坊</u>。(《型世言》第 1 回)

(b) 单邦也<u>带着酒走来</u>，道："这小官造次，再央我们讲一讲，等他再送些银子，怎便做出这事？"(《型世言》第 2 回)

(c) 他母亲原待要靠陈有容过话，便<u>假吃跌收了他礼物</u>，与他往来。(《型世言》第 23 回)

上述例句中，连动前项"泪垂玉筯""步敛金莲""带着酒""假吃跌"表行为方式，为从属意念；连动后项"辞官舍""入教坊""走来""收了他礼物"表行为动作，为核心意念。

2. 行为-目的类连动式

行为-目的类连动式中，表行为的连动前项为核心意念，表目的的连动后项为从属意念。相应地，目的-行为类连动式中表目的的连动前项为从属意念，表行为的连动后项为核心意念，如：

（a）入得刑部来，这狱卒诈钱，日间把来锁在东厮侧边，秽污触鼻，夜间把来上了柳床，有几个捉猪儿、骂狗儿，摆布他要钱。（《型世言》第8回）

（b）王修撰叔英的妻女、黄侍中观的妻女，都自溺全节。（《型世言》第1回）

（c）王原道："我也是个安丘书生，因寻亲渡海，在海中遭风失了行李，店中不容，暂借山门下安宿一宵，明日便行。"（《型世言》第9回）

（d）生前姑嫂同行，避难借宿商人船中。（《型世言》第20回）

前两例为行为-目的类连动式，连动前项"摆布他""自溺"表行为，为核心意念；连动后项"要钱""全节"表目的，为从属意念。后两例为目的-行为类连动式，连动前项"寻亲""避难"表目的，为从属意念，连动后项"渡海""借宿商人船中"表行为，为核心意念。

3. 因果类连动式

因果类连动式中，表原因的连动前项为从属意念，表结果的连动后项为核心意念，如：

（a）空因尺寸土，尚气结冤仇。（《型世言》第2回）

（b）田禽淫人遗臭，诈人得罪，亦可为贪狡之警。（《型世言》第29回）

（c）太祖心焦，着人来问。周颠道："有，有，有，就来了。只是有胆行去，便有风助你；没胆不去，便没风。"（《型世言》第34回）

上述例句中，表原因的连动前项"尚气""淫人""诈人""没胆"在语义上表从属意念，表结果的连动后项"结冤仇""遗臭""得罪""不去"在语义上表核心意念。

4. 解释说明类连动式

表解释说明关系的"有"字类连动式中，具有"+所属"义项的连动前项为核心意念，连动后项对连动前项进行解释说明，为从属意念，如：

（a）七老八十，大热天，也没这气力为你府县前走。（《型世言》2回）

（b）李公子急切要脱身时，又<u>无钱买脱</u>，只得随他。（《型世言》18回）

上述例句中，连动前项"没这气力""无钱"为句子的核心意念，连动后项"为你府县前走""买脱"分别解释说明"什么气力""什么事"，指的是"为你府县前走的气力""买脱的钱"，在句中为从属意念。

根据上述对各类连动式中连动项之间的相互依赖关系的分析，以及前文对《型世言》连动式进行的逻辑语义关系分类，我们可以总结出《型世言》中连动项为平行聚合关系、主次关系的连动式分布，如表4-1和表4-2所示。

表4-1 《型世言》中连动项为平行聚合关系的连动式分布

连动项为平行聚合关系的连动式	连动平行项	连动平行项	数量
承接类连动式	连动前项	连动后项	1476
补充说明类连动式	连动前项	连动后项	65

表4-2 《型世言》中连动项为主次关系的连动式分布

连动项为主次关系的连动式	数量
方式类连动式	111
行为-目的类连动式	122
因果类连动式	29
解释说明类连动式	39

从表4-1和表4-2可以看出，在《型世言》连动式中，连动项之间为平行聚合关系的连动式有1541例，连动项之间为主次关系的连动式有301例。

第三节 《型世言》连动式的跨语言表征

通过考察《型世言》中连动式中的使用情况，我们发现，《型世言》连动式既存在自身的个性特征，也存在跨语言的共性特征。

一、《型世言》连动式的个性特征

1. 连动式中的动词不一定具有相同的时态取值，连动式中的动词可以有各自单独的时间修饰语

通过对《型世言》连动式进行考察，我们发现，《型世言》连动式中的动词

通常具有相同的时态取值,但也有少数连动式中的动词具有不同的时态取值。连动式中的动词通常不会有各自单独的时间修饰语,但也存在少数特殊用例,主要涉及时间副词"要"和"待"的问题,如:

(a) 日午船中做了些饭来吃,盛氏道是女婿家的,也吃了些。(《型世言》第 3 回)

(b) 到晚间拿饭与他母亲,他也随分吃些。(《型世言》第 10 回)

(c) 待我们寻他爷和娘来说一说明,表一表正。(《型世言》第 25 回)

上面的例句中,连动式中的连动项均受同一个时间修饰语"日午""到晚间""待"的修饰。连动式中的动词具有相同的时态取值。但也存在一些特殊用例,如:

(d) 两个小厮便将拜匣、挂箱放在柜上,各人捧了二三十匹尺头待走。(《型世言》第 5 回)

(e) 那李良雨早已沉醉要睡了,吕达等他先睡,竟捱进被里。(《型世言》第 37 回)

在例(d)连动式"捧了二三十匹尺头待走"中,"待"单独修饰其后的动词"走",表过去将来时,而前面的"捧了"为过去完成时。在例(e)连动式"早已沉醉要睡了"中,"要"单独修饰其后的动词"睡",表过去将来时,而在前面的"早已沉醉"中,"已"单独修饰"沉醉",为过去完成时。

2. 连动式中如果只有一个人称、时态、语气或否定标志,其不一定出现在边缘位置

通过考察人称、时态、语气和否定标志这四个要素在《型世言》连动式中的位置,我们发现,《型世言》连动式在上述要素方面均体现出自身的个性特征,具体情况如下。

(1) 人称标志

在人称标志方面,在《型世言》连动式中,人称代词既可以出现在边缘位置,即第一个动词之前或最后一个动词之后,也可以出现在核心位置,即第一个动词之后。

(a) 高秀才道:"数日来我正有话要对二小姐讲,前尊君被执赴京,驿舍失火,此时我挈令弟逃窜,欲延铁氏一脉。"(《型世言》第 1 回)

(b) 胡孺人道:"陈亲娘,家下没人,不曾来看得你。"(《型世言》第 4 回)

(c) 先时在馆中，两个人把后庭拱他，到后渐渐引他去闯寡门，吃空茶。(《型世言》第 15 回)

例（a）中，第一人称代词"我"出现在边缘位置，位于第一个动词前。例（b）中，第二人称代词"你"也出现在边缘位置，位于最后一个动词之后。但例（c）中，第三人称代词"他"并没有出现在边缘位置，而是位于第一个动词"引"之后，处于核心位置。汉语中人称代词的主格和宾格形式相同，相对英语而言，没有严格的人称一致表达法。

除了人称代词直接充当连动式中的主语或宾语成分这种情况之外，当人称代词充当连动式中介宾短语的宾语成分时，同样既可以出现在边缘位置，也可以出现在核心位置。

(d) 他便跪拜号哭，为他沐浴更衣，替父充役。(《型世言》第 9 回)

(e) 当时吕达常来替他敷药，这时他道好了，再不与他看。(《型世言》第 37 回)

例（d）连动式"为他沐浴更衣"中，介宾短语"为他"充当连动式的状语成分，此时人称代词"他"位于第一个动词之前，处于边缘位置。例（e）连动式"当时吕达常来替他敷药"中，介宾短语"替他"充当第二个连动项的状语成分，此时人称代词"他"位于第一个动词之后、第二个动词之前，处于核心位置。汉语状语成分的句法位置灵活，汉语介宾短语充当状语成分时，既可以出现在句首或句尾，也可以出现在句中，而英语中介宾短语充当状语成分时，通常出现在句首或句尾的边缘位置。

(2) 时态标志

在时态标志方面，《型世言》连动式中的时态标志既可以出现在连动式中第一个动词前，也可以出现在连动式其他动词之前，对此前文已有论述，因此不再赘述。

(3) 语气标志

在语气标志方面，汉语的语气表达方式丰富多样，在《型世言》连动式中，如果只有一个语气标志，它既可以出现在边缘位置，也可以出现在中间位置。

汉语的语气表达有多种方式，如果从语气副词、语气词和动词重叠这三个方面来看《型世言》连动式中语气标志的位置问题，我们就会发现《型世言》连动式中语气词和语气副词处于边缘位置，但动词重叠表语气则位于连动式的核心位置。语气词一般位于连动式末尾，语气副词一般位于连动式前部，具体用例如下：

(a) 如今折五十个钱，你老人家买斤肉吃罢。(《型世言》第 9 回)

(b) 王秀才道："他<u>收拾银子躲了么</u>？"（《型世言》第 26 回）

(c) 沈氏道："他要上这许多，叫我怎做主？况这时春三二月，只要放出去，<u>如何有银子收来与他</u>！"（《型世言》第 28 回）

(d) 耿埴道："罢！嫂子，<u>怎丢了窠坐儿别处去</u>？"（《型世言》第 5 回）

(e) 差人道："<u>我们也去看看</u>，莫不是张青？"（《型世言》第 26 回）

例（a）连动式"你老人家买斤肉吃罢"中，语气词"罢"位于连动式末尾，表达祈使语气。例（b）连动式"他收拾银子躲了么"中，语气词"么"位于连动式末尾，表疑问语气。例（c）、例（d）连动式"如何有银子收来与他"和"怎丢了窠坐儿别处去"中，语气副词"如何""怎"位于连动式最前部，表反问语气。例（e）连动式"我们也去看看"中，动词重叠式"看看"位于连动式的核心位置，表舒缓语气。汉语的语气属于整个小句，与动词的时体关联不大，语气标志不一定出现在边缘位置。

（4）否定标志

在否定标志方面，《型世言》连动式的个性特征非常明显。如果连动式中只有一个否定标志，《型世言》连动式的否定标记不一定出现在边缘位置，它既可以出现在连动式中第一个动词前，也可以出现在连动式其他动词之前，且两种情况都很普遍，如：

(a) 这女人并<u>不曾脱衣裳困</u>，我也并不敢惹他。（《型世言》第 25 回）

(b) 小简也待起身，徐铭道："简妹丈，当日近邻，如今新亲，<u>怎不等我陪一钟</u>？"（《型世言》第 21 回）

(c) <u>不曾有事寻他</u>，先来相处他，请酒送礼，只拣小官喜欢的香囊、扇子、汗巾之类送来，结识他做个靠山。（《型世言》第 30 回）

(d) 周一到张三家，他妻子道："<u>早间府里去未回</u>。"（《型世言》第 36 回）

(e) 曾记他和《断肠集》韵，有诗道：初日晖晖透绮窗，<u>细寻残梦未成妆</u>。（《型世言》第 11 回）

(f) 及至去寻时，有见他才跨脚进门，就推不在的；又有明听他里边唱曲、吃酒，反道拜客未回的；<u>花纹轿上故意打盹不见</u>；甘毳寻着了，假做忙，一句说不了就跑。（《型世言》第 15 回）

(g) 少年也弄八股头做文字，<u>累举不第</u>。（《型世言》第 20 回）

(h) <u>捱了两日不起身</u>，将次捱不去了。（《型世言》第 40 回）

(i) 那边女人欢笑,他就满面羞惭,不终事去了。(《型世言》第29回)

上述例句中,有的连动式中的否定标记出现在边缘位置,有的连动式中的否定标记并没有出现在边缘位置,而是出现在中间位置。

二、《型世言》连动式的跨语言共性特征

通过考察分析,我们发现《型世言》中的连动式也表现出一些跨语言的共性特征,主要体现在以下几个方面。

1. 所有的连动式在语调上都位于同一语调曲拱中

(a) 还有这些狡猾租户,将米来着水,或是洒盐卤、串四谷,或是熬一锅粥汤,和上些糠拌入米里,叫糠拌粥,他又怕人识出不敢。(《型世言》第33回)

(b) 小人们主意,且率领本部杀开重围,护送老爷与家眷到我归顺,再图后举。(《型世言》第24回)

上述两例中,连动式分别为"和上些糠拌入米里"和"率领本部杀开重围",均为单一子句,符合"所有的连动式在语调上都位于同一语调曲拱中"这一共性特征。

2. 如果连动式表达因果关系或事件先后顺序,两个动词呈现出时态象似性,即表示原因的动词位于表示结果的动词之前,先发生事件的动词位于后发生事件的动词之前

这一特性体现了连动式遵循时间象似性原则,《型世言》中的连动式也不例外,如:

(a) 须臾,慧朗打了酒走来,随手拴门。(《型世言》第4回)
(b) 朱玉拯溺得妇,郑氏感恩委身,亦情之顺。(《型世言》第25回)

例(a)中连动项"打了酒"和"走来"之间为承接关系,例(b)中连动项"拯溺"和"得妇"之间为因果关系,动词之间的排列顺序均符合时间象似性原则,先发生事件"打了酒"中的动词"打"位于后发生事件"走来"中的动词"走"之前;表原因的动词短语"拯溺"中的动词"拯"位于表结果的动词短语"得妇"中的动词"得"之前。

3. 在连动式中，所有的动词共享至少一个论元，所有带连动式的语种都具有"共享主语的连动式"这种类型，也可能有其他类型

就《型世言》连动式的用例来看，所有的动词至少共享主语论元，与此同时，还可以共享宾语论元。最常见的是共享主语论元，宾语这类域内论元的共享不具有强制性，如：

(a) 董文道："咱怕你独自个宿寒冷，回来陪你。"（《型世言》第 5 回）

(b) 法明提了灯笼远远先走，妙智随了，送到菩提庵来。（《型世言》第 29 回）

上述两例中，连动式中的动词均共享主语论元。例（a）中连动式"回来陪你"共享主语论元"董文"；例（b）中连动式"法明提了灯笼远远先走"共享主语论元"法明"。

除了主语共享的连动式之外，还有宾语共享的连动式，如：

(c) 到路上，他要水吃，吃了，一脚插入水瓶中，后边和身隐在瓶里。（《型世言》第 34 回）

(d) 此时下午，他正磁壶里装一上壶淡酒，一碟醡菜儿，拿只茶瓯儿在那边吃。（《型世言》第 35 回）

上述例句中，例（c）连动式"要水吃"在共享主语论元"他"的同时，也共享宾语论元"水"；例（d）连动式"拿只茶瓯儿在那边吃"在共享主语论元"他"的同时，也共享宾语论元"茶"。

4. 连动式中的动词不会有各自单独的事件位置修饰语

汉语连动式中的动词不会有各自单独的事件位置修饰语，对此前人已有研究。通过分析语料，我们发现，《型世言》中连动式也具有这一特征，如：

(a) 向后年余，铁公子因金老已故，代他城中纳粮，在店中买饭吃。（《型世言》第 1 回）

(b) 喜得无人，身子困倦，便在松树下枕了块石头睡去。（《型世言》第 17 回）

(c) 若得仙子垂怜，我在家中扫室相待，只是不可失约。（《型世言》第 40 回）

上述例句中，连动式中的动词均共享相同的事件位置修饰语。

5. 连动式不能带两个不同的施事，即当连动式的动词共享非施事角色时，施事角色也必须被共享

在《型世言》中，当连动式中的动词共享非施事角色时，施事角色也被共享。连动式除了共享施事角色之外，受事、工具等角色也可以被共享，如：

（a）<u>尺头每样拿几件去瞧一瞧</u>，中意了便好兑银。（《型世言》第5回）

（b）来至平望，日已落山，<u>大家香船都联做一帮歇了</u>。（《型世言》第10回）

（c）<u>如今轿子且离着十来家人家歇</u>，等我进去先见了，我出来招呼，你们便进去，我不出来，你们不要冲进。（《型世言》第26回）

（d）你对他说莫说一千，<u>一钱也没得与他</u>，还叫他快快离这所在。（《型世言》第28回）

上述例句中，例（a）连动式"尺头每样拿几件去瞧一瞧"中，"尺头"作为受事角色被共享的同时，隐藏的施事角色也被共享；例（b）连动式"大家香船都联做一帮歇了"中，"香船"作为工具角色被共享的同时，施事角色"大家"也被共享；例（c）连动式"如今轿子且离着十来家人家歇"中，"轿子"作为工具角色被共享的同时，隐藏的施事角色"抬轿子的人"也被共享；例（d）连动式"一钱也没得与他"中，"一钱"作为受事角色被共享的同时，隐藏的施事角色"我"也被共享。

第四节 《型世言》连动式小结

从结构形式来看，《型世言》连动式中分别出现了由2个连动项、3个连动项、4个连动项连用构成的连动式。其中，由2个连动项连用构成的连动式，除去把字句和被字句，共计出现了94个结构形式小类，1842条例句。分属"X_1+X_2""$AVD+X_1+X_2$""X_1+X_2+C""$AVD+X_1+X_2+C$"4个大类，其中"X_1+X_2"类连动式共计56种结构形式；"$AVD+(X_1+X_2)$"类连动式共计33种结构形式；"$(X_1+X_2)+C$"类连动式仅出现2种结构形式；"$AVD+(X_1+X_2)+C$"类连动式出现了3种结构形式。

《型世言》连动式与把字句搭配使用共出现40例，29个结构形式小类；与被字句搭配使用共出现9例，7个结构形式小类。由3个连动项连用构成的连动式共计118例，53个结构形式小类；由4个连动项连用构成的连动式共计7例，7个小类。

从语义关系来看，《型世言》连动式中连动项之间的逻辑语义关系有6类：承接类；方式类；行为-目的类；因果类；补充说明类、解释说明类。《型世言》连动式用例共计1842例。其中，表承接关系的例句共1476例[①]，在各类语义关系中占绝对优势；表方式关系的例句共111例；表行为-目的关系的例句共122例；表因果关系的例句共29例；表补充说明关系的例句共65例；表解释说明关系的例句共39例。《型世言》连动式中连动项之间的相互依赖关系可以分为两类：平行聚合关系和主次关系。其中，连动项之间为平行聚合关系的连动式共1541例，连动项之间为主次关系的连动式共301例。

从跨语言普遍规律在《型世言》连动式中的表现来看，《型世言》连动式既存在自身的个性特征，也存在跨语言的共性特征。在个性特征方面，《型世言》连动式中的动词不一定都具有相同的时态取值，连动式中的动词可以有各自单独的时间修饰语；《型世言》连动式中如果只出现一个人称、时态、语气和否定标志，其不一定在边缘位置，也可以在核心位置。在共性特征方面，动词在语调上都位于同一语调曲拱中；如果连动式表达因果关系或事件先后顺序，两个动词呈现出时态象似性；动词共享至少一个论元，不仅具有"共享主语的连动式"这种类型，还具有其他类型；《型世言》连动式中的动词不会有各自单独的事件位置修饰语；连动式不能带两个不同的施事，即当连动式的动词共享非施事角色时，施事角色也必须被共享。

---

① 为便于分析，只统计分析了由两个连动项连用构成的连动式的用例。

第五章
基于《儿女英雄传》的清代汉语连动式研究

为便于考察清代汉语连动式的使用面貌,本书选取《儿女英雄传》这部白话著作,将其作为清代北方官话的代表性语料进行分析研究。《儿女英雄传》由清代文康所作,全书共 50 余万字。它的语言可以说"是近代汉语的典范,是汉语文学语言已经达到成熟地步的标志"[①]。《儿女英雄传》在清代文坛占据了重要地位,反映的基本上是 19 世纪中叶的北京话。其语言生动而富有特色,历来是人们研究清代语言十分重要的语料。龚千炎指出:"我们研究《儿女英雄传》的语言,可以上窥《红楼梦》的语言,下探当代的北京话,从中看出近代汉语(北京话)发展的脉络,现代北京话的源头,以及现代汉语文学语言的形成。"[②]

本书选用的《儿女英雄传》文本以人民文学出版社 1983 年版[③]为底本。

第一节 《儿女英雄传》连动式的使用面貌

一、《儿女英雄传》连动式的结构形式及其对应的语义关系

从《儿女英雄传》连动式的句法结构来看,由 2 个动词或动词短语构成的

---

① 潘允中:《汉语语法史概要》,中州书画社 1982 年版,第 6 页。
② 龚千炎:《〈儿女英雄传〉是〈红楼梦〉通向现代北京话的中途站》,《语文研究》1994 年第 1 期,第 27 页。
③ 1983 年 11 月北京第 1 版,本书采用 2014 年 11 月北京第 2 版。

连动式有以下5种结构形式："X_1+X_2""$AVD+（X_1+X_2）$""$（X_1+X_2）+O$""$（X_1+X_2）+C$""$AVD+（X_1+X_2）+C$"。由3个动词或动词短语构成的连动式有以下3种结构形式："$X_1+X_2+X_3$""$AVD+X_1+X_2+X_3$""$X_1+AVD+X_2+X_3$"。由4个动词或动词短语构成的连动式有以下2种结构形式："$X_1+X_2+X_3+X_4$""$AVD+X_1+X_2+X_3+X_4$"。下面我们将逐一进行分析。

（一）由2个连动项连用构成的连动式

这类格式是由2个连动项连用构成的连动式，根据连动项外部是否有附加成分，一共可以分为5个大类："X_1+X_2""$AVD+（X_1+X_2）$""$（X_1+X_2）+O$""$（X_1+X_2）+C$""$AVD+（X_1+X_2）+C$"。连动项X内部的单个动词V可以带状语、宾语、补语等附加成分，也可以为光杆动词①。每一个由连动项X构成的大类下都有多种由动词V构成的形式小类，我们将"X_1+X_2""$AVD+X_1+X_2$"这2个大类中的各个小类按照"连动项中的V为光杆动词""连动项中的V出现1类附加成分""连动项中的V出现2类附加成分""连动项中的V出现3类附加成分"的类别分类，将各类结构形式小类进行分类排列，具体情况如下。

1. "X_1+X_2"类连动式

（1）连动项中的V为光杆动词

这里说的连动项中的V为光杆动词，指的就是"V_1+V_2"的形式。在《儿女英雄传》中，这类连动式用例很少，共5例，如：

(a) 八月十五月儿照楼，两个鸦虎子<u>去走</u>菜，一根灯草嫌不亮，两根灯草又嫌费油。（《儿女英雄传》第6回）

(b) 褚一官道："还等这会子呢？头晌午就来了！……等我过去言语一句。"<u>说着去了</u>。（《儿女英雄传》第20回）

(c) 那院上批将下来，批得是："高堰下游工段，……无得草率偷减，大干未便。"安老爷<u>接着看了</u>，便笑了一笑，向太太说道："这是外官必有之事。"（《儿女英雄传》第2回）

从连动项之间的语义关系来看，上述用例均为承接关系。

（2）连动项中的V出现1类附加成分

① $(V_1+O)+V_2$

在《儿女英雄传》连动式中，这类连动式用例较多，共24例，如：

---

① 附加成分只考虑主语、谓语、宾语、定语、状语、补语等句法成分，不考虑动词带时体态标记和语气词的情况。

(a) 恰巧走到离庙不远，这位县官因早起着了些凉，忽然犯了疝气，要找个地方歇歇，<u>弄口姜汤喝</u>。(《儿女英雄传》第 11 回)

(b) 为甚么为这个事他老哥儿俩昨日商量了不差甚么一天，还<u>弄了分笔砚写着</u>，除了我们爷儿四个，连个鬼也不叫听见？(《儿女英雄传》第 19 回)

从连动项之间的语义关系来看，这类连动式大多表行为-目的关系，共 11 例，如"投奔山上落草、寻趁些没主儿的银钱用度、择地安葬、熄灯就寝"等。除此之外，表承接关系的有 6 例，为"低头看了、带了两三个婆子照料、吃点儿东西睡、起身告辞、甩手走了、请安陛辞"；表方式关系的有 4 例，为"带笑答应着、拢着拳头站着、拿一只大宽的袖子搧着、扭着头看"；表解释说明关系的有 3 例，多为"有"字连动式，为"有话说、有一言奉劝、点头俯允"。"有"字连动式中，连动后项是对"有"所接宾语（NP）的解释说明，即回答"什么 NP"的问题。

② $(V_1+C)+V_2$

在《儿女英雄传》连动式中，这类连动式用例较多，共 25 例，如：

(a) 我想着受主子恩典，又招呼了你这么大，<u>撂下走了</u>，天良何在？(《儿女英雄传》第 3 回)

(b) 秃子连忙扔下镢子，<u>赶过去看了</u>，也诧异道："这可是邪的。难道那小子有这么大神煞不成？但是他又那儿去了呢？"(《儿女英雄传》第 6 回)

(c) 一时饭毕，便<u>挪在东间一张方桌前坐</u>，便有小小子给安老爷端了盥漱水来。(《儿女英雄传》第 16 回)

从连动项之间的语义关系来看，这类连动式有 3 种语义关系类别。其中，表行为-目的关系的共有 11 例，如"拿去分了、藏在那山坳树影之中瞭望、放在桌子上晾着、跪倒哀求"等；表承接关系的共有 10 例，如"撂下走了、赶过去看了、上前请安"等；表方式的有 4 例，如"坐在对门一个野茶馆儿里等候、站在台阶儿底下等着、躲远着瞧"等。

③ $(AVD+V_1)+V_2$

在《儿女英雄传》连动式中，这类连动式用例较少，共 8 例，如：

(a) 安公子<u>一见慌了</u>，只慌得手足无措。(《儿女英雄传》第 9 回)

(b) 既得着了他的下落，便脱去那领朝衫，辞官不作，<u>前去寻访</u>。(《儿女英雄传》第 23 回)

在这 8 例连动式中，6 例的 V_1 为单音节动词"来"或"去"。

从连动项之间的语义关系来看,这类连动式的语义关系全部为承接关系。

④ V_1 + (V_2+O)

在《儿女英雄传》连动式中,这类连动式用例共33例,如:

(a) 说着,便去取镢头。(《儿女英雄传》第4回)

(b) 不想那去请褚一官的骡夫还不曾回来,那店主人便来说了许多的混帐话,我益发怕将起来。(《儿女英雄传》第8回)

(c) 钦差坐了一刻,便告辞进了公馆。(《儿女英雄传》第13回)

V_2后还可以带2个宾语,构成"V_1+V_2+O_1+O_2"的句法结构形式,仅1例,为:

(d) 自己怎的丢下功名,变了田产,去救父亲这场大难。(《儿女英雄传》第5回)

这类连动式中,V_1多为"来"或"去",这样的用例共19例。

从连动项之间的语义关系来看,这类连动式中表承接关系的共17例,如"去取镢头、听了无法、说着皱了眉";表行为-目的关系的共11例,如"去救父亲这场大难、退归林下、来寻访令爱姑娘";表方式关系的共5例,如"捧着作了个揖、坐着受了礼、端着出了屋子",均为"V着V"类连动式。

⑤ V_1 + (V_2+C)

在《儿女英雄传》连动式中,这类连动式用例共16例,如:

(a) 你们爷儿三个就去收拾起来,我同我这妹妹再多说一刻的话儿。(《儿女英雄传》第10回)

(b) 公子便朝上双手接来,捧着安在东边那张小桌上。(《儿女英雄传》第24回)

(c) 说着接过来,把圈口给他掐紧了,又把式样端正了端正,一面亲自给他带在手上,一面悄悄的向他笑道:"你瞧,囤弄上就好了不是?"(《儿女英雄传》第34回)

其中,V_1为多音节词组的有1例,具体用例如下:

(d) 只见那窗根儿上果然的通了一个小窟窿。他把着往里一望,原来安公子还方寸不离坐在那个地方,两个大拇指堵住了耳门,那八个指头捂着眼睛,在那里藏猫儿呢!(《儿女英雄传》第6回)

从连动项之间的语义关系来看,表承接关系的有10例,如"说着蹲下、去了进来、去收拾起来",其中"着"表完成义;表方式关系的有6例,如"笑着叹了一声、指点着笑个不住、捧着安在东边那张小桌上",其中"着"表持续义。

⑥ $V_1 + (AVD + V_2)$

在《儿女英雄传》连动式中，这类连动式用例共 9 例，如：

(a) 老爷<u>听了大喜</u>，说道："这等说，你我眼前就要弄孙孙了。"（《儿女英雄传》第 40 回）

(b) "奴才如今就找他预备些点心茶水来。"<u>说着一径去了</u>。（《儿女英雄传》第 14 回）

(c) 只那姨奶奶带了两三个婆子照料，几个村童<u>来往穿梭也似价伺候</u>，倒也颇为简便，且是干净。（《儿女英雄传》第 15 回）

V_2 前还可以出现 2 个状语修饰成分，构成 "$V_1 + AVD_1 + AVD_2 + V_2$" 的句法结构形式，共出现 2 例，为：

(d) 两个上了房，又怕自己再着上一箭，爬过房脊去，才<u>纵身望下要跳</u>，早见一个灯亮儿一闪，有人喊道："不好了！"（《儿女英雄传》第 31 回）

(e) 舅太太万想不到问了一句话，就招了姑老爷这许多考据，<u>听着不禁要笑</u>，便道："我不听那些了。"（《儿女英雄传》第 34 回）

从连动项之间的语义关系来看，表承接关系的有 5 例，如"听了一怔、说着一径去了、纵身望下要跳"；表方式关系的有 2 例，分别为"来往穿梭也似价伺候、迎着一见"；表补充说明关系的有 2 例，分别为"哽咽难言、挂冠不仕"。

⑦ $(AVD_1 + V_1) + (AVD_2 + V_2)$

在《儿女英雄传》连动式中，这类连动式用例共 3 例，为：

(a) 及至到了酒阑人散，对着那灯火楼台，<u>静坐着一想</u>，就觉得像有一桩无限伤心的大事，兜的堆上心来。（《儿女英雄传》第 18 回）

(b) 就中两处我先有些不中意，<u>特来合你商量</u>。（《儿女英雄传》第 24 回）

(c) 只见他忙忙的把那张弹弓挂在北墙一个钉儿上，便回手解下那黄布包袱来，两手从脖子后头绕着往前一转，<u>一手提了往炕上一掷</u>，只听噗通一声，那声音觉得像是沉重。（《儿女英雄传》第 6 回）

从连动项之间的语义关系来看，由"着"构成的连动式"静坐着一想"表方式；"特来合你商量"表行为-目的；"一手提了往炕上一掷"表承接。

⑧ $(V_1 + O_1) + (V_2 + O_2)$

在《儿女英雄传》连动式中，这类连动式用例共 86 例，如：

(a) 公子此时只望他快些出去，连忙拿出一吊钱，<u>掳了几十给他</u>。（《儿女英雄传》第 4 回）

（b）安老爷便一面起来，下床穿衣。(《儿女英雄传》第31回)

（c）詹典的妻子听得这话，想了想自己正在无依，孩子又小，便搭着河南小米子粮船上京，倒来投奔张老，想要找碗现成茶饭吃。(《儿女英雄传》第32回)

（d）太太这个当儿是听他说了句"舍不得太太"，早已眼泪汪汪的那儿从袖口儿里掏小手巾儿擦眼泪，一面又耍手纸擤鼻子。(《儿女英雄传》第40回)

从连动项之间的语义关系来看，这类连动式多表承接关系，共57例，如"下床穿衣、闲话了几句回家、弃镫离鞍、进店下车"；表方式关系的共15例，多为由"着"构成的连动式，如"搭着河南小米子粮船上京"；表行为-目的关系的共9例，如"磕双头成大礼、发信知照家里、告假养病"；表解释说明关系的共5例，均为"有"字连动式，如"有一句话嘱咐你、有话问你、有志读书"。

⑨（V_1+C_1）+（V_2+C_2）

在《儿女英雄传》连动式中，这类连动式用例共22例，如：

（a）却说邓九公收拾完了出去，十三妹走到那前厅窗后窃听，又用簪子扎了两个小窟窿望外看着。(《儿女英雄传》第17回)

（b）姑娘又站起来谢了一谢。(《儿女英雄传》第22回)

（c）说着，便站起来说："我过去看看。"(《儿女英雄传》第31回)

（d）三个人吃得一饱回来，晚间便是舅太太请过去。(《儿女英雄传》第32回)

从连动项之间的语义关系来看，这类连动式均表承接关系，如"说罢起来、过去坐坐、坐下谈了一会、栖在那个长脸儿的瘦子身旁坐下"。

⑩（$AVD+V_1$）+（V_2+C）

在《儿女英雄传》连动式中，这类连动式用例共5例，如：

（a）沿路上并不是不曾遇见歹人，不是他俩人匀一个远远的先去看风，就是见了面说两句市语，彼此一笑过去，果然不见个风吹草动。(《儿女英雄传》第11回)

（b）褚大娘子说着，又望他胸前一看，只见带着撬猪也似的一大嘟噜，因用手拨弄着看了一看，原来胸坎儿上带着一挂茄楠香的十八罗汉香珠儿。(《儿女英雄传》第15回)

从连动项之间的语义关系来看，这类连动式均为方式类语义关系，如"一笑过去、簇拥着出来、用手拨弄着看了一看、单腿跪着放在阶下、两手托着进来"。

⑪ (V_1+C) + (AVD+V_2)

在《儿女英雄传》连动式中，这类连动式用例共22例，如：

(a) 到了填五魁的时候，那场里办场的委员，以至书吏、衙役、厨子、火夫，都许买几斤蜡烛，用钉子钉的大木盘插着，托在手里轮流围绕，照耀如同白昼，叫作"闹五魁"。（《儿女英雄传》第1回）

(b) 公子打开一看，却是簇新新的一分龙凤庚帖。（《儿女英雄传》第23回）

(c) 说着，就把烟袋递给长姐儿，站起来望着他道："走哇，跟了我去。"（《儿女英雄传》第40回）

在这类连动式中，V_2前还出现了多个状语成分连用的情况，如：

(d) 两个和尚也帮着搭那驮子，搭下来往地下一放，觉得斤两沉重，那瘦的和尚向着那秃子丢了个眼色，道："你告诉当家的一声儿，出来招呼客呀！"那秃子会意，应了一声。（《儿女英雄传》第5回）

(e) 站在殿脊上四边一望，只见前是高山，后是旷野，左无村落，右无乡邻，止那天上一轮冷月，眼前一派寒烟。（《儿女英雄传》第6回）

例（d）中V_2"放"前有两个状语成分，分别为介宾短语"往地上"和副词"一"；例（e）中V_2"望"前的状语成分分别为名词短语"四边"和副词"一"。

从连动项之间的语义关系来看，表承接关系的共15例，如"出来相请、接过来一看、站起来望着他道"；表方式关系的共5例，如"站在那里呆望、隐在门后向外窥探、放在嘴边'哜哜'的吹着"；表补充说明关系的共2例，均为肯否类连动式，分别为"站住不动、赖住不动"。

⑫ (V_1+C) + (V_2+O)

在《儿女英雄传》连动式中，这类连动式用例共27例，如：

(a) 说话间，十三妹站起整理中衣，张金凤便要去倒那盆子，十三妹道："那还倒他作甚么呀？给他放在盆架儿上罢。"（《儿女英雄传》第9回）

(b) 因又斟上酒，端起来喝了一口，道："老弟，你瞧愚兄啊，闰年闰月，冒冒的九十岁的人了，你我此一别，可不知那年再见。"（《儿女英雄传》第32回）

从连动项之间的语义关系来看，这类连动式均为承接关系，如"出来招呼客、过去见个礼儿"。

⑬（V₁＋O）＋（V₂＋C）

在《儿女英雄传》连动式中，这类连动式用例共56例，如：

（a）咱们这时候拿上这三吊钱，先找个地方儿潦倒上半天儿，回来到店里，就说见着姓褚的了，他没空儿来，在家里等咱们。(《儿女英雄传》第4回)

（b）安老爷上了小车，伸腿坐在一边，那边载上行李，前头一个拉，后面一个推。(《儿女英雄传》第14回)

（c）打扮好了，又亲自提着个宜兴花浇，浇了回菊花儿，那菊花山上有一枝"金如意"，一枝"玉连环"，开得十分玲珑婀娜，便自己取了把剪花的小竹剪子剪下来，养在书桌上那个霁红花囊里。(《儿女英雄传》第30回)

这类连动式中，还出现了动词和补语成分之间出现结构助词的用例，如：

（d）我就蹲身跳将下来。(《儿女英雄传》第8回)

例（d）中，V₂"跳"和趋向补语"下来"之间出现了结构助词"将"，"将"是近代汉语白话小说中常用的趋向补语标记，为连接动词和趋向补语的结构助词。现代汉语中"将"的这类用法不常见。

从连动项之间的语义关系来看，这类连动式多表承接关系，共39例，如"见礼坐下、回头看了看、盘腿坐好、领命退出"；表方式关系的有15例，多为由"着"构成的连动式，如"扬着头想了一想、捂着嘴笑个不住、攒着眉咽下去"；表行为-目的关系有2例，分别为"找个铺户人家问问、寻着绳头解开"。

⑭（AVD＋V₁）＋（V₂＋O）

在《儿女英雄传》连动式中，这类连动式用例共5例，如：

（a）我便下了牲口，拴在树上，一纵身上了山门，往庙里一望，只见正殿院落漆黑，只有那东西两院看得见灯火。(《儿女英雄传》第8回)

（b）不晓得在那里怎生赚得这张弹弓，乔妆打扮，前来探我的行藏，作个说客。(《儿女英雄传》第17回)

从连动项之间的语义关系来看，其中4例中X₁由"前来"构成，分别为"特来会你、前来探我的行藏、前来帮他、前来看望姑娘"，这4例均为行为-目的关系；剩下的1例"一纵身上了山门"为承接关系。

⑮（V₁＋O）＋（AVD＋V₂）

在《儿女英雄传》连动式中，这类连动式用例共57例，如：

（a）便把汉王的太公俘了去，举火待烹，却特特的着人知会他，

作个挟制。(《儿女英雄传》首回)

(b) 疼的他只是攒眉闭目,摇头不语。(《儿女英雄传》第6回)

(c) 将跑到县门,钦差的轿子已到,他又同了衙役门前伺候。(《儿女英雄传》第13回)

(d) 说着,他便扭头向安公子道:"老贤侄,那把刀呢?"(《儿女英雄传》第31回)

在"(V_1+O)+(AVD+V_2)"类连动式中,V_2前还出现了多个状语成分连用的情况,这样的用例有8例,如:

(e) 女子举刀向他面前一闪,和尚只顾躲那刀,不妨那女子抬起右腿,用脚跟向胸脯上一登,嗖,他立脚不稳,不由的撒了那纯钢禅杖,仰面朝天倒了。(《儿女英雄传》第6回)

(f) 才回头要向那妇人搭话,只听他自己在那里咕囔道:"放啊?我们还留着祭灶呢!"(《儿女英雄传》第7回)

(g) 公子骑着驴儿到跟前一看,原来那树是绿树叶,红叶筋,因叫赶驴的在地下拣了两片,自己送给老爷看。(《儿女英雄传》第14回)

例(e)中,V_2"闪"前有2个状语成分,分别为介宾短语"向他面前"和副词"一";例(f)中,V_2"搭话"前有2个状语成分,分别为副词"要"和介宾短语"向那妇人";例(g)中,V_2"看"前有2个状语成分,分别为介宾短语"到跟前"和副词"一"。

从连动项之间的语义关系来看,这类连动式大多表承接关系,共37例,如"抬头一看、低头一想、回身迎头一跪";表方式关系的共6例,如"挑灯夜话、拿着面算盘空手算着、扭着头往后躲";表行为-目的关系的共3例,如"护着贵妃远避、打开铺盖要早些睡";表补充说明或解释说明关系的共11例,如"摇头不语、有话合你说"。其中,肯否类连动式表补充说明的共5例,"有"字连动式表解释说明共6例。

(3) 连动项中的V出现2类附加成分

① [(V_1+C)+O]+V_2

在《儿女英雄传》连动式中,这类连动式用例共5例。如:

(a) 这一番吵吵,安老爷也醒了,连忙披衣起来,公子呈上报条看了,满心欢喜。(《儿女英雄传》第1回)

这类连动式中,V_2还可以为多音节词组,这样的用例有1例,为:

(b) 他没法儿了,就在漫荒野地里哭了一场,谁知受了风,回到

第五章 基于《儿女英雄传》的清代汉语连动式研究

店里一病不起，也死了，我村里给他盖了个三尺来高的小庙儿。(《儿女英雄传》第 22 回)

从连动项之间的语义关系来看，这类连动式均为承接关系。

② [(V$_1$+O) +C] +V$_2$

在《儿女英雄传》连动式中，这类连动式用例仅 2 例，为：

  (a) 说着，连忙起身，进城去打听。(《儿女英雄传》第 3 回)
  (b) 那人说："问道儿，下驴来问啊！"(《儿女英雄传》第 14 回)

从连动项之间的语义关系来看，这类连动式均为行为-目的关系。

③ V$_1$+ [AVD+ (V$_2$+O)]

在《儿女英雄传》连动式中，这类连动式用例共 8 例，如：

  (a) 却说那安公子此时已是魂飞魄散，背了过去，昏不知人，只剩得悠悠的一丝气儿在喉间流连。(《儿女英雄传》第 6 回)
  (b) 这年正是你的周岁，我去给你父母道喜。(《儿女英雄传》第 19 回)
  (c) 余外还有绣缂呢雨、绸缎绫罗，以至实漏纱葛夏布都有，一共四百件子。这也不是我花钱买来的，都是这些年南来北往那些字号行里见我保得他全镖无事，他们送我的，可倒都是地道实在货儿，你留着陆续作件衣裳。(《儿女英雄传》第 27 回)

从连动项之间的语义关系来看，表承接关系的有 2 例，分别为"去给大爷倒茶、去平兑银两"；表行为-目的关系的有 2 例，分别为"去给你父母道喜、留着陆续作件衣裳"；表方式关系的有 2 例，分别为"笑着在张姑娘耳边喊喳了两句、哭着给安公子磕头"；表补充说明关系的有 2 例，分别为"昏不知人、跪着不肯起来"。

④ V$_1$+ [(V$_2$+C) +O]

在《儿女英雄传》连动式中，这类连动式用例仅 1 例，为：

  那马步快手一个个乱着，腰间抽出铁尺，便去把住正房、厨房、院门，要想拿人。(《儿女英雄传》第 11 回)

连动项之间的语义关系为承接关系。

⑤ V$_1$+ [(V$_2$+O) +C]

在《儿女英雄传》连动式中，这类连动式用例仅 1 例，为：

  那少妇便拉了褚大娘子，一面哭着扑了自己来。(《儿女英雄传》第 20 回)

连动项之间的语义关系为方式关系。

⑥ （V_1+O_1）+ ［（V_2+C）+O_2］

在《儿女英雄传》连动式中，这类连动式用例共 12 例，如：

(a) 说着，提了那禅杖走到窗前。（《儿女英雄传》第 6 回）

(b) 说着，一个认镫跨上骡子，那个把边套掳绳搭在骡子上，骑上那头骟骡子，一直的向北去了。（《儿女英雄传》第 11 回）

(c) 姑娘低头听完了那四句偈言，正待抬头细问原由，只见上面坐的那里是他父母？（《儿女英雄传》第 22 回）

从连动项之间的语义关系来看，这类连动式多为承接关系，共 7 例，如"起身来到书房、提了那禅杖走到窗前"，表方式关系的有 3 例，如"扶着柱子定了会儿神、坐了那小轿飞奔回店"，表行为-目的关系的有 2 例，分别为"找个地方儿潦倒上半天儿、留书拜上大将军贤友麾下"。

⑦ ［（V_1+O_1）+C］+ ［AVD+（V_2+O_2）］

在《儿女英雄传》连动式中，这类连动式用例仅 1 例，为：

这个当儿，华忠抖积伶儿，拿了把绸撑子来给老爷撑衣裳上的土，老爷笑道："这不好劳动舅爷呀！"（《儿女英雄传》第 15 回）

连动项之间的语义关系为行为-目的关系。

⑧ ［AVD+（V_1+O）］+（V_2+C）

在《儿女英雄传》连动式中，这类连动式用例仅 3 例，为：

(a) 说着，站起来，拿公子那把壶，满满的斟了一盅送过去。（《儿女英雄传》第 5 回）

(b) 他好容易耗过了三月桃汛，吃是吃饱了，掳是掳够了，算没他的事了，想着趁这个当儿躲一躲，另找个把稳道儿走走。（《儿女英雄传》第 2 回）

(c) 想到这里，便站起来，倒背着手儿踱过去，扬着脸儿去看那碑文。（《儿女英雄传》第 38 回）

从连动项之间的语义关系来看，2 例表承接关系，1 例表方式关系。

⑨ ［（V_1+C_1）+O］+（V_2+C_2）

在《儿女英雄传》连动式中，这类连动式用例共 10 例，如：

(a) 把个张太太一旁乐的，张开嘴闭不上，说道："亲家太太，我看你们这里都是这大盘头，大高的鞋底子。"（《儿女英雄传》第 12 回）

(b) 门外的那个男的也磕了阵头站起来。（《儿女英雄传》第 20 回）

(c) 转过背面看了看，又见图书密密，花押重重。(《儿女英雄传》第 40 回)

从连动项之间的语义关系来看，这类连动式多为承接关系，如"带上帽子爬起来、掀起里间帘子进去"，仅 1 例"张开嘴闭不上"为补充说明关系。

⑩ [（V_1+C）+O_1] + （V_2+O_2）

在《儿女英雄传》连动式中，这类连动式用例共 7 例，如：

(a) 和尚"哼"了一声，才待还手，那女子收回左脚，把脚跟向地下一碾，轮起右腿甩了一个"旋风脚"，吧，那和尚左太阳上早着了一脚，站脚不住，咕咚向后便倒。(《儿女英雄传》第 6 回)

(b) 我如今暂且告辞，赶回店中说明原故。(《儿女英雄传》第 17 回)

(c) 自此邓九公又把围着京门子的名胜逛了几处，也就有些倦游，便择定日子要趁着天气回山东去。(《儿女英雄传》第 32 回)

例 (c) 中，情态动词"要"后接小句宾语"趁着天气回山东去"。

从连动项之间的语义关系来看，表承接关系的有 5 例，如"丢下兵器拿把锄儿、让到书房待茶、回到下处吃了点东西"；表行为-目的关系的有 2 例，分别为"赶回店中说明原故、择定日子要趁着天气回山东去"。

⑪ [（V_1+O_1）+C] + （V_2+O_2）

在《儿女英雄传》连动式中，这类连动式用例共 4 例，如：

(a) 连忙把那颗头抢在手里，奔了那三间正房来找和尚。(《儿女英雄传》第 11 回)

(b) 说着，褚一官便起身去取纸笔。(《儿女英雄传》第 16 回)

从连动项之间的语义关系来看，表承接关系的有 2 例，分别为"起身去取纸笔、过东院去打点这些东西"；表方式关系的有 1 例，为"扬着脸儿去看那碑文"；表行为-目的关系的有 1 例，为"奔了那三间正房来找和尚"。

⑫ （V_1+C_1）+ [（V_2+C_2）+O]

在《儿女英雄传》连动式中，这类连动式用例仅 2 例，为：

(a) 所以忙得不及下场，赶来见见父母。(《儿女英雄传》第 12 回)

(b) 因说："你也过来见见姨奶奶。"(《儿女英雄传》第 15 回)

上述例句中，V_2 均为动词反复表短时态。连动项之间均为承接关系。

⑬ （V_1+O_1）+ [（V_2+O_2）+C]

在《儿女英雄传》连动式中，这类连动式用例共 5 例，如：

(a) 那和尚便引了公子奔西配殿来。(《儿女英雄传》第 5 回)

(b) 那女子这番不闪了,他把柳腰一摆,平身向右一折,那棍便擦着左肋奔了肋下去。(《儿女英雄传》第 6 回)

(c) 华忠道:"他上县城有事去了,说也就回来。"(《儿女英雄传》第 14 回)

(d) 那时候谁驾了孙猴儿的筋斗云赶你去呀!(《儿女英雄传》第 19 回)

从连动项之间的语义关系来看,表方式关系的有 1 例,为"驾了孙猴儿的筋斗云赶你去";表承接关系的有 3 例,分别为"引了公子奔西配殿来、擦着左肋奔了肋下去、弃镫离鞍下来";表解释说明关系的有 1 例,为"上县城有事去了"。

⑭ (V_1+O_1) + [AVD+ (V_2+O_2)]

在《儿女英雄传》连动式中,这类连动式用例共 7 例,如:

(a) 待要躲闪,怎奈右手里便是窗户,左手里又站着一个三儿,端着一镟子凉水在那里等着接公子的心肝五脏,再没说反倒往前迎上去的理。(《儿女英雄传》第 6 回)

(b) 说着,走到堂屋里,把那桌子上茶壶里的茶倒了半碗过来,蘸着那茶在炕桌上写了两行字。(《儿女英雄传》第 9 回)

例 (a) 中,V_2 "等"后接小句宾语"接公子的心肝五脏"。

从连动项之间的语义关系来看,表方式关系的有 2 例,如例 (b);表行为-目的关系的有 2 例,如例 (a);表因果关系的有 1 例,为"他有事不得分身";表承接关系有 1 例,为"上前向檀香炉内炷了香";表解释说明关系的有 1 例,为"有些东西要给你"。

⑮ [(V_1+C) +O] + (AVD+V_2)

在《儿女英雄传》连动式中,这类连动式用例共 6 例,如:

(a) 大家喝开了狗一看,原来是个和尚脑袋,吓了一跳。(《儿女英雄传》第 11 回)

这类连动式中,V_2 前还出现了多个状语成分连用的情况,如:

(b) 他把家中的地亩折变,带上银子同着他的奶公华忠南来。(《儿女英雄传》第 4 回)

例 (b) 中,V_2 前有 2 个状语成分,分别为介宾短语"同着他的奶公华忠"和名词"南",方位名词"南"活用作状语"往南",这是古代汉语中很常见的语言现象。

从连动项之间的语义关系来看，均为承接关系，分别为"喝开了狗一看、揉了揉眼睛一看、跳出圈子一看、掀开筐一看、掀开里间那个软帘儿往里走"。

⑯ （V₁＋C）＋［AVD＋（V₂＋O）］

在《儿女英雄传》连动式中，这类连动式用例共 7 例，如：

（a）公子才走过桥，又见桥边一个老头子，守着一个筐子，叼着根短烟袋，<u>蹲在河边在那里洗菜</u>。（《儿女英雄传》第 14 回）

（b）为了你这事，我还<u>爬下给人家磕了个头</u>。（《儿女英雄传》第 19 回）

（c）起初何尝不也弄了个香炉，焚上炉好香，<u>坐在那里收视返听的想要坐成个"十年面壁"</u>；怎禁得心里并不曾有一毫私心妄念，不知此中怎的便如万马奔驰一般，早跳下炕来了。（《儿女英雄传》第 24 回）

例（c）中，V₂"想要"后接小句宾语"坐成个'十年面壁'"。

从连动项之间的语义关系来看，这类连动式多表承接关系，共有 6 例，如"过来给他道了个万福、起来一抬头、转下来向他打了一躬"；表方式关系的有 1 例，为"蹲在河边在那里洗菜"。

⑰ （V₁＋O）＋［AVD＋（V₂＋C）］

在《儿女英雄传》连动式中，这类连动式用例共 10 例，如：

（a）便<u>回身一脚飞去</u>，早见那先生倒退一步，把手往上一绰，正托住他的脚跟，说道："公子，我这一送，你可跌倒了！"（《儿女英雄传》第 18 回）

（b）<u>进门朝灵前拜了几拜</u>，便过来见姑娘，哭眼抹泪的说了半天，大意是谢姑娘从前的恩情，道姑娘现在的烦恼。（《儿女英雄传》第 21 回）

从连动项之间的语义关系来看，表承接关系的共 7 例，如"别了十三妹迤逦行来、回头向大家说声、上前一把拉住、执手当胸拱了一拱"；表方式关系的共 2 例，分别为"巴着帘子向外望了一望、探着身子望外瞧了瞧"；表行为-目的关系的有 1 例，为"拿着银子照价取回来"。

⑱ ［AVD＋（V₁＋O₁）］＋（V₂＋O₂）

在《儿女英雄传》连动式中，这类连动式用例仅 3 例，如：

（a）原来安老爷喝酒不大吃菜，<u>只就着鲜果子小菜过酒</u>；邓九公喝起来更是鲸吞一般的豪饮，没有吃菜的空儿。（《儿女英雄传》第 15 回）

229

(b) 当日他同安公子、张金凤柳林话别的时候，原说定安公子到了淮安，等他奶公华忠到后，打发华忠来送这弹弓，找着褚一官，<u>转寻邓九公取那砚台</u>。(《儿女英雄传》第 17 回)

从连动项之间的语义关系来看，表方式关系的有 2 例，分别为"上头扎煞着两只手拦众人"和例（a）；表行为-目的关系有 1 例，为例（b）。

⑲ [AVD$_1$＋（V$_1$＋O）] ＋（AVD$_2$＋V$_2$）

在《儿女英雄传》连动式中，这类连动式用例仅 1 例，为：

回来便吩咐该房书役办稿，就<u>在岁修银两项下动支赶办</u>。(《儿女英雄传》第 2 回)

从连动项之间的语义关系来看，这类连动式为方式关系。

⑳（AVD$_1$＋V$_1$）＋ [AVD$_2$＋（V$_2$＋C）]

在《儿女英雄传》连动式中，这类连动式用例仅 1 例，为：

安老爷一旁<u>坐着断憋不住了</u>，自己说道："你们三个不用问了，等我告诉你们罢。"(《儿女英雄传》第 33 回)

从连动项之间的语义关系来看，这类连动式为承接关系。

㉑ [AVD$_1$＋（V$_1$＋O）] ＋ [AVD$_2$＋（V$_2$＋C）]

在《儿女英雄传》连动式中，这类连动式用例仅 1 例，为：

还不曾到那街口，早望见一个人扛着个被套，<u>腰里掖着根巴棍子劈面走来</u>。(《儿女英雄传》第 14 回)

从连动项之间的语义关系来看，这类连动式为方式关系。

㉒ [AVD＋（V$_1$＋C$_1$）] ＋ [（V$_2$＋C$_2$）＋O]

在《儿女英雄传》连动式中，这类连动式用例仅 1 例，为：

立起身来，又<u>从西边上去撤下那杯酒</u>，捧着作了个揖。(《儿女英雄传》第 36 回)

从连动项之间的语义关系来看，这类连动式为承接关系。

㉓ [AVD＋（V$_1$＋O$_1$）] ＋ [（V$_2$＋C）＋O$_2$]

在《儿女英雄传》连动式中，这类连动式用例仅 2 例，为：

(a) 他也乐得不分南北东西，不问张王李赵，进了门儿，<u>两只手先拉着俩嬷嬷道了阵喜</u>，然后又乱了一阵。(《儿女英雄传》第 35 回)

(b) 说着，<u>一路低着脑袋来到他屋里</u>，抓了个小枕头儿，支着耳跟台子躺下，只把条小手巾儿盖了脸，暗暗的垂泪。(《儿女英雄传》第 40 回)

从连动项之间的语义关系来看,这类连动式为方式关系。

㉔($V_1+C_1+O+C_2$)$+V_2$

在《儿女英雄传》连动式中,这类连动式用例仅 2 例,为:

(a) 直等褚一官叫了他一声,他才<u>抬起头来问</u>:"作吗呀?"(《儿女英雄传》第 17 回)

(b) 自己却又拿起袖箭来,<u>躲在东边去望着</u>。(《儿女英雄传》第 31 回)

上述例句中,补语由复合趋向词语"起……来""在……去"充当,这里的"在"实际上相当于"到",在《儿女英雄传》中,用"在"表"到"义的用例并不鲜见,从而构成 $V_1+C_1+O+C_2$ 格式,如"抬起头来""到东边去",再与第二个连动项"问""望着"连用构成连动式。

从连动项之间的语义关系来看,这类连动式均为承接关系。

㉕[AVD+($V_1+C_1+O+C_2$)]$+V_2$

在《儿女英雄传》连动式中,这类连动式用例仅 1 例,为:

他便伸手端起来,也泼在院子里,<u>重新拿进房来小解</u>。(《儿女英雄传》9 回)

上例中,复合趋向动词"进……来"分别位于宾语"房"的前后,构成 $V_1+C_1+O+C_2$ 格式"拿进房来",状语"重新"修饰整个复合趋向述补短语,再与 V_2"小解"连用构成连动式。

从连动项之间的语义关系来看,这类连动式为承接关系。

㉖(V_1+O_1)+($V_2+C_1+O_2+C_2$)

在《儿女英雄传》连动式中,这类连动式用例共 12 例,如:

(a) 只见他忙忙的把那张弹弓挂在北墙一个钉儿上,便<u>回手解下那黄布包袱来</u>,两手从脖子后头绕着往前一转,一手提了往炕上一掷,只听噗通一声,那声音觉得像是沉重。(《儿女英雄传》第 6 回)

(b) 你且让我一纳头扎在"子曰诗云"里头,等我果然把那个举人进士骗到手,就<u>铸两间金屋贮起你二位来</u>,亦无不可。(《儿女英雄传》第 32 回)

从连动项之间的语义关系来看,表承接关系的共 8 例,如"转身磕下头去、伸腿跳下炕来、带人送过点心汤来";表行为-目的关系的有 2 例,分别为"铸两间金屋贮起你二位来、择吉搬过祠堂西边那所新房去";表因果关系的有 1 例,为"出了声儿招出事来";表方式关系的有 1 例,为"弯着腰低下头去"。

231

㉗ ($V_1+C_1+O+C_2$) + (AVD+V_2)

在《儿女英雄传》连动式中，这类连动式用例共 5 例，如：

(a) 当下二人商定，便<u>站起身来摇头晃脑的走了</u>。(《儿女英雄传》第 4 回)

(b) 姑娘正在那里一面想，一面<u>端起茶来要喝</u>，戴勤家的看见，道："姑娘那茶凉了，等换换罢。"(《儿女英雄传》第 22 回)

这类连动式中，V_2 前还出现了两个状语成分，如：

(c) 那女子便把棍略松了一松，和尚险些儿不曾坐个倒蹲儿，连忙的插住两脚，<u>挺起腰来往前一挣</u>。(《儿女英雄传》第 6 回)

上述例句中，V_1 后带复合趋向补语，第一个补语成分均为"起"，但第二个补语成分都已经发生了虚化，如"站起身来摇头晃脑的走了、挺起腰来往前一挣"中，第二个补语成分"来"实际已由趋向动词"来"虚化为准助词，另外 3 例中的"来"则进一步虚化为连接性成分。

从连动项之间的语义关系来看，这类连动式均为承接关系，除了上面的例(a)、例(b)和例(c)，还有"拿起那信来一看、抬起头来一看"。

㉘ ($V_1+C_1+O_1+C_2$) + (V_2+O_2)

在《儿女英雄传》连动式中，这类连动式用例共 6 例，如：

(a) 张金凤道："记得那《大乘经》上讲的，我佛未成佛以前，在深山参修正果，见那虎饿了，便<u>割下自己的肉来喂虎</u>，见那鹰饿了，便<u>剖出自己的肠子来喂鹰</u>。"(《儿女英雄传》第 9 回)

(b) 老爷看了，早有些不耐烦，只管坐在那里，却<u>掉转头来望着别处</u>。(《儿女英雄传》第 38 回)

从连动项之间的语义关系来看，表行为-目的关系的共 4 例，分别为"割下自己的肉来喂虎、剖出自己的肠子来喂鹰、拉下手巾来擦汗、毛下腰去拣那旋子"，表承接关系的有 2 例，为"掉转头来望着别处"和"站起身来问了老师、师母的安"。

㉙ ($V_1+C_1+O+C_2$) + [AVD+(V_2+C_3)]

在《儿女英雄传》连动式中，这类连动式用例仅 1 例，为：

何小姐见公子定要他说出个道理来，趁这机会便把坐儿挪了一挪，<u>侧过身子来斜签着坐好了</u>，望着公子说道："既承清问，这话却也小小的有个道理在里头，你若不嫌絮烦，容我合你细讲。"(《儿女英雄传》第 30 回)

从连动项之间的语义关系来看,这类连动式为承接关系。

㉚ ($V_1+C_1+O+C_2$) + (V_2+C_3)

在《儿女英雄传》连动式中,这类连动式用例仅1例,为:

睁开眼来看看,但见院子里一班逃学的孩子,正在那里捉迷藏耍子,口里只嚷道:"捉!捉!捉!"(《儿女英雄传》首回)

上例中,V_1后带复合趋向补语,V_2为动词重叠形式表短时态。

从连动项之间的语义关系来看,这类连动式为承接关系。

㉛ ($V_1+C_1+O_1+C_2$) + [(V_2+C_3) +O_2]

在《儿女英雄传》连动式中,这类连动式用例共3例,如:

(a) 他见那姑娘催得紧急,便蹲在那排插的角落里,把裤子拧干,拉起衬衣裳的夹袄来擦了擦手,跳下炕来。(《儿女英雄传》第8回)

(b) 乌大爷起身,又走近前来看了看老爷的脸面,说:"老师的脸面竟还好。只是怎生碰出这等一个岔儿来!"(《儿女英雄传》第13回)

从连动项之间的语义关系来看,这类连动式均表承接关系。

(4) 连动项中的V出现3类附加成分

① {AVD_1+ [(V_1+C) +O] } + (AVD_2+V_2)

在《儿女英雄传》连动式中,这类连动式用例仅1例,为:

说着,紧紧的拉住公子的手不放松,口里还说道:"咳!这都是气运领的,无端的弄出这样大事来。"(《儿女英雄传》第12回)

从连动项之间的语义关系来看,这类连动式为补充说明关系。

② (V_1+O_1) + {AVD+ [(V_2+C) +O_2] }

在《儿女英雄传》连动式中,这类连动式用例仅3例,如:

(a) 本是雇了乘小轿来的,仍坐了那小轿飞奔回店。(《儿女英雄传》第12回)

(b) 太太又给他换上那双镯子,便拉着他细瞧了瞧手,搭讪着又看了看他胳膊上那点"守宫砂"。(《儿女英雄传》第28回)

从连动项之间的语义关系来看,表方式关系的有1例,为"含着烟袋笑嘻嘻的勾了勾头";表承接关系有2例,分别为"坐了那小轿飞奔回店、拉着他细瞧了瞧手"。

③ (V_1+O_1) + [AVD+ ($V_2+C_1+O_2+C_2$)]

在《儿女英雄传》连动式中,这类连动式用例仅3例,为:

（a）说着，就伸手在套裤里掏出一根紫竹潮烟袋来。(《儿女英雄传》第 4 回)

（b）却说那公子立起身来，站稳了，便把两只手倒转来，扶定那弓面子，跟了女子一步步的踱进房来。(《儿女英雄传》第 6 回)

（c）那长姐儿只就这阵忙乱之中，拿着镜子一溜烟躲进屋里去了。(《儿女英雄传》第 35 回)

从连动项之间的语义关系来看，例（a）为承接关系，例（b）和例（c）均为方式关系。

④（V_1+O_1）+ {AVD+ [（V_2+O_2）+C]}

在《儿女英雄传》连动式中，这类连动式用例仅 3 例，为：

（a）公子连忙退了两步，扭转身子要进房去，不觉得又回头一看。(《儿女英雄传》第 4 回)

（b）说着，拿了茶壶到厨房里沏茶去了。(《儿女英雄传》第 10 回)

（c）他那里起身要回河南来，正是张老夫妻这里带了女儿要投京东去，路上彼此岔过去了，不曾遇着。(《儿女英雄传》第 32 回)

从连动项之间的语义关系来看，这类连动式均为行为-目的关系。

2. "AVD+X_1+X_2"类连动式

(1) 连动项中的 V 为光杆动词

这里说的连动项中的 V 为光杆动词，指的就是"AVD+（V_1+V_2）"的形式。

在《儿女英雄传》连动式中，这类连动式用例不多，共 17 例，如：

（a）两个和尚笑嘻嘻的答应着去了。(《儿女英雄传》第 5 回)

（b）那十三妹把身子闪在一旁，也不来拉，也不还拜，只说了一句："这倒不敢当此大礼。"(《儿女英雄传》第 8 回)

（c）那位姑娘的住处，你不必打听，也不必去找，便找到那里，他也等闲不见外人。(《儿女英雄传》第 17 回)

这类连动式中，连动项之前还可以出现多个状语成分连用的情况，这样的用例共 6 例，如：

（d）便是这等，我也不妨合他去讲。(《儿女英雄传》第 9 回)

（e）你只别来搅，耽误人家听书。(《儿女英雄传》第 16 回)

(f) 他把那根烟袋扔在一边儿，躺下又睡，却又睡不着，<u>只一个人儿在他屋里坐着发愣</u>。(《儿女英雄传》第 40 回)

其中，"V 着 V"类连动式共有 6 例。剩下的 11 例几乎均为由"来"或"去"构成的连动式，如"不来拉、不必去找、便来救、不来周旋、不去过问"。

从连动项之间的语义关系来看，"V 着 V"类连动式均表方式关系，如"答应着去了、对瞅着笑、迎着说笑、笑着答应"，由"来"或"去"构成的连动式均表承接关系。

(2) 连动项中的 V 出现 1 类附加成分

① AVD+〔(V₁+O)+V₂〕

在《儿女英雄传》连动式中，这类连动式用例较多，共 25 例，如：

(a) <u>在外间屋里端了一碗热茶喝着</u>，呲着牙儿，不住的傻笑。(《儿女英雄传》第 12 回)

(b) 说罢，便<u>向姑娘执手鞠躬</u>，行了个半礼，姑娘也连忙把身一闪，万福相还。(《儿女英雄传》第 17 回)

(c) 书里交代过的：这张弓原是他刻不离身的一件东西，止因他母亲已故，急于要去远报父仇，<u>正等这张弓应用</u>；却不知安公子何日才得着人送还，不能久候，所以才留给邓九公。(《儿女英雄传》第 17 回)

这类连动式中，连动项之前还出现了多个状语连用的情况，这样的用例共有 5 例，如：

(d) 那跟来的店伙惦着他店里的事，送下公子，<u>忙忙的在店门口要了两张饼吃了</u>，就要回去。(《儿女英雄传》第 4 回)

(e) 安公子再三的不肯，道："姐姐，<u>你难道不留些使</u>？"(《儿女英雄传》第 10 回)

从连动项之间的语义关系来看，表承接关系的连动式有 9 例，如"在外间屋里端了一碗热茶喝着、一个人冷清清的下帷埋首"。表方式关系的有 6 例，多为"V 着/了 O+V"类结构形式，如"那人正低了头走、只抿着嘴儿笑、远远的围了个大笸箩圈儿站着、都在那里掐着指头算着"。表行为-目的关系的有 7 例，如"且不行文知照、也不拜客辞行、小人们来世也得好处托生、难道不留些使"。表解释说明关系的有 3 例，如"正有许多话说、不禁点头赞叹"。

② AVD+〔(V₁+C)+V₂〕

在《儿女英雄传》连动式中，这类连动式用例不多，共 13 例，如：

(a) 请问，<u>就这样撂下走了</u>，叫你们两家四个无依无靠的人怎么处？(《儿女英雄传》第 9 回)

(b) 正在为难，忽然想起昨日看的那副袖箭，正下了五枝箭在里头，便暗地里摸在手里，依然隐在屋门槅扇边看着。(《儿女英雄传》第 31 回)

(c) 他便赶紧跑开躲着，暗听里面的动静。(《儿女英雄传》第 31 回)

这类连动式中，V_2 还有可能以多音节词组的形式出现，但《儿女英雄传》中只出现了 1 例：

(d) 偶然也出来舍药济人，有时偶然到滕县李家镇来探望亲戚，便在那里住。(《儿女英雄传》第 40 回)

从连动项之间的语义关系来看，与 "V_1+C+V_2" 类连动式一样，这类连动式共有三种语义关系类别。其中，表行为-目的关系的共 4 例，如 "赶紧跑开躲着、偶然也出来舍药济人"；表承接关系的共 5 例，如 "就这样撂下走了、立刻跪倒请安、只合褚大娘子站在一边闲话"；表方式关系的共 4 例，如 "都插在一根麻秸棍儿上举着、呆呆的坐在那里发怔、依然隐在屋门槅扇边看着"。

③ $AVD_1 + [(AVD_2 + V_1) + V_2]$

在《儿女英雄传》连动式中，这类连动式用例仅 1 例，为：

说着，趁着月色，老两口儿连忙到厨房里去整顿。(《儿女英雄传》第 9 回)

连动项 X_1 中 V_1 "去" 的状语成分为介宾短语 "到厨房里"，连动项之间为承接关系。

④ $AVD + [V_1 + (V_2 + O)]$

在《儿女英雄传》连动式中，这类连动式用例共 22 例，如：

(a) 次后却听不见些声息，连那两个和尚也不来查看他。(《儿女英雄传》第 7 回)

(b) 他那相马的法子也与人两道：先不骑不试，止用一个钱扔在马肚子底下，他自己却向马肚子底下去拣那个钱，要那马见了他不惊不动，他才问价。(《儿女英雄传》第 18 回)

(c) 恰巧走到青云堡，走得一身大汗，口中干渴，便在安老爷当日坐过的、对着小邓家庄那座小茶馆儿歇着喝茶。(《儿女英雄传》第 21 回)

V_1 还可以由多音节词组充当，在《儿女英雄传》连动式中出现了 1 例，为：

(d) 那女子见他来势凶恶，先就单刀直入取那和尚，那和尚也举棍相迎。(《儿女英雄传》第 6 回)

这类连动式中,连动项前还出现了多个状语成分连用的情况,这样的用例共 3 例,如:

(e) 十三妹道:"嗳哟!这乡村地方儿,可那里去找个真读书种子呢?"(《儿女英雄传》第 9 回)

(f) 如今不幸老母已故,想了想,一个女孩儿家,独处空山,断非久计,莫如早去报了这段冤仇,也算了了今生大事。(《儿女英雄传》第 18 回)

与前文提到的"$AVD_1+[(AVD_2+V_1)+V_2]$"类连动式一样,这类连动式中,V_1 多为"来"或"去",这样的用例共 12 例。从连动项之间的语义关系来看,表承接关系的有 11 例,如"不来查看他、不去搪他、向西间去找他";表行为-目的关系的有 7 例,如"来世定来作你的儿女、齐来安慰公子、倒来投奔张老";表方式的有 4 例,如"在这里坐着等他、两旁侍立奉茶"。

⑤ $AVD+[V_1+(V_2+C)]$

在《儿女英雄传》连动式中,这类连动式用例共 6 例,如:

(a) 一时里外吃罢了饭,张老夫妻惦记店里无人,便忙忙告辞回去。(《儿女英雄传》第 21 回)

(b) 慌得他抓了顶帽子,拉了件褂子,一路穿着跑了出来,跪在门外。(《儿女英雄传》第 13 回)

从连动项之间的语义关系来看,表承接关系的有 5 例,如"忙忙告辞回去、重新去冠戴好了、早回头进去了";表方式关系的有 1 例,为"穿着跑了出来"。

⑥ $AVD_1+[V_1+(AVD_2+V_2)]$

在《儿女英雄传》连动式中,这类连动式用例共 10 例,如:

(a) 他尽只闹着不依。(《儿女英雄传》第 29 回)

(b) 十三妹说道:"这么大人了,要撒尿倒底说呀,怎么憋着不言语呢!"(《儿女英雄传》第 9 回)

(c) 且说那女子把那石头摞倒在平地上,用右手推着一转,找着那个关眼儿,伸进两个指头去勾住了,往上只一悠,就把那二百多斤的石头碌磕单撒手儿提了起来,向着张三、李四说道:"你们两个也别闲着,把这石头上的土给我拂落净了。"(《儿女英雄传》第 4 回)

从连动项之间的语义关系来看,表承接关系的有 4 例,如"待骑上要走、连忙回头一看、一时亲家太太也来相见";表方式关系的有 1 例,为例(c);表补充说明关系的有 5 例,均为肯否类连动式,如"怎么憋着不言语、一概壁谢不收"。

⑦ $AVD_1 + [(AVD_2 + V_1) + (AVD_3 + V_2)]$

在《儿女英雄传》连动式中,这类连动式用例仅 1 例,为:

轿子过去了良久,他还<u>在那里长跪不起</u>,两旁众人都看了他,指点着笑个不住。(《儿女英雄传》第 13 回)

上例为肯否类连动式,连动项之间为补充说明关系。

⑧ $AVD + [(V_1 + O_1) + (V_2 + O_2)]$

在《儿女英雄传》连动式中,这类连动式用例共 39 例,如:

(a) 我这里又不曾冲锋打仗,又<u>不曾放炮开山</u>,不过是我用刀砍了几个不成材的和尚,何至于就把他吓的溺了呢?(《儿女英雄传》第 8 回)

(b) 说着,自己梳洗已毕,忙穿好了衣服,先设了香案,<u>在天地前上香磕头</u>,又到祠堂、佛堂行过了礼,然后内外家人都来叩喜。(《儿女英雄传》第 1 回)

(c) 那老头儿到依实,吃了两三个饽饽,<u>一声儿不言语的就着菜吃了三碗半饭</u>。(《儿女英雄传》第 29 回)

(d) 问了半日,他言也不答,头也不回,<u>只顾低了头洗他的菜</u>。(《儿女英雄传》第 14 回)

这类连动式中,V_2 后还出现了双宾语,这类用例仅出现 1 例,为:

(e) <u>待摸着头把儿还他个旗礼</u>,又怕他不懂,更弄糟了。(《儿女英雄传》第 37 回)

这类连动式中,连动项前还出现了多个状语成分连用的情况,这样的用例有 3 例,为:

(f) 这其间张姑娘心细,听了这话,便问十三妹道:"姐姐,你方才苦苦的不肯说个实在姓名住处,将来给你送这弹弓来,便算人人知道有个十三妹姑娘,<u>到底向那里寻你交代这件东西</u>?"(《儿女英雄传》第 10 回)

(g) 华忠<u>早在那里摘了帽子碰头</u>,说:"奴才华忠闪下奴才大爷,误了老爷的事,奴才该死!只求老爷的家法!"(《儿女英雄传》第 14 回)

(h) 太太这个当儿是听他说了句"舍不得太太",<u>早已眼泪汪汪的那儿从袖口儿里掏小手巾儿擦眼泪</u>,一面又要手纸擤鼻子。(《儿女英雄传》第 40 回)

从连动项之间的语义关系来看,这类连动式多表承接关系,共 25 例,如"一定下山拦路、在天地前上香磕头";表方式关系的共 7 例,均为由"着"构成的连动式,如"在那里捂着脸擦眼泪、在盖头里低着头看着地下";表行为-目的关系的共 4 例,如"给你做个媒提一门亲、合他滴水为誓、又向褚大娘子作揖答礼";表解释说明关系的共 3 例,均为"有"字连动式,如"这里有四句偈言吩咐你、可没法儿留他"。

⑨ $AVD + [(V_1 + C_1) + (V_2 + C_2)]$

在《儿女英雄传》连动式中,这类连动式用例共 11 例,如:

(a) 张金凤听了,忙站起来福了一福,道:"原来是位千金小姐!"(《儿女英雄传》第 8 回)

(b) 安老爷忙着赶上拉住,说:"九哥,待要怎的?"(《儿女英雄传》第 31 回)

(c) 连忙搁下烟袋,拿起半碗儿凉茶来漱了漱口,才待上去打听打听。(《儿女英雄传》第 40 回)

从连动项之间的语义关系来看,所有连动式均表承接关系,如"早退回去坐下、偶然出来走走、不曾出去看看"。

⑩ $AVD_1 + [(V_1 + C) + (AVD_2 + V_2)]$

在《儿女英雄传》连动式中,这类连动式用例共 10 例,如:

(a) 没奈何,一个人踽踽凉凉站在云端里一望,才看出云外那座天。(《儿女英雄传》首回)

(b) 那先生听了,安然坐在那里不动。(《儿女英雄传》第 17 回)

(c) 安太太大家却关了风门子,都躲在破窗户洞儿跟前望外看。(《儿女英雄传》第 31 回)

这类连动式中,连动项前也出现了多个状语成分连用的情况,这样的用例有 1 例,为:

(d) 因又一样一样拿起来细看。(《儿女英雄传》第 40 回)

从连动项之间的语义关系来看,连动项之间大多为方式关系,共有 8 例,如"都伏在地下痛哭、依然坐在那里干笑、都站在里间帘儿边向外看";表补充说明关系的有 2 例,均为肯否类连动式,分别为"就算我也丢下不要了、安然坐在那里不动"。

⑪ $AVD_1 + [(AVD_2 + V_1) + (V_2 + O)]$

在《儿女英雄传》连动式中,这类连动式用例共 5 例,如:

（a）如今到外头去作官，自然非家居可比，也得学些圆通。（《儿女英雄传》第 2 回）

（b）也只略梳了梳头，罩上块蓝手巾，先叫人去看儿子、媳妇，恰恰的他三个前来问安。（《儿女英雄传》第 31 回）

这类连动式中，连动项前可以有多个状语成分连用，这样的用例有 3 例，如：

（c）也最可怜的是，他见过乌大人之后，不曾等安老爷交官项，早替他虚出通关，连夜发了折子，奏请开复，想在钦差跟前作个大大的情面。（《儿女英雄传》第 13 回）

（d）偶然也出来舍药济人，有时偶然到滕县李家镇来探望亲戚，便在那里住。（《儿女英雄传》第 40 回）

从连动项之间的语义关系来看，连动项之间均为行为-目的关系。

⑫ $AVD_1 + [（V_1+O）+（AVD_2+V_2）]$

在《儿女英雄传》连动式中，这类连动式用例共 22 例，如：

（a）心里说道："我那等说，安伯父还要这等过费，岂不叫我愈多受恩愈难图报！"一时跟了殡慢慢的前进。（《儿女英雄传》第 23 回）

（b）至于我这孝，虽说是脱不下来，这样跟了伯父、伯母同行，究竟不便。（《儿女英雄传》第 20 回）

（c）那十三妹也不举刀相迎，只把身子顺转来，翻过腕子，从鞭底下用刀刃往上一磕，唰，早把周三的鞭削作两段！（《儿女英雄传》第 15 回）

这类连动式中，连动项前也出现了多个状语成分连用的情况，这样的用例共 4 例，如：

（d）到了次日早起，张老、程相公依然同了一众家人护了家眷北行，去到茌平那座悦来老店落程住下。（《儿女英雄传》第 14 回）

（e）及至到了里面，我一面参灵礼拜，假如他还过礼，依然孝子一般伏地不起，难道我好上前拉他起来合我说话不成？（《儿女英雄传》第 16 回）

从连动项之间的语义关系来看，这类连动式大多表承接关系，共 13 例，如"只提了壶开水在门外候着、只管上前合他搭话"；表方式关系的共 7 例，如"院子里四个骡子守着个草帘子在那里啃、都扬着脑袋向那乾清门上望着、只从玻璃里指着他暗笑"；表补充说明关系的有 2 例，分别为"眼前辞官不作、一纳头的杜门不出"。

⑬ AVD+ [（V₁+C）+（V₂+O）]

在《儿女英雄传》连动式中，这类连动式用例共12例，如：

（a）往往遇着孤身客人，半夜出来劫他的资财，不就害人性命，甚至关藏妇女在内。（《儿女英雄传》第7回）

（b）一面叫跟的人先过那边去伺候，又留人在这边照看东西，自己便同姑娘出去上了车。（《儿女英雄传》第24回）

（c）那班仆妇丫鬟却远远的排在那边跪安，安老爷都不及招呼了。（《儿女英雄传》第40回）

其中，2个连动项还可以共同受2个状语成分的修饰，这样的用例有1例，为：

（d）安老爷笑道："怎么敢惊动亲家呢！此去我保不定耽搁一半天，家眷自然就在茌平住下听信。"（《儿女英雄传》第14回）

例（d）中，连动式"住下听信"前有2个修饰成分，分别为语气副词"自然"和介宾短语"在茌平"。

从连动项之间的语义关系来看，表承接关系的有7例，如"同姑娘出去上了车、半夜出来劫他的资财、自己起来倒了一碗、在茌平住下听信"；表行为-目的关系的有5例，如"这边儿坐下歇歇腿儿、早些拿出来还人家、次日上去谢恩"。

⑭ AVD+ [（V₁+O）+（V₂+C）]

在《儿女英雄传》连动式中，这类连动式用例共23例，如：

（a）怒轰轰的走进房去，把外面大衣甩了，又拿了一根大绳出来，往公子的胸前一搭，向后抄手绕了三四道，打了一个死扣儿，然后拧成双股，往腿下一道道的盘起来，系紧了绳头。他便叫："三儿，拿家伙来！"（《儿女英雄传》第5回）

（b）才要问话，听得头门炮响，钦差早已到门，连忙开暖阁迎了出来。（《儿女英雄传》第13回）

（c）只苦了安公子，脚后跟走的磨了两个大泡，两腿生疼，在那里抱着腿哼哼。（《儿女英雄传》第22回）

这类连动式中，连动项之前也出现了多个状语连用的情况，这样的用例共有3例，如：

（d）那时我同你父母大家笑了一回，你那奶娘早给你换了衣裳抱来。（《儿女英雄传》第19回）

从连动项之间的语义关系来看,多表承接关系,共 17 例,如"连忙踹门进去、忙忙的换衣回去、依然垂头坐下";表方式关系的共 6 例,如"我这里拍着窗户吆喝了两声、从下路扫着他踝子骨打来颤巍巍扶着机凳儿跪下去"。

(3) 连动项中的 V 出现 2 类附加成分

① AVD+｛［(V$_1$+C)+O］+V$_2$｝

在《儿女英雄传》连动式中,这类连动式用例不多,共 4 例,如:

(a) 却说安老爷拣完了字纸,自己也累了一脑门子汗,<u>正在掏出小手巾儿来擦着</u>。(《儿女英雄传》第 38 回)

(b) 一会儿又说:"没外人在这里,<u>只管盘上腿儿坐着</u>,看压麻了脚。"(《儿女英雄传》第 20 回)

(c) 这两句禅语听了去好像个葫芦提,列公,你只闭上眼睛想:作了一个人,文官到了入阁拜相,武官到了奏凯成功,以至才子登科,佳人新嫁,岂不是人生得意的事?(《儿女英雄传》第 18 回)

(d) 就防你一时想左了,信不及这位假尹先生的话;一个不信,你嘴里只管答应着,心里憋主意,半夜里一声儿不言语,<u>仍嗍骑上那头一天五百里脚程的驴儿走了</u>!(《儿女英雄传》第 19 回)

从连动项之间的语义关系来看,除了"只管盘上腿儿坐着"表方式关系外,另外 3 例均表承接关系。

② AVD+｛［(V$_1$+O)+C］+V$_2$｝

在《儿女英雄传》连动式中,这类连动式用例仅 2 例,为:

(a) 谁如那些有字号的大买卖行中苦苦的不放,<u>都隔年下了关书聘金来请</u>,只得又走了五年。(《儿女英雄传》第 15 回)

(b) 这班人自从他见面赏下假来那日,<u>早已纷纷具帖来请</u>。(《儿女英雄传》第 40 回)

从连动项之间的语义关系来看,这类连动式为行为-目的关系。

③ AVD+［(V$_1$+C$_1$+O+C$_2$)+V$_2$］

在《儿女英雄传》连动式中,这类连动式用例仅 2 例,为:

(a) <u>重新探进手来摸</u>。(《儿女英雄传》第 31 回)

(b) 他接过那封信去,且自不看,先拿眼镜儿,又擦眼镜儿,然后这才戴上眼镜儿;好容易戴上眼镜儿了,且<u>不急急的抽出那封信来看</u>,先自细看那封信信面上的字。(《儿女英雄传》第 40 回)

上述例句中,补语分别由复合趋向词语"进……来""出……来"充当,构成 V$_1$+C$_1$+O+C$_2$ 格式"探进手来""抽出那封信来",再与 V$_2$ "摸""看"连用构成连动式。

从连动项之间的语义关系来看，这类连动式为承接关系。

④ $AVD_1 + \{V_1 + [AVD_2 + (V_2 + O)]\}$

在《儿女英雄传》连动式中，这类连动式用例共5例，如：

(a) 你算，我家虽不是查不出号儿来的人家，现在通共就是我这样一个七品大员，无端的去合这等阔人家儿去作亲家，已经不必；况且我打听得姑娘脾气骄纵，相貌也很平常。(《儿女英雄传》第2回)

(b) 原来外省的怯排场，大凡大宪来拜州县，从不下轿，那县官倒隐了不敢出头，都是管门家丁同着简房书吏老远的迎出来，道旁迎着轿子，把他那条左腿一跪，把上司的拜贴用手举的过顶钻云，口中高报，说："小的主人不敢当大人的宪驾。"(《儿女英雄传》第13回)

(c) 其中有膀子蛮力的，不去靠弓马干功名，偏喜作个山闯子，流为强盗。(《儿女英雄传》第40回)

这类连动式中，还出现了V_2后带双宾语的情况，有1例，为：

(d) 老爷见他问的不像无意闲谈，开口便道："我这弹弓是此地十三妹的东西，因我这孩子前番在路上遇了歹人，承这十三妹救了性命，赠给盘缠，又把这张弹弓借与他护送上路，我父子受他这等的好处，故此特地来亲身送还他这张弹弓；又晓他合你尊翁邓九公有师徒之谊，因此来找你们褚一爷，引见九公，问明了那十三妹的门户，好去谢他一谢。"(《儿女英雄传》第14回)

V_1多为"来"或"去"，且语义都已有一定程度的虚化，不是很典型的动词用法，其中例(a)中第二个"去"已虚化为句间连词，不表实义。从连动项之间的语义关系来看，由"来"或"去"构成的连动式有4例，均表承接关系，剩下1例为肯否类连动式，表补充说明关系。

⑤ $AVD + \{V_1 + [(V_2 + C) + O]\}$

在《儿女英雄传》连动式中，这类连动式用例仅2例，为：

(a) 所以我的主意，打算暂且不带家眷，我一个人带上几个家人，轻骑减从的先去看看路数。(《儿女英雄传》第2回)

(b) 我想只有今日一天，明日是个伴宿，这些远村近邻的必都来上上祭，怕没工夫。(《儿女英雄传》第17回)

上述例句中，V_2均为动词重叠形式，分别表短时态和尝试态。

从连动项之间的语义关系来看，这类连动式为承接关系。

⑥ $AVD + \{(V_1+O_1) + [(V_2+C)+O_2]\}$

在《儿女英雄传》连动式中，这类连动式用例共 3 例，为：

（a）<u>正闭着眼睛背到这里</u>，只觉得一个冰凉挺硬的东西在嘴唇上哧溜了一下子，吓了一跳。（《儿女英雄传》第 4 回）

（b）何况这位姑娘守身若玉，励志如冰，便说身入空门，<u>又那里给他找荣国府送进栊翠庵</u>，让他作"槛外人"去呢？（《儿女英雄传》第 23 回）

（c）唱完了，只见他把渔鼓简板横在桌子上，站起来，<u>望着众人转着圈儿拱了拱手</u>，说道："献丑！献丑！"（《儿女英雄传》第 38 回）

从连动项之间的语义关系来看，例（a）和例（c）为方式关系，例（b）为承接关系。

⑦ $AVD_1 + \{[AVD_2+(V_1+O)] + (V_2+C)\}$

在《儿女英雄传》连动式中，这类连动式用例仅 2 例，为：

（a）公子便<u>在父亲屋里小床上另打了一铺睡下</u>。（《儿女英雄传》第 13 回）

（b）我连忙<u>满满的斟了盅热酒送过去</u>。（《儿女英雄传》第 16 回）

从连动项之间的语义关系来看，这类连动式均为承接关系。

⑧ $AVD_1 + \{[(V_1+C)+O] + (AVD_2+V_2)\}$

在《儿女英雄传》连动式中，这类连动式用例仅 2 例，为：

（a）安公子也上了牲口，<u>仍旧背上弹弓同行</u>。（《儿女英雄传》第 11 回）

（b）却说邓九公收拾完了出去，十三妹便也合褚大娘子<u>蹑足潜踪的走到那前厅窗后窃听，又用簪子扎了两个小窟窿望外看着</u>。（《儿女英雄传》第 17 回）

从连动项之间的语义关系来看，这类连动式均为承接关系。

⑨ $AVD_1 + \{(V_1+C_1+O+C_2) + [AVD_2+(V_2+C_3)]\}$

在《儿女英雄传》连动式中，这类连动式用例仅 1 例，为：

只是<u>一会儿价回过头来往后看看</u>，拿我这么一个人，竟缺少条坟前拜孝的根，我这心里可有点子怪不平的。（《儿女英雄传》第 32 回）

从连动项之间的语义关系来看，这类连动式为承接关系。

⑩ $AVD + \{[(V_1+C_1)+O] + (V_2+C_2)\}$

在《儿女英雄传》连动式中，这类连动式用例共 4 例，如：

(a) 直睡到三更醒来，因要下地小解，便披上斗篷，就<u>睡鞋上套了双鞋下来</u>。(《儿女英雄传》第 31 回)

(b) 那长姐儿<u>早磕完了头站起来</u>，他此时也用不着老爷、太太再说了，便忙过去给二位大奶奶磕头。(《儿女英雄传》第 40 回)

从连动项之间的语义关系来看，这类连动式均为承接关系。

⑪ AVD+｛［（V₁+C）+O₁］+（V₂+O₂）｝

在《儿女英雄传》连动式中，这类连动式用例仅 2 例，为：

(a) 那巡捕接了，偷眼一看，手本上端恭小楷写着"受业乌明阿"一行字，<u>连忙飞奔到门投帖</u>。(《儿女英雄传》第 13 回)

(b) 顾肯堂见他进来，<u>连忙放下琵琶让坐</u>。(《儿女英雄传》第 18 回)

从连动项之间的语义关系来看，这类连动式均为承接关系。

⑫ AVD+｛［（V₁+O₁）+C］+（V₂+O₂）｝

在《儿女英雄传》连动式中，这类连动式用例共 4 例，如：

(a) 这个当儿，<u>恰好那跑堂儿的提了开水壶来沏茶</u>，公子便自己起来倒了一碗，放在桌子上晾着。(《儿女英雄传》第 4 回)

(b) 讲我们这些开店的，仗的是天下仕宦台，<u>那怕你进店来喝壶茶、吃张饼</u>，都是我的财神爷，再没说拿着财神爷往外推的。(《儿女英雄传》第 5 回)

例（b）中，"进店来喝壶茶、吃张饼"中的"喝壶茶、吃张饼"是"V₂+O₂"的重复。

从连动项之间的语义关系来看，表承接关系的有 2 例，如"恰好那跑堂儿的提了开水壶来沏茶"；表方式关系的有 1 例，为"亲自拿着那个匣儿去回父母"；表行为-目的关系的有 1 例，为"一定进京来看姑娘"。

⑬ AVD+｛（V₁+C₁）+［（V₂+C₂）+O］｝

在《儿女英雄传》连动式中，这类连动式用例仅 1 例，为：

只要遇着一个大量，<u>合他老人家坐下说入了彀</u>，大概那人说西山煤是白的，他老人家也断不肯说是灰色的，说太阳从西边儿出来，他老人家也断不肯说从西南犄角儿出来。(《儿女英雄传》第 14 回)

从连动项之间的语义关系来看，这类连动式均为承接关系。

⑭ AVD₁+｛（V₁+O₁）+［AVD₂+（V₂+O₂）］｝

在《儿女英雄传》连动式中，这类连动式用例共 7 例，如：

（a）这日饭后，<u>正拿了一本《周易》在那里破闷</u>，只听墙外人声说话，像有客来的光景。(《儿女英雄传》第 12 回)

（b）姑娘低头听完了那四句偈言，<u>正待抬头细问原由</u>，只见上面坐的那里是他父母？却是三间城隍殿的寝宫，案上供着泥塑的德州城隍合元配夫人，两边排列着许多鬼判。(《儿女英雄传》第 22 回)

从连动项之间的语义关系来看，表方式关系的有 3 例，分别为"正拿着个升给他打钱、只拿着条小手巾儿不住的擦眼泪、只围着他悄悄儿的劝他"；表承接关系的有 2 例，为"正待抬头细问原由、现在奉旨到此访察一桩公事"；表行为-目的关系的有 1 例，为"正拿了一本《周易》在那里破闷"；表补充说明关系的有 1 例，为"只低了头不则一声"。

⑮ $AVD_1 + \{(V_1+O) + [AVD_2 + (V_2+C)]\}$

在《儿女英雄传》连动式中，这类连动式用例仅 2 例，为：

（a）这若依了那褚大娘子昨日笔谈的那句甚么"何不如此如此"的话，再加上邓九公大敞辕门的一说，<u>管情费了许多的精神命脉说《列国》似的说了一天</u>，从这句话起，有个翻脸不回京的行市！(《儿女英雄传》第 19 回)

（b）那御史<u>果然觑着双近视眼给他查出来</u>，看了看，便拿在手里合他道："你有卷子却有了。"(《儿女英雄传》第 34 回)

从连动项之间的语义关系来看，这类连动式均为方式关系。

⑯ $AVD_1 + \{(V_1+C) + [AVD_2 + (V_2+O)]\}$

在《儿女英雄传》连动式中，这类连动式用例仅 3 例，为：

（a）再偶然一个擒不着，他便高飘远举，宁可老死空山，<u>再不飞回来重受那鹰师的喂养</u>。(《儿女英雄传》第 16 回)

（b）这日直磨到二鼓才回房来，金、玉姊妹<u>连忙站起迎着让坐</u>。(《儿女英雄传》第 32 回)

（c）那长姐儿早磕完了头站起来，他此时也用不着老爷、太太再说了，<u>便忙过去给二位大奶奶磕头</u>。(《儿女英雄传》第 40 回)

例（a）中，小句"那鹰师的喂养"充当 V_2 "受"的宾语成分。从连动项之间的语义关系来看，这类连动式均为承接关系。

⑰ $AVD + \{(V_1+C_1) + [(V_2+O) + C_2]\}$

在《儿女英雄传》连动式中，这类连动式用例仅 1 例，为：

玉凤姑娘说："你到底忙的是甚么，这等慌神似的？"一句话没说完，褚大娘子<u>早站起来出舱去了</u>。(《儿女英雄传》第 22 回)

从连动项之间的语义关系来看，这类连动式为承接关系。

⑱ $AVD+\{[(V_1+O_1)+C_1]+[(V_2+C_2)+O_2]\}$

在《儿女英雄传》连动式中，这类连动式用例仅1例，为：

张金凤见了，这才忙忙的袖手进去解下裙子，退了中衣，用外面长衣盖严，然后蹲下去鸦雀无声的小解。(《儿女英雄传》第9回)

从连动项之间的语义关系来看，这类连动式为承接关系。

⑲ $AVD_1+\{(V_1+C_1)+[AVD_2+(V_2+C_2)]\}$

在《儿女英雄传》连动式中，这类连动式用例仅1例，为：

说的大家大笑，他自己也不禁伏在安太太怀里吃吃的笑个不住。(《儿女英雄传》第20回)

从连动项之间的语义关系来看，这类连动式为承接关系。

(4) 连动项中的 V 出现3类附加成分

① $AVD+((V_1+O_1)+(AVD+((V_2+O_2)+C)))$

在《儿女英雄传》连动式中，这类连动式用例仅1例，为：

这个当儿，见了从京里回来的乡亲们，十个倒有八个讲究说："咱们这里的张老实前去上京东投亲，不想在半路招了个北京官宦人家的女婿，现在跟了女婿到京城享福去了。"(《儿女英雄传》第32回)

从连动项之间的语义关系来看，这类连动式为承接关系。

② $AVD_1+((V_1+O_1)+(AVD_2+((V_2+C)+O_2)))$

在《儿女英雄传》连动式中，这类连动式用例仅1例，为：

华忠"嗐"了一声，见那边还有许多耍狗熊、耍耗子的，他看那光景，禁不得再去撒冤去了，便一直引着老爷从文昌阁后身儿绕到东边儿。(《儿女英雄传》第38回)

从连动项之间的语义关系来看，这类连动式为承接关系。

3. "X_1+X_2+O"类连动式

这类由2个连动项连用构成的连动式，由2个连动项连用后再附加共同的宾语成分构成，在《儿女英雄传》中共出现2例。具体用例情况如下。

① $[V_1+V_2]+O$

在《儿女英雄传》连动式中，这类连动式用例仅1例，为：

后来遇着施世纶施按院放了漕运总督，收了无数的绿林好汉，查

拿海寇，这几个人既在水面上安身不牢，又不肯改邪归正跟随施按院，便改了旱路营生。(《儿女英雄传》第21回)

② AVD+［V_1+V_2］+O

在《儿女英雄传》连动式中，这类连动式用例仅1例，为：

这部《儿女英雄传》却从来不着这等污秽笔墨，只替他两个点窜删改了前人两联旧句：安公子这边是"除却金丹不羡仙，曾经玉液难为水"；珍姑娘那边便是"但能容妾消魂日，便算逢郎未娶时"，如斯而已。(《儿女英雄传》第40回)

4. "X_1+X_2+C"类连动式

这类由2个连动项连用构成的连动式，由2个连动项连用后再附加共同的补语成分构成，具体用例情况如下.

① （V_1+V_2）+C

在《儿女英雄传》连动式中，这类连动式用例仅2例，为：

(a) 班头想了想，说："也只得如此。小的们遵太老爷的吩咐，就去办去。"(《儿女英雄传》第11回)

(b) 那边便收拾家伙，下人拣了吃去。(《儿女英雄传》第16回)

② ［（V_1+C_1）+（V_2+O）］+C_2

在《儿女英雄传》连动式中，这类连动式用例仅1例，为：

褚一官道："我的亲戚儿？我从那里来这么一门子亲戚儿呀？"说着，穿戴好了，便出去见那人去了。(《儿女英雄传》第17回)

③ ［V_1+（V_2+C_1）］+C_2

在《儿女英雄传》连动式中，这类连动式用例仅1例，为：

纪献唐道："他会弹琵琶？走，咱们去看看去。"(《儿女英雄传》第18回)

这类连动式只有上述1例，V_2为重叠形式，表尝试态。
从连动项之间的语义关系来看，这类连动式为承接关系。

④ ［V_1+（V_2+O）］+C

在《儿女英雄传》连动式中，这类连动式用例仅2例，为：

(a) 有个原故：原来那刘住儿的妈在宅外头住着，刘住儿回家，就奔着哭他妈去了。(《儿女英雄传》第3回)

(b) 落后来他的儿作了官，来找他父亲来，听说没了，他就挨门打听那埋的地方，也没人儿知道。(《儿女英雄传》第22回)

⑤ [（V_1+O）+V_2] +C

在《儿女英雄传》连动式中，这类连动式用例仅1例，为：

不日批折回来，那谈尔音便忙忙交官项上库，送家眷回乡，剩了个空人儿，赴军台效力去了。(《儿女英雄传》第13回)

⑥ [AVD+（V_1+O）+V_2] +C

在《儿女英雄传》连动式中，这类连动式用例仅1例，为：

那妇人也要挨着他坐，他喝声道："你另找地方坐去！"(《儿女英雄传》第7回)

⑦ [（AVD+V_1）+（V_2+O）] +C

在《儿女英雄传》连动式中，这类连动式用例仅1例，为：

安老爷将说完这话，舅太太便道："得了，收拾收拾，二位快坐下，让人家孩子磕头罢。我也家去等着陪姑爷去了！"(《儿女英雄传》第36回)

连动项 X_1 "家去"中的名词"家"活用充当状语，连动项 X_2 "等着陪姑爷"中的"陪姑爷"是小句充当宾语成分，趋向动词"去"对连动项 X_1 和 X_2 同时进行补充说明。

"X_1+X_2+C"类连动式共计上述7个小类，9个用例，连动项 X 的成分一般较为简单，多为单个动词，且多为典型位移动词"来"或"去"，而连动项 X_1 和 X_2 之后的补语成分仅限于虚化了的"来"或"去"。

从连动项之间的语义关系来看，这类连动式均为承接关系。

5. "AVD+X_1+X_2+C"类连动式

① AVD+ [V_1+V_2] +C

在《儿女英雄传》中，这类连动式用例仅1例，为：

二则，既作绿林大盗，便与那偷猫盗狗的不同，也断不肯悄悄儿的下来，放这枝响箭，就如同告诉那行人说："我可来打劫来了！"(《儿女英雄传》第11回)

上例中，X_1 为"来"，X_2 为"打劫"，两个连动项之前的修饰成分为语气副词"可"，之后的补语成分为趋向动词"来"。

② AVD+［V₁+（V₂+O）］+C

在《儿女英雄传》中，这类连动式用例共 3 例，为：

（a）只得听他父亲说道："姑娘，我一家子的性命都是你给的，你说甚么有个不愿意的。只是这个地方，这个时候，<u>那里去说亲去</u>呀？"（《儿女英雄传》第 9 回）

（b）说完，他依然<u>去喂驴去了</u>。（《儿女英雄传》第 12 回）

（c）大伙儿可就<u>去求他老人家去了</u>。（《儿女英雄传》第 22 回）

上面的例句中，X₁ 均为"去"，X₂ 分别为"说亲""喂驴""求他老人家"，两个连动项之前的修饰成分分别为副词"那里""依然""可"，之后的补语成分均为趋向动词"去"。

③ AVD+［(V₁+C₁) + (V₂+O)］+C₂

在《儿女英雄传》中，这类连动式用例仅 2 例，为：

（a）偏值晋升又<u>出去买东西去了</u>，虽有两个打杂的在那里，他又不认得公子。（《儿女英雄传》第 12 回）

（b）不下雨，求求他，天就下雨；不收成，求求他，地就收成；有了蝗虫，求求他，那蝗虫就都<u>飞在树上吃树叶子去了</u>，不伤那庄稼；到了谁家为老的病去烧炷香、许个愿，更有灵应。（《儿女英雄传》第 22 回）

上面的例句中，X₁ 分别为"出去"和"飞在树上"，X₂ 分别为"买东西"和"吃树叶子"，2 个连动项之前的修饰成分分别为副词"偏值""又""都"，之后的补语成分均为趋向动词"去"。

"AVD+X₁+X₂+C"类连动式共计上述 3 个小类，6 个用例。与"X₁+X₂+C"类连动式相似，"AVD+X₁+X₂+C"连动项 X 的构成成分也都较为简单，多为单个动词，以典型位移动词"来"或"去"最为常见，连动项之后的补语成分仅限于"来"或"去"，连动项之前的状语成分多为语气副词。这类连动式中，连动项之间的关系多为承接关系或行为-目的关系。

（二）由 3 个连动项连用构成的连动式

由 3 个连动项连用构成的连动式，在《儿女英雄传》中分属 3 种结构形式："X₁+X₂+X₃""AVD+X₁+X₂+X₃""X₁+AVD+X₂+X₃"。下面逐一进行考察分析。

1. "X₁+X₂+X₃"类连动式

(1) 连动项中的 V 为光杆动词

这里说的连动项中的 V 为光杆动词，指的就是"V₁+V₂+V₃"的形式。

这类连动式在《儿女英雄传》中仅1例,为:

公子也来请安问候,都不必细说。(《儿女英雄传》第1回)

(2) 连动项中的 V 出现 1 类附加成分

① V_1 + (V_2+O) + V_3

连动项 X_1、X_2 和 X_3 分别由 V_1、V_2+O 和 V_3 构成。这类连动式在《儿女英雄传》中仅2例,如:

一时彼此无心遇见,公子一把拉着嬷嬷爹,华忠才想起给公子请安,随缘儿又哭着围着他老子问长问短。(《儿女英雄传》第14回)

上面的例句中,V_3 为词组"问长问短"。

② (V_1+O_1) + V_2 + (V_3+O_2)

这类连动式在《儿女英雄传》中仅2例,为:

(a) 随后华忠又打发了鲍老,便一人跟着公子起行上路。(《儿女英雄传》第3回)

(b) 当下张老同了晋升、戴勤一班人,带着人去查西路;张进宝便同了华忠、梁材带人进了东游廊门。(《儿女英雄传》第31回)

③ V_1 + (V_2+O_1) + (V_3+O_2)

这类连动式在《儿女英雄传》中仅1例,为:

这日安老爷虽不曾知会外客,有等知道的,也来送礼道贺。(《儿女英雄传》第13回)

④ (V_1+O) + V_2 + (AVD+V_3)

这类连动式在《儿女英雄传》中仅1例,为:

当下安太太同玉凤姑娘同坐一辆,张太太同金凤姑娘同坐一辆,安老爷看众人都上了车,自己才上车,带了戴勤等护送同行。(《儿女英雄传》第22回)

⑤ (V_1+O_1) + (V_2+O_2) + (V_3+O_3)

这类连动式在《儿女英雄传》中共3例,如:

这一个水灾,也不知伤了多少民田民命!地方大吏飞章入奏请帑,并请拣发知县十二员到工差遣委用。(《儿女英雄传》第1回)

⑥ (V_1+O_1) + (V_2+O_2) + V_3

这类连动式在《儿女英雄传》中仅1例,为:

华忠道:"老爷找他有甚么话说?"(《儿女英雄传》第14回)

⑦ (V_1+O_1) + (V_2+O_2) + (V_3+C)
这类连动式在《儿女英雄传》中共3例，如：

舅太太一把拉住说："好个外外姐姐！我自从那天听见华忠说了，就盼你们，再盼不到，今日可见着了！"说着，<u>拉了安太太进舱坐下</u>。（《儿女英雄传》第22回）

⑧ ($AVD+V_1$) + (V_2+O_1) + (V_3+O_2)
这类连动式在《儿女英雄传》中仅2例，为：

(a) 这个当儿，见了从京里回来的乡亲们，十个倒有八个讲说："咱们这里的张老实前去上京东投亲，不想在半路招了个北京官宦人家的女婿，<u>现在跟了女婿到京城享福去了</u>。"（《儿女英雄传》第32回）

(b) 金、玉姊妹两个答应一声，忙着去净了手，<u>便到佛堂去烧香许愿</u>。（《儿女英雄传》第40回）

⑨ (V_1+O_1) + (V_2+O_2) + (V_3+C)
这类连动式在《儿女英雄传》中仅1例，为：

公子<u>擦着眼泪低头想了一想</u>，说："有那样的，就从这里打发人去约他来，再见见你，不更妥当吗？"（《儿女英雄传》第3回）

⑩ (V_1+C) + (V_2+O_1) + (V_3+O_2)
这类连动式在《儿女英雄传》中仅1例，为：

一会儿又是这股绳打松了，一会儿又是那个扣儿绕背弓了，自己<u>上去攥着根绳子绾那扣儿</u>，用手煞了又煞，用脚踹了又踹，口里还说道："难为你还冲行家呢，到底儿劣把头么！"（《儿女英雄传》第17回）

⑪ (V_1+C) + (V_2+O) + ($AVD+V_3$)
这类连动式在《儿女英雄传》中仅1例，为：

那人正低了头走，肩膀上行李又沉，走得满头大汗，不防有人扯了他一把，倒吓了一跳，<u>站住抬头一看</u>，见是个向他问路的，他一面拉下手巾来擦汗，一面陪个笑儿道："老乡亲，我也是个过路儿的。"（《儿女英雄传》第14回）

⑫ (V_1+O_1) + (V_2+C) + (V_3+O_2)
这类连动式在《儿女英雄传》中仅1例，为：

只是哭得粉光惨淡，鬓影蓬松，<u>低头坐在那里垂泪</u>，看着好生令人不忍。（《儿女英雄传》第7回）

⑬ (V_1+O_1) + (V_2+O_2) + (AVD+V_3)
这类连动式在《儿女英雄传》中仅 2 例，为：

(a) 太太听了，只含泪点头不语。(《儿女英雄传》第 40 回)
(b) 说罢，只皱了眉歪着头儿在那里呆想。(《儿女英雄传》第 40 回)

⑭ (V_1+O) + (V_2+C) + (AVD+V_3)
这类连动式在《儿女英雄传》中仅 2 例，为：

(a) 这个当儿，张姑娘还低着头站在当地不动，他母亲道："姑娘，你这边儿坐下歇歇腿儿罢。"(《儿女英雄传》第 10 回)
(b) 安老爷合张老爷便在迎门靠桌坐下，安太太便陪张太太在南间挨炕坐下，姑娘便拉了张姑娘坐在靠墙凳儿上相陪。(《儿女英雄传》第 24 回)

(3) 连动项中的 V 出现 2 类附加成分
① [AVD+(V_1+O_1)] + V_2 + (V_3+O_2)
这类连动式在《儿女英雄传》中仅 1 例，为：

在安公子，是个尊重诚实少年，此时只望那穿红的姑娘说明来历，商个办法，早早的上路去见他父母，两只眼并不曾照到张金凤身上。(《儿女英雄传》第 8 回)

② V_1 + (V_2+O_1) + [(V_3+C)+O_2]
这类连动式在《儿女英雄传》中仅 1 例，为：

等到那轮皓月复了圆，又携手并肩倚着门儿望了回月，见那素彩清辉，益发皓洁圆满，须臾，一层层现出五色月华来。(《儿女英雄传》第 34 回)

上例中，V_1 为多音节词组"携手并肩"。

③ (V_1+O_1) + (V_2+O_2) + ($V_3+C_1+O_3+C_2$)
这类连动式在《儿女英雄传》中仅 1 例，为：

那白脸儿狼说着，把骡子加上一鞭子，那骡子便凿着脑袋使着劲奔上坡去，晃的脖子底下那个铃铛稀啷哗啷山响。(《儿女英雄传》第 5 回)

④ (V_1+O_1) + [(V_2+C)+O_2] + (AVD+V_3)
这类连动式在《儿女英雄传》中仅 1 例，为：

伸手接过手本一看，笑道："原来是他呀！只说甚么'吴大人''吴大人'，我就再想不起是谁了！"（《儿女英雄传》第13回）

⑤ $(V_1+O_1) + [AVD+ (V_2+O_2)] + (V_3+C)$
这类连动式在《儿女英雄传》中仅1例，为：

安老爷合张老爷便在迎门靠桌坐下，安太太便陪张太太在南间挨炕坐下，姑娘便拉了张姑娘坐在靠墙凳儿上相陪。（《儿女英雄传》第24回）

⑥ $(V_1+O) + [AVD+ (V_2+C)] + (AVD+V_3)$
这类连动式在《儿女英雄传》中仅1例，为：

这边张姑娘便让新人方便，自己服待他卸了妆，便吃着袋烟同他坐在床沿上合他谈心。（《儿女英雄传》第28回）

⑦ $(V_1+O_1) + [(V_2+C_1) +O_2] + (V_3+C_2)$
这类连动式在《儿女英雄传》中仅1例，为：

却说那十三妹见他三人都往厨房去了，便拉了张金凤的手来到西间南炕坐下。（《儿女英雄传》第9回）

⑧ $(V_1+C_1) + (V_2+O) + [AVD+ (V_3+C_2)]$
这类连动式在《儿女英雄传》中仅1例，为：

说着又道："今日回回师傅，索兴别作那文章了罢，咱们回来带着小幺儿们在这园子周围散诞散诞。"（《儿女英雄传》第3回）

⑨ $[(V_1+C_1) +O_1] + (V_2+O_2) + (V_3+C_2)$
这类连动式在《儿女英雄传》中仅1例，为：

到了次日早起，张老、程相公依然同了一众家人护了家眷北行，去到茌平那座悦来老店落程住下。（《儿女英雄传》第14回）

⑩ $[(V_1+C_1) +O] + (V_2+C_2) + (V_3+C_3)$
这类连动式在《儿女英雄传》中仅1例，为：

秃子说："别管那些，咱们踹开门进去瞧瞧。"（《儿女英雄传》第6回）

2. "AVD＋X_1＋X_2＋X_3"类连动式

这类连动式中的连动项还共同受状语成分修饰。

① $AVD+ [V_1+ (V_2+O) +V_3]$
这类连动式在《儿女英雄传》中仅1例，为：

第五章 基于《儿女英雄传》的清代汉语连动式研究

桌上晾着几碗茶，一个钱笸箩。树上挂着一口钟，一个老和尚<u>在那里坐着卖茶化缘</u>。(《儿女英雄传》第 5 回)

② AVD+〔(V_1+C)+V_2+V_3〕

连动项 X_1、X_2 和 X_3 分别由 V_1+C、V_2 和 V_3 构成。这类连动式在《儿女英雄传》中仅 1 例，为：

那班号军也偷空儿<u>栖在那个屎号跟前坐着打盹儿</u>。(《儿女英雄传》第 34 回)

③ AVD+〔(V_1+O_1)+V_2+(V_3+O_2)〕

这类连动式在《儿女英雄传》中仅 1 例，为：

我便说："男大须婚，女大须嫁，这是人生大礼。那男子<u>无端的弃了五伦去当和尚</u>，本就非圣贤的道理，何况女子！"(《儿女英雄传》第 23 回)

④ AVD+〔(V_1+O)+V_2+(AVD+V_3)〕

这类连动式在《儿女英雄传》中仅 1 例，为：

安公子同张老夫妻见了，便也<u>一同上前围着不放</u>。(《儿女英雄传》第 9 回)

⑤ AVD+〔(V_1+C)+(V_2+O_1)+(V_3+O_2)〕

这类连动式在《儿女英雄传》中仅 1 例，为：

安老爷早同邓九公<u>从家里吃得一饱，前来看望姑娘，合姑娘寒暄了几句</u>，姑娘便<u>依然跪在灵旁尽哀尽礼</u>。(《儿女英雄传》第 21 回)

⑥ AVD_1+〔(V_1+O)+(V_2+C)+(AVD_2+V_3)〕

这类连动式在《儿女英雄传》中仅 1 例，为：

<u>恰巧张姑娘忍着笑过来要合何小姐说话</u>，见他把只手挂着肋叉窝，便问："姐姐，不是盆了气了？"(《儿女英雄传》第 33 回)

⑦ AVD+〔(V_1+O_1)+(V_2+C)+(V_3+O_2)〕

这类连动式在《儿女英雄传》中仅 1 例，为：

珍姑娘这一见，除了那几个陈些的家人只嘴里说声"姑娘大喜"之外，其余如平日赶着他叫姑姑的那些丫头小厮不用讲了，还有等虽不叫他姑姑、却又不敢合他公然叙姐妹、更不敢官称儿叫声大姑娘、只指着孩子们也叫声姑姑的那班小媳妇子老婆儿们，一个个都<u>立刻上前跪倒请安</u>。(《儿女英雄传》第 40 回)

⑧ AVD+［(V$_1$+C$_1$) + (V$_2$+O) + (V$_3$+C$_2$)］

这类连动式在《儿女英雄传》中仅1例，为：

只见华忠才得躺下，<u>忽又起来开门出去</u>。(《儿女英雄传》3回)

⑨ AVD$_1$+｛(V$_1$+C$_1$) + (V$_2$+C$_2$) + ［AVD$_2$+ (V$_3$+O)］｝

这类连动式在《儿女英雄传》中仅1例，为：

这句话一传下去，那些男女大小家人便<u>都凑齐了上来给老爷、太太、爷、奶奶叩喜</u>。(《儿女英雄传》第40回)

⑩ AVD+｛(V$_1$+O$_1$) + ［(V$_2$+C) +O$_2$］+V$_3$｝

这类连动式在《儿女英雄传》中仅1例，为：

家人答应出去，老爷<u>早带了公子迎到二门台阶下候着</u>。(《儿女英雄传》第37回)

3. "X$_1$+AVD+X$_2$+X$_3$"类连动式

这类连动式中，连动项 X$_2$ 和 X$_3$ 受共同的状语成分修饰。

① V$_1$+AVD+ (V$_2$+V$_3$)

这类连动式在《儿女英雄传》中仅1例，为：

就有那班会想钱的人，从门缝儿里传出信来，外头报喜的<u>接着分头去报</u>。(《儿女英雄传》第1回)

② (AVD$_1$+V$_1$) +AVD$_2$+ ［(V$_2$+O$_1$) + (V$_3$+O$_2$)］

这类连动式在《儿女英雄传》中仅1例，为：

等闲的人也不必叫他进屋门，为的是有一等人，往往的就办作讨吃的花子，串店的妓女，<u>乔妆打扮的来给强盗作眼线看道儿</u>，不可不防。(《儿女英雄传》第3回)

③ (V$_1$+C$_1$+O$_1$+C$_2$) +AVD+ ［(V$_2$+O$_2$) +V$_3$］

这类连动式在《儿女英雄传》中仅1例，为：

张姑娘才觉得这句话是说拧了，忍着笑，<u>扭过头去用小手巾捂着嘴笑</u>，也顾不得来接烟袋。(《儿女英雄传》第35回)

④ (V$_1$+O$_1$) +AVD+ ［(V$_2$+O$_2$) + (V$_3$+O$_3$)］

这类连动式在《儿女英雄传》中仅2例，为：

（a）却说安老爷安顿下了姑娘，这边得了工夫，便一面<u>择定日子先给何老夫妻坟上砌墙栽树</u>，一面又暗地里给姑娘布置他要找的那庙宇。（《儿女英雄传》第 24 回）

（b）如今事情闹到这步田地，依我竟把这'婚姻'两字权且搁起，也不必问安公子到底可与不可的话，我就遵着姐姐的话，<u>跟着爹妈一直送安公子到淮安</u>。（《儿女英雄传》第 10 回）

由 3 个连动项连用构成的连动式在《儿女英雄传》中分属 3 种结构形式："$X_1+X_2+X_3$""$AVD+X_1+X_2+X_3$"和"$X_1+AVD+X_2+X_3$"，共计 50 例，39 个结构形式小类。其中，"$X_1+X_2+X_3$"类结构形式共 34 例，25 个小类；"$AVD+X_1+X_2+X_3$"类结构形式共 11 例，10 个小类；"$X_1+AVD+X_2+X_3$"类结构形式共 5 例，4 个小类。

（三）由 4 个连动项连用构成的连动式

由 4 个连动项连用构成的连动式，在《型世言》中分属 2 种结构形式："$X_1+X_2+X_3+X_4$"和"$AVD+X_1+X_2+X_3+X_4$"，前者有 5 例，5 个小类，后者有 2 例，2 个小类。具体情况如下。

1. "$X_1+X_2+X_3+X_4$"类连动式

① $(V_1+O_1)+(V_2+O_2)+(V_3+O_3)+(V_4+O_4)$

褚大娘子一旁说道："那也不值甚么，<u>叫他姐夫出去见见那个人，叫他把弹弓子留下，让他到咱们东庄儿住两天</u>，等你老人家完了事，<u>再同了他到西庄儿取那块砚台给他</u>，又有甚么使不得的？"（《儿女英雄传》第 17 回）

② $(V_1+O_1)+(V_2+O_2)+(V_3+C)+[AVD+(V_4+O_4)]$

说着，挽好了袖子，才<u>整衣理鬓过来给婆婆道喜</u>。（《儿女英雄传》第 27 回）

③ $(V_1+O_1)+(V_2+O_2)+(V_3+O_3)+(V_4+C)$

<u>先把左手的帽子递过去</u>，请老爷自己搋着顶托儿戴上，然后才腾出左手来，双手捧着那个帽镜儿，屈着点腿儿，揾着点腰儿，把镜子向后一闪，对准了老爷的脸盘儿，等老爷把帽子戴正了，还自己用手指头在前面帽沿儿上弹一下儿，作足了这个"弹冠之庆"，他才<u>伸腰迈步撤了镜子退下去</u>。（《儿女英雄传》第 35 回）

④ [AVD$_1$ + (V$_1$+O$_1$)] + (AVD$_2$+V$_2$) + [(V$_3$+C)+O$_2$] + (V$_4$+O$_3$)

安公子此时惊喜交集,早同了那九个人一个一个跟着来到乾清门排班。(《儿女英雄传》第 36 回)

⑤ (V$_1$+C) + (V$_2$+O$_1$) + (V$_3$+O$_2$) + V$_4$

彼此会意,就都躲在院门外,坐下喝茶吃烟闲话。(《儿女英雄传》第 13 回)

2. "AVD+X$_1$+X$_2$+X$_3$+X$_4$" 类连动式

① AVD+ [(V$_1$+O) + (V$_2$+C) +V$_3$+V$_4$]

自己又拘住礼法,不好探头往外看,只得低了头伏在地下陪着哭。(《儿女英雄传》第 20 回)

② AVD+ [(V$_1$+C) + (V$_2$+O$_1$) + (V$_3$+O$_2$) +V$_4$]

姑娘进门一看,只见他母亲的灵柩,包裹的严密,停放的安稳,转比当日送他父亲回京倍加妥当。忙上前拈香磕头告祭,因是合安老爷一家同行,便不肯举哀。(《儿女英雄传》第 22 回)

二、与把字句和被字句搭配使用的情况

(一) 与把字句搭配使用的情况

《儿女英雄传》中连动式和把字句搭配使用的用例较多,句式结构类型也较为多样,共有 20 种句式结构小类,共计 28 例。

① (把+O) +V$_1$+V$_2$

这类句式在《儿女英雄传》中仅 1 例,为:

老爷说:"你此时且不必絮叨,先把方才的话去说了,就换了衣裳来。"(《儿女英雄传》第 12 回)

上例中,"把"字及所介引宾语位于连动项之前,"把"字后的宾语为受事宾语,V$_1$ 和 V$_2$ 均为单音节动词。上例"把"字句不表处置义。连动项之间为承接关系。

② 把+O$_1$+ [(V$_1$+O$_2$) +V$_3$]

这类句式在《儿女英雄传》中仅 2 例,其中 1 例为将字句,也归到了该类。

(a) 他就寻个缝子，参了一本，将我父亲革职拿问，下在监里。（《儿女英雄传》第 8 回）

(b) 当下天颜震怒，把他革职拿问，解进京来，交在三法司议罪。（《儿女英雄传》第 18 回）

上述例句均表处置义。"把"和"将"字及所介引宾语位于连动项之前，其后的宾语为受事宾语，连动项之间为承接关系。

③ 把＋O＋〔（V$_1$＋C）＋V$_2$〕

这类句式在《儿女英雄传》中共有 5 例，如：

原来是四根破柳竿子支着，上面又横搭了几根竹竿儿，把那砍了来作柴火的带叶松枝儿搭在上面晾着，就着遮了日旸儿，那就叫"松棚儿"！（《儿女英雄传》第 14 回）

另 4 例分别为"把个二拇指头搁在嘴里叼着、把开水壶搁在灰台儿上扶着、把那封信抽出来看、把他掀起来搀着"。这 5 例中，"把"字及所介引宾语位于连动项之前，"把"字后的宾语均为受事宾语，连动项之间均为承接关系。

④ 把＋O＋〔（V$_1$＋C$_1$）＋（V$_2$＋C$_2$）〕

这类句式在《儿女英雄传》中仅 2 例，为：

(a) 你把这信写好了带上，等我托店家找一个妥当人，明日就同你起身。（《儿女英雄传》第 3 回）

(b) 张老又把菜刀、案板也拿来，把那肘子切作两盘分开。（《儿女英雄传》第 9 回）

上述例句中，"把"字及所介引宾语位于连动项之前，"把"字后的宾语均为受事宾语，连动项之间均为承接关系。

⑤ 把＋O$_1$＋AVD$_1$＋〔（V$_1$＋O$_2$）＋（AVD$_2$＋V$_2$）〕

这类句式在《儿女英雄传》中仅 1 例，为：

落后来因行里换了东家，他就辞了出来，要想带了老婆孩子回家，把这项银子合张老置几亩地伙种。（《儿女英雄传》第 32 回）

上例中，"把"字及所介引宾语位于连动项之前，"把"字后的宾语为受事宾语，连动项之间为承接关系。

⑥ AVD＋（把＋O）＋〔（V$_1$＋C）＋V$_2$〕

这类句式在《儿女英雄传》中仅 1 例，为：

今年年时个，我们山里可就出了一只碜大的老虎，天天把人家养的猪羊拉了去吃。（《儿女英雄传》第 22 回）

上例中,"把"字及所介引宾语位于连动项之前,"把"字后的宾语为受事宾语,连动项之间为承接关系。

⑦ [把+O_1+(V_1+O_2)]+V_2+(V_3+O_3)

这类句式在《儿女英雄传》中仅1例,为:

老爷见他问的不像无意闲谈,开口便道:"我这弹弓是此地十三妹的东西,因我这孩子前番在路上遇了歹人,承这十三妹救了性命,赠给盘缠,又把这张弹弓借与他护送上路,我父子受他这等的好处,故此特地来亲身送还他这张弹弓;又晓他合你尊翁邓九公有师徒之谊,因此来找你们褚一爷,引见九公,问明了那十三妹的门户,好去谢他一谢。"(《儿女英雄传》第14回)

上例中,"把"字及所介引宾语位于连动项之前,"把"字后的宾语为受事宾语,连动项之间为承接关系。

⑧ AVD+[(把+O)+(V_1+C_1)]+(V_2+C_2)

这类句式在《儿女英雄传》中仅1例,为:

褚一官同了众人便把饭菜撤下去。邓九公嘱咐道:"姑爷,这桌菜可不要糟塌了,撤下去就蒸上,回来好打发里头吃。"褚一官一面答应,便同华忠等把桌子擦抹干净出去。(《儿女英雄传》第21回)

上例中,"把"字及所介引宾语位于连动项之前,"把"字后的宾语为受事宾语,连动项之间为承接关系。

⑨ (V_1+C_1+C_2)+[把+O+(V_2+C_3)]

这类句式在《儿女英雄传》中仅1例,为:

却说安公子见那女子进了屋子,便走向前去把那门上的布帘儿挂起,自己倒闪在一旁,想着好让他出来。(《儿女英雄传》第4回)

上例中,V_1的补语成分分别由介宾短语"向前"和趋向动词"去"充当,V_2的补语成分由动词"起"充当,"把"字及所介引宾语位于连动项之间,"把"字后的宾语为受事宾语,连动项之间为承接关系。

⑩ AVD+{(V_1+O_1)+[把+O_2+(V_2+C)]}

这类句式在《儿女英雄传》中仅1例,为:

说话间,那位姨奶奶早已带了人把饭摆齐。(《儿女英雄传》第16回)

上例中,"把"字及所介引宾语位于连动项之间,"把"字后的宾语为受事宾语,连动项之间为承接关系。

⑪ (V_1+C_1) + ［（把+O）+（V_2+C_2）］

这类句式在《儿女英雄传》中仅2例，为：

(a) 说着，<u>站起来把那盅倒在壶里</u>，又斟上一盏，说道："喝一盏！"（《儿女英雄传》第5回）

(b) 张姑娘满面笑容说："伺候老爷、太太的人，别行这大礼罢！"公子便<u>赶过去把他扶起来</u>。（《儿女英雄传》第22回）

上述例句中，"把"字及所介引宾语位于连动项之间，"把"字后的宾语为受事宾语，连动项之间为承接关系。

⑫ (V_1+O_1) ＋AVD＋［（把+O_2）+（V_2+C）］

这类句式在《儿女英雄传》中仅1例，为：

一句话提醒了那老婆儿，说："可是的了，你等我告诉他换下来，<u>我拿咱那个木盆给他把那个溺裤洗干净了</u>，你给他把那钮襻子钉上。"（《儿女英雄传》第11回）

上例中，"把"字及所介引宾语位于连动项之间，"把"字后的宾语为受事宾语，连动项之间为承接关系。

⑬ (V_1+O_1) + ｛把+O_2+［AVD+（V_2+C）］｝

这类句式在《儿女英雄传》中仅1例，为：

说着出去，便<u>带着人把那些东西都搬进来</u>。（《儿女英雄传》第17回）

上例中，"把"字及所介引宾语位于连动项之间，"把"字后的宾语为受事宾语，连动项之间为承接关系。

⑭ (V_1+O_1) + ｛AVD+［把+O_2+（V_2+C）］｝

这类句式在《儿女英雄传》中仅1例，为：

那女子<u>探身子轻轻的用指头把门点住</u>。（《儿女英雄传》第7回）

上例中，"把"字及所介引宾语位于连动项之间，"把"字后的宾语为受事宾语，连动项之间为承接关系。

⑮ (V_1+C_1) + ｛把+O+［AVD+（V_2+C_2）］｝

这类句式在《儿女英雄传》中仅1例，为：

十三妹道："这辆车连牲口都好端端的在那里呢，你老人家这时候就去把他收拾妥当了，<u>回来把你们姑爷的被套、行李、银两给他装在车上</u>，把一应的东西装好，铺垫平了，叫他娘儿两个好坐。再把那个驴儿解下边套来，匀给你们姑爷骑。"（《儿女英雄传》第10回）

上例中,"把"字及所介引宾语位于连动项之间,"把"字后的宾语为受事宾语,连动项之间为承接关系。

⑯ (V_1+O_1) + {把+O_2+ [AVD+ (V_2+C)]}

这类句式在《儿女英雄传》中仅1例,为:

戴勤才要上前叫门,老爷连忙拦住,自己<u>上前把那门轻敲了两下</u>。(《儿女英雄传》第14回)

上例中,"把"字及所介引宾语位于连动项之间,"把"字后的宾语为受事宾语,连动项之间为承接关系。

⑰ (V_1+O_1) + [把+O_2+ (V_2+C)]

这类句式在《儿女英雄传》中仅1例,为:

公子这番不似前番了,下了驴,<u>上前把那人的袖子扯住</u>,道:"借光,东庄儿在那边儿?"(《儿女英雄传》第14回)

上例中,"把"字及所介引宾语位于连动项之间,"把"字后的宾语为受事宾语,连动项之间为承接关系。

⑱ ($V_1+C_1+O_1+C_2$) + [把+O_2+ (V_2+C_3)]

这类句式在《儿女英雄传》中仅2例,如:

说着,<u>伸过手来把公子的手腕子拿住</u>,往后一拧。(《儿女英雄传》第5回)

上例中,"把"字及所介引宾语位于连动项之间,"把"字后的宾语为受事宾语,连动项之间为承接关系。

⑲ (V_1+C_1) + ($V_2+C_2+O_1+C_3$) + [把+O_2+ (V_3+C_4)]

这类句式在《儿女英雄传》中仅1例,为:

安公子<u>忍不住回过头去把茶喷了一地</u>。(《儿女英雄传》第16回)

上例中,"把"字及所介引宾语位于连动项之间,"把"字后的宾语为受事宾语,连动项之间为承接关系。

⑳ AVD+ {V_1+ (V_2+O_1) + [把+O_2+ (V_3+C)]}

这类句式在《儿女英雄传》中仅1例,为:

张三说:"你搁着啵!那<u>非离了拿锹头把根子搜出来</u>,行得吗?"(《儿女英雄传》第4回)

上例中,"把"字及所介引宾语位于连动项之间,"把"字后的宾语为受事宾语,连动项之间为承接关系。

从上述小类来看,无论"把"字及所介引宾语位于连动项之前还是位于连动项之间，例句中"把"字后的宾语均为受事宾语，这些例句既可以表处置义，也可以不表处置义，例句中的连动项之间均为承接关系。其中，"把＋O＋[(V_1＋C) ＋V_2]"类结构用例出现得最多，共有 5 例，其他类别均只有 1 例或者 2 例。连动式和把字句搭配使用的 28 例中，绝大部分出现在由 2 个连动项连用的连动式中，只有 2 例出现在由 3 个连动项连用的连动式中。

（二）与被字句搭配使用的情况

在《儿女英雄传》中，连动式与被字句搭配使用的情况很少出现，全书仅出现 1 例，为：

公子<u>被舅母紧拉着一只手说个不了</u>，只得一手着地，答应着行了礼。（《儿女英雄传》第 37 回）

上例中，连动式的句法结构形式为"{（被＋O_1）＋[AVD＋（V_1＋O_2）]}＋（V_2＋C）"。由介词"被"介引的两个受事"公子"和"一只手"之间具有领属关系，上例中的被字句不具有处置性，连动项之间为方式关系。相较而言，连动式与把字句的搭配使用比和被字句搭配使用的用例更多，结构形式更丰富多样。

第二节　《儿女英雄传》连动式的语义特点

一、连动式连动项之间的逻辑语义关系

通过对《儿女英雄传》连动式的语义关系进行考察①，我们发现，从逻辑语义关系来讲，《儿女英雄传》连动式的语义类别可以分为 6 种：承接类；方式类；行为-目的类；因果类；补充说明类、解释说明类。其中，《儿女英雄传》连动式中表承接关系的例句共 511 例，在各类语义关系中占绝对优势；表方式关系的例句共 155 例；表行为-目的关系的例句共 116 例；表因果关系的例句只有 2 例；表补充说明关系的例句共 15 例；表解释说明关系的例句共 22 例。

二、连动式连动项之间的相互依赖关系

连动式中连动项之间的相互依赖关系可以分为两类：平行聚合关系和主次关系。

---

① 由于《儿女英雄传》连动式主要由 2 个连动项构成，由 3 个及以上连动项构成的连动式数量较少，因而这部分主要限于《儿女英雄传》中由 2 个连动项构成的连动式。

（一）平行聚合关系

承接类和补充说明类连动式中的连动项在语义关系上是平行聚合关系。

1. 承接类连动式

承接类连动式的连动前项和连动后项之间在语义上不能区分从属和核心，为平行聚合关系，如：

（a）<u>起来一抬头</u>，月光之下，只见拐角墙后躺着一个人，秃子说："你瞧，那不是架桩？"（《儿女英雄传》第6回）

（b）你大家便<u>卖了战马买头牛儿</u>，<u>丢下兵器拿把锄儿</u>，学那古人'卖刀买犊'的故事，岂不是绿林中一段佳话？（《儿女英雄传》第21回）

上述例句中，承接类连动式的连动前项"起来""卖了战马""丢下兵器"和连动后项"一抬头""买头牛儿""拿把锄儿"之间在语义上不能区分从属和核心，为平行聚合关系。

2. 补充说明类连动式

补充说明类连动式的连动前项和连动后项之间在语义上也不能区分从属和核心，为平行聚合关系，如：

（a）张金凤双关紧抱，把脸靠住了那姑娘的腿，<u>赖住不动</u>，说："要姐姐说了不去，我才起来。"（《儿女英雄传》第9回）

（b）轿子过去了良久，他还在那里<u>长跪不起</u>，两旁众人都看了他，指点着笑个不住。（《儿女英雄传》第13回）

上述例句中，补充说明类连动式的连动前项"赖住""长跪"和连动后项"不动""不起"之间在语义上也不能区分从属和核心，为平行聚合关系。

（二）主次关系

除了承接类和补充说明类连动式之外，其他几类连动式中连动项之间的关系则有主次之分，其主次次序安排既可以是从属在前、核心在后，也可以是核心在前、从属在后。

1. 方式类连动式

方式类连动式中，表方式的连动前项为从属意念，表行为动作的连动后项为核心意念，如：

(a) 姑娘道："咦！岂有此理！你我男女授受不亲，你可记我在能仁寺救你的残生，那样性命呼吸之间，我尚且守这大礼，把那弓梢儿扶你；你在这旷野无人之地，怎便这等冒失起来？"（《儿女英雄传》第22回）

(b) 他两个倒恭恭敬敬的也学婆婆那个样儿，站在一旁，摸着燕尾儿行了旗礼。（《儿女英雄传》第37回）

上面的例句中，连动前项"把那弓梢儿""摸着燕尾儿"表行为方式，为从属意念；连动后项"扶你""行了旗礼"为核心意念。

2. 行为-目的类连动式

行为-目的类连动式中，表行为的连动前项为核心意念，表目的的连动后项为从属意念，如：

(a) 这日站道本大，公子也着实的乏了，打开铺盖要早些睡，怎奈那店里的臭虫咬的再睡不着。（《儿女英雄传》第3回）

(b) 便是那邓家父女，以至佟舅太太，或破资财成义举，或劳心力尽亲情，也倒底算交下了一个人，作完了一桩事。（《儿女英雄传》第28回）

连动前项"打开铺盖""破资财""劳心力"表行动，为核心意念；连动后项"要早些睡""成义举""尽亲情"表目的，为从属意念。

3. 因果类连动式

因果类连动式中，表原因的连动前项为从属意念，表结果的连动后项为核心意念，如：

(a) 万一你出了声儿招出事来，弄的我两头儿照顾不来，你可没有两条命！（《儿女英雄传》第6回）

(b) 一个不说，倘然日后姐姐想过滋味儿后悔起来，说道："哎呀，原来如此！"（《儿女英雄传》第26回）

上面的例句中，表原因的连动前项"出了声儿""想过滋味儿"在语义上表从属意念，表结果的连动后项"招出事来""后悔起来"在语义上表核心意念。

4. 解释说明类连动式

表解释说明关系的"有"字连动式中，包含"有"字的连动前项为核心意

念,连动后项对连动前项进行解释说明,为从属意念,如:

(a) 你有本事<u>醒一夜</u>,他可以合你说一夜。(《儿女英雄传》第 22 回)

(b) 你瞧,这还有甚么心肠<u>抽这烟</u>呢?(《儿女英雄传》第 25 回)

上面的例句中,连动前项"有本事""有甚么心肠"为句子的核心意念,连动后项"醒一夜""抽这烟"分别解释说明"什么本事""什么心肠",指的是"醒一夜的本事""抽烟的心思",在句中为从属意念。

根据上述对各类连动式中连动项之间的相互依赖关系的分析,以及前文对《儿女英雄传》连动式进行的逻辑语义关系分类,我们可以总结出《儿女英雄传》中连动项为平行聚合关系、主次关系的连动式分布,如表 5-1 和表 5-2 所示。

表 5-1 《儿女英雄传》中连动项为平行聚合关系的连动式分布

连动项为平行聚合关系的连动式	连动平行项	连动平行项	数量
承接类连动式	连动前项	连动后项	511
补充说明类连动式	连动前项	连动后项	15

表 5-2 《儿女英雄传》中连动项为主次关系的连动式分布

连动项为主次关系的连动式	数量
方式类连动式	155
行为-目的类连动式	116
因果类连动式	2
解释说明类连动式	22

从表 5-1 和表 5-2 可以看出,在《儿女英雄传》连动式中,连动项为平行聚合关系的连动式有 526 例,连动项为主次关系的连动式有 295 例。

第三节 《儿女英雄传》连动式的跨语言表征

通过考察《儿女英雄传》连动式的表现,我们发现,《儿女英雄传》连动式既存在自身的个性特征,也存在跨语言的共性特征。

第五章 基于《儿女英雄传》的清代汉语连动式研究

一、《儿女英雄传》连动式的个性特征

1. 连动式中的动词不一定具有相同的时态取值，连动式中的动词可以有各自单独的时间修饰语

通过对《儿女英雄传》连动式进行考察，我们发现，《儿女英雄传》连动式中的动词通常具有相同的时态取值，但也有少数连动式中的动词具有不同的时态取值。连动式中的动词通常不会有各自单独的时间修饰语，但也存在少数特殊用例，主要涉及时间副词"要""待"的问题，如：

(a) 便把汉王的太公俘了去，<u>举火待烹</u>，却特特的着人知会他，作个挟制。(《儿女英雄传》首回)

(b) 才点灯，便放下号帘，<u>靠了包袱待睡</u>。(《儿女英雄传》第34回)

(c) 他不觉一阵寒噤，连打了两个呵欠，一时困倦起来，支不住，便<u>伏在手下那本卷子上待睡</u>。(《儿女英雄传》第35回)

例(a)连动式"举火待烹"中，"待"单独修饰其后的动词"烹"，表过去将来时，而前面的"举火"为一般过去时。例(b)连动式"靠了包袱待睡"中，"待"单独修饰其后的动词"睡"，表过去将来时，而前面的"靠了包袱"为过去完成时。例(c)连动式"伏在手下那本卷子上待睡"中，"待"单独修饰其后的动词"睡"，表过去将来时，而前面的"伏在手下那本卷子上"为过去进行时。

2. 连动式中如果只有一个人称、时态、语气或否定标志，其不一定出现在边缘位置

通过考察人称、时态、语气和否定标志这四个要素在《儿女英雄传》连动式中的位置，我们发现，《儿女英雄传》连动式在上述要素方面均体现出自身的个性特征，具体情况如下。

(1) 人称标志

在人称标志方面，如果连动式中只有一个人称标志，在《儿女英雄传》连动式中，人称代词既可以出现在边缘位置，即第一个动词之前或最后一个动词之后，也可以出现在核心位置，即第一个动词之后。

(a) 安公子再三的不肯，道："姐姐，<u>你难道不留些使</u>？"(《儿女英雄传》第10回)

(b) 公子此时只望他快些出去，连忙拿出一吊钱，<u>掳了几十给他</u>。(《儿女英雄传》第4回)

(c) 这里礼节已毕,金、玉姊妹两个便回明婆婆,带他到舅太太那边行了礼,还要过张亲家太太那里去。(《儿女英雄传》第 40 回)

(d) 华忠道:"老爷找他有甚么话说?"(《儿女英雄传》第 14 回)

例(a)中,第二人称代词"你"出现在边缘位置,位于第一个动词前。例(b)中,第三人称代词"他"也出现在边缘位置,位于最后一个动词之后。但例(c)和例(d)中,第三人称代词"他"并没有出现在边缘位置,而是位于第一个动词之后,处于核心位置。汉语中人称代词的主格和宾格形式相同,相对英语而言,没有严格的人称一致表达法。

除了人称代词直接充当连动式中的主语或宾语成分这种情况之外,当人称代词充当连动式中介宾短语的宾语成分时,同样既可以出现在边缘位置,也可以出现在核心位置。

(e) 何况这位姑娘守身若玉,励志如冰,便说身入空门,又那里给他找荣国府送进栊翠庵,让他作"槛外人"去呢?(《儿女英雄传》第 23 回)

(f) 连忙起身给他道喜,说道:"这实在要算个非常喜事!"(《儿女英雄传》第 39 回)

例(e)连动式"又那里给他找荣国府送进栊翠庵"中,介宾短语"给他"充当连动式的状语成分,此时人称代词"他"位于第一个动词之前,处于边缘位置。例(f)中连动式"连忙起身给他道喜"中,介宾短语"给他"充当第二个连动项的状语成分,此时人称代词"他"位于第一个动词之后、第二个动词之前,处于核心位置。汉语状语成分的句法位置灵活,汉语介宾短语充当状语成分既可以出现在句首或句尾,也可以出现在句中,而英语中介宾短语充当状语成分通常出现在句首或句尾的边缘位置。

(2)时态标志

在时态标志方面,《儿女英雄传》连动式中的时态标志既可以出现在连动式中第一个动词前,也可以出现在连动式其他动词之前,对此前文已有论述,因此不再赘述。

(3)语气标志

在语气标志方面,汉语的语气表达方式丰富多样,在《儿女英雄传》连动式中,如果只有一个语气标志,它既可以出现在边缘位置,也可以出现在中间位置。

汉语的语气表达有多种方式,如果从语气副词、语气词和动词重叠这三个方面来看《儿女英雄传》连动式中语气标志的位置问题,就会发现《儿女英雄传》连动式中语气词和语气副词处于边缘位置,但动词重叠表语气则位于连动式的核心位置。语气词一般位于连动式末尾，语气副词一般位于连动式前部，具体用例如下。

(a) 两个和尚也帮着搭那驮子，搭下来往地下一放，觉得斤两沉重，那瘦的和尚向着那秃子丢了个眼色，道："你告诉当家的一声儿，<u>出来招呼客呀</u>！"那秃子会意，应了一声。(《儿女英雄传》第5回)

(b) 十三妹说道："这么大人了，要撒尿倒底说呀，<u>怎么憋着不言语呢</u>！"(《儿女英雄传》第9回)

(c) 我只纳闷儿，怎么状元夫人到了北京城，<u>也下戏馆子串座儿呢</u>？(《儿女英雄传》第32回)

(d) 老爷道："这却不要怪他，你这问法本叫作'问道于盲'。<u>找个铺户人家问问罢</u>。"(《儿女英雄传》第14回)

(e) 因说："你也<u>过来见见姨奶奶</u>。"(《儿女英雄传》第15回)

例 (a) 连动式"出来招呼客呀"中，语气词"呀"位于连动式末尾，表祈使语气。例 (b) 连动式"怎么憋着不言语呢"中，语气副词"怎么"位于连动式最前部，语气词"呢"位于连动式末尾，两种语气表达方式相结合，表反问语气。例 (c) 连动式"下戏馆子串座儿呢"中，语气词"呢"位于连动式末尾，与句中的语气副词"怎么"一起表达疑问的语气。例 (d) 连动式"找个铺户人家问问罢"中，动词重叠式"问问"位于连动式的核心位置，语气词"罢"位于连动式末尾，分别表舒缓和祈使的语气。例 (e) 连动式"你也过来见见姨奶奶"中，动词重叠式"见见"位于连动式的核心位置，表舒缓语气。汉语的语气属于整个小句，与动词的时体关联不大，语气标志不一定出现在边缘位置。

(4) 否定标志

在否定标志方面，《儿女英雄传》连动式的个性特征非常明显。如果连动式中只有一个否定标志，《儿女英雄传》连动式的否定标志不一定出现在边缘位置，它既可以出现在连动式中的第一个动词前，也可以出现在连动式中的其他动词之前，且两种情况都很普遍，如：

(a) 那十三妹也<u>不举刀相迎</u>，只把身子顺转来，翻过腕子，从鞭底下用刀刃往上一磕，唰，早把周三的鞭削作两段！(《儿女英雄传》第13回)

(b) 奴才正告诉他这个梦，只听得外面好像人马喧阗的声儿，又像鼓乐吹打的声儿，只恨那时胆子小，<u>不曾出去看看</u>。(《儿女英雄传》第20回)

(c) 这个当儿，张姑娘还低着头站在当地<u>不动</u>，他母亲道："姑娘，你这边儿<u>坐下歇歇腿儿罢</u>。"(《儿女英雄传》第10回)

（d）说着，紧紧的拉住公子的手不放松，口里还说道："咳！这都是气运领的，无端的弄出这样大事来。"（《儿女英雄传》第12回）

上述例句中，有的连动式中的否定标志出现在边缘位置，有的连动式中的否定标志并没有出现在边缘位置，而是出现在中间位置。《儿女英雄传》连动式中，否定词位于第一个动词之前的共计49例，位于连动式中最后一个动词之前的共计44例，两者数量相当。

二、《儿女英雄传》连动式的跨语言共性特征

通过考察分析，我们发现《儿女英雄传》中的连动式也表现出一些跨语言的共性特征，主要体现在以下几个方面。

1. 所有的连动式在语调上都位于同一语调曲拱中

（a）我们今日歇半天，明日你们仍走大路，住茌平等我，我就从这里小路走，干我的去。（《儿女英雄传》第14回）

（b）张老也拈了香磕着头，到了亲家太太了，磕着头，便有些话白儿，只听不出他嘴里咕哝的是甚么。（《儿女英雄传》第21回）

上述两例，连动式分别为"住茌平等我"和"拈了香磕了头"，均为单一子句，符合"所有的连动式在语调上都位于同一语调曲拱中"这一共性特征。

2. 如果连动式表达因果关系或事件先后顺序，两个动词呈现出时态象似性，即表示原因的动词位于表示结果的动词之前，先发生事件的动词位于后发生事件的动词之前

这一特性体现出连动式遵循时间象似性原则，《儿女英雄传》中的连动式也不例外，如：

（a）他杀人污佛地，我仗剑下云端，刬恶锄奸。（《儿女英雄传》第10回）

（b）公子此时只望他快些出去，连忙拿出一吊钱，掳了几十给他。（《儿女英雄传》第4回）

上面两例中，例（a）中连动项"杀人"和"污佛地"之间为因果关系，例（b）中连动项"掳了几十"和"给他"之间为因果关系。动词之间的排列顺序均符合时间象似性原则，表原因的动词短语"杀人"中的动词"杀"位于表结果的动词短语"污佛地"中的动词"污"之前，先发生事件"掳了几十"中的动词"掳"位于后发生事件"给他"中的动词"给"之前。

3. 在连动式中，所有的动词共享至少一个论元，所有带连动式的语种都具有"共享主语的连动式"这种类型，也可能有其他类型

就《儿女英雄传》连动式的用例来看，所有的动词至少共享主语论元，与此同时，还可以共享宾语论元。最常见的是共享主语论元，宾语这类域内论元的共享不具有强制性，如：

(a) 安老爷草草的安顿已毕，便去拜过首县山阳县各厅同寅，见过府道，然后才<u>上院投递手本</u>，禀到禀见。（《儿女英雄传》第2回）

(b) 却说邓九公收拾完了出去，<u>十三妹走到那前厅窗后窃听</u>，又<u>用簪子扎了两个小窟窿望外看着</u>。（《儿女英雄传》第17回）

上述两例中，连动式中的动词均共享主语论元。连动式"上院投递手本"共享主语论元"安老爷"；连动式"十三妹走到那前厅窗后窃听"和"用簪子扎了两个小窟窿望外看着"中的动词均共享主语论元"十三妹"。

除了主语共享的连动式之外，还有宾语共享的连动式，如：

(c) 恰巧走到离庙不远，这位县官因早起着了些凉，忽然犯了痧气，要找个地方歇歇，<u>弄口姜汤喝</u>。（《儿女英雄传》第11回）

上例连动式中的动词在共享主语论元"这位县官"的同时，也共享宾语论元"姜汤"。

4. 连动式中的动词不会有各自单独的事件位置修饰语

汉语连动式中的动词不会有各自单独的事件位置修饰语，对此前人已有研究。通过分析语料，我们发现，《儿女英雄传》中的连动式也具有这一特征，如：

(a) 说着，自己梳洗已毕，忙穿好了衣服，先设了香案，<u>在天地前上香磕头</u>，又到祠堂、佛堂行过了礼，然后内外家人都来叩喜。（《儿女英雄传》第1回）

(b) 恰巧走到青云堡，走得一身大汗，口中干渴，便<u>在安老爷当日坐过的、对着小邓家庄那座小茶馆儿，歇着喝茶</u>。（《儿女英雄传》第21回）

上述例句中，连动式中的动词均共享相同的事件位置修饰语。

5. 连动式不能带两个不同的施事，即当连动式的动词共享非施事角色时，施事角色也必须被共享

在《儿女英雄传》中，当连动式中的动词共享非施事角色时，施事角色也

被共享。连动式除了共享施事角色之外，受事、工具等角色也可以被共享，如：

（a）那跑堂儿的见问，<u>一手把开水壶搁在灰台儿上扶着</u>，又把那只胳膊圈过来，抱了那壶梁儿，歪着头，说道："咱们这里没个东庄儿啊。"（《儿女英雄传》第 14 回）

（b）今年年时个，我们山里可就出了一只碴大的老虎，<u>天天把人家养的猪羊拉了去吃</u>。（《儿女英雄传》第 22 回）

例（a）连动式"一手把开水壶搁在灰台儿上扶着"中，"开水壶"作为受事角色被共享的同时，施事角色"跑堂儿的"也被共享；例（b）连动式"天天把人家养的猪羊拉了去吃"中，"人家养的猪羊"作为受事角色被共享的同时，施事角色"老虎"也被共享。

第四节　《儿女英雄传》连动式小结

从结构形式来看，《儿女英雄传》连动式中分别出现了由 2 个连动项、3 个连动项、4 个连动项连用构成的连动式。其中，由 2 个连动项连用构成的连动式，除去把字句和被字句，共计出现了 97 个结构形式小类，836 条例句。"X_1+X_2"类连动式共计 51 种结构形式；"AVD+（X_1+X_2）"类连动式共计 36 种结构形式；"（X_1+X_2）+C"类连动式共计 7 种结构形式，"AVD+（X_1+X_2）+C"类连动式共计 3 种结构形式。《儿女英雄传》连动式与把字句搭配使用共 28 例、20 种结构形式小类，与被字句搭配使用仅出现 1 例。由 3 个连动项连用构成的连动式共计 50 例，39 个结构形式小类。由 4 个连动项连用构成的连动式共计 7 例，7 个小类。

从语义关系来看，《儿女英雄传》连动式中连动项之间的逻辑语义关系有 6 类[①]：承接类、方式类、行为-目的类、因果类、补充说明类、解释说明类。其中，表承接关系的例句共 511 例；表方式关系的例句共 155 例；表行为-目的关系的例句共 116 例；表因果关系的例句共 2 例；表补充说明关系的例句共 15 例；表解释说明关系的例句共 22 例。《儿女英雄传》连动式中，连动项之间的相互依赖关系可以分为两类：平行聚合关系和主次关系。其中，连动项之间为平行聚合关系的连动式共 526 例，连动项之间为主次关系的连动式共 295 例。

从跨语言普遍规律在《儿女英雄传》连动式中的表现来看，《儿女英雄传》连动式既存在自身的个性特征，也存在跨语言的共性特征。在个性特征方面，

---

① 为便于分析，只统计分析了由 2 个连动项连用构成的连动式的用例。

《儿女英雄传》连动式中的动词不一定都具有相同的时态取值；连动式中的动词可以有各自单独的时间修饰语；《儿女英雄传》连动式中如果只出现一个人称、时态、语气和否定标志，其不一定在边缘位置，也可以在核心位置。在共性特征方面，《儿女英雄传》连动式中的动词在语调上都位于同一语调曲拱中；如果连动式表达因果关系或事件先后顺序，两个动词呈现出时态象似性；动词共享至少一个论元，不仅具有"共享主语的连动式"这种类型，还具有其他类型；动词不会有各自单独的事件位置修饰语；连动式不能带两个不同的施事，即当连动式的动词共享非施事角色时，施事角色也必须被共享。

第六章
基于《跻春台》的清代汉语连动式研究

为便于考察清代汉语连动式的使用面貌,本章选取《跻春台》这部白话著作,将其作为清代南方官话的代表性语料进行分析研究。《跻春台》是清末四川人刘省三创作的一部拟话本小说。全书共30余万字,"忠实地反映了19世纪后期四川话的历史面貌,并且是迄今发现的规模最大的四川话口语材料"[①],是研究四川地区官话方言的十分重要的语料。

本章选用的《跻春台》文本以1993年江苏古籍出版社出版的套书《中国话本大系》中的《跻春台》为底本,由蔡敦勇校点,繁体竖排。

第一节 《跻春台》连动式的使用面貌

一、《跻春台》连动式的结构形式及其对应的语义关系

从《跻春台》连动式的句法结构来看,由两个动词或动词短语构成的连动式有3种结构形式:"X_1+X_2""$AVD+X_1+X_2$""X_1+X_2+C"。由3个动词或动词短语构成的连动式有以下3种结构形式:"$X_1+X_2+X_3$""$AVD+X_1+X_2+X_3$"

---

① 张一舟:《〈跻春台〉的性质、特点、语言学价值及蔡校本校点再献疑》,《西南民族学院学报(哲学社会科学版)》1999年第1期,第70页。

"$X_1+AVD+X_2+X_3$"。由 4 个动词或动词短语构成的连动式有以下 2 种结构形式："$X_1+X_2+X_3+X_4$""$AVD+X_1+X_2+X_3+X_4$"。由 5 个动词或动词短语构成的连动式只有 1 种结构形式："$X_1+X_2+X_3+X_4+X_5$"。下面将逐一进行分析。

（一）由 2 个连动项连用构成的连动式

这类格式是由 2 个连动项连用构成的连动式，依据连动项外部是否有附加成分，一共可以分为 3 个大类："X_1+X_2""$AVD+（X_1+X_2）$""（X_1+X_2）+C"。连动项 X 内部的单个动词 V 可以带状语、宾语、补语等附加成分，也可以为光杆动词[①]。每一个由连动项 X 组成的大类下都有多种由动词 V 构成的形式小类，我们将 "X_1+X_2""$AVD+X_1+X_2$" 这 2 个大类中的各个小类按照 "连动项中的 V 为光杆动词""连动项中的 V 出现 1 类附加成分""连动项中的 V 出现 2 类附加成分""连动项中的 V 出现 3 类附加成分" 的类别排序，将各类结构形式小类进行分类排列，具体情况如下。

1. "X_1+X_2" 类连动式

（1）连动项中的 V 为光杆动词

这里说的连动项中的 V 为光杆动词，指的就是 "V_1+V_2" 的形式。

在《跻春台》连动式中，这类连动式用例共 15 例，如：

（a）一日，门上<u>来报</u>，说衙外有一贫婆，带一女子，要见老爷、夫人。（《跻春台·失新郎》）

（b）珠珠儿破钱办丧，请僧追荐，<u>祭奠安葬</u>，极其闹热。（《跻春台·阴阳帽》）

（c）太朴<u>出看</u>，才是伍大魁，心中惶恐，只得受礼安坐。（《跻春台·僧包头》）

这类用例中，出现了较多由 "来" 或 "去" 后接动词构成的不典型的连动式，如 "去贸易、来指点" 等，共计 48 例。对于这些用例，所有的由 "来" 构成的连动式在统计时只算作 1 例，由 "去" 构成的连动式也只算作 1 例。

其中，有 2 例较为特殊，1 例为名词性成分活用做谓词性成分，1 例中 V_2 为多音节词组，具体用例如下。

（d）克勤<u>抓着几个耳巴</u>，饶氏就要与夫撞死。（《跻春台·活无常》）

[①] 附加成分只考虑主语、谓语、宾语、定语、状语、补语等句法成分，不考虑动词带时体态标记和语气词的情况。

(e) 素娥看了半疑半信，想信非亲笔，似乎难凭，又想若是假的事实又对。(《跻春台·活无常》)

例（d）中，"几个耳巴"为名词性成分活用，做谓词性成分，实指"打了几个耳巴"；例（e）连动式"看了半信半疑"中，V_2为多音节词组"半疑半信"。

从连动项之间的语义关系来看，这类连动式均为承接关系。

（2）连动项中的 V 出现 1 类附加成分

① $(V_1+O)+V_2$

在《跻春台》连动式中，这类连动式用例较多，共 181 例，如：

(a) 将此案的口供呈词细看，知有冤屈，提雨花审讯。又口口称冤。(《跻春台·十年鸡》)

(b) 既无银钱，不如大家帮忙，去施棺会，领付火匣，化些衣服钱米装殓，赊点香蜡把路开了，再作商量。(《跻春台·冬瓜女》)

(c) 一日，命人带至城外闲耍，走到桥上凭栏观望，见水底影子嘻笑，以手相招，影子亦招，便说："你要我下来吗？"(《跻春台·万花村》)

在这类例句中，有一些例句中出现了语助词"来"，由于"来"的语义已完全虚化，主要起上下文押韵、补足音节的作用。对此，在处理时将此类"来"纳入助词的范畴，不作为句法结构成分进行分析，如：

(d) 走拢来将我打一顿，逼着我要招杀人情，因此上跪地来招认，望太爷赦罪施宏恩。(《跻春台·蜂伸冤》)

(e) 诸禽兽无处来逃奔，弄得他死也不甘心。(《跻春台·失新郎》)

上述例句中，"跪地来招认"和"诸禽兽无处来逃奔"中的"来"均起补足音节的作用，从而与上下文构成押韵。句中的"来"不具有实义。

这类例句中，V_2还可以为多音节词组，这样的例句共 3 例，为：

(f) 其子听劝改过自新，后亦不缺衣食。(《跻春台·平分银》)

(g) 心田叩头认错，回家修身立志，谨言慎行，教书尽心，常与子弟讲究孝淫两条，极其严禁。(《跻春台·双血衣》)

(h) 文必达、李文玉二人归家改恶向善，后俱兴发。(《跻春台·血染衣》)

这类连动式中，连动项之间的语义关系较为多样，表承接关系共 96 例，如"开荒耕种、出外贸易、回家哭泣"；表解释说明关系共 16 例，如"有数百银子贸易、无口供呈献、有话商量、无钱开销"；表方式关系共26例，如"引颈自缢、就菜刀自刎、演戏庆祝"；表因果关系共9例，如"得急病身故、听劝改过自新、服毒身亡"；表行为-目的关系共34例，如"唱些坛神兵马发引、寻着你妻说笑、备席款待"。

② （V$_1$+C）+V$_2$

在《跻春台》连动式中，这类连动式用例较多，共42例，如：

(a) 幸祖墓有守房两间，<u>搬去居住</u>。（《跻春台·双金钏》）

(b) <u>饮罢就寝</u>，次日即将帐目收好，买些当道药材，又与妻办了两月口粮，择日出门。（《跻春台·十年鸡》）

(c) 回家见庭中有一死兔，不知何来，疑儿魂魄送来的，<u>煮熟吃了</u>。（《跻春台·义虎祠》）

这类连动式中，V$_2$还可以为多音节词组，这样的例句有1例，为：

(d) 奴一喊贼提头开门逃去，我公公<u>看见了放声痛哭</u>。（《跻春台·螺旋诗》）

这类连动式中，连动项之间的语义关系均为承接关系。

③ （AVD+V$_1$）+V$_2$

在《跻春台》连动式中，这类连动式用例不多，共16例，如：

(a) 因母眼痛，许下香愿，<u>前去酬还</u>，从此路过。（《跻春台·双金钏》）

(b) 德辉<u>一看醒悟</u>，想："我平生行为多欺天害理之事，谅必罪大，所以越搞越穷，若不改悔，只怕要耍脱人皮。"（《跻春台·阴阳帽》）

这类连动式中，连动项之间的语义关系均为承接关系。

④ V$_1$+（V$_2$+O）

在《跻春台》连动式中，这类连动式用例较多，共145例，如：

(a) 次日，<u>告辞回家</u>，到孝感县当钏。（《跻春台·双金钏》）

(b) 常言道得好：万恶淫为首，百行孝为先，<u>犯了招罪过</u>，切莫当虚言。（《跻春台·双冤报》）

这类连动式中，V$_1$还可以为多音节词组，这样的用例有2例，为：

(c) 只见那虎走至天生面前，<u>摇头摆尾扑怀内</u>，甚是亲热。（《跻春台·义虎祠》）

(d) 也是你，好酒贪杯迷本性，<u>糊言乱语起祸根</u>，自己开门招贼进，飞蛾扑火自烧身。(《跻春台·南山井》)

这类连动式中，还出现了1例双宾语的情况，为：

(e) 珠珠儿追赶不及，回到黄连垭，幸得家中无事，许氏上前拜见公公，于是祭祖宴客，把家眷安于丰城，<u>又去拜官荐引之恩</u>，因军令在身，不敢久停，与父起程。(《跻春台·阴阳帽》)

这类连动式中，V_1多由"来"或"去"构成，后接V_2和宾语的用例，共84例，均为不典型的连动式，表承接关系。

这类连动式的语义关系较为多样，表承接关系的共118例，如"来见礼、去拿根尖担、告辞回家"；表方式关系的共17例，如"佣工度日、营谋得财、绩纺度日"；表因果关系的共9例，如"吃了消灾难、犯了招罪过"；表补充说明关系的有1例，为"隐忍无怨"。

⑤ V_1＋（V_2＋C）

在《跻春台》连动式中，这类连动式用例不多，共13例。如：

(a) 芸娘过四十天回家，闻孙三娘舌生一疮，<u>溃烂饿死</u>。(《跻春台·仙人掌》)

(b) 罗氏听了气急，寻张吵曰："你这老汉，眼也不搭，放个这样女婿，莫把女儿哭坏了。"(《跻春台·错姻缘》)

这类连动式中，V_1为"来"或"去"的用例共6例。

从连动项之间的语义关系来看，这类连动式大多表承接关系，共10例，如"去拗开、收拾回去"；3例表因果关系，如"溃烂饿死、晓得骂起来了"。

⑥ V_1＋（AVD＋V_2）

在《跻春台》连动式中，这类连动式用例不少，共36例，如：

(a) 化材之日，冯氏来些无赖子，<u>阻搅不依</u>，总要去告状。(《跻春台·南山井》)

(b) 奴家闻知往外奔，逃到舅家去安身。(《跻春台·活无常》)

(c) 他见众人悖言谑语，极看不惯，默无一言，几杯闷酒，不觉带醉，<u>告辞先睡</u>。(《跻春台·六指头》)

V_2前出现了2个状语连用的情况，共2例，为：

(d) 维明闻知四处一清，输得有五六十串钱，气得捶胸蹬足，又兼家不顺遂，横事盗贼，总不离门，看看家中紧促，只得移宽就窄，将押租替子还账，剩钱四十余串，教子在家学做活路。(《跻春台·巧报应》)

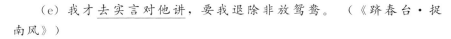

(e) 我才去实言对他讲，要我退除非放鸳鸯。（《跻春台·捉南风》）

从连动项之间的语义关系来看，绝大多数表承接关系，共 25 例；表补充说明关系的有 8 例，如"踹不动、隐匿不出"；表方式关系的有 2 例，分别为"围着乱闹、卖了平分"；表因果关系的有 1 例，为"饥饿将死"。

⑦（AVD_1+V_1）＋（AVD_2+V_2）

在《跻春台》连动式中，这类连动式用例共 18 例，如：

(a) 手拿扇搧，不知何故，连扇囊都掉了，到处寻觅不见。（《跻春台·螺旋诗》）

(b) 他既未归，你该速去，久坐不走，情弊显然，还要强辩，与爷打哦！（《跻春台·蜂伸冤》）

从连动项之间的语义关系来看，表补充说明关系共 11 例，如"到处寻觅不见、久住未回程、久坐不走"；表承接关系共 7 例，如"惊看骇问、前去哀恳"。

⑧（V_1+O_1）＋（V_2+O_2）

在《跻春台》连动式中，这类连动式用例很多，共 471 例，如：

(a) 我买药材湖广贩，即办布匹下江南。（《跻春台·十年鸡》）

(b) 正泰听得大喜，来家烧香，与正发商议，要大办丧事。（《跻春台·双金钏》）

(c) 一则来劳心把神损，二则来荡业把家倾，三则来常与匪人近，四则来惹祸受官刑。（《跻春台·香莲配》）

这类连动式中，V_1 或 V_2 后还可以出现双宾语的情况，其中 V_1 后出现双宾语的用例共 10 例，V_2 后出现双宾语的用例共 5 例，如：

(d) 当被、卖床得钱八百文，说尽好话，把卡和了。（《跻春台·义虎祠》）

(e) 宗玉又请人进衙关说，出银一千买命，官以逆案不准。（《跻春台·南乡井》）

这类连动式是《跻春台》连动式中用例最多的一类。从连动项之间的语义关系来看，这类连动式可表达的语义关系丰富多样，其中，表承接关系的共 362 例，如例（a）和例（b）；表行为-目的关系的共 53 例，如"出银买人命债、出外逃性命、舍身赴义"；表方式关系的共 24 例，如"打马游街、帮人糊口、讨口度日"；表因果关系的共 18 例，如"退婚损了德行、犯淫失状元、嫌我穷欲悔姻眷、遇雨感寒"；表解释说明关系的共 12 例，大多为"有"字类连动式，如"无处栖身、缺少甘旨奉娘亲";表补充说明关系的共2例,分别为"施宏恩怜惜小女、免难得生"。

⑨ (V_1+C_1) + (V_2+C_2)

在《跻春台》连动式中,这类连动式用例较少,共13例,如:

(a) 我此时已骇昏了,不辨方向,倘若走错被他捉住,拿来治死,岂不负了娘子一片苦心?(《跻春台·僧包头》)

(b) 拾鹊来看,打断翅足,拿回饲以米粟。(《跻春台·血染衣》)

(c) 陈氏听得哭哭啼啼,忙请镇远吃饭,陪着一爬一跌,前去找寻。(《跻春台·义虎祠》)

这类用例中,出现了1例两个补语成分连用的情况,为:

(d) 克明的妻进城告诉丈夫,克明听得气死在地,半晌苏醒,叹曰:"罢了,这是我的报应,有啥说的。"(《跻春台·比目鱼》)

例(d)中,V_1"听"后接补语成分"得",V_2"气"后出现了2个补语成分,分别为动词"死"和介词短语"在地"。

从连动项之间的语义关系来看,这类连动式均为承接关系。

⑩ (V_1+C) + (V_2+O)

在《跻春台》连动式中,这类连动式用例不少,共42例,如:

(a) 贪贱的受戒永不犯,有钱的买来放深涧。(《跻春台·双冤报》)

(b) 说毕倒地,不久便醒,问其前事,一毫不知。(《跻春台·巧姻缘》)

这类连动式中,还出现了宾语成分为小句的情况,如:

(c) 民抬起将欲把场进,少年说腹痛寻厕登。(《跻春台·阴阳帽》)

(d) 陈忠听得要向前行。(《跻春台·螺旋诗》)

(e) 靳氏跑出问癞子何得逼奸,癞子曰:"他约我来的。"(《跻春台·仙人掌》)

上述例句,例(c)和例(d)的V_2分别为情态动词"欲"和"要",后面的宾语成分分别为小句"把场进""向前行";例(e)中,V_2后接2个宾语成分,分别为名词"癞子"和小句"何得逼奸"。

从连动项之间的语义关系来看,表行为-目的关系的有6例,如"放在仪门示众、买来放深涧、拿去放生",其余36例均表承接关系。

⑪ (V_1+O) + (V_2+C)

在《跻春台》连动式中，这类连动式用例不少，共 55 例，如：

(a) 淑英见不来捡，抓土打去，又以手指钏。（《跻春台·双金钏》）

(b) 王氏捞虾煎好，把饭煮熟，拿个背兜背起与夫送去。（《跻春台·双冤报》）

(c) 放火上拷得泡子鼓，栽枪上放在口内呼。（《跻春台·审烟枪》）

这类用例中，还有 3 例为双宾语的用例，如：

(d) 管家出银三两买去，带在手上。（《跻春台·栖凤山》）

例（d）中，V_1 "出"后出现了 2 个宾语成分 "银""三两"，这类用法在现代汉语中已被动词后带定中短语取代。

这类连动式中，表承接关系的有 46 例，如 "捞虾煎好"；表行为-目的关系的有 3 例，分别为 "出外躲避一时、拿面头枷枷起、画符封住"；表方式关系的有 3 例，如 "解带缢死"；表解释说明关系的有 2 例，均为 "有"字连动式，分别为 "有心看承于他、有何面目活在人世"；表因果关系的有 1 例，为 "跌地气死"。

⑫（AVD+V_1）+（V_2+C）

在《跻春台》连动式中，这类连动式用例较少，共 6 例，如：

(a) 你岳父的银钱尽是锁了的，我手中一时莫得，你明年若逢岳父出门，你到我家拿些回去。（《跻春台·双金钏》）

(b) 保甲怜他无辜，前去说好，十二串钱和卡，将钱应承，方才松刑，回家放信。（《跻春台·阴阳帽》）

从连动项之间的语义关系来看，均表承接关系。

⑬（V_1+C）+（AVD+V_2）

在《跻春台》连动式中，这类连动式用例不少，共 33 例，如：

(a) 到天明，摸头上帽子还在，取下来一看，乃是青布包巾，都还新色。（《跻春台·阴阳帽》）

(b) 素娥又拿石打去，魏恐丢命，顾不得疼痛，爬起急回。（《跻春台·活无常》）

从连动项之间的语义关系来看，这类连动式均表承接关系。

⑭ (AVD+V_1) + (V_2+O)

在《跻春台》连动式中，这类连动式用例不少，共48例，如：

(a) 正发一日告怀德曰："会已邀成，却被正泰戳烂了，只看二天，到你岳父家中去借贷些，可也。"(《跻春台·双金钏》)

(b) 差人抽刀欲砍，其狼纵上土埂，望山中大叫几声，满山豺狼飞跑而来，不怕刀棍，齐来咬差，把衣抓得稀烂。(《跻春台·审豺狼》)

这类连动式中也出现了补足音节作用的助词"来"和"起"，共2例，为：

(c) 堂上官并不容你儿分辨，用非刑来苦打要写供单。(《跻春台·审烟枪》)

(d) 我儿不知上了当，一直抬起进街坊。(《跻春台·阴阳帽》)

例(c)和例(d)中，"来""起"都不表实义，只起补足音节、使上下文押韵的作用。例(c)中，V_1"打"前有2个状语成分连用，分别为介宾短语"用非刑"和形容词"苦"，V_2"要"为情态动词，后带的宾语成分为小句"写供单"。

这类连动式中，还出现了第二个连动项重复的用例，为：

(e) 我看你苏苏气气，都是有根之家，手捧洋烟，足履邪地，不走花街，即行柳巷，前去坏品丧德，犯淫造罪，我今与你倒了，使你阴德不损，为个好人，难道你都不感激吗？(《跻春台·螺旋诗》)

例(e)中，"坏品"和"丧德"为并列的近义词组，实为第二个连动项的重复。

这类连动式，从连动项之间的语义关系来看，表达的语义关系较为多样。其中，表承接关系的共35例，如"前来接尔、到上司去喊冤"；表方式关系的共6例，如"同谋害夫、一死全节、恭身拉着饮了合欢杯"；表因果关系的共3例，如"一滑跌地、一溜跌地"；表行为-目的关系的共2例，分别为"改嫁救夫、屈招全节"；表补充说明关系的共2例，分别为"反哺知孝敬、不依兴讼"。

⑮ (V_1+O) + (AVD+V_2)

在《跻春台》连动式中，这类连动式用例较多，共182例，如：

(a) 后母死，与何出门访道，入青城山不返，人皆以为仙去矣。(《跻春台·冬瓜女》)

(b) 见阎君哀哀告恩，许我去找寻仇人。(《跻春台·过人疯》)

(c) 那日无吃，进城去当绵絮，闻镇远处斩，心过去不得，买几个包子与他钱行。(《跻春台·义虎祠》)

这类连动式中，出现了 2 处名词活用做状语的用例，为：

(d) 此时正逢汝弼来，县官言美恐惧，出城道接。(《跻春台·活无常》)

(e) 路旁有一古坟，官轿转弯前行，从古坟上过，忽然踩崩。(《跻春台·双血衣》)

这类连动式中，从连动项之间的语义关系来看，表承接关系的有 124 例，如"转弯前行"；表补充说明关系的共 32 例，大多为肯否类连动式，如"低头不语"；表方式关系的共 10 例，如"掩面假哭、鼓掌大笑、乞食前行"；表行为-目的关系的共 7 例，如"办酒菜与女饯行、谋夫另嫁"；表因果关系的共 8 例，如"遭难远逃遁、嫌他容貌丑心中怨恨、跌地下险些儿命丧黄泉"；表解释说明关系的有 1 例，为"有话对你说"。

(3) 连动项中的 V 出现 2 类附加成分

① [（V_1+C）+O] +V_2

在《跻春台》连动式中，这类连动式用例不多，共 24 例，如：

(a) 抬回家来，太朴揭开柜看，却是一个和尚，已用带勒死了。(《跻春台·僧包头》)

(b) 他虽莫嫁奁，你多去行郎，捞起空扛转，才好羞他娘。(《跻春台·白玉扇》)

这类连动式中，V_2 还可以为多音节词组，共 2 例，为：

(c) 毛子骇得哭哭啼啼，街上街下场前场后跑了几街，并无买线子之人，走至摊边放声大哭。(《跻春台·孝还魂》)

(d) 官含恨在心，因近处有土豪作乱，被官拿获，官叫咬扳爹爹主谋，拿至法堂三拷六问，蒙众绅粮邀恩力作，充罪发配福建兴化当军。(《跻春台·栖凤山》)

这类连动式中，从连动项之间的语义关系来看，绝大部分表承接关系，共 22 例，还有 2 例表行为-目的关系，分别为"余钱放在屋内使用、丢在古坟内中藏"。

② [（V_1+O）+C] +V_2

在《跻春台》连动式中，这类连动式用例不少，共 49 例，如：

(a) 命徒去看，徒只十二岁，见头骇呆，师问不答，提灯出看，喊又不动，将就手中弯刀用背向肩一打，随时倒地，血流而死。(《跻春台·蜂伸冤》)

(b) 不一日，忽听群犬吠，即<u>出外来看</u>，地下有一人头，群犬争拖打架。(《跻春台·南乡井》)

从连动项之间的语义关系来看，这类连动式均表承接关系。

③ ($V_1+C_1+O+C_2$) $+V_2$

在《跻春台》连动式中，这类连动式用例很少，共5例，如：

(a) 吴豆腐捞把锄子，<u>提到后坡上边去埋</u>。(《跻春台·捉南风》)

(b) 前听人言，我舅父连年多病，我们的货若<u>运到叙府去卖</u>，利多几倍。(《跻春台·螺旋诗》)

这类连动式中，连动项之间的关系均为承接关系，分别为"接到我家来栽培、提到后坡上边去埋、运到叙府去卖、挑至厨房去倒、抬到山坡去埋"。

④ V_1+〔AVD$+$ (V_2+O)〕

在《跻春台》连动式中，这类连动式用例较少，共10例，如：

(a) 官见圣谕有益，<u>出示广兴宣讲</u>，所劝者众。(《跻春台·僧包头》)

(b) 银娃去与<u>掌柜磕头</u>，借钱葬父，来年帮工退还。(《跻春台·川北栈》)

从连动项之间的语义关系来看，这类连动式大多表承接关系，共8例，多为由"来"或"去"充当V_1的连动式；表补充说明关系的有1例，为"骇不知辩"；表因果关系的有1例，为"惧不欲去"。

⑤ V_1+〔(V_2+C) $+O$〕

在《跻春台》连动式中，这类连动式用例很少，共6例，如：

(a) 僧不知路径，逢坎跳坎，逢岩跳岩，<u>撞跌下山</u>。(《跻春台·南乡井》)

(b) 克俭见贼，急无计退，顺手将薰笼之火抓放引上，只见轰声不断，克俭<u>昏扑倒地</u>，满营惊起，见无动静，清问放炮之人，见炮边睡一人，拉起来问，克俭因言贼来放炮之故。(《跻春台·活无常》)

这类连动式中，V_1还可以为多音节词组，仅1例，为：

(c) 我和你<u>离乡别井来在此间</u>，正宜惜身重命，保精养神，方能身强体旺，疾病不生。(《跻春台·双冤报》)

从连动项之间的语义关系来看，表承接关系的有4例，如"离乡别井来在此间、会着携至酒馆、忿怒告到上司"；表因果关系的有2例，为例(a)、例(b)。

⑥ $V_1 + [(V_2+O) +C]$

在《跻春台》连动式中，这类连动式用例很少，仅1例，为：

成珍<u>厌恶出外去了</u>，见算命子出门方回。（《跻春台·螺旋诗》）

从连动项之间的语义关系来看，上例为因果关系。

⑦ $(V_1+O_1) + [(V_2+C) +O_2]$

在《跻春台》连动式中，这类连动式用例共29例，如：

(a) 要发喊抚嘴难松放，他<u>伸手抓住我肾囊</u>。（《跻春台·双血衣》）

(b) 造罪多上天恼恨，<u>折寿算拿入幽冥</u>。（《跻春台·过人疯》）

这类连动式中，V_1后还出现了双宾语的情况，仅1例，为：

(c) 单武大喜，<u>拿银六百送至封家</u>，即刻进州见官，说封官儿是清白良民，从未出门，此是盗贼扳诬，求官释放。（《跻春台·万花村》）

从连动项之间的语义关系来看，这类连动式中，表承接关系的共23例，如"上前见过王爷驾、领兵来到南昌"；表方式关系的有2例，分别为"拿小刀割断他喉颈、学工匠度活终朝"；表因果关系的有3例，分别为"卖戒指惹下祸根、遇本县父母官起下波涛、失足跌下枯井"；表解释说明关系的有1例，为"无半文拿进屋"。

⑧ $[(V_1+O_1) +C] + (V_2+O_2)$

在《跻春台》连动式中，这类连动式用例共20例，如：

(a) 那日无吃，<u>进城去当绵絮</u>，闻镇远处斩，心过去不得，买几个包子与他饯行。（《跻春台·义虎祠》）

(b) 我带<u>二百银子去取文契</u>，在此歇气，忘记拿走，不知何人捡去？（《跻春台·错姻缘》）

从连动项之间的语义关系来看，这些用例均表承接关系，如"回家去报信、出门去了失落首饰、上前来拜谢恩典"。

⑨ $[(V_1+O) +C_1] + (V_2+C_2)$

在《跻春台》连动式中，这类连动式用例共3例，如：

好好问你，还要烈嘴，<u>左右拿夹棍来夹起</u>！（《跻春台·审豺狼》）

另两例为"拿抬盒来装起、拿撑子来撑起"，这类用例中的"起"表起始态。

从连动项之间的语义关系来看，这类连动式均为行为-目的关系。

⑩ [（V_1+C）+O_1] + （V_2+O_2）

在《跻春台》连动式中，这类连动式的用例共23例，如：

(a) 金氏出外，见怀德身虽褴褛，貌还清秀，留进屋内待饭。（《跻春台·双金钏》）

(b) 差遂拿链便锁，拉回宜宾缴票。（《跻春台·螺旋诗》）

这类连动式中，还出现了2例宾语成分为小句的情况，为：

(c) 妻：拿住昏官问何往？夫：官必知道我行藏。（《跻春台·栖凤山》）

(d) 妻：来了和尚真大胆，逼住为妻要通奸。（《跻春台·假先生》）

例（c）和例（d）中，V_2 "问"和"要"后的宾语成分分别为小句"何往"和"通奸"。

从连动项之间的语义关系来看，除了例（d）为行为-目的关系之外，其余用例均表承接关系。

⑪ [（V_1+O_1）+C_1] + [（V_2+C_2）+O_2]

在《跻春台》连动式中，这类连动式用例仅1例，为：

回家去打烂酒罐罐，打烂酒坛坛。（《跻春台·南山井》）

从连动项之间的语义关系来看，这类连动式为承接关系。

⑫ （V_1+O_1） + [（V_2+O_2）+C]

在《跻春台》连动式中，这类连动式用例共5例，如：

(a) 王成以银一千谢店主，二千济贫民，拿一千回家去，余二万多银寄在字号内。（《跻春台·卖泥丸》）

(b) 况小女受舅恩报春未尽，说毒害天地间那有此情？（《跻春台·活无常》）

(c) 史老儿见首饰起心不正，假说他儿不在白肉生疔。（《跻春台·审豺狼》）

例（b）"受舅恩报春未尽"中，"未尽"作为补语成分，语义指向V_2"报"，现代汉语中使用"未报尽春"的表达方式；例（c）"见首饰起心不正"中，"不正"作为补语成分，语义指向宾语"心"，现代汉语中使用"起不正心"的表达方式。

这类用例中，还出现了1个带双宾语的用例，为：

(d) 过了几日，并无影响，众人无奈，又逗银二百打票进去。（《跻春台·失新郎》）

例（d）中，V_1"逗"后有两个宾语成分"银""二百"，现代汉语中这种用法已转变为定中结构"二百银"。

从连动项之间的语义关系来看，这类连动式均为承接关系。

⑬ （V_1+O_1）＋（$V_2+C_1+O_2+C_2$）

在《跻春台》连动式中，这类连动式用例仅2例，为：

  (a) 王成真好见识，好缘法，待我将下法授你：你回家去将陈墙土二斗，大黄二十斤，细磨以水和丸，如弹子大，百草霜穿衣，<u>待干挑至湖州武康县去</u>，此时正当发瘟，医药不效，传染极多。（《跻春台·卖泥丸》）

  (b) 遂<u>去些差人拉进州来</u>。（《跻春台·六指头》）

从连动项之间的语义关系来看，这类连动式均表承接关系。

⑭ ［（V_1+C_1）＋O_1］＋［（V_2+O_2）＋C_2］

在《跻春台》连动式中，这类连动式用例仅1例，为：

  儿想不义之财恐欠命债，<u>候着失者还他去了</u>。（《跻春台·错姻缘》）

上例中，"着"表完成，连动项之间为行为-目的关系。

⑮ ［（V_1+C）＋O］＋（AVD＋V_2）

在《跻春台》连动式中，这类连动式用例共11例，如：

  (a) 众妾见此情景，<u>盗起银钱货物跟人逃走</u>。（《跻春台·万花村》）

  (b) <u>受不过苦毒刑勉强招认</u>，王郎夫本是奴谋害归阴。（《跻春台·审烟枪》）

这类用例中，还出现了2例多个状语连用的情况，为：

  (c) 怀德孤孤单单，举目无人，又小又怕，无可如何，只得守着母尸伤心痛哭：我的妈呀我的娘，为何死得这们忙，<u>丢下你儿全不想</u>，孤孤单单怎下场？（《跻春台·双金钏》）

  (d) 至十五日，<u>押起学儒亲身到馆房中细看</u>，见桌下放有石块垫足，就馆歇宿。（《跻春台·假先生》）

例（c）中，V_2"想"前有2个状语成分"全"和"不"；例（d）中，V_2"看"前有3个状语成分"亲身""到馆房中"和"细"。

从连动项之间的语义关系来看，这类连动式大多表承接关系，共10例；表补充说明关系的有1例，为例（c）。

⑯ [（V$_1$＋C$_1$）＋O$_1$] + [AVD+（V$_2$＋O$_2$）]

在《跻春台》连动式中，这类连动式用例共7例，如：

(a) 翠娥叹气一声，转侧四望，开言说道：这一阵心中烦闷，<u>睁开眼不识一人</u>。（《跻春台·过人疯》）

(b) <u>赚得银钱早回郡</u>，莫在他乡久留停。（《跻春台·十年鸡》）

(c) 官命人解下饶氏，<u>抬到城中逾夕抛尸</u>。（《跻春台·活无常》）

从连动项之间的语义关系来看，这类连动式均表承接关系。

⑰ [（V$_1$＋O$_1$）＋C] + [AVD+（V$_2$＋O$_2$）]

在《跻春台》连动式中，这类连动式用例仅3例，为：

(a) <u>夫离家七八载未回原郡</u>，二叔叔苦逼奴另嫁高门。（《跻春台·十年鸡》）

(b) 未说明恩人往前奔，<u>回家去慢慢报大恩</u>。（《跻春台·冬瓜女》）

(c) 你如今不必当幺师了，<u>随我去与我管厨</u>。（《跻春台·川北栈》）

从连动项之间的语义关系来看，上述用例均为承接关系。

⑱ [AVD+（V$_1$＋O）] + （V$_2$＋C）

在《跻春台》连动式中，这类连动式用例共6例，如：

(a) 遂寻石捂盖，<u>与近处借锄垒好</u>。（《跻春台·阴阳帽》）

(b) 次日，段老陕想，今天陈卖饼该也回家了，去看见门大开，喊不应声，望内无人，谅何大嫂出外去了，<u>随手拿个小凳坐于门边</u>，装袋叶子烟吃。（《跻春台·蜂伸冤》）

(c) <u>手执根长尖担候至人静</u>，从堰坎杀进去水往下倾。（《跻春台·孝还魂》）

这类用例中，出现了1个宾语成分为小句的用例，为：

(d) 我假说<u>送他背背上</u>，从别路一直往南岗。（《跻春台·审豺狼》）

例（d）中，V$_1$"说"后的宾语成分为小句"送他"，"背上"为V$_2$"背"的补语。

从连动项之间的语义关系来看，这类连动式大多表承接关系，仅1例表方式关系，为例（c）。

⑲ [AVD+（V$_1$+O$_1$）]+（V$_2$+O$_2$）

在《跻春台》连动式中，这类连动式用例共18例，如：

(a) 多做阴功还父账，超度冤魂上慈航。(《跻春台·解父冤》)

(b) 嘉定府金顺斌，幼小家贫，与人撑船度日，为人忠厚，心慈爱物，上无父母，孤身一人。(《跻春台·巧姻缘》)

这类连动式中，出现了1个宾语成分为小句的用例，为：

(c) 我假说讲成了慰妈心意，那知妈天天问把我追逼。(《跻春台·冬瓜女》)

例(c)中，V$_1$"说"后的宾语成分为小句"讲成了"，V$_2$"慰"后带双宾语。

这类用例中，还出现了1个名词充当状语的用例，为：

(d) 妻：男装出外寻夫丈，夫：为甚又与贼同行。(《跻春台·栖凤山》)

例(d)中，"男装"充当状语成分。

从连动项之间的语义关系来看，这类连动式可以表达的语义关系丰富多样。其中，表承接关系共7例，如"复开大奠宴客、红场上投师学道法"；表行为-目的关系共7例，如"聊备鸡酒钱个行、一心赚钱买田庄、多拿些银子谢你"；表方式关系的有2例，为"男装出外寻夫丈、与人撑船度日"；表解释说明关系的有1例，为"无有银钱过终朝"；表因果关系的有1例，为"无辜遭冤坐监牢"。

⑳ [AVD$_1$+（V$_1$+O）]+（AVD$_2$+V$_2$）

在《跻春台》连动式中，这类连动式用例仅2例，为：

(a) 见礼已毕，序坐，三人相视，面项通红，无言可叙，即到寨后备宴相待。(《跻春台·栖凤山》)

(b) 骂毕，手中抱石，从左边耳台角踊身向河内一跳。(《跻春台·比目鱼》)

从连动项之间的语义关系来看，这类连动式均表承接关系。

㉑ [AVD+（V$_1$+O$_1$）]+[（V$_2$+O$_2$）+C]

在《跻春台》连动式中，这类连动式用例仅2例，为：

(a) 奴念在夫妻情誓不改姓，叔因此未得钱怀恨在心。(《跻春台·十年鸡》)

(b) 用冷口含热汤吮之不住，张老爷你休怪小子糊涂。(《跻春台·错姻缘》)

从连动项之间的语义关系来看，例（a）为因果关系，例（b）为方式关系。

㉒ [AVD+（V₁+O₁）]+[（V₂+C）+O₂]

在《跻春台》连动式中，这类连动式用例共4例，如：

(a) 我们江湖的规矩，下五牌要服上五牌所管，只要你颇得钱，捐个大爷，他来惹你，你就拿章坪的法宝咒处治他，<u>又多拿钱买活婊子</u>，怕他朱老虎？（《跻春台·审豺狼》）

(b) <u>从江州过福建转到广信</u>，混了两年。（《跻春台·比目鱼》）

(c) <u>你在外面赌钱欠下债帐</u>，来家取讨，还假装不知吗？（《跻春台·比目鱼》）

其中出现了1例多个状语成分连用和双宾语的情况，为：

(d) 次早大德起来煮饭，见无午米，<u>饭后发愤捡粪掉米一升藏在袖内</u>，回到米柜，便喊煮饭。（《跻春台·白玉扇》）

例（d）中，V₁"捡"前出现了2个状语成分"饭后"和"发愤"，"捡"后出现了2个宾语成分"粪掉米"和"一升"。

从连动项之间的语义关系来看，例（a）为行为-目的关系，例（b）和例（d）为承接关系，例（c）为因果关系。

㉓ [AVD₁+（V₁+O₁）]+[AVD₂+（V₂+O₂）]

在《跻春台》连动式中，这类连动式用例共4例，为：

(a) 因近处柴少难以盘活，二人商量向大山去砍，离家十余里，于是<u>各备斧斤向后山打柴</u>。（《跻春台·义虎祠》）

(b) <u>民幼习内外科与人看病</u>，近处请远方接少把足停。（《跻春台·审豺狼》）

(c) 民女儿念丈夫百般哀告，<u>官只图贪功赏不听分毫</u>。（《跻春台·心中人》）

(d) 又谁知我婆婆得病不愈，<u>朝夕间奉汤药少上床铺</u>。（《跻春台·螺旋诗》）

上述各例中，例（a）和例（b）为承接关系，例（c）和例（d）为补充说明关系。

㉔ [AVD₁+（V₁+O）]+[AVD₂+（V₁+C）]

在《跻春台》连动式中，这类连动式用例仅1例，为：

其人会意曰："我来吃酒，<u>天黑寻门误跌在此</u>，被他捉住。"（《跻春台·吃得亏》）

上例连动项之间的语义关系为因果关系。

㉕ （V_1+O_1）＋［AVD＋（V_2+O_2）］

在《跻春台》连动式中，这类连动式用例共 31 例，如：

(a) 一日，朝霞带丫鬟小红在花园观花。(《跻春台·栖凤山》)
(b) 谈闰多招罪过，轻言易结冤怨。(《跻春台·血染衣》)
(c) 尔割股救子，真世之贤母也，本县申文与尔奏请旌表。(《跻春台·血染衣》)

这类连动式中，还出现 1 个多个状语连用的用例，为：

(d) 大牛拿灯故向床下取物，说曰："床下有贼！"(《跻春台·南乡井》)

例（d）中，V_2 前出现了 2 个状语成分，分别为语气副词"故"和介宾短语"向床下"。

从连动项之间的语义关系来看，这类连动式可表达的语义关系多样。表承接关系的共 19 例，如"整衣冠亲写报条、迎接岳父一同进京"；表行为-目的关系的共 3 例，如"请酒与他贺喜、留此老骨与老翁作对"；表因果关系的有 1 例，为例（b）；表补充说明关系的共 7 例，如"顾贞节不居下贱、施恩不望报"；表方式的关系有 1 例，为"拿刀背假割他的颈"。

㉖ （V_1+O）＋［AVD＋（V_2+C）］

在《跻春台》连动式中，这类连动式用例共 16 例，如：

(a) 你舅不吃虾饼，肚不疼痛，吃了虾饼须臾痛死，饼是你的，不是你毒是谁？(《跻春台·活无常》)
(b) 寨主大喜，即命铺毡挂彩，大设筵席，拿些袍衣与朝霞穿好，拜完花烛，至晚送入洞房。(《跻春台·栖凤山》)

这类连动式中，从连动项之间的语义关系来看，表承接关系的共 9 例，如"脱衣与死囚穿起、回家对亲说明"；表方式关系的共 4 例，如"拿乱石和泥土补砌完全"；表因果关系的有 1 例，为"吃了虾饼须臾痛死"；表行为-目的关系的有 2 例，为"拿一顶绿帽帽与你戴定、煮些盐菜汤与夫送去"。

㉗ （V_1+C）＋［AVD＋（V_2+O）］

在《跻春台》连动式中，这类连动式用例共 7 例，如：

(a) 今天啥，我同年儿送斤肉来，又莫得盐，持来跟你借一杯，明天卖了线子就还。(《跻春台·义虎祠》)
(b) 挣得有钱不当数，拿去也者与之乎。(《跻春台·巧报应》)

这类连动式中，有 2 例为情态动词后带小句宾语的情况，为：

(c) 若是水生拈过的菜，都不肯吃，<u>进去另要弄得</u>。（《跻春台·巧姻缘》）

(d) 克明<u>听得不敢散人</u>。（《跻春台·比目鱼》）

例（c）和例（d）中，V_2 分别为情态动词"要"和"敢"，后接的宾语成分分别为小句"弄得"和"散人"。

从连动项之间的语义关系来看，这类连动式均为承接关系。

㉘ (V_1+C_1) + [(V_2+O) +C_2]

在《跻春台》连动式中，这类连动式用例仅 1 例，为：

儿也未有遇神，适才见一老姆，授儿红丸一粒，<u>吃下吐痰不止</u>，吐出一身冷汗，但着精神爽快，妈呀，你儿到如今心内开窍，不像从前了。（《跻春台·失新郎》）

从连动项之间的语义关系来看，上例为承接关系。

㉙ (V_1+C_1) + [(V_2+C_2) +O]

在《跻春台》连动式中，这类连动式用例共 5 例，如：

(a) <u>骂毕掀出门外</u>，随出字白，不准亲友收留。（《跻春台·比目鱼》）

(b) 我听喊往救，<u>行快撞息灯光</u>，绊物跌地，被血污衣，亲翁不要乱说。（《跻春台·审禾苗》）

从连动项之间的语义关系来看，这类用例均为承接关系。

㉚ [(V_1+C_1) +O] + (V_2+C_2)

在《跻春台》连动式中，这类连动式用例共 4 例，如：

(a) 泽芳父母还在梓潼，是年，父母得病，信到夹江，泽芳把生意交与先生，<u>带起妻儿回去</u>。（《跻春台·僧包头》）

(b) <u>走到远处躲了年余</u>，回家方才三日，被差拿获，把供招了丢卡。（《跻春台·螺旋诗》）

从连动项之间的语义关系来看，这类用例均为承接关系。

㉛ [(V_1+C_1) +O_1] + [(V_2+C_2) +O_2]

在《跻春台》连动式中，这类连动式用例共 2 例，为：

(a) 妻：<u>勒住妻口背回院</u>，守贞不屈丧黄泉。（《跻春台·假先生》）

(b) 我今日不看你四两狗命，<u>提起你九根毛丢下东城</u>。（《跻春台·螺旋诗》）

从连动项之间的语义关系来看，这类用例均为承接关系。

㉜（$V_1+C_1+O+C_2$）+（AVD+V_2）

在《跻春台》连动式中，这类连动式用例仅1例，为：

  低下头来自思想，报仇敢把孝子戕？（《跻春台·解父冤》）

从连动项之间的语义关系来看，上例为承接关系。

㉝（V_1+C_1）+［AVD+（V_2+C_2）］

在《跻春台》连动式中，这类连动式用例共5例，如：

  （a）说罢飘然竟去，临期亦不见来。（《跻春台·失新郎》）

  （b）大德即回去对四缺牙说明，飞跑随张而去。（《跻春台·白玉扇》）

从连动项之间的语义关系来看，这类连动式均表承接关系。

㉞（$V_1+C_1+O_1+C_2$）+（V_2+O_2）

在《跻春台》连动式中，这类连动式用例共4例，如：

  （a）其人欢喜，带进屋去告知妻子，毛子即上前叩头，就喊"保娘"。（《跻春台·孝还魂》）

  （b）又讲银两锭，把银交过，司差走到新人房中地楼下把烟器取出，拿回成都来禀牛公。（《跻春台·审烟枪》）

从连动项之间的语义关系来看，这类用例均为承接关系。

㉟（$V_1+C_1+O+C_2$）+（V_2+C_3）

在《跻春台》连动式中，这类连动式用例仅1例，为：

  又想姨娘生来，少无父母，见弃哥嫂，家业凋零，孤苦无靠，我妈怜念，带回家来抚养成人。（《跻春台·节寿坊》）

上例连动项之间的关系为承接关系。

㊱（V_1+C_1）+（$V_2+C_2+O+C_3$）

在《跻春台》连动式中，这类连动式用例仅1例，为：

  说毕退入房去。（《跻春台·节寿坊》）

上例连动项之间的关系为承接关系。

㊲［AVD+（V_1+O_1）］+V_2

在《跻春台》连动式中，这类连动式用例共8例，如：

  （a）且到后山寻石洞躲避，我们有虎，不怕猛兽。（《跻春台·义虎祠》）

这类用例中，出现了 2 个 V_2 为多音节词组的用例，为：

(b) 这一阵受抬盒<u>昏迷不醒</u>，好一似阎王殿走了一巡。（《跻春台·万花村》）

(c) 贞秀下堂，<u>一见爹妈放声大哭</u>，绍儒曰："这都是我儿前生冤孽，才遇此事，又遇此官，看儿上省如何？若不能伸冤，为父下场就来控辩。"（《跻春台·审烟枪》）

上面两例中，V_2 分别为"昏迷不醒"和"放声大哭"。

还出现了 1 个由"来"补足音节的用例，为：

(d) <u>别无有主意来安顿</u>，无奈了只得嫁妇人。（《跻春台·冬瓜女》）

上例中，"来"只起补足音节的作用，不表实义。

从连动项之间的语义关系来看，这类用例中，表承接关系的有 3 例，如"多出钱买"；表行为-目的关系的有 1 例，为例（a）；表因果关系的有 1 例，为例（b）；表解释说明关系的有 2 例，分别为"莫得钱还"和例（d），均为"有"字类连动式；表方式关系的有 1 例，为"手拿扇搧"。

㊳（AVD+V_1）+［（V_2+O）+C］

在《跻春台》连动式中，这类连动式用例共 2 例，为：

(a) <u>一朝退弃结冤深</u>，难免一家失性。（《跻春台·过人疯》）

(b) 美佳人他还来护驾，<u>一足去踢他一扑扒</u>。（《跻春台·螺旋诗》）

例（b）中，"一足"为名词短语活用做状语，"一扑扒"为结果补语。

从连动项之间的语义关系来看，上述用例均表承接关系。

㊴（AVD+V_1）+［（V_2+C）+O］

在《跻春台》连动式中，这类连动式用例共 5 例，如：

(a) 我<u>一见痛裂肝胆</u>，随我妻去到冥间。（《跻春台·比目鱼》）

(b) 心忙迫任脚去不择路径，<u>猛然间一扑趴跌下深坑</u>。（《跻春台·南乡井》）

从连动项之间的语义关系来看，这类用例均表承接关系。

㊵［AVD+（V_1+C）］+V_2

在《跻春台》连动式中，这类连动式用例仅 2 例，如：

把神敬了，桂元胆大，<u>从柱头扒上去看</u>，见一耗子在跑，遂扒进去，见一件衣裳，拿下一看，本是骆老师的。（《跻春台·双血衣》）

第六章 基于《跻春台》的清代汉语连动式研究

从连动项之间的语义关系来看，这类用例均表承接关系。

㊶（AVD$_1$＋V$_1$）＋［AVD$_2$＋（V$_2$＋O）］

在《跻春台》连动式中，这类连动式用例共3例，如：

谈闻多招罪过，<u>轻言易结冤愆</u>。（《跻春台·血染衣》）

从连动项之间的语义关系来看，上例表行为-目的关系；表承接关系的有1例，为"大怒发愤攻苦"；表补充说明关系的有1例，为"鸳鸯鸟两分飞不得团圆"。

㊷［AVD＋（V$_1$＋C）］＋（V$_2$＋O）

在《跻春台》连动式中，这类连动式用例共6例，如：

（a）于是取儿旧衣，手提钢刀，在后园边哭边割，把衣染毕，<u>用火烘乾交差</u>，回县呈官。（《跻春台·血染衣》）

这类用例中，出现了1个宾语成分为小句的用例，为：

（b）<u>用刀背拍看想打醒</u>，黑区区灯晃看不清。（《跻春台·蜂伸冤》）

例（b）中，V$_2$"想"后接宾语成分"打醒"，V$_1$"拍"后的补语成分为"看"，表尝试态。

从连动项之间的语义关系来看，这类用例中表承接关系的有2例，如"对禁子说明进监"；表行为-目的关系的有3例，如例（b）；表方式关系的有1例，为"双手抱住亲嘴"。

㊸［AVD＋（V$_1$＋C$_1$）］＋（V$_2$＋C$_2$）

在《跻春台》连动式中，这类连动式用例共4例，如：

（a）到冬天抢铺盖又藏草帘，<u>乱谷草睡不热冻做一团</u>。（《跻春台·十年鸡》）

（b）店主拿去，如法化水，谁知病人口已闭了，<u>用剪刀撬开灌下</u>。（《跻春台·卖泥丸》）

例（a）中，名词短语"乱谷草"活用充当状语。

从连动项之间的语义关系来看，这类用例中，表承接关系的有2例，分别为"用姜汤灌活锁于房中、一手拉出绑在轿内"；表方式关系的有1例，为例（b）；表因果关系的有1例，为例（a）。

㊹［AVD$_1$＋（V$_1$＋C）］＋（AVD$_2$＋V$_2$）

在《跻春台》连动式中，这类连动式用例仅1例，为：

下民闻言如捡宝，<u>紧记心中未轻抛</u>。（《跻春台·阴阳帽》）

295

从连动项之间的语义关系来看，上例连动项之间为补充说明关系。

（4）连动项中的 V 出现 3 类附加成分

① ｛AVD＋［（V_1＋O）＋C］｝＋V_2

在《跻春台》连动式中，这类连动式用例仅 1 例，为：

　　　　因收帐回家，见树上吊起一人，手摸胸膛尚有热气，急命从人解下，<u>又向近处讨杯热茶来灌</u>，不时即醒。（《跻春台·十年鸡》）

上例连动项之间为承接关系。

② ｛AVD＋［（V_1＋C）＋O］｝＋V_2

在《跻春台》连动式中，这类连动式用例仅 1 例，为：

　　　　卖药买布，<u>顺水来到苏州发卖</u>，果然有利，即买米来至湖广。（《跻春台·十年鸡》）

上例连动项之间为承接关系。

③ ［AVD_1＋（V_1＋O_1）］＋｛AVD_2＋［（V_2＋C）＋O_2］｝

在《跻春台》连动式中，这类连动式用例仅 1 例，为：

　　　　白公听了，又将案卷细看，沉吟良久，即吩咐打轿到高家勘验，<u>随押王氏一路来至高家</u>。（《跻春台·双冤报》）

上例连动项之间的语义关系为承接关系。

④ （V_1＋O_1）＋｛AVD＋［（V_2＋C）＋O_2］｝

在《跻春台》连动式中，这类连动式用例仅 2 例，为：

　　　　（a）乔与狼拔去朽臭，<u>又衔泉水与他洗净脓汁</u>，然后与他敷药。（《跻春台·审豺狼》）

　　　　（b）僧那时只骇得三魂不定，<u>开山门急忙忙跑下山林</u>。（《跻春台·南乡井》）

从连动项之间的语义关系来看，上述用例均表承接关系。

⑤ （V_1＋C_1）＋｛AVD＋［（V_2＋O）＋C_2］｝

在《跻春台》连动式中，这类连动式用例共 3 例，如：

　　　　<u>说罢独自进内去了</u>。（《跻春台·双金钏》）

从连动项之间的语义关系来看，这类连动式均表承接关系。

2. "AVD＋X_1＋X_2"类连动式

（1）连动项中的 V 为光杆动词

这里说的连动项中的 V 为光杆动词，指的就是"AVD＋（V_1＋V_2）"的形式。

在《跻春台》连动式中,这类连动式用例共10例,如:

(a) 说毕,喊舌痒得很,<u>用手去扯</u>,扯得鲜血长流,还扯不脱,遂咬下半节,拿与众看。(《跻春台·义虎祠》)

(b) 离城不远,忽有一喜鹊扑至轿中,<u>以手去捉</u>,忽又飞去,少时又来,如此三次。(《跻春台·血染衣》)

(c) 上法,把我咒语一唸,想要多少金银,他自己会来;中法,把我法术一使,别人金银任你去拿;下法,<u>依我方儿去做</u>,挣钱便易,再不费力。(《跻春台·卖泥丸》)

(d) 眼光会<u>观音堂去耍</u>,又来了一个美姣娃。(《跻春台·螺旋诗》)

上述例句中,V_1 均由典型位移动词"来"或"去"构成,V_2 均为单音节动词,状语成分多样,如介宾短语"以手""依我方儿";方位名词可以活用充当状语,如"观音堂"。

这类连动式中,动词前还出现了多个状语成分连用的情况,如:

(e) 饶氏<u>喊天叫地急忙来夺</u>,被鹏飞一掌打倒,抬起飞跑,上船开舟而去。(《跻春台·活无常》)

(f) 国昌闻太太姓陈,便喊姑娘,走到面前说道:"侄儿缺礼,<u>未曾早来问候</u>,望姑娘恕罪。"(《跻春台·巧报应》)

(g) 娶妻王氏,乃小家人女,爱食虾子,<u>在娘家常常捞食</u>,父母亦不禁止。(《跻春台·双冤报》)

这样的例句共出现了8例。例(e)中,动词前出现2个状语成分,分别由动词词组"喊天叫地"和副词"急忙"连用做状语;例(f)中,动词前分别由否定副词"未曾"和副词"早"连用做状语;例(g)中,介宾短语"在娘家"和频率副词"常常"连用做状语。

这类连动式中,V_2 还可以为多音节词语,这样的用例共2例,为:

(h) 又谓王氏曰:"今亦不必进城,<u>再去抛头露面</u>。"(《跻春台·双冤报》)

(i) 怕坏良心,<u>那们还去谋财害命</u>?(《跻春台·南山井》)

这类连动式共128例,其中 V_1 多为位移动词"来"或"去",V_2 多为单音节动词,这样的用例共120例,如"急忙去看、屡次来说、慌忙来看"。对于这些用例,所有的由"来"构成的连动式在统计时只算作1例,由"去"构成的连动式也只算作1例。

从连动项之间的语义关系来看,在采集到的所有128例中,126例均为承接关系,仅2例为方式关系,这2例为:

(j) 银娃去与掌柜磕头,借钱葬父,<u>来年帮工退还</u>。(《跻春台·川北栈》)

(k) 怀美用钱哄诱成奸,约为夫妇,<u>乘夜拐逃</u>,使本场子弟断后,又命人回场,搬人来接。(《跻春台·比目鱼》)

例(j)和例(k)中,"帮工"表"退还"的方式,"拐"表"逃"的方式。

(2) 连动项中的V出现1类附加成分

① AVD+［(V_1+O) +V_2］

在《跻春台》连动式中,这类连动式用例较多,共46例,如:

(a) <u>天明出外喊</u>,四处访问无迹,回家哭泣不已。(《跻春台·孝还魂》)

(b) 饶氏见素娥能干,初犹欢喜,后想己不如他,便生忌恨,<u>每每寻故搓磨</u>,稍不如意,恶言咒骂,素娥亦隐忍无怨。(《跻春台·活无常》)

(c) 绍儒听得,<u>与妻进城饯别</u>;请一老妪跟随服侍,又请族侄护送。(《跻春台·审烟枪》)

这类连动式中,也出现了多个状语成分连用的情况,这样的用例共5例,如:

(d) <u>为甚么总不开慧眼鉴观</u>。(《跻春台·冬瓜女》)

(e) <u>今日里在房中倚窗凭望</u>,见一个美佳人盖世无双。(《跻春台·解父冤》)

这类连动式中,有1例使用了补足音节的语助词"来",具体用例为:

(f) <u>何不施恩来放了</u>,使我回去奉年高。(《跻春台·哑女配》)

这类连动式中,连动项之间的语义关系较为多样。表承接关系共20例,如"常出远门贸易、忙出房看";表解释说明关系共5例,均为"有"字类连动式,如"家中又无钱用、尚无话说";表方式关系共6例,如"与爷看刑侍候、白日携手唱和、为何立地小解";表行为-目的关系共14例,如"每天寻故咒骂、日后积钱赎取、急打亮寻觅";表因果关系有1例,为"次年鸿恩得病身亡"。

② AVD+［(V_1+C) +V_2］

在《跻春台》连动式中,这类连动式用例较少,共7例,如:

(a) 不错，想我庚兄先年打得一狐，我已买来放了，后又打得一只。（《跻春台·失新郎》）

(b) 快莫做声，阴倒拿去埋了，免得别人看见。（《跻春台·捉南风》）

这类连动式中，也出现了多个状语连用的情况，如：

(c) 到夜间又热来吃，尚剩一碗。（《跻春台·假先生》）

这类连动式中，连动项之间的语义关系主要为承接关系，其次为行为-目的关系。其中，表承接关系的共5例，表行为-目的关系的共2例，分别为"何不买来睡、不如背回奉养"。

③ $AVD_1 + [(AVD_2 + V_1) + V_2]$

在《跻春台》连动式中，这类连动式用例较少，仅3例，为：

(a) 事在两难，不如一死罢休。（《跻春台·过人疯》）

(b) 在店中用琴音前来勾引，抚一夜又一夜要动奴心。（《跻春台·解父冤》）

(c) 各位，其人姓韩，名大武，是个强盗，极其胆大，每一人远方去偷，近处无人知他是盗。（《跻春台·孝还魂》）

这3例连动式中，连动项之间的语义关系均为方式关系。

④ $AVD + [V_1 + (V_2 + O)]$

在《跻春台》连动式中，这类连动式用例不少，共48例，如：

(a) 此时素娥无家可归，母子乞食度日，心想丈夫上省寻亲，不如乞往省城，访问丈夫消息。（《跻春台·活无常》）

(b) 我就饿死，也不去做那损阴丧德的生意嘛。（《跻春台·哑女配》）

这类连动式中，出现了1例双宾语的情况，如：

(c) 一日，推车在一土地庙前歇气，想着亲事，心中焦躁，见四下无人，遂对土地说道：尊土地人说你灵验无比，方境中尽都来敬你雄鸡。（《跻春台·冬瓜女》）

这类连动式中，出现了多个状语成分连用的情况，共6例，如：

(d) 报期后伍大魁忽来见我，比时间难得我无其奈何。（《跻春台·僧包头》）

(e) 官骂曰："西廊僧既被妖食，为甚不来报案？"（《跻春台·南乡井》）

这类连动式中，有 44 例中的 V_1 由"来"或"去"构成，后接 V_2 和宾语，属于不太典型的连动式。

从连动项之间的语义关系来看，表承接关系共 46 例，2 例表方式关系，分别为"不如乞往省城、与些匪徒杀抢度日"。

⑤ $AVD + [V_1 + (V_2+C)]$

在《跻春台》连动式中，这类连动式用例很少，共 4 例，如：

> 张幺师忙来拉住，将客主掀开，问曰："客何姓，家住何方，作何贵干？"（《跻春台·川北栈》）

这类连动式中，V_1 多由"来"或"去"构成。

从连动项之间的语义关系来看，这类连动式均表承接关系。

⑥ $AVD_1 + [V_1 + (AVD_2+V_2)]$

在《跻春台》连动式中，这类连动式用例较少，共 11 例，如：

> (a) 他若见民身受冤屈，必来当堂讯质，是否立明，望大老爷原谅。（《跻春台·审豺狼》）

> (b) 本待擒着不松放，听他说话又在行。（《跻春台·解父冤》）

从连动项之间的语义关系来看，7 例表承接关系，均由"来"或"去"充当第一个动词；4 例表补充说明关系，均为肯否类连动式。

⑦ $AVD_1 + [(AVD_2+V_1) + (AVD_3+V_2)]$

在《跻春台》连动式中，这类连动式用例很少，仅 2 例，为：

> (a) 你为何忍心去全不思想，丢为妻似浮萍水上飘扬。（《跻春台·节寿坊》）

> (b) 为甚一去全不想，丢下为妻好惨伤！（《跻春台·十年鸡》）

这 2 例的语义关系均为补充说明关系。

⑧ $AVD + [(V_1+O_1) + (V_2+O_2)]$

在《跻春台》连动式中，这类连动式用例较多，共 99 例，如：

> (a) 此新官姓白，名良玉，系四川梓潼县人，清廉有才，是两榜进士出身，于康熙七年冬月领凭上任。（《跻春台·审禾苗》）

> (b) 天恩亦久事不厌，每日必割肉奉母，自食稀粥。（《跻春台·冬瓜女》）

这类连动式中，也出现了多个状语连用的用例，如：

> (c) 他妻胡氏，系先年父母所定，貌虽丑陋性极孝顺，每每暗拿酒食事奉翁姑，不致冻饿。（《跻春台·审豺狼》）

（d）本县观你能请医治病，以银谢医，今又亲身上堂听讯，虽是野兽，也有灵心，定知史银匠下落生死存亡。（《跻春台·审豺狼》）

这类连动式中，还出现了语助词"来"补足音节的用例，为：

（e）当初瞎眼来放女，嫁个丈夫是毛驴。（《跻春台·双冤报》）

例（e）中的"来"起补足音节的作用，不表实义。

从连动项之间的语义关系来看，这类连动式可表达的语义关系多样。其中，表承接关系共77例，如例（c）和例（d）；表行为-目的关系共9例，如"到书房装师掩迹、下午辞母欲归、间或推窗散闷"；表方式关系有6例，如"每日必割肉奉母、幼小推车谋衣饭、每单身出马走远方"；表因果关系有3例，如"夫死后恋家业情愿守寡、早得急病丧阴曹"；表解释说明关系有4例，如"到四十岁也有几十串钱放帐、焉有百金打发贫儿"。

⑨ $AVD_1 + [(V_1+C) + (AVD_2+V_2)]$

在《跻春台》连动式中，这类连动式用例极少，仅1例，为：

忽竹竿滚下一响，屋内走出一人，将他捉住，几个耳巴，骂曰："灾杂种，乳臭未干，敢来虎口抓肉，不是自来送死？"（《跻春台·孝还魂》）

上例连动项之间为承接关系。

⑩ $AVD + [(V_1+C) + (V_2+O)]$

在《跻春台》连动式中，这类连动式用例较少，共9例，如：

（a）逢着比期提出追问凶刀，心田一口咬定丢藏忘了。（《跻春台·双血衣》）

（b）众人与我绑起送官！（《跻春台·孝还魂》）

这类连动式中，还有1个宾语成分为小句的用例，为：

（c）都挤拢来看审土地。（《跻春台·捉南风》）

从连动项之间的语义关系来看，连动项之间均为承接关系，如"次早大德起来煮饭、不如拿去为善"。

⑪ $AVD + [(V_1+O) + (V_2+C)]$

在《跻春台》连动式中，这类连动式用例较少，共10例，如：

（a）从此虎常衔野物送来，陈氏与他说话，虎摇头摆尾，若相亲爱之意。（《跻春台·义虎祠》）

（b）闻子进了州城，跌跌颠颠携杖赶去，寻着国昌，喊曰："儿呀，亏你忍心在此，那知为父受的苦楚，快快随我回去，免得你妈望念。"（《跻春台·巧报应》）

从连动项之间的语义关系来看，表承接关系的共 8 例，如"不如捡粪送来、忽然上宾进房看见"；表方式关系的有 2 例，分别为例（b）和"今冒名嫁去"。

⑫ $AVD_1 +$ ［$(AVD_2 + V_1) + (V_2 + O)$］

在《跻春台》连动式中，这类连动式用例较少，共 10 例，如：

(a) 天祥请人劝解，兰英不听，说道："生是李家人，死为李家鬼，情愿出家修行，<u>再不另嫁失节</u>。"（《跻春台·过人疯》）

这类连动式中，也出现了多个状语成分连用的情况，共 2 例，为：

(b) 我一见那猿马拴之不稳，<u>常托故到他家去通殷勤</u>。（《跻春台·双血衣》）

(c) <u>不如与我一路同到州去见官</u>，辨明我的冤屈，不然你就在此把我一口吞了，免得死在狱中，做鬼也不干净。（《跻春台·审豺狼》）

这类连动式中，从连动项之间的语义关系来看，表承接关系的有 6 例，如例（b）和例（c）；表行为-目的关系的有 4 例，如"再不另嫁失节、不如改嫁救夫"。

⑬ $AVD_1 +$ ［$(V_1 + O) + (AVD_2 + V_2)$］

在《跻春台》连动式中，这类连动式用例不少，共 22 例，如：

(a) <u>黄昏时回家向前往</u>，我随后身把短刀藏。（《跻春台·审豺狼》）

这类连动式中，也出现了多个状语连用的用例，如：

(b) 其妹不由分说，拉到神前就拜，又办些酒菜姑嫂共饮，吃得欢喜，<u>不觉带醉携手共卧</u>。（《跻春台·吃得亏》）

(c) 因见彭氏美貌，有心偷香，<u>时常借故来家与彭氏言谈</u>。（《跻春台·双血衣》）

上面两例中，例（b）中连动项前出现 2 个状语成分"不觉"和"带醉"，例（c）中连动项前也出现了 2 个状语成分"时常"和"借故"。

这类连动式中，也出现了补足音节的语助词"来"，共 2 例，为：

(d) <u>白日里领花草与人来做</u>，夜晚间打鞋底又补衣服。（《跻春台·蜂伸冤》）

(e) <u>到晚来做呈词枕边投递</u>，叨丈夫分家业费尽心机。（《跻春台·香莲配》）

这类连动式中，表承接关系共 14 例，如"在土外隐身细看"；表行为-目的关系共 3 例，如"时常借故来家与彭氏言谈"；表解释说明关系共 2 例，均为

"有"字类连动式,"今日无面相见、至今亦有百多串钱还在大树坡放";表补充说明关系有 2 例,分别为"急迫中偷衣未思量、不幸寻父不遇";表因果关系有 1 例,为"都怕蜂不去"。

(3) 连动项中的 V 出现 2 类附加成分

① $AVD+\{[(V_1+C)+O]+V_2\}$

在《跻春台》连动式中,这类连动式用例极少,仅 2 例,为:

(a) 那知太和听说重谢,心都痒了,即时去到杨家说合。(《跻春台·僧包头》)

(b) 太朴吩咐二子,安顿柴草,谓大魁曰:"贤婿此来无人陪你,何不去到书房歇宿,闷时亦可看书。"(《跻春台·僧包头》)

这两例中,连动项之间均为承接关系。

② $AVD+\{[(V_1+O)+C]+V_2\}$

在《跻春台》连动式中,这类连动式用例很少,共 7 例,如:

(a) 次日拿斧去砍,忽然人往上升,站在空中,离地丈许。(《跻春台·哑女配》)

(b) 官会意,命扛头门,令看审诸众人各整衣履,如有失鞋者,亲身上堂来领。(《跻春台·审豺狼》)

这类连动式中,5 例表承接关系,如"忙办姜汤来灌";2 例表行为-目的关系,如"赶紧办钱来团仓"。

③ $AVD+[(V_1+C_1+O+C_2)+V_2]$

在《跻春台》连动式中,这类连动式用例很少,共 5 例,如:

(a) 其妻刘氏听说女儿遭冤,放声大哭,恨不飞到城去看望,又见天黑,一夜都未息声。(《跻春台·审烟枪》)

(b) 二僧大骇,心想此事如何下台,就夜背到后坡土内去埋。(《跻春台·假先生》)

这类连动式中,连动项之间的关系均为承接关系。

④ $AVD_1+\{V_1+[AVD_2+(V_2+O)]\}$

在《跻春台》连动式中,这类连动式用例很少,仅 2 例,为:

(a) 明早去把爹妈会,当面应承不要推。(《跻春台·节寿坊》)

(b) 偷银罪大律加等,岂就饶恕不追根?(《跻春台·比目鱼》)

从连动项之间的语义关系来看,这 2 例肯否类连动式均表补充说明关系。

⑤ AVD+｛（V$_1$+O$_1$）+［（V$_2$+C）+O$_2$］｝

在《跻春台》连动式中，这类连动式的用例共 8 例，如：

(a) 如若不允，你儿一死，媳妇还是嫁人，<u>不若先嫁媳妇救出儿子</u>，岂不两全？（《跻春台·万花村》）

(b) 到后来做了官<u>接到任上</u>，配一对美夫妻地久天长。（《跻春台·解父冤》）

(c) 又谁知爹爹死妈也废命，<u>才与兄丢书本转回家庭</u>。（《跻春台·仙人掌》）

从连动项之间的语义关系来看，表承接关系共 6 例，如"急忙收泪来至上房、即刻拿银子来到客厅"；表为-目的关系的有 1 例，为例（a）；表因果关系的有 1 例，为"平安桥绊一物跌在埃尘"。

⑥ AVD+｛［（V$_1$+O$_1$）+C］+（V$_2$+O$_2$）｝

在《跻春台》连动式中，这类连动式用例共 7 例，如：

(a) 家族先闻开榜之言，已知靳氏之意，都说虽来行奸，究未失节，<u>何必送官来入命债</u>！（《跻春台·仙人掌》）

(b) 因<u>昨夜出外去收账</u>，踩虚脚朴地闯鼻梁。（《跻春台·巧报应》）

这类连动式中，出现了 1 例带双宾语的情况，为：

(c) <u>后拿银子二锭去谢妙贞</u>，妙贞不受，强之再三乃留，为大士穿金。（《跻春台·假先生》）

例（c）中，V$_1$"拿"后出现了双宾语"银子""二锭"，现代汉语中这种用法已转变为定中结构"二锭银子"。

从连动项之间的语义关系来看，这些用例均表承接关系，如"昨夜出外去收账、到夜晚拨门去贪花、忙出外去陪礼"。

⑦ AVD+｛［（V$_1$+O）+C$_1$］+（V$_2$+C$_2$）｝

在《跻春台》连动式中，这类连动式用例仅 1 例，为：

我<u>慌忙上楼去躲住</u>，陈国昌进房便上铺。（《跻春台·巧报应》）

上例中，连动式的连动项之间为行为-目的关系。

⑧ AVD+｛［（V$_1$+C）+O$_1$］+（V$_2$+O$_2$）｝

在《跻春台》连动式中，这类连动式的用例共 3 例，如：

(a) 官问虎曰："你乃兽中之王，<u>不乱放出口伤人</u>，况刘天生的母亲守节，他又打柴奉亲，是个孝子，你为甚都要吃他，岂得无过！"（《跻春台·义虎祠》）

(b) 忽然想起刘天生被虎吃了，与他一路，我不免去到刘家生场是非，以报此仇。（《跻春台·义虎祠》）

从连动项之间的语义关系来看，这类用例均表承接关系。

⑨ $AVD_1 + \{[(V_1+C)+O]+(AVD_2+V_2)\}$

在《跻春台》连动式中，这类连动式用例仅1例，为：

朝霞尽心体问，久无倦容，每夜跪在灶前虔心恳祷，愿减算以益姑寿。（《跻春台·栖凤山》）

上例连动项之间为方式关系。

⑩ $AVD_1 + \{[AVD_2+(V_1+O_1)]+(V_2+O_2)\}$

在《跻春台》连动式中，这类连动式用例仅2例，为：

（a）为甚的另放高门结姻眷，一匹良马配双鞍。（《跻春台·过人疯》）

（b）福公在金川不服水土得病，桂荐汝粥，数剂全愈，福公心喜，带汝粥进京。（《跻春台·活无常》）

从连动项之间的语义关系来看，例（a）为行为-目的关系，例（b）为因果关系。

⑪ $AVD_1 + \{(V_1+O_1)+[AVD_2+(V_2+O_2)]\}$

在《跻春台》连动式中，这类连动式用例共6例，如：

（a）难道说儿受苦都不怜念，为甚么藏衣刀不献与官？（《跻春台·双血衣》）

（b）父：儿阴灵随着他切莫轻慢，母：快进城与我儿申诉含冤。（《跻春台·双冤报》）

从连动项之间的语义关系来看，这类连动式中，表行为-目的关系的有2例，分别为例（b）和"不如回家另办货物"；表补充说明关系的有3例，均为肯否类连动式，如例（a）；表方式关系的有1例，为"倒不如娘陪儿同坐禁监"。

⑫ $AVD_1 + \{(V_1+C)+[AVD_2+(V_2+O)]\}$

在《跻春台》连动式中，这类连动式用例仅1例，为：

及至到省，那夜歇在栈房，次早起来不见红衣，解差大骇，四处寻找，满店清问，行李俱在，惟有红衣失去。（《跻春台·审烟枪》）

上例连动项之间为承接关系。

⑬ $AVD_1 + \{(AVD_2+V_1)+[(V_2+C)+O]\}$

在《跻春台》连动式中，这类连动式用例仅1例，为：

有王因他家富多财多宝,你何不到那去过活终朝。(《跻春台·吃得亏》)

上例连动项之间为行为-目的关系。

3. "X_1+X_2+C"类连动式

这类由2个连动项连用构成的连动式,为由2个连动项连用后再附加共同的补语成分构成。形式为"$[(V_1+O_1)+(V_2+O_2)]+C$"。

在《跻春台》连动式中,这类连动式用例仅1例,为:

又谓女曰:"尔不必怕,如今府尊已死,其子扶丧还乡去了,小姐现嫁与某藩台为妻。"(《跻春台·冬瓜女》)

从连动项之间的语义关系来看,上例连动项之间为承接关系。

综上所述,在《跻春台》中,由2个连动项连用构成的连动式,分属"X_1+X_2""$AVD+X_1+X_2$"和"X_1+X_2+C"3个大类,其中"X_1+X_2+C"类连动式只有1例,没有出现"$AVD+X_1+X_2+C$"这类连动式。"X_1+X_2"和"$AVD+X_1+X_2$"这2类连动式共计出现了92个结构形式小类,其中,"X_1+X_2"类连动式有65个结构形式小类,"$AVD+X_1+X_2$"类连动式有27个结构形式小类。

(二) 由3个连动项连用构成的连动式

由3个连动项连用构成的连动式,在《跻春台》中分属3种结构形式:"$X_1+X_2+X_3$""$AVD+X_1+X_2+X_3$""$X_1+AVD+X_2+X_3$"。下面逐一进行考察分析。

1. "$X_1+X_2+X_3$"类连动式

(1) 连动项中的V为光杆动词

这里说的连动项中的V为光杆动词,指的就是"$X_1+X_2+X_3$"的形式。这类连动式在《跻春台》中共6例,如:

(a) 不一日,忽听群犬吠,即出外来看,地下有一人头,群犬争拖打架。(《跻春台·南乡井》)

(b) 二人坐至半夜,素贞时常咳嗽,起身,或倒床上,或起坐陪。(《跻春台·错姻缘》)

(2) 连动项中的V出现1类附加成分

① $V_1+(V_2+O)+V_3$

这类连动式在《跻春台》中共3例,为:

(a) 年二十余岁，积得十多串钱，遂去卖布营生。(《跻春台·十年鸡》)

　　(b) 我那里有担水桶，去担水卖，一天也可找钱二百，快去找来开我。(《跻春台·川北栈》)

　　(c) 再说嘉言母病无钱医治，拿了一个翠玉戒指，进城去托孙银匠代卖，与他拨钱数百，回家医母。(《跻春台·栖凤山》)

② (V_1+O) +V_2+V_3

这类连动式在《跻春台》中共25例，如：

　　(a) 将钱买对猪，称些棉花纺卖，大德天天捡粪，夫妻到还快乐，敬爱如宾。(《跻春台·白玉扇》)

　　(b) 祖孙受饿不过，寻些野菜煮吃。(《跻春台·阴阳帽》)

　　(c) 叶氏闻声出看，见鹊落在后园，乃把牧童骂开。(《跻春台·血染衣》)

　　(d) 我听喊往救，行快撞息灯光，绊物跌地，被血污衣，亲翁不要乱说。(《跻春台·审禾苗》)

③ (V_1+O_1) +V_2+ (V_3+O_2)

这类连动式在《跻春台》中共10例，如：

　　(a) 背父嫖赌走邪径，偷去谷米卖相因。(《跻春台·比目鱼》)

　　(b) 居住廊庙坐方丈，傍佛修行过时光。(《跻春台·南乡井》)

　　(c) 教我一法把钱挣，做些泥丸去卖人。(《跻春台·卖泥丸》)

这类连动式中，还出现了1个双宾语用例，为：

　　(d) 负银一百去谢癞僧，众说久已去了。(《跻春台·卖泥丸》)

④ (V_1+O_1) + (V_2+O_2) +V_3

这类连动式在《跻春台》中共14例，如：

　　(a) 父因年老，将生意交与彦珍去做，自己回家佃些田土耕种。(《跻春台·捉南风》)

　　(b) 是日，大牛与妻果去祝寿，午后大牛要回，苦留不听，岳母拿块雕花帕包些干菜打发。(《跻春台·南乡井》)

　　(c) 新人骇得大声喊，出房就往黑处钻，正邦开门进房看，抽身走往厨内眠。(《跻春台·审禾苗》)

⑤ (V_1+O_1) + (V_2+O_2) + (V_3+O_3)

这类连动式在《跻春台》中共50例，如：

(a) 兄丢书回家习酬应，过此后兄富弟越贫。（《跻春台·失新郎》）

(b) 行至中途，有一腰店，天色将晚，差人肚饿瘾发，遂进店摆灯烧烟，割肉打酒，问乔要钱，又要打烟。（《跻春台·审豺狼》）

(c) 珠珠儿见高迎祥黄袍骏马，戴起鬼帽，到彼阵中用刀砍下马来，取首回营献功。（《跻春台·阴阳帽》）

(d) 学儒叩头下堂回家，问知失妻之由，好不悔恨，从此立心向善，但无执业。（《跻春台·假先生》）

(e) 良栋哭罢，即喊保甲近邻看明，进县喊冤递呈，说媳与魏有仁通奸，同谋毒毙。（《跻春台·双冤报》）

⑥ $V_1 + (V_2 + O_1) + (V_3 + O_2)$

这类连动式在《跻春台》中共18例，如：

(a) 忧气伤肝得病恙，拖来拖去入膏肓，你儿无钱来调养，一朝撒手往西方。（《跻春台·双金钏》）

(b) 那晓得大爷知情况，公差到锁我上法堂。（《跻春台·捉南风》）

(c) 皇上大怒曰："朕自登极以来，最重节义，凡天下有义夫节妇，准其举报，朕即旌表立庙建坊，春秋祭祀，与天地完正气，与国家固根基，何等郑重。"（《跻春台·心中人》）

⑦ $V_1 + V_2 + (V_3 + O)$

这类连动式在《跻春台》中共7例，如：

(a) 把东廊僧带进州去，坐堂问曰："你既入禅门，当守清规，为甚作奸犯科，拐逃伤命，今见本州还不实诉吗？"（《跻春台·南乡井》）

(b) 招毕，锁押丢卡。（《跻春台·审禾苗》）

(c) 是夜，因寺有客来迟，正逢大牛寻妹，疑来捉奸。（《跻春台·僧包头》）

例 (c) 中，连动式"疑来捉奸"中的连动项分别为"疑""来""捉奸"。

⑧ $V_1 + (V_2 + O) + (V_3 + C)$

这类连动式在《跻春台》中仅1例，为：

其人答曰："我是远方来的，妈得重病，我去捡药转来，就不见了。若被虎吃，又无血迹，连背篼也不见，老妈妈可曾看见么？"（《跻春台·香莲配》）

⑨ $V_1 + (V_2+C) + (V_3+O)$
这类连动式在《跻春台》中仅2例，为：

(a) 何甲去食，翠娘骂他无能，不准他食，王五抢其箸，甲忿气不过，知王五刀放枕边，即<u>去抽出来杀王五</u>。（《跻春台·南山井》）

(b) 克勤一阵乱打，饶氏<u>哭天骂地走去跳水</u>，见无人救，假意跳入田中。（《跻春台·活无常》）

例 (b) 连动式"哭天骂地走去跳水"中，连动项分别为"哭天骂地""走去""跳水"。

⑩ $(V_1+O_1) + (V_2+O_2) + (V_3+C)$
这类连动式在《跻春台》中仅2例，为：

(a) <u>造金匣放二心封锁巳好</u>，到京城见万岁来把宝交。（《跻春台·心中人》）

(b) <u>偷银子诬告我做得合榫</u>，父气激就将儿赶出门庭。（《跻春台·比目鱼》）

⑪ $(V_1+O) + (V_2+C) + V_3$
这类连动式在《跻春台》中共3例，为：

(a) 江正宗此时又好笑又好忧，只得切成粗条，放在保辰汤内，<u>煮两碗拿出去吃了</u>。（《跻春台·平分银》）

(b) 放火上烤得泡子鼓，<u>栽枪上放在口内呼</u>。（《跻春台·审烟枪》）

(c) 新人骇得大声喊，出房就往黑处钻，正邦开门进房看，<u>抽身走往厨内眠</u>。（《跻春台·审禾苗》）

⑫ $(V_1+O_1) + (V_2+C) + (V_3+O_2)$
这类连动式在《跻春台》中共5例，如：

(a) 稳婆<u>剪蒂洗净呈官</u>。（《跻春台·仙人掌》）

(b) 即打客约，<u>拿链拴去送官</u>，禀他假药相方，医死十多人。（《跻春台·卖泥丸》）

(c) 那一夜执凶刀慌忙逃躲，<u>见石眼丢进去忘记那坨</u>。（《跻春台·双血衣》）

⑬ $(V_1+C) + V_2 + V_3$
这类连动式在《跻春台》中仅2例，为：

(a) 道台<u>进来跪见</u>，杨亦不起身，只说："起来，请坐。"（《跻春

台·川北栈》)

(b) 饶氏<u>忿急去打</u>,素娥忙来劝解。(《跻春台·活无常》)

⑭ (V_1+C) +V_2+ (V_3+O)

这类连动式在《跻春台》中共3例,为:

(a) 你不要嫁了,我有一中定银子,<u>你拿去卖了还帐</u>,余剩的也可治病。(《跻春台·冬瓜女》)

(b) 奴不允爹妈阻定,<u>忧不过自缢归阴</u>。(《跻春台·过人疯》)

(c) 见官把贞秀带回县去,<u>回来去见李绍儒</u>,正逢绍儒感冒风寒,卧床不起,听得此言,心中着急,曰:"王亲家也极讲公正的,怎么这样糊涂,无凭无据,诬告奸淫?"(《跻春台·审烟枪》)

⑮ (V_1+C) + (V_2+O) +V_3

这类连动式在《跻春台》中仅1例,为:

官命押起太朴,<u>回去开棺勘验</u>,果是和尚,装的,颈上尚有勒痕。(《跻春台·僧包头》)

⑯ (V_1+C) + (V_2+O_1) + (V_3+O_2)

这类连动式在《跻春台》中共7例,如:

(a) 雇工<u>放下挖坑垒土</u>。(《跻春台·冬瓜女》)

(b) 惠风<u>回去剃头冒风</u>,又因亲朋宴贺,吃了雄鸡,寒火结胸,拔解不开,数日即死。(《跻春台·巧报应》)

(c) 我家贫穷,上有老母,虽造罪过,<u>拿来盘家养亲</u>,也是无奈。(《跻春台·螺旋诗》)

⑰ (V_1+C_1) + (V_2+C_2) +V_3

这类连动式在《跻春台》中共3例,为:

(a) 少卿说毕,见鬼妇向他扑来,骇得一跤跌在号板,顺手拿着讲书,<u>拿来挡住说道</u>:"你你你是甚甚甚么冤魂?就要索命,也当把情由来历说得清清楚楚明明白白,死也心甘。若是你这样儿把我扯去,二世还要报仇,索你的命。"(《跻春台·解父冤》)

(b) 这一阵打得我两腿血浸,<u>扑地下爬不起寸步难行</u>。(《跻春台·审豺狼》)

(c) 他丈夫闻此言心如刀绞,<u>跟着船来赶送痛哭号啕</u>。(《跻春台·心中人》)

例(b)连动式"扑地下爬不起寸步难行"中,连动项分别为"扑地下

第六章 基于《跻春台》的清代汉语连动式研究

"爬不起"和"寸步难行"。例（c）连动式"跟着船来赶送痛哭号啕"中，连动项分别为"跟着船来""赶送""痛哭嚎啕"。

⑱ $V_1 + V_2 + (AVD + V_3)$

这类连动式在《跻春台》中仅1例，为：

贞秀<u>坐泣不言</u>。（《跻春台·审烟枪》）

⑲ $V_1 + (V_2 + O) + (AVD + V_3)$

这类连动式在《跻春台》中仅1例，为：

仇氏原是淫妇，夫久不归，朝夕咒骂，<u>遂收拾倚门外望</u>，原有招蜂唤蝶之意，一见浪子，怎不凑合？（《跻春台·螺旋诗》）

⑳ $(V_1 + O) + V_2 + (AVD + V_3)$

这类连动式在《跻春台》中仅1例，为：

<u>二公婆见子死疑心妄禀</u>，他说奴毒丈夫暗通奸淫。（《跻春台·审烟枪》）

㉑ $(V_1 + O_1) + (V_2 + O_2) + (AVD + V_3)$

这类连动式在《跻春台》中共4例，为：

（a）今日里我与你讲个相好，<u>具美酒摆刀头与你犒劳</u>。（《跻春台·吃得亏》）

（b）一心要赎小女百年偕老，<u>同生死共患难两不分抛</u>。（《跻春台·心中人》）

（c）<u>割了头听喊往外下</u>，遇一人把我路儿遮。（《跻春台·螺旋诗》）

（d）奴的夫<u>做生意出门远去</u>，丢民妇在家中受尽凄孤。（《跻春台·僧包头》）

㉒ $(V_1 + O_1) + (AVD + V_2) + V_3$

这类连动式在《跻春台》中仅1例，为：

幸来一位救星，是他先年的佃户，在他地上发迹，<u>念其旧恩前来看望</u>，急忙解下，曰："大少爷，如何想得太蠢，此事都做得吗？"（《跻春台·双金钏》）

㉓ $(V_1 + O_1) + (AVD + V_2) + (V_3 + O_2)$

这类连动式在《跻春台》中共6例，如：

（a）<u>沽一瓶大曲酒前来敬你</u>，吃一个醉薰薰百事大吉。（《跻春

台·冬瓜女》）

(b) 是年同榜中举,回家拜坟做酒,萧期在前,何夫妇<u>带个四岁女儿名朝霞前来吃酒</u>。（《跻春台·栖凤山》）

(c) 命多人押小女强逼上轿,<u>到船舟从水路来献美娇</u>。（《跻春台·心中人》）

这类连动式中还出现1个双宾语用例,为:

(d) 闻河洲场班子唱得好,<u>带银二百前去看戏</u>,这班子正是杨克明的。（《跻春台·比目鱼》）

㉔ (V_1+O_1) + (V_2+O_2) + (AVD+V_3)

这类连动式在《跻春台》中共5例,如:

(a) 女羞,<u>转身低头不语</u>。（《跻春台·节寿坊》）

(b) 朱母杀鸡烫酒与儿饯行,两眼流泪,说道:"只因功名心重,遂使母子离分,娘有几句言语,我儿紧记在心。"（《跻春台·哑女配》）

(c) <u>遭命案受冤枉法堂拷问</u>,带链子坐监卡骇掉三魂。（《跻春台·巧姻缘》）

㉕ (V_1+O) + (V_2+C) + (AVD+V_3)

这类连动式在《跻春台》中仅1例,为:

买丸者忿气不过,俱来要他退钱,<u>拿丸打烂一看</u>,尽是泥巴。（《跻春台·卖泥丸》）

㉖ (V_1+C) + (V_2+O) + (AVD+V_3)

这类连动式在《跻春台》中仅2例,为:

(a) <u>说罢了回头向前往</u>,衣袖内掉下一包囊。（《跻春台·捉南风》）

(b) 见二狼摇头摆尾,口衔小裕裢,一个吐于乔前,即往前走,<u>又转来点头复走</u>,如是者三四次,乔不能解。（《跻春台·审豺狼》）

㉗ (V_1+C_1) + (V_2+C_2) + (AVD+V_3)

这类连动式在《跻春台》中仅1例,为:

<u>骇忙了割起往外奔</u>,见一墙丢进就回程。（《跻春台·蜂伸冤》）

㉘ (AVD+V_1) + V_2 + (V_3+O)

这类连动式在《跻春台》中仅1例,为:

第六章 基于《跻春台》的清代汉语连动式研究

你自己<u>不思量去挂颈项</u>，就把他一家人尽弄癫狂。(《跻春台·过人疯》)

㉙ (AVD+V_1) + (V_2+O) +V_3
这类连动式在《跻春台》中仅1例，为：

投二叔他<u>一见进城具禀</u>，诬告奴因奸情谋毒夫君。(《跻春台·十年鸡》)

㉚ (AVD+V_1) + (V_2+O_1) + (V_3+O_2)
这类连动式在《跻春台》中共3例，为：

(a) <u>莫奈何招供写认状</u>，也免得此刻苦难当。(《跻春台·巧报应》)

(b) 狗奴，明明是你通奸，<u>同谋害夫图娶</u>，还要辩吗？(《跻春台·失新郎》)

(c) 奴过门未一年夫又进省，一心要寻老父转回家庭，那知夫去七年渺无音信，我婆婆<u>苦思念得病归阴</u>。(《跻春台·活无常》)

㉛ (V_1+O_1) + (AVD+V_2) + (V_3+O_2)
这类连动式在《跻春台》中共8例，如：

(a) 谅是贼见我往下滚，<u>丢房中前来害客民</u>。(《跻春台·螺旋诗》)

(b) 到了次日，克明<u>领了花轿执事鼓乐前来接人</u>。(《跻春台·比目鱼》)

(c) <u>出门建昌去卖布</u>，丢妻一人受凄孤。(《跻春台·蜂伸冤》)

㉜ (V_1+O) + (AVD_1+V_2) + (AVD_2+V_3)
这类连动式在《跻春台》中仅2例，为：

(a) 娶妻沈氏，性泼好酒，醉时不认丈夫，<u>开口乱咬乱骂</u>，鸣岗反来怕他。(《跻春台·假先生》)

(b) 刘有仪<u>抚瑶琴自嗟自想</u>，论根基我也算世家儿郎。(《跻春台·解父冤》)

(3) 连动项中的V出现2类附加成分
① [AVD+ (V_1+O_1)] + (V_2+O_2) +V_3
这类连动式在《跻春台》中仅1例，为：

<u>不顾羞耻升堂问</u>，爹妈为何怒生嗔。(《跻春台·双金钏》)

313

② $V_1+V_2+[AVD+(V_3+O)]$
这类连动式在《跻春台》中仅2例,为:

(a) 彼时骇跌阶下,起看不知去向。(《跻春台·螺旋诗》)

(b) 他各人,爱吃酒,醉了发疯乱开口。(《跻春台·六指头》)

③ $V_1+V_2+[(V_3+C)+O]$
这类连动式在《跻春台》中仅1例,为:

你女婿来拜年走到寒家。(《跻春台·过人疯》)

④ $V_1+[(V_2+O_1)+C]+(V_3+O_2)$
这类连动式在《跻春台》中仅2例,为:

(a) 心厌恶出外去散闷,扇与囊落了不知因。(《跻春台·螺旋诗》)

(b) 老师走了,那去寻个东道来下酒?(《跻春台·巧姻缘》)

⑤ $V_1+[(V_2+O)+C]+V_3$
这类连动式在《跻春台》中仅1例,为:

他父听得进监来看,见桂英目肿面黑,形容枯槁,说道:"儿呀,你然何这般模样了?"(《跻春台·审禾苗》)

⑥ $V_1+(V_2+C_1+O_1+C_2)+(V_3+O_2)$
这类连动式在《跻春台》中仅1例,为:

因叹天地报施之巧,即收拾转到常家来拜常翁,把帐目交清。(《跻春台·十年鸡》)

⑦ $(V_1+O_1)+(V_2+O_2)+[(V_3+O_3)+C]$
这类连动式在《跻春台》中仅1例,为:

官说府官将他收为义子,在衙读书,府官告职带他回山东去了。(《跻春台·栖凤山》)

⑧ $(V_1+O_1)+(V_2+O_2)+[(V_3+C)+O_3]$
这类连动式在《跻春台》中仅2例,为:

(a) 遭命案受冤枉法堂拷问,带链子坐监卡骇掉三魂。(《跻春台·巧姻缘》)

(b) 叫抬在文和店等住,托登厕抽身转回屋。(《跻春台·阴阳帽》)

第六章 基于《跻春台》的清代汉语连动式研究

⑨ $(V_1+O_1) + [(V_2+O_2) +C] +V_3$

这类连动式在《跻春台》中共10例，如：

(a) <u>闻鸡声盗物来逃遁</u>，那知道冤屈丁兆麟。（《跻春台·六指头》）

(b) 一日，郭、江二人<u>挑粮食上街去卖</u>，钱要下午才有。（《跻春台·平分银》）

(c) 彭氏喊了几声不应，<u>提灯出外来看</u>，见杀死在屋角地下，大惊喊曰："完了！完了！那个把他杀了？"（《跻春台·双血衣》）

(d) 因有公事来至夔府，请国昌缝衣，事毕，即<u>带国昌回县去缝</u>。（《跻春台·巧报应》）

⑩ $(V_1+O_1) + [(V_2+O_2) +C] + (V_3+O_3)$

这类连动式在《跻春台》中仅2例，为：

(a) 妻：谁知夫已中黄榜，夫<u>奉旨领兵来靖疆</u>。（《跻春台·栖凤山》）

(b) 儿的父自去投监卡，娘<u>揹儿进城去看爷</u>。（《跻春台·吃得亏》）

⑪ $(V_1+O_1) + [(V_2+C) +O_2] +V_3$

这类连动式在《跻春台》中仅2例，为：

(a) 在阎君殿前喊冤告状，阎君准他报仇，<u>领了牌票来至李家扰害</u>。（《跻春台·过人疯》）

(b) 即<u>带毛子走至林家宅后立着</u>。（《跻春台·孝还魂》）

⑫ $(V_1+O_1) + [(V_2+C) +O_2] + (V_3+O_3)$

这类连动式在《跻春台》中仅1例，为：

丢下奴守节操冰霜凛凛，刘有仪<u>进京遇见奴思淫</u>。（《跻春台·解父冤》）

⑬ $[(V_1+O_1) +C_1] + (V_2+O_2) + (V_3+C_2)$

这类连动式在《跻春台》中仅1例，为：

<u>进屋去盗银放身上</u>，被熊氏捉住好看忙。（《跻春台·孝还魂》）

⑭ $[(V_1+C) +O_1] + (V_2+O_2) + (V_3+O_3)$

这类连动式在《跻春台》中仅2例，为：

(a) 却说此地离县只有二十多里，鸣岗投鸣保甲，<u>捆起假先生上</u>

县报案。(《跻春台·假先生》)

(b) 但不知是何人在把凶逞，杀死人丢井内冤害小民。(《跻春台·南山井》)

⑮ (V_1+O_1) + (V_2+O_2) + [AVD+ (V_3+O_3)]

这类连动式在《跻春台》中仅1例，为：

珠珠儿闻信领些钱与祖母办点柴米。(《跻春台·阴阳帽》)

⑯ (V_1+O_1) + (V_2+O_2) + [AVD+ (V_3+C)]

这类连动式在《跻春台》中仅1例，为：

丢锅头烧被帐饱打一顿，赶远方永不许你儿回程。(《跻春台·比目鱼》)

⑰ (V+O) + (V_2+C_1) + [AVD+ (V_3+C_2)]

这类连动式在《跻春台》中仅1例，为：

王氏捞虾煎好，把饭煮熟，拿个背兜背起与夫送去。(《跻春台·双冤报》)

⑱ [(V_1+O_1) +C] + (AVD+V_2) + (V_3+O_2)

这类连动式在《跻春台》中仅1例，为：

悔不该出远门东游西荡，跟学院到四川前来放枪。(《跻春台·川北栈》)

⑲ [(V_1+O_1) +C] + (V_2+O_2) + [AVD+ (V_3+O_3)]

这类连动式在《跻春台》中仅1例，为：

候失主转来了原物还过，回家中去过节甘受淡薄。(《跻春台·错姻缘》)

⑳ [(V_1+C_1) +O_1] + [(V_1+C_2) +O_2] + [AVD+ (V_3+C_3)]

这类连动式在《跻春台》中仅1例，为：

锁起我拉进城大堂跪定，他口口咬住我辩之不清。(《跻春台·捉南风》)

㉑ (V_1+O_1) + (AVD+V_2) + [(V_3+C) +O_2]

这类连动式在《跻春台》中仅1例，为：

至屋侧从茨墙跃身而进，转户角足一溜跌下埃尘。(《跻春台·双血衣》)

㉒ $(V_1+O_1) + [AVD+(V_2+O_2)] + (V_3+O_3)$

这类连动式在《跻春台》中仅 2 例，为：

（a）得学钱与为娘割肉称面，又买米又打酒又办油盐。（《跻春台·义虎祠》）

（b）接你到我家中安位送坐，日三餐办酒菜把你供着。（《跻春台·吃得亏》）

㉓ $[(V_1+C)+O] + (AVD+V_2) + V_3$

这类连动式在《跻春台》中仅 1 例，为：

想打发家中无银两，带起他林家去开张。（《跻春台·孝还魂》）

㉔ $(V_1+O_1) + [AVD_1+(V_2+O_2)] + (AVD_2+V_3)$

这类连动式在《跻春台》中仅 1 例，为：

那一日有和尚当门过路，他见我不转眼门外久立。（《跻春台·僧包头》）

㉕ $[(V_1+O_1)+C] + (AVD_1+V_2) + [AVD_2+(V_3+O_2)]$

这类连动式在《跻春台》中仅 1 例，为：

上年子多承你把我惠爱，回家去苦发愤联捷金阶。（《跻春台·川北栈》）

㉖ $[AVD+(V_1+O_1)] + (V_2+C) + (V_3+O_2)$

这类连动式在《跻春台》中仅 1 例，为：

大声吵曰："赵德辉，你在那里抬个死人拿来害我。"（《跻春台·阴阳帽》）

㉗ $(AVD_1+V_1) + [AVD_2+(V_2+O)] + V_3$

这类连动式在《跻春台》中仅 1 例，为：

小子今遇蛇虎，把身滚痛，特来与二老爷赊点酒吃，明日就送钱来。（《跻春台·哑女配》）

㉘ $[AVD_1+(V_1+C)] + (V_2+O) + (AVD_2+V_3)$

这类连动式在《跻春台》中仅 1 例，为：

天气还热，冯将帽取放抽屉，把买来的鸡腿，就在抽屉上切烂交杯畅饮，忽听国昌喊门，冯大惊，上楼躲避。（《跻春台·巧报应》）

㉙ [AVD+（V_1+C）]+（V_2+O_1）+（V_3+O_2）

这类连动式在《跻春台》中仅1例，为：

跌地下尸扑我身上，<u>忙爬起出外想逃亡</u>。(《跻春台·巧报应》)

(4) 连动项中的V出现3类附加成分

格式为V_1+[（V_1+C）+O_1]+{AVD+[（V_2+C）+O_2]}

这类连动式在《跻春台》中仅1例，为：

克勤<u>抓着提起双足倒拉回屋</u>。(《跻春台·活无常》)

2. "AVD+X_1+X_2+X_3"类连动式

这类连动式中，连动项X_1、X_2和X_3外部受共同的状语成分修饰。

(1) 连动项中的V为光杆动词

这里说的连动项中的V为光杆动词，指的就是"AVD+（V_1+V_2+V_3）"的形式。

这类连动式在《跻春台》中共4例，为：

(a) 翁姑年寿极高，<u>到那时媳来通接</u>。(《跻春台·失新郎》)

(b) 此人难以王法处治，观其所言，尊祖孝亲，取银不私，<u>概拿施济</u>。(《跻春台·阴阳帽》)

(c) 象升命俱斩，至已斩六十余人，珠珠儿打探回营，见其所绑之内有一人好像其父，<u>忙去看问</u>，将要开刀，急喊："刀下留人！"(《跻春台·阴阳帽》)

(d) 素娥夜夜跪香祝灶，饶氏<u>亦来跪祝</u>，但所祝者异耳：素娥祈姑速愈，饶氏祈姑速死。(《跻春台·活无常》)

(2) 连动项中的V出现1类附加成分词

① AVD+[V_1+（V_2+O）+V_3]

这类连动式在《跻春台》中仅1例，为：

太太命脱衣细看，又是胎孕，仔细探摸，觉得震动细微，遂谓官曰："此妇定是鬼胎，<u>何不押守候产发落</u>？"(《跻春台·仙人掌》)

② AVD+[V_1+（V_2+O_1）+（V_3+O_2）]

这类连动式在《跻春台》中共4例，如：

(a) 依得理来，死了都要拿去埋倒，<u>却怎么还忍心去杀他吃他咧</u>？(《跻春台·哑女配》)

(b) 昨日里去赶场买根锄棍，悔不该与朋友多仗杯巡。（《跻春台·捉南风》）

③ AVD+［(V$_1$+O)+V$_2$+V$_3$］

这类连动式在《跻春台》中仅2例，为：

(a) 奴才，莫非偷人东西卖了称的？（《跻春台·比目鱼》）

(b) 我不免上班唱戏，叫妻也唱，日后挣钱赎娶，岂不是好？（《跻春台·比目鱼》）

④ AVD+［(V$_1$+O$_1$)+V$_2$+(V$_3$+O$_2$)］

这类连动式在《跻春台》中仅1例，为：

那时削冤来报恨，你儿焉想活命存。（《跻春台·巧姻缘》）

⑤ AVD+［V$_1$+(V$_2$+C)+(V$_3$+O)］

这类连动式在《跻春台》中仅1例，为：

我那里有担水桶，去担水卖，一天也可找钱二百，快去找来开我。（《跻春台·川北栈》）

⑥ AVD+［(V$_1$+O$_1$)+(V$_2$+O$_2$)+V$_3$］

这类连动式在《跻春台》中仅1例，为：

(a) 那一夜背尸首回家安顿，砍烂了煮成汤去喂猪牲。（《跻春台·失新郎》）

(b) 克俭与无常换衣送匦祭奠，随后回家祭祖宴客。（《跻春台·活无常》）

⑦ AVD+［(V$_1$+O$_1$)+(V$_2$+O$_2$)+(V$_3$+O$_3$)］

这类连动式在《跻春台》中共5例，如：

(a) 成金才十四岁，向主人叩头化棺讨地，又托人募化钱米把母安埋，独自与人牧牛。（《跻春台·十年鸡》）

(b) 前日里接奴夫回家看母，至二更两夫妻携手进屋。（《跻春台·螺旋诗》）

⑧ AVD+［(V$_1$+C)+(V$_2$+O)+V$_3$］

这类连动式在《跻春台》中仅1例，为：

今又叩头乞恩，忽然天良发现，说道："姑娘请起，这一串钱，拿与众弟兄吃酒，这三斤线子，你依然拿回去缝衣穿，我们少吃一杯就

是了。今念你有孝心，不要你的银钱和监，你母女回家，不消送饭，凡事有我看照。"（《跻春台·心中人》）

⑨ $AVD_1 + [V_1 + (AVD_2 + V_2) + V_3]$

这类连动式在《跻春台》中仅1例，为：

倘若把银用完，又出门寻取，所以远近之世家巨族，闻他疏财仗义，俱来相交换贴，珠珠儿从此尽交得些良朋善友。（《跻春台·阴阳帽》）

⑩ $AVD_1 + [V_1 + V_2 + (AVD_2 + V_3)]$

这类连动式在《跻春台》中仅1例，为：

此时亲邻已知楚玉荣归，都来迎接亲候。（《跻春台·比目鱼》）

⑪ $AVD_1 + [(V_1 + O) + (AVD_2 + V_2) + V_3]$

这类连动式在《跻春台》中仅1例，为：

闻萧郎在建宁，乳娘何不陪我前去找寻，免得在此受尽欺逼。（《跻春台·栖凤山》）

⑫ $AVD_1 + [(V_1 + C) + (V_2 + O) + (AVD_2 + V_3)]$

这类连动式在《跻春台》中仅1例，为：

生当时看不惯出外先寝，醒来时肚内疼忙把厕登。（《跻春台·六指头》）

⑬ $AVD_1 + [(AVD_2 + V_1) + (V_2 + O_1) + (V_3 + O_2)]$

这类连动式在《跻春台》中仅1例，为：

于是打发夫妻二百银子，衣服首饰，干鸡腊鸭，就是一挑，叫两乘轿子，与大儿前去送他回家。（《跻春台·白玉扇》）

(3) 连动项中的V出现2类附加成分词

① $AVD + \{(V_1 + O_1) + V_2 + [(V_3 + C) + O_2]\}$

这类连动式在《跻春台》中仅1例，为：

那一日看病回路过南岭，见二狼前后阻进退难行。（《跻春台·审豺狼》）

② $AVD_1 + \{(V_1 + C_1) + (V_2 + C_2) + [AVD_2 + (V_3 + O)]\}$

这类连动式在《跻春台》中仅1例，为：

再三告哀作揖，方才拴住牵起一路进城。（《跻春台·审豺狼》）

第六章　基于《跻春台》的清代汉语连动式研究

③ AVD$_1$＋｛［（V$_1$＋O）＋C］＋［AVD$_2$＋（V$_2$＋V$_3$）］｝
这类连动式在《跻春台》中仅1例，为：

　　我带得有丸药，能治诸般瘟症，<u>何不拿一粒去用姜汤水化服</u>？（《跻春台·卖泥丸》）

④ AVD＋｛V$_1$＋［（V$_2$＋O）＋C］＋V$_3$｝
这类连动式在《跻春台》中仅1例，为：

　　四五年间，余钱用尽，将高垭口地方卖了一股，未上两年，依然用完，<u>又去借钱来使</u>，后因拉借不动，只得把田地房屋扫庄卖尽。（《跻春台·南山井》）

3．"X$_1$＋AVD＋X$_2$＋X$_3$"类连动式

这类连动式中，连动项 X$_2$ 和 X$_3$ 受共同的状语成分修饰。
① （V$_1$＋O）＋AVD＋（V$_2$＋V$_3$）
这类连动式在《跻春台》中仅1例，为：

　　更夫心疑，便喊国昌，几声不应，<u>即喊隔壁一同去看</u>，见杀死两人，遂投鸣约保，告知其情。（《跻春台·巧报应》）

② （V$_1$＋O$_1$）＋AVD＋［V$_2$＋（V$_3$＋O$_2$）］
这类连动式在《跻春台》中仅1例，为：

　　<u>起身一路谈叙回家</u>。（《跻春台·双冤报》）

③ （AVD$_1$＋V$_1$）＋AVD$_2$＋（V$_2$＋V$_3$）
这类连动式在《跻春台》中仅1例，为：

　　你庚父<u>不服偏去惹</u>，将二痞一命丧黄沙。（《跻春台·吃得亏》）

④ （AVD$_1$＋V$_1$）＋AVD$_2$＋［（V$_2$＋O$_1$）＋（V$_3$＋O$_2$）］
这类连动式在《跻春台》中仅1例，为：

　　绿波<u>忙出与公公陪罪认错，携公子进房与他将泪拭干</u>，取些乐器在房吹弹，日以为常。（《跻春台·失新郎》）

（三）由4个连动项连用构成的连动式

由4个连动项连用构成的连动式，在《跻春台》中分属2种结构形式："X$_1$＋X$_2$＋X$_3$＋X$_4$"和"AVD＋X$_1$＋X$_2$＋X$_3$＋X$_4$"，前者有22例，19个小类，后者有3例，3个小类。具体用例情况如下。

1. "$X_1+X_2+X_3+X_4$" 类连动式

① $(V_1+O)+V_2+V_3+(AVD+V_4)$

这类连动式仅1例，为：

大德进内寻喊不见，后在柴房寻出，告知情由。（《跻春台·白玉扇》）

② $(V_1+O_1)+(V_2+O_2)+V_3+V_4$

这类连动式仅1例，为：

贞秀疑夫见他不睡不好喊得，故作此态唤他，遂卸妆解带去寝。（《跻春台·审烟枪》）

③ $(V_1+O_1)+(V_2+O_2)+(V_3+O_3)+V_4$

这类连动式仅1例，为：

开门吃茶抬头望，忽见新妇在东廊。（《跻春台·失新郎》）

④ $(V_1+O_1)+V_2+V_3+(V_4+O_2)$

这类连动式仅1例，为：

上前拉着问要奸夫。（《跻春台·双冤报》）

⑤ $(V_1+O)+V_2+[AVD+(V_3+V_4)]$

这类连动式仅1例，为：

父：闻言惊疑忙来看，母：才是我儿丧黄泉。（《跻春台·捉南风》）

⑥ $(V_1+O_1)+(V_2+O_2)+V_3+(V_4+O_3)$

这类连动式仅2例，为：

(a) 若不然送儿且到尼姑院，削发全贞去参禅。（《跻春台·过人疯》）

(b) 进房拿壶去倒开水，一溜跌地，扒起来看，好不惊骇。（《跻春台·蜂伸冤》）

⑦ $V_1+(V_2+O_1)+(V_3+O_2)+(V_4+O_3)$

这类连动式仅2例，为：

(a) 说毕，忿气进县叫冤递呈词，说俺媳因奸毒夫。（《跻春台·十年鸡》）

(b) 平湖叫人将他捆绑，押送进州喊冤递呈。（《跻春台·六指头》）

⑧ $(V_1+O_1) + (V_2+O_2) + (V_3+O_3) + (V_4+O_4)$

这类连动式仅2例，为：

(a) 回家卖地办银送官，救我性命。（《跻春台·比目鱼》）
(b) 多承你耐烦心时时扫荡，垫银钱请医生熬药煎汤。（《跻春台·川北栈》）

⑨ $(V_1+C) + (V_2+O_1) + (V_3+O_2) + V_4$

这类连动式仅1例，为：

骇忙了抽身回头往，衣有血怎好进庙廊。（《跻春台·双血衣》）

⑩ $(V_1+O_1) + V_2 + (V_3+O_2) + (AVD+V_4)$

这类连动式仅1例，为：

挑柴归扶他母四处寻问，喊不应谅必是被虎所吞。（《跻春台·义虎祠》）

⑪ $V_1 + (V_2+O_1) + (AVD+V_3) + (V_4+O_2)$

这类连动式仅1例，为：

我才去寻树子前来吊颈，遇牧童骂得我还不起声。（《跻春台·巧姻缘》）

⑫ $(V_1+C) + (V_2+O_1) + (V_3+O_2) + (V_4+O_3)$

这类连动式仅1例，为：

倘若是红了脸各掀家底，挨近前打一架抓脸撕皮。（《跻春台·香莲配》）

⑬ $(V_1+C_1) + (V_2+O_1) + (V_3+C_2) + (V_4+O_2)$

这类连动式仅1例，为：

回头看那妖魔跟赶甚紧，撞跌跌遇碾房进去藏身。（《跻春台·南乡井》）

⑭ $(V_1+C_1) + [(V_2+C_2)+O_1] + V_3 + (V_4+O_2)$

这类连动式仅1例，为：

那一夜背尸首回家安顿，砍烂了煮成汤去喂猪牲。（《跻春台·失新郎》）

⑮ （V_1+O_1）+（V_2+O_2）+［（V_3+O_3）+C］+V_4
这类连动式仅1例，为：

有衣无刀拿啥去献？（《跻春台·双血衣》）

⑯ （V_1+O_1）+（V_2+O_2）+（AVD+V_3）+V_4
这类连动式仅1例，为：

乔向狼说道："你既来与我伸冤，也是你一番好意，我想不把你拴住，又怕路人恐惧，二差亦不敢同行，反使我心内担忧。望狼千万息怒，拿绳拴着，把案审了，杀猪宰羊前来酬谢。"（《跻春台·审豺狼》）

⑰ ［（V_1+C_1）+O_1］+（V_2+O_2）+（V_3+O_3）+（V_4+C_2）
这类连动式仅1例，为：

吆开狗进了屋拜神坐下，"你又怎么应酬他咧？"（《跻春台·过人疯》）

⑱ （V_1+O_1）+［（V_2+C_1）+O_2］+［AVD+（V_3+C_2）］+（V_4+C_3）
这类连动式仅1例，为：

饭熟，婆媳进城问到卡门与禁子说明进去，见镇远项带铁绳，形容憔悴，喊声"孙儿！"（《跻春台·义虎祠》）

⑲ （AVD_1+V_1）+（AVD_2+V_2）+（V_3+O_1）+（V_4+O_2）
这类连动式仅1例，为：

你与胡德修通奸同谋害夫图娶，本县已知清楚还要强辩？（《跻春台·失新郎》）

2. "AVD+$X_1+X_2+X_3+X_4$"类连动式

① AVD+［（V_1+O_1）+（V_2+O_2）+V_3+V_4］
这类连动式仅1例，为：

其父见不成材，遂带在铺内学习买卖，他又懒惰，时常盗钱出外嫖赌。（《跻春台·巧报应》）

② AVD+［（V_1+C）+（V_2+O）+V_3+V_4］
这类连动式仅1例，为：

是夜睡到二更过后，忽然"咚"的一声将他惊醒，急忙起来敲火去看，见房子上现亮，锅头打个大眼，灶内黑区区的不知是啥，扒又扒不出来。（《跻春台·捉南风》）

③ AVD+［（V_1+C_1）+（V_2+O）+V_3+（V_4+C_2）］

这类连动式仅1例，为：

坐摊的见毛子幼小，拿钱二文与他，曰："拐子赶不到了，你<u>快拿去买个饼子食了回去</u>。"（《跻春台·孝还魂》）

（四）由5个连动项连用构成的连动式

由5个连动项连用构成的连动式，在《跻春台》中出现了2例。

① （V_1+C_1）+V_2+（V_3+C_2）+V_4+V_5

这房原是天楼地枕，地楼只有半边，天喜先已暗将烟器放在楼底下，<u>取出摆设烧好去哈</u>，怎哈不动，连栽两次，还是一样，始知枪不通气，去寻竹签通了又烧。（《跻春台·审烟枪》）

上例中，"哈"为方言词汇，意为"吸、抽"。连动式中的5个连动项分别为"取出""摆设""烧好""去""哈"。

② （V_1+O_1）+V_2+（V_3+O_2）+V_4+（AVD+V_5）

<u>讨茶吃借烟哈天黑不去</u>，要借宿奴不肯偏要到屋。（《跻春台·僧包头》）

上例中，连动式中的5个连动项分别为"讨茶""吃""借烟""哈""天黑不去"。

二、与把字句和被字句搭配使用的情况

（一）与把字句搭配使用的情况

《跻春台》中出现了大量连动式与把字句（将字句）搭配使用的用例，共计218例，6个结构形式小类。

① （V_1+O_1）+（把+O_2+V_2）

第三<u>续弦把婆讨</u>，琴瑟调和子星招。（《跻春台·节寿坊》）

② AVD+（V_1+把+O+V_2）

<u>明早去把爹妈会</u>，当面应承不要推。（《跻春台·节寿坊》）

③ [（V_1+C_1）+O_1] + （把+O_2+V_2）

　　展开笑容把话讲，我儿请起站一旁。（《跻春台·解父冤》）

④ [（V_1+C_1）+O_1] + [将+O_2+（V_2+C_2）]

　　拢上前将他来搂上，那妇人此时着了忙。（《跻春台·双血衣》）

上例中，"来"起补足音节的作用。

⑤（V_1+O_1）+ {把+O_2+ [（V_2+C）+O_3] }

　　父死后儿须要把父怜念，递呈词把尸首盘回家园。（《跻春台·阴阳帽》）

⑥ [将+O_1+（V_1+C）] +（V_2+O_2）

　　他二人将柜子抬回见我，打开看气得我捶胸蹬脚。（《跻春台·僧包头》）

《跻春台》作为话本小说，内容朗朗上口是其一大特色，出于押韵的需要，书中出现了较多把字句，这是该书的一大语料特色。排除语料自身性质的特殊性，不能据此认为南方官话中连动式与把字句的搭配使用比北方官话中的使用情况更为普遍多样。

（二）与被字句搭配使用的情况

在《跻春台》中，连动式与被字句搭配使用的用例共3例。

① 被+O_1+ [V_1+（V_2+O_2）]

　　父母死兄嫂不管，被舅爷骗卖戏班。（《跻春台·比目鱼》）

② 被+O+ {V_1+ [AVD+（V_2+C）] }

　　说他是大宁县官女，被国昌奸污暗拐出。（《跻春台·巧报应》）

③ 被+O_1+ {AVD+ [V_1+（V_2+O_2）] }

　　小女守节数年，足不履地，被刘有仪三番两次勾引坏事，并非淫奔可比。（《跻春台·解父冤》）

与被字句搭配使用的连动式均为由2个连动项连用构成的连动式，连动式中动词的附加成分都较为简单，连动项之间分别为承接和因果关系。

第二节 《跻春台》连动式的语义特点

一、连动式连动项之间的逻辑语义关系

通过对《跻春台》连动式的语义关系进行考察，我们发现，《跻春台》连动式中连动项之间的逻辑语义关系有 6 类：承接类；方式类；行为-目的类；因果类；补充说明类、解释说明类。其中，《跻春台》连动式中表承接关系的例句共 1904 例①，在各类语义关系中占绝对优势；表方式关系的例句共 120 例；表行为-目的关系的例句共 161 例；表因果关系的例句共 70 例；表补充说明关系的例句共 55 例；表解释说明关系的例句共 47 例。

二、连动式连动项之间的相互依赖关系

连动式中连动项之间的相互依赖关系可以分为两类：平行聚合关系和主次关系②。

（一）平行聚合关系

承接类和补充说明类连动式中的连动项在语义关系上是平行聚合关系。

1. 承接类连动式

承接类连动式的连动前项和连动后项之间在语义上不能区分从属和核心，为平行聚合关系，如：

（a）继勋以功授总兵，以后累获奇功，恩授征南将军，官提督，领兵守梧州。（《跻春台·义虎祠》）

（b）潮州风俗兴妇女上坟，林氏禀明父亲备办祭仪，夫妻双双同去扫墓。（《跻春台·万花村》）

上述例句中，承接类连动式的连动前项"领兵""禀明父亲"和连动后项"守梧州""备办祭仪"之间在语义上不能区分从属和核心，为平行聚合关系。

---

① 为便于分析，只统计分析了由 2 个连动项连用构成的连动式的用例。
② 由于《跻春台》连动式主要由 2 个连动项构成，因而这部分的考察主要限于《跻春台》中由 2 个连动项构成的连动式。

2. 补充说明类连动式

补充说明类连动式的连动前项和连动后项之间在语义上也不能区分从属和核心，为平行聚合关系，如：

(a) 乳娘劝勿声张，朝霞从此<u>隐匿不出</u>。(《跻春台·栖凤山》)
(b) 兰珠<u>大哭不走</u>，老陕拉进轿去，抬起便走。(《跻春台·假先生》)

上述例句中，补充说明类连动式的连动前项"隐匿""大哭"和连动后项"不出""不走"之间在语义上也不能区分从属和核心，为平行聚合关系。

(二) 主次关系

除了承接类和补充说明类连动式之外，其他几类中连动式连动项之间的语义关系则有主次之分，其主次次序安排既可以是从属在前、核心在后，也可以是核心在前、从属在后。

1. 方式类连动式

方式类连动式中，表方式的连动前项为从属意念，表行为动作的连动后项为核心意念，如：

(a) <u>舍命救夫</u>，其计虽好，但是害了令媳。(《跻春台·万花村》)
(b) 朝霞尽心体问，久无倦容，<u>每夜跪在灶前虔心恳祷</u>，愿减算以益姑寿。(《跻春台·栖凤山》)

上例中，连动前项"舍命""跪在灶前"表行动方式，为从属意念；连动后项"救夫""虔心恳祷"为核心意念。

2. 行为-目的类连动式

行为-目的类连动式中，表行为的连动前项为核心意念，表目的的连动后项为从属意念。相应地，目的-行为类连动式中，表目的的连动前项为从属意念，表行为的连动后项为核心意念，如：

(a) 年底扎班拉回家去，那些戏子见他姬妾、女儿美貌轻狂，<u>唱些淫戏引动春心</u>，暗中遂成苟合。(《跻春台·比目鱼》)
(b) 来到书房，老师有人请去了，俞大明<u>坐在师位装师样儿</u>，南腔北调，骂张骂李。(《跻春台·巧姻缘》)
(c) 我的妻<u>殉节赴难</u>，将身儿跳入波澜。(《跻春台·比目鱼》)

例（a）和例（b）为行为-目的类连动式，连动前项"唱些淫戏""坐在师位"表行动，为核心意念；连动后项"引动春心""装师样儿"表目的，为从属意念。例（c）为目的-行为类连动式，连动前项"殉节"表目的，为从属意念，连动后项"赴难"表行动，为核心意念。

3. 因果类连动式

因果类连动式中，表原因的连动前项为从属意念，表结果的连动后项为核心意念，如：

（a）克明的妻进城告诉丈夫，克明听得气死在地，半晌苏醒，叹曰："罢了，这是我的报应，有啥说的。"（《跻春台·比目鱼》）

（b）我听喊往救，行快撞息灯光，绊物跌地，被血污衣，亲翁不要乱说。（《跻春台·审禾苗》）

（c）他退婚损了德行，削福禄潦倒终身。（《跻春台·过人疯》）

上面的例句中，表原因的连动前项"听得""行快""退婚"在语义上表从属意念，表结果的连动后项"气死在地""撞息灯光""损了德行"在语义上表核心意念。

4. 解释说明类连动式

表解释说明关系的"有"字类连动式中，具有"＋所属"义项的连动前项为核心意念，连动后项对连动前项进行解释说明，为从属意念，如：

（a）今年天干少人请，缺少甘旨奉娘亲。（《跻春台·卖泥丸》）

（b）先前小赌，后来大输，莫得钱还，便把约书。（《跻春台·巧报应》）

（c）且说吕光明是个单身汉，家贫佣工，到四十岁也有几十串钱放帐，每串要放五六十文一场，至今亦有百多串钱还在大树坡放。（《跻春台·捉南风》）

上面的例句中，连动前项"缺少甘旨""莫得钱""有百多串钱"为句子的核心意念，连动后项"奉娘亲"解释说明"什么甘旨"，连动后项"还""还在大树坡放"解释说明"什么钱"，例句中的连动式指的是"奉娘亲的甘旨""还的钱""放账的钱"，在句中为从属意念。

根据上述对各类连动式中连动项之间的相互依赖关系的分析，以及前文对《跻春台》连动式进行的逻辑语义关系分类，我们可以总结出《跻春台》中连动项为平行聚合关系、主次关系的连动式分布，如表6-1和表6-2所示。

表 6-1 《跻春台》中连动项为平行聚合关系的连动式分布

连动项为平行聚合关系的连动式	连动平行项	连动平行项	数量
承接类连动式	连动前项	连动后项	1904
补充说明类连动式	连动前项	连动后项	55

表 6-2 《跻春台》中连动项为主次关系的连动式分布

连动项为主次关系的连动式	数量
方式类连动式	120
行为-目的类连动式	161
因果类连动式	70
解释说明类连动式	47

从表 6-1 和表 6-2 可以看出，在《跻春台》连动式中，连动项为平行聚合关系的连动式有 1959 例，连动项为主次关系的连动式有 398 例。

第三节 《跻春台》连动式的跨语言表征

通过考察《跻春台》中连动式的使用情况，我们发现，《跻春台》连动式既存在自身的个性特征，也存在跨语言的共性特征。

一、《跻春台》连动式的个性特征

1. 连动式中的动词不一定具有相同的时态取值，连动式中的动词可以有各自单独的时间修饰语

通过对《跻春台》连动式进行考察，我们发现，《跻春台》连动式中的动词通常具有相同的时态取值，但也有少数连动式中的动词具有不同的时态取值。连动式中的动词通常不会有各自单独的时间修饰语，但也存在少数特殊用例，主要涉及时间副词"将""要"的问题，如：

(a) 前日上坟遇着单武，还受了许多狗气，我仔细想来，或者是包得串通盗贼咬扳，也未可知。（《跻春台·万花村》）

(b) 单武大喜，拿银六百送至封家，即刻进州见官，说封官儿是清白良民，从未出门，此是盗贼扳诬，求官释放。（《跻春台·万花村》）

例（a）和例（b）中，连动式中的连动项均受同一个时间修饰语"前日""即刻"的修饰。连动式中的动词具有相同的时态取值，但也存在一些特殊用例，如：

(c) 把孽种遗腹内将要生产，你叫我用何计把命保全？（《跻春台·解父冤》）

(d) 一日，有邻妇来说隔壁有一孤老，得病无钱，饥饿将死。（《跻春台·节寿坊》）

(e) 二僧换背回庙，兰珠已气逼将死，即用姜汤灌活锁于房中，去办一饭。（《跻春台·假先生》）

(f) 民抬起将欲把场进，少年说腹痛寻厕登。（《跻春台·阴阳帽》）

例（c）连动式"把孽种遗腹内将要生产"中，"将要"单独修饰其后的动词"生产"，表过去将来时，而前面的"把孽种遗腹内"为一般过去时。例（d）连动式"饥饿将死"中，"将"单独修饰其后的动词"死"，表过去将来时，而前面的"饥饿"为一般过去时。例（e）连动式"已气逼将死"中，"已"单独修饰其后的动词短语"气逼"，表过去完成时，而后面的"将"单独修饰动词"死"，表过去将来时。例（f）连动式"民抬起将欲把场进"中，"将"单独修饰其后的动词短语"把场进"，表过去将来时，而前面的"民抬起"为一般过去时。

2. 连动式中如果只有一个人称、时态、语气或否定标志，其不一定出现在边缘位置

通过考察人称、时态、语气和否定标志这四个要素在《跻春台》连动式中的位置，我们发现，《跻春台》连动式在上述要素方面均体现出自身的个性特征，具体情况如下。

(1) 人称标志

在人称标志方面，如果连动式中只有一个人称标志，在《跻春台》连动式中，人称代词既可以出现在边缘位置，即第一个动词之前或最后一个动词之后，也可以出现在核心位置，即第一个动词之后。

(a) 我带二百银子去取文契，在此歇气，忘记拿走，不知何人捡去？（《跻春台·错姻缘》）

(b) 大德收拾回去，守谦拿些糖膀与他。（《跻春台·白玉扇》）

(c) 再说刘陈氏回家，习陈氏寻他讲嘴，说为你的事使我挨打，问他要医药钱、跪膝钱。（《跻春台·义虎祠》）

(d) 狼送我下山来前把路引，忽来了数十狼想把我吞。（《跻春台·审豺狼》）

例（a）中，第一人称代词"我"出现在边缘位置，位于第一个动词前。例（b）中，第三人称代词"他"也出现在边缘位置，位于最后一个动词之后。例（c）中，第三人称代词"他"并没有出现在边缘位置，而是位于第一个动词之后，处于核心位置。例（d）中，第一人称代词"我"也并没有出现在边缘位置，而是位于第一个动词之后，处于核心位置。汉语中人称代词的主格和宾格形式相同，相对英语而言，没有严格的人称一致表达法。

除了人称代词直接充当连动式中的主语或宾语成分这种情况之外，当人称代词充当连动式中介宾短语的宾语成分时，同样既可以出现在边缘位置，也可以出现在核心位置。

(e) 芸娘无奈，随婆归家，靳氏把他高吊苦打，然后叫媒婆领去发卖。（《跻春台·仙人掌》）

(f) 众人与我绑起送官！（《跻春台·孝还魂》）

(g) 那日无吃，进城去当绵絮，闻镇远处斩，心过去不得，买几个包子与他饯行。（《跻春台·义虎祠》）

(h) 绿波忙出与公公陪罪认错，携公子进房与他将泪拭干，取些乐器在房吹弹，日以为常。（《跻春台·失新郎》）

(i) 乔与狼拔去朽臭，又衔泉水与他洗净脓汁，然后与他敷药。（《跻春台·审豺狼》）

例（e）连动式"靳氏把他高吊苦打"中，介词"把"字后的人称代词"他"位于第一个动词之前，处于边缘位置。例（f）连动式"众人与我绑起送官"中，介宾短语"与我"充当连动式的状语成分，此时人称代词"我"位于第一个动词之前，处于边缘位置。例（g）、例（h）和例（i）连动式"买几个包子与他饯行""携公子进房与他将泪拭干""衔泉水与他洗净脓汁"中，介宾短语"与他"均充当第二个连动项的状语成分，此时人称代词"他"位于第一个动词之后、第二个动词之前，处于核心位置。汉语状语成分的句法位置灵活，汉语介宾短语充当状语成分既可以出现在句首或句尾，也可以出现在句中，而英语中介宾短语充当状语成分通常出现在句首或句尾的边缘位置。

(2) 时态标志

在时态标志方面，《型世言》连动式中的时态标志既可以出现在连动式中第一个动词前，也可以出现在连动式其他动词之前，对此前文已有论述，因此不再赘述。

（3）语气标志

在语气标志方面，汉语的语气表达方式丰富多样，在《跻春台》连动式中，如果只有一个语气标志，它既可以出现在边缘位置，也可以出现在中间位置。

汉语的语气表达有多种方式，如果从语气副词、语气词和动词重叠这三个方面来看《跻春台》连动式中语气标志的位置问题，我们就会发现《跻春台》连动式中语气词和语气副词处于边缘位置，但动词重叠表语气则位于连动式的核心位置。语气词一般位于连动式末尾，语气副词一般位于连动式前部，具体用例如下。

(a) 你起去煮嘛。（《跻春台·螺旋诗》）
(b) 他见你这样光景，忧也忧不了，还有钱借跟你吗？（《跻春台·双金钏》）
(c) 怕坏良心，那们还去谋财害命？（《跻春台·南山井》）
(d) 官大怒，叫进问曰："胆大泼妇，有何大事在外喊喊叫叫！"（《跻春台·六指头》）

例（a）连动式"你起去煮嘛"中，语气词"嘛"位于连动式末尾，表祈使语气。例（b）连动式"还有钱借跟你吗"中，语气词"吗"位于连动式末尾，表疑问语气。例（c）连动式"那们还去谋财害命"中，语气副词"那们"（那么）位于连动式最前部，表反问语气。例（d）连动式"有何大事在外喊喊叫叫"中，动词重叠式"喊喊叫叫"位于连动式的核心位置，表示不耐烦的语气。汉语的语气属于整个小句，与动词的时体关联不大，语气标志不一定出现在边缘位置。

（4）否定标志

在否定标志方面，《跻春台》连动式的个性特征非常明显。如果连动式中只有一个否定标志，《跻春台》连动式的否定标志不一定出现在边缘位置，它既可以出现在连动式中第一个动词前，也可以出现在连动式其他动词之前，且两种情况都很普遍，如：

(a) 今生尤不回头看，来生定要受熬煎。（《跻春台·阴阳帽》）
(b) 为甚么总不开慧眼鉴观。（《跻春台·冬瓜女》）
(c) 后母死，与何出门访道，入青城山不返，人皆以为仙去矣。（《跻春台·冬瓜女》）
(d) 福公在金川不服水土得病，桂荐汝弼，数剂全愈，福公心喜，带汝弼进京。（《跻春台·活无常》）
(e) 奴念在夫妻情誓不改姓，叔因此未得钱怀恨在心。（《跻春台·十年鸡》）

（f）又兼之舅娘得重病，民因此久住未回程。（《跻春台·螺旋诗》）

（g）命人掀开石看，都怕蜂不去。（《跻春台·蜂伸冤》）

（h）本待擒着不松放，听他说话又在行。（《跻春台·解父冤》）

（i）及至到省，那夜歇在栈房，次早起来不见红衣，解差大骇，四处寻找，满店清问，行李俱在，惟有红衣失去。（《跻春台·审烟枪》）

上述例句中，有的连动式中否定标志出现在边缘位置，有的连动式中否定标志并没有出现在边缘位置，而是出现在中间位置。

二、《跻春台》连动式的跨语言共性特征

通过考察分析，我们发现《跻春台》中的连动式也表现出一些跨语言的共性特征，主要体现在以下几个方面。

1. 所有的连动式在语调上都位于同一语调曲拱中

（a）继勋守梧州数载，以母老告职回籍，生四子，都为显官。（《跻春台·义虎祠》）

（b）天喜哈多了酒，烟瘾又发，忙关门理铺，去拿烟器。（《跻春台·审烟枪》）

上述两例中，连动式分别为"以母老告职回籍"和"忙关门理铺"，均为单一子句，符合"所有的连动式在语调上都位于同一语调曲拱中"这一共性特征。

2. 如果连动式表达因果关系或事件先后顺序，两个动词呈现出时态象似性，即表示原因的动词位于表示结果的动词之前，先发生事件的动词位于后发生事件的动词之前

这一特性体现出连动式遵循时间象似性原则，《跻春台》中的连动式也不例外，如：

（a）怀美背不得书，每每责打楚玉，说他不教，又常在夫前蛊惑，时常偷些钱米回娘家，以诬楚玉，使他随时挨打。（《跻春台·比目鱼》）

（b）我听喊往救，行快撞息灯光，绊物跌地，被血污衣，亲翁不要乱说。（《跻春台·审禾苗》）

例（a）中的连动项"偷些钱米"和"回娘家"之间为承接关系，例（b）中的连动项"行快"和"撞息灯光"之间为因果关系，动词之间的排列顺序均符合时间象似性原则，先发生事件"偷些钱米"中的动词"偷"位于后发生事

件"回娘家"中的动词"回"之前，表原因的动词短语"行快"中的动词"行"位于表结果的动词短语"撞息灯光"中的动词"撞"之前。

3. 在连动式中，所有的动词共享至少一个论元，所有带连动式的语种都具有"共享主语的连动式"这种类型，也可能有其他类型

就《跻春台》连动式的用例来看，所有的动词至少共享主语论元，与此同时，还可以共享宾语论元。最常见的是共享主语论元，宾语这类域内论元的共享不具有强制性，如：

(a) 我买药材湖广贩，即办布匹下江南。(《跻春台·十年鸡》)
(b) 田氏母女听得，出来一看，见是婆婆，慌忙拉开。(《跻春台·南乡井》)

上述两例中，连动式中的动词均共享主语论元。连动式"我买药材湖广贩"和"办布匹下江南"中的动词均共享主语论元"我"；连动式"出来一看"中的动词均共享主语论元"田氏母女"。

除了主语共享的连动式之外，还有宾语共享的连动式，如：

(c) 只剩钱十串，母子佃间后房居住。(《跻春台·巧姻缘》)
(d) 这王大方素爱滥酒，往往醉后发疯，佃业耕种，也有千串多钱。(《跻春台·假先生》)

例(c)连动式"佃间后房居住"在共享主语论元"母子"的同时，也共享宾语论元"后房"；例(d)连动式"佃业耕种"在共享主语论元"王大方"的同时，也共享宾语论元"（田）业"。

4. 连动式中的动词不会有各自单独的事件位置修饰语

汉语连动式中的动词不会有各自单独的事件位置修饰语，对此前人已有研究。通过分析语料，我们发现，《跻春台》中连动式也具有这一特征，如：

(a) 想到伤心之处，拜了爹妈养育之恩，就在路旁大树下解带自缢。(《跻春台·十年鸡》)
(b) 到冬天抢铺盖又藏草帘，乱谷草睡不热冻做一团。(《跻春台·十年鸡》)

上述例句中，连动式中的动词均共享相同的事件位置修饰语。

5. 连动式不能带两个不同的施事，即当连动式的动词共享非施事角色时，施事角色也必须被共享

在《跻春台》中，当连动式中的动词共享非施事角色时，施事角色也被共

享。连动式除了共享施事角色之外,受事、工具等角色也可以被共享,如:

  (a) 黑狐庚伯买去放,官居二品福无疆。(《跻春台·失新郎》)
  (b) 即命丢卡,况、何二人各打二百释放。(《跻春台·螺旋诗》)
  (c) 路旁有一古坟,官轿转弯前行,从古坟上过,忽然踩崩。
(《跻春台·双血衣》)

  例(a)连动式"黑狐庚伯买去放"中,"黑狐"作为受事角色被共享的同时,施事角色"庚伯"也被共享;例(b)连动式"况、何二人各打二百释放"中,"况、何二人"作为受事角色被共享的同时,隐藏的施事角色也被共享;例(c)连动式"官轿转弯前行"中,"官轿"作为工具角色被共享的同时,施事角色"抬官轿的人"也被共享。

第四节 《跻春台》连动式小结

  从结构形式来看,《跻春台》连动式中分别出现了由2个连动项、3个连动项、4个连动项、5个连动项连用构成的连动式。其中,由2个连动项连用构成的连动式,除去把字句和被字句,共计出现了93个结构形式小类,4205条例句。其中,"X_1+X_2"类连动式共计65种结构形式;"AVD+(X_1+X_2)"类连动式共计27种结构形式;"(X_1+X_2)+C"类连动式仅出现1例,未出现"AVD+(X_1+X_2)+C"类连动式。《跻春台》连动式与把字句搭配使用,共218例,46个结构形式小类;与被字句搭配使用,共出现3例。由3个连动项连用构成的连动式共计362例,126个结构形式小类;由4个连动项连用构成的连动式共计25例,22个小类;由5个连动项连用构成的连动式共计2例。

  从语义关系来看,《跻春台》连动式中连动项之间的逻辑语义关系有6类:承接类、方式类、行为-目的类、因果类、补充说明类、解释说明类。其中,表承接关系的例句共1904例[①];表方式语义关系的例句共120例;表行为-目的关系的例句共161例;表因果关系的例句共70例;表补充说明关系的例句共55例;表解释说明关系的例句共47例。《跻春台》连动式中连动项之间的相互依赖关系可以分为两类:平行聚合关系和主次关系。其中,连动项之间为平行聚合关系的连动式有1959例,连动项之间为主次关系的连动式有398例。

  从跨语言普遍规律在《跻春台》连动式中的表现来看,《跻春台》连动式既存在自身的个性特征,也存在跨语言的共性特征。在个性特征方面,《跻春台》

---

① 为便于分析,只统计分析了由两个连动项连用构成的连动式的用例。

连动式中的动词不一定都具有相同的时态取值，连动式中的动词可以有各自单独的时间修饰语；《跻春台》连动式中如果只出现一个人称、时态、语气和否定标志，其不一定在边缘位置，也可以在核心位置。在共性特征方面，动词在语调上都位于同一语调曲拱中；如果连动式表达因果关系或事件先后顺序，两个动词呈现出时态象似性；动词共享至少一个论元，不仅具有"共享主语的连动式"这种类型，还具有其他类型；《跻春台》连动式中的动词不会有各自单独的事件位置修饰语；连动式不能带两个不同的施事，即当连动式的动词共享非施事角色时，施事角色也必须被共享。

第七章
明清汉语连动式的特征

第一节　明清汉语连动式的地域特征

一、明代南北官话连动式的比较

（一）明代南北官话连动式的共同点

《金瓶梅词话》与《型世言》中的连动式均较为成熟，主要体现在以下几个方面。

1. 结构形式数量较多

从结构形式来看，《金瓶梅词话》中分别出现了由 2 个连动项、3 个连动项、4 个连动项连用构成的连动式。其中，由 2 个连动项连用构成的连动式，除去把字句和被字句，共计出现了 151 个结构形式小类，4205 条例句，分属"X_1+X_2""$AVD+X_1+X_2$""X_1+X_2+C""$AVD+X_1+X_2+C$" 4 个大类，其中"X_1+X_2+C"类连动式共有 11 个小类，"$AVD+X_1+X_2+C$"类连动式共有 10 个小类。"X_1+X_2"和"$AVD+X_1+X_2$"这 2 类连动式共计出现了 130 个结构形式小类，其中，"X_1+X_2"类连动式有 80 个小类，"$AVD+X_1+X_2$"类连动式有 50 个小类。

从结构形式来看，《型世言》中分别出现了由 2 个连动项、3 个连动项、4 个连动项连用构成的连动式。其中，由 2 个连动项连用构成的连动式，除去把字句和被字句，共计出现了 94 个结构形式小类，1842 条例句，分属"X_1+

X_2"、"AVD+X_1+X_2""X_1+X_2+C""AVD+X_1+X_2+C"4个大类，其中"X_1+X_2"类连动式共计56种结构形式，"AVD+X_1+X_2"类连动式共计33种结构形式，"X_1+X_2+C"类连动式仅出现4例，2种结构形式，"AVD+X_1+X_2+C"类连动式出现了3例，3种结构形式。

2. 连动式由多个连动项构成

在《金瓶梅词话》中，由3个连动项连用构成的连动式共出现278例，76个结构形式小类；由4个连动项连用构成的连动式共出现7例，6个小类。在《型世言》中，由3个连动项连用构成的连动式共出现118例，53个结构形式小类；由4个连动项连用构成的连动式共出现7例，7个小类。

3. 连动式与其他句式搭配使用

《金瓶梅词话》和《型世言》中均出现了大量连动式与把字句搭配使用的用例，以及少量连动式与被字句搭配使用的用例。其中，《金瓶梅词话》连动式与把字句搭配使用，共68例，36个结构形式小类，与被字句搭配使用，共14例，10个结构形式小类；《型世言》连动式与把字句搭配使用，共出现40例，29个结构形式小类，与被字句搭配使用，共出现9例，7个结构形式小类。

（二）明代南北官话连动式的不同点

《金瓶梅词话》连动式比《型世言》连动式更为复杂，主要体现在结构形式和构成成分两个方面。

1. 结构形式

（1）形式类别

《金瓶梅词话》连动式的结构形式类别更多。《金瓶梅词话》连动式中，除去把字句和被字句，由2个连动项连用构成的连动式共151个结构形式小类，其中"X_1+X_2"类连动式共计80种结构形式，"AVD+X_1+X_2"类连动式共计50种结构形式。《型世言》连动式中，除去把字句和被字句，由2个连动项连用构成的连动式共94个结构形式小类，其中"X_1+X_2"类连动式共计56种结构形式，"AVD+X_1+X_2"类连动式共计33种结构形式。无论是"X_1+X_2"类连动式还是"AVD+X_1+X_2"类连动式，《金瓶梅词话》中连动式的结构形式类别都比《型世言》中连动式的结构形式类别多。

《金瓶梅词话》中，"X_1+X_2+C"类连动式共计11种结构形式，"AVD+X_1+X_2+C"类连动式共计10种结构形式。《型世言》中，"X_1+X_2+C"类连动式出现了 4 例，2 种结构形式；"AVD＋X_1＋X_2＋C"类连动式出现了 3 例，3 种结构形式。

(2) 状语连用情况

《金瓶梅词话》连动式中，多个状语连用的用例更多。《金瓶梅词话》中出现了大量多个状语连用的用例，如：

(a) <u>晚夕又多与他老人家装些厢库焚化</u>。（《金瓶梅词话》第 89 回）

(b) 王婆道："娘子怎的<u>这两日不过贫家吃茶</u>？"（《金瓶梅词话》第 3 回）

(c) 自此以后，<u>常在门首成两价拿银钱买剪截花翠汗巾之类</u>，甚至瓜子儿四五升量进去，教与各房丫鬟并众人吃。（《金瓶梅词话》第 23 回）

(d) 何千户道："今日与长官计议了，<u>咱每几时与本主老爹见礼领劄付</u>？"（《金瓶梅词话》第 70 回）

(e) 且说西门庆，<u>约一更时分从夏提刑家吃了酒归来</u>。（《金瓶梅词话》第 38 回）

(f) 那傅伙计最是个小胆儿的人，见头势不好，<u>穿上衣裳悄悄往家一溜烟走了</u>。（《金瓶梅词话》第 86 回）

(g) 你家汉子，<u>成日摽着人在院里顽酒快肉吃</u>，大把家挝了银子钱家去，你过阴去来？（《金瓶梅词话》第 52 回）

例 (a) 连动式"晚夕又多与他老人家装些厢库焚化"中，连动项前出现了 4 个状语成分，分别为名词"晚夕"、副词"又"、形容词"多"和介宾短语"与他老人家"，共同修饰其后的 2 个连动项。例 (b) 连动式"娘子怎的这两日不过贫家吃茶"中，连动项前出现了 3 个状语成分，分别为语气副词"怎的"、名词短语"这两日"和否定副词"不"，共同修饰其后的 2 个连动项。例 (c) 连动式"常在门首成两价拿银钱买剪截花翠汗巾之类"中，连动项前出现了 3 个状语成分，分别为频率副词"常"、介宾短语"在门首"和动词短语"成两价"，共同修饰其后的 2 个连动项。例 (d) 连动式"咱每几时与本主老爹见礼领劄付"中，连动项前出现了 2 个状语成分，分别为名词短语"几时"和介宾短语"与本主老爹"，共同修饰其后的 2 个连动项。例 (e) 连动式"约一更时分从夏提刑家吃了酒归来"中，连动项前出现了 3 个状语成分，分别为时间副词"约"、名词短语"一更时分"和介宾短语"从夏提刑家"，共同修饰其后的 2 个连动项。例 (f) 连动式"穿上衣裳悄悄往家一溜烟走了"中，第二个连动项前出现了 3 个状语成分，分别为状态副词"悄悄"、介宾短语"往家"和比况短语"一溜烟"，单独修饰其后第二个连动项。例 (g) 连动式"成日摽着人在院里顽酒快肉吃"中，第二个连动项前出现了2个状语成分，分别为介宾短语"在院里"和名词短语"顽酒快肉"，单独修饰其后第二个连动项。

《金瓶梅词话》连动式中，连用的状语成分有的出现在连动式前，对其后的连动项进行共同修饰；有的出现在连动式中，对其后的连动项进行单独修饰。《型世言》连动式中，虽然也出现了多个状语成分连用的情况，但用例相对较少，尤其是2个以上状语成分连用的用例不多，且《型世言》连动式中的状语成分较为简单。

2. 构成成分

《金瓶梅词话》连动式中的状语和补语的构成成分均复杂多样，《型世言》连动式中的状语成分较为简单。《型世言》连动式中，补语成分虽然类别丰富多样，但在分布态势上主要由简单成分构成。下面将逐一进行举例说明。

（1）状语成分

①《金瓶梅词话》连动式中的状语成分

《金瓶梅词话》连动式中的状语成分可以由动词、副词、形容词及形容词的重叠式、数词、数量名短语、数量短语、介宾短语等充当，另外，《金瓶梅词话》中还出现了由比况短语、状中短语、动宾短语和动补短语充当状语成分的用例。具体用例情况如下。

耳听将军定这厢，坐拟元戎取那厢，<u>飞奏边庭进表章</u>，<u>齐贺升平回帝乡</u>。（《金瓶梅词话》第71回）

上例中，连动式"飞奏边庭进表章"中的动词"飞"充当状语，连动式"齐贺升平回帝乡"中的形容词"齐"充当状语。

科道官<u>上本极言</u>：童掌事大了，宦官不可封王。如今马上差官，拿金牌去取童掌事回京。（《金瓶梅词话》第64回）

上例中，连动式"上本极言"中的程度副词"极"充当状语，修饰其后第二个动词"言"。

他丈人是河西有名土豪白五，绰号白千金，专一与强盗作窝主，教唆冯二，<u>具状在巡按衙门朦胧告下来</u>，批雷兵备老爹问。（《金瓶梅词话》第67回）

上例中，连动式"具状在巡按衙门朦胧告下来"中的介宾短语"在巡按衙门"和形容词"朦胧"连用充当状语成分，修饰其后第二个连动项"告下来"。

知县喝道："你既娶下娼妇，<u>如何又问他要饭吃</u>？尤说不通。"（《金瓶梅词话》第92回）

上例连动式"如何又问他要饭吃"中，语气副词"如何""又"连用充当状语成分，共同修饰其后的两个连动项，介宾短语"问他"充当状语成分，单独修饰第一个连动项"要饭"。

那妇人见他有酒，醉了挺觉，<u>大恨归房</u>，闷闷在心。（《金瓶梅词话》第82回）

上例连动式"大恨归房"中，形容词"大"充当状语，修饰第一个连动项"恨"。

只见孙雪娥听见李瓶儿前边养孩子，<u>后边慌慌张张一步一跌走来观看</u>，不防黑影里被台基险些不曾绊了一交。（《金瓶梅词话》第30回）

上例连动式"后边慌慌张张一步一跌走来观看"中，连动项前出现了三个状语成分，方位名词"后边"、形容词重叠式"慌慌张张"和紧缩结构构成的动词短语"一步一跌"连用，共同修饰其后的第一个连动项"走来"。

待西门庆出了门，口里喃喃呐呐骂道："贼作死的强盗，把人妆出去杀了，才是好汉！一个猫儿碍着你嗔屎，<u>亡神也似走的来捽死了</u>。"（《金瓶梅词话》第59回）

前日打了淫妇家，昨日李铭那王八先来打探子儿，今日应二和姓谢的，大清早辰，<u>勾使鬼走来勾了他去了</u>。（《金瓶梅词话》第21回）

正是有眼不识荆山玉，<u>拿着顽石一样看</u>。（《金瓶梅词话》第21回）

这玳安交下毡包，拿着帖子，<u>骑马云飞般走到夏提刑家</u>，如此这般，说了巡按宋老爷送礼来。（《金瓶梅词话》第51回）

那傅伙计最是个小胆儿的人，见头势不好，<u>穿上衣裳悄悄往家一溜烟走了</u>。（《金瓶梅词话》第86回）

痛哭了一场，<u>起来与春梅、翠屏插烛也似磕了四个头</u>，说道："奴与他虽是露水夫妻，他与奴说山盟，言海誓，情深意厚，实指望和他同谐到老。"（《金瓶梅词话》第99回）

上述例句中，均出现了比况短语用作状语的情况。比况短语"亡神也似"和"勾使鬼"分别充当连动式中的状语成分，均修饰其后的两个连动项。比况短语"顽石一样""云飞般""一溜烟"和"插烛也似"分别充当连动式中的状语成分，均修饰其后的、句子中的第二个连动项。

这西门庆也不顾的甚么身底下血渍，<u>两只手抱着他香腮亲着</u>，口口声声只叫。（《金瓶梅词话》第62回）

这陈经济走到旁边一个小机儿坐下，看见妇人黑油般头发，手挽着梳还拖着地儿，红丝绳儿扎着，<u>一窝丝攒上戴着银丝鬏髻</u>，还垫出一丝香云，鬏髻内安着许多玫瑰花瓣儿，露着四鬓上，打扮的就是个活观音。（《金瓶梅词话》第28回）

没奈何，放了三日，<u>抬出一把火烧了</u>。（《金瓶梅词话》第9回）

<u>走出来一把手扯住经济</u>，就问他要人。（《金瓶梅词话》第93回）

上述例句中，均出现了数量名短语充当状语的情况。"两只手"和"一窝丝"分别充当连动式中的状语成分，单独修饰其后的第一个连动项"抱着他香腮"和"攒上"，"一把火"和"一把手"分别充当连动式中的状语成分，单独修饰其后的、句子中的第二个连动项"烧了"和"扯住经济"。

<u>这经济一口听记在心</u>，又与了爱姐二三两盘缠，和主管算了帐目，包了利息银两，作别，骑头口来家。（《金瓶梅词话》第99回）

被西门庆不由分说，<u>一屁股挨着他坐在床上</u>，搂过脖子来就亲了个嘴。（《金瓶梅词话》第38回）

连动式"这经济一口听记在心"中，数量短语"一口"充当状语成分，修饰其后第二个连动项"记在心"。连动式"一屁股挨着他坐在床上"中，数量短语"一屁股"充当状语成分，修饰其后第二个连动项"坐在床上"。

闷了时，唤童子<u>松阴下横琴膝上</u>；醉后，<u>携棋秤柳阴中对友笑谈</u>。（《金瓶梅词话》第27回）

<u>袖中取出春扇儿摇凉</u>，与西门庆携手并观，看桂卿与谢希大、张小闲踢行头，白秃子、罗回子在傍虚撮脚儿等漏，往来拾毛。（《金瓶梅词话》第15回）

上述两例中，均出现了方位短语充当状语成分的情况。方位短语"松阴下"和"柳阴中"充当状语成分，分别单独修饰其后的连动项"横琴膝上"和"对友笑谈"；方位短语"袖中"充当状语成分，单独修饰其后的连动项"取出春扇儿"。

西门庆因分付书童："他唱了两日，<u>连赏赐封下五两银子赏他</u>。"（《金瓶梅词话》第43回）

教秋菊："你<u>往后边问他每借来</u>使使罢。"（《金瓶梅词话》第72回）

上述两例中，介宾短语"连赏赐"充当连动式中的状语成分，单独修饰其后第一个连动项"封下五两银子"；介宾短语"往后边"和"问他每"连用，充当连动式中的状语成分，共同修饰其后的第一个连动项"借来"。

那陈经济忍不住扑吃的笑了，说道："这个才可到我心上。"（《金瓶梅词话》第97回）

那潘姥姥听见女儿这等证他，走那里边屋里呜呜咽咽哭起来了。（《金瓶梅词话》第58回）

上述两例中，均出现了拟声词充当状语的情况。"扑吃"和"呜呜咽咽"分别充当连动式中的状语成分，分别修饰其后的、句子中的第二个连动项"笑了"和"哭起来了"。

那小玉和玉楼走到芭蕉丛下，孩子便倘在席上登手登脚的怪哭，并不知金莲在那里。（《金瓶梅词话》第52回）

不想西门庆在房中听见，隔窗叫玳安问了话，拿帖儿进去，拆开看着，上写道：奉去分资四封，共八两。（《金瓶梅词话》第72回）

论起就倒倒茶儿去也罢了，巴巴坐名儿来寻上灶的，上灶的是你叫的！（《金瓶梅词话》第24回）

上述三例中，均出现了动宾短语充当状语成分的情况。"登手登脚"为动宾结构连用构成的并列短语，充当连动式中的状语成分，修饰其后的、句子中的第二个连动项；"隔窗"充当连动式中的状语成分，修饰其后的两个连动项；"巴巴"意为"特地、专门"，"坐名儿"意为"指名，指定人"，程度副词"巴巴"和动宾短语"坐名儿"连用，充当连动式中的状语成分，共同修饰其后的两个连动项。

看看到一更时分，那李瓶儿不住走来帘外窥觑。（《金瓶梅词话》第13回）

上例中，状中短语"不住"充当连动式的状语成分，修饰其后两个连动项。

但是人家白日里还好挝挠，半夜三更，房下又七痛八病，少不得扒起来收拾草纸被褥，陆续看他，叫老娘去。（《金瓶梅词话》第67回）

上例中，动补短语"少不得"充当连动式中的状语成分，修饰其后两个连动项。

②《型世言》连动式中的状语成分

《型世言》连动式中的状语成分较为简单，多由副词、形容词和介宾短语充当，多个状语连用的用例不多。

纪指挥不胜称赏去了。（《型世言》第1回）

日倚东墙盼落晖，梦魂夜夜绕书帏，何缘得遂生平愿，<u>化作鸾凰相对飞</u>。(《型世言》第11回)

<u>血沥沥在火上炙了吃</u>，又配上些牛羊乳酪，吃罢把手在胸前袄子上揩抹。(《型世言》第17回)

那小年纪的道："<u>厅上当官去看</u>。"(《型世言》第27回)

又想此僧言语奇怪，<u>也时尝有意无意去看他</u>。(《型世言》第8回)

他如今见我兵势，从则必死，<u>投降诱擒满四</u>，可以得生，还有官赏，怎不依我？(《型世言》第17回)

王世名便<u>乘势一推按在地</u>，把刀就勒。(《型世言》第2回)

那小姐与小厮，<u>也赶来嘤嘤的哭了一场</u>，终是旧家规模，过来拜谢了。(《型世言》第14回)

倒是他婆婆在间壁居中听了，忙叫亲母，这里只做睡着，他便急急披衣赶来，叫丫鬟点火时，急卒点不着，房门又闭着，亏得黑影子被一条小凳绊了一绊，便<u>拿起来两下撞开了门</u>。(《型世言》第10回)

水心月<u>一个扫兴来回报孙监生</u>，道："被詹博古抢买去了。"(《型世言》第32回)

每日大小鱼船出海，管甚大鲸小鲵，<u>一罟打来货卖</u>。(《型世言》第25回)

这边，蚬蛤之类<u>腾身似炮石弹子般一齐打去</u>，打得那些龟鼋缩颈、鳅鳝蜿蜒，金甲神只得带了逃去。(《型世言》第39回)

<u>校尉流水似把刀来砍伏戎</u>，伏戎已是走到堂下。(《型世言》第22回)

<u>尝时没情没绪的倚着楼窗看</u>。(《型世言》第26回)

上述《型世言》连动式的用例中，状语成分既有动词"诱"，形容词"血沥沥"，副词"也""时尝""有意""无意""尝时"，数量短语"两下""一罟"，数量名短语"一个扫兴"，介宾短语"在火上""当官"，拟声词"嘤嘤"，状中短语"不胜""相对"，比况短语"似炮石弹子般""流水似"，也有动宾结构构成的并列短语"没情没绪"等。相对《金瓶梅词话》连动式而言，《型世言》连动式中未出现由动补短语和紧缩结构构成的动词短语充当状语成分的用例。

(2) 补语成分

①《金瓶梅词话》连动式中的补语成分

通过分析梳理，我们发现，《金瓶梅词话》连动式中补语的构成成分可以由形容词和动词等谓语性词语、形容词重叠式、数量和数量名短语、介宾短语、状中短语、动宾短语、主谓短语等充当，还出现了动词反复体和动词短语反复体补充说明动作状态的用例。具体用例情况如下。

一是形容词和动词等谓语性词语充当补语成分。

因向袖中取出揭帖递上，随即离席跪下。（《金瓶梅词话》第69回）

状告为恶婿欺凌孤孀，听信娼妇，熬打逼死女命，乞怜究治，以存残喘事。（《金瓶梅词话》第92回）

这西门庆于是走到李瓶儿房中，奶子、丫头又早起来收拾干净，安顿下茶水伺候。（《金瓶梅词话》第74回）

王潮道："是猫咬老鼠，钻在坑洞底下嚼的响。"（《金瓶梅词话》第86回）

西门庆听见笑得慌，跪在神前，又不好发话，只顾把眼睛来打抹。（《金瓶梅词话》第53回）

二是形容词重叠式和动词重叠式充当补语成分。

西门庆叫他进来，那郑春手内拿着两个盒儿，举的高高的跪在当面，上头又阁着个小描金方盒儿。（《金瓶梅词话》67回）

那迎春、玉箫、兰香都穿上衣裳，打扮的齐齐整整出来，又不敢去。（《金瓶梅词话》46回）

到住回，等我递罢，你看他醉腔儿！恰好今日打醮，只好了你，吃的恁憨憨的来家。（《金瓶梅词话》39回）

李瓶儿道："我到好笑起来，你今日那里吃了酒，吃的恁醉醉儿的来家？"（《金瓶梅词话》第50回）

把药来看玩了一番，又恐怕药气出了，连忙把面浆来依旧封得紧紧的，原进后房，锁在梳匣内了。（《金瓶梅词话》第53回）

三是量词、数量短语、数量名短语充当补语成分。

有吴月娘便说："你昨日辛苦了一夜，天阴，大睡回儿起来。"（《金瓶梅词话》第67回）

叫春梅问，说不曾拿，"头里娘不在时，爹进屋里来，向床背阁抽替内翻了一回去了。"（《金瓶梅词话》第50回）

妇人听了，笑将扇把子打了一下子，说道："怪不的应花子的二老婆，摧惯了驴的行货。"（《金瓶梅词话》第51回）

小人自来也不曾到过东京，就那里观兴上国景致走一遭，也是恩相抬举。（《金瓶梅词话》第2回）

不期阮三在家思想成病，病了五个月不起。（《金瓶梅词话》第34回）

伯爵道："可知去不的，大调理两个日儿出门。"（《金瓶梅词话》第79回）

既好些了，罢；若不好，拿到衙门里去捞与老淫妇一捞子。（《金瓶梅词话》第33回）

你来家该摆席酒儿，请过人来知谢人一知谢儿。还一扫帚扫的人光光的，问人找起后帐儿来了！（《金瓶梅词话》第14回）

那老婆把灵龟一掷，转了一遭儿住了，揭起头一张卦帖儿。（《金瓶梅词话》第46回）

只见平安儿迎门就禀说："今日掌刑夏老爹，亲自下马到厅，问了一遍去了。"（《金瓶梅词话》第48回）

两个干讫一度作别，比时难割难舍。（《金瓶梅词话》第86回）

今日县里皂隶又拿着票，喝啰了一清早起去了。（《金瓶梅词话》第51回）

当下月娘率领雪娥，并来兴儿媳妇、来昭妻一丈青、中秋儿、小玉、绣春众妇人，七手八脚，按下地下，拿棒槌短棍打了一顿。（《金瓶梅词话》第86回）

可怜月娘，扯住恸哭了一场，干生受养了他一场，到十五岁，指望承家嗣，不想被这个老师幻化去了。（《金瓶梅词话》第100回）

这陈经济赶上踢了奶子两脚，戏骂道："怪贼邋遢，你说不是？我且踢个响屁股儿着！"（《金瓶梅词话》第86回）

于是拿棍子向他脊背上尽力狠抽了三十下，打的杀猪也似叫，身上都破了。（《金瓶梅词话》第83回）

然后西门庆与夏提刑出郊五十里迎接，到新河口地名百家村，先到蔡御史舡上拜见了，备言邀请宋公之事。（《金瓶梅词话》第49回）

既是这等，如今提出来戒饬他一番，放了罢。（《金瓶梅词话》第35回）

他一年来此做买卖两遭，正经他在里边歇不的一两夜，倒只在外边，常和人家偷猫递狗，干次勾当。（《金瓶梅词话》第68回）

四是介宾短语充当补语成分。

那玉箫跟到房中，打旋磨儿跪在地下央及："五娘，千万休对爹说。"（《金瓶梅词话》第64回）

西门庆口中不言，心内暗道："此必有跷蹊。"于是潜身立于仪门内粉壁前，悄悄试听觑。（《金瓶梅词话》第21回）

常时节接过放在衣袖里，就作揖谢了。（《金瓶梅词话》第56回）

见金莲不依，落后又见李瓶儿使过绣春来说，又走向前夺他女儿手中鞭子，说道："姐姐，少打他两下儿罢，惹的他那边姐姐说，只怕唬了哥哥。为驴扭棍不打紧，倒没的伤了紫荆树。"（《金瓶梅词话》第58回）

西门庆道："我的儿，你到明日做一双儿穿在脚上。你不知，我达一心只喜欢穿红鞋儿，看着心里爱。"（《金瓶梅词话》第28回）

五是状中短语充当补语成分。

吴月娘亦揾泪哭涕不止。（《金瓶梅词话》第62回）

正经我那冤家，半个折针儿也迸不出来与我。（《金瓶梅词话》第78回）

去了一日，吃的大醉来家，倒在床上就睡着了，不知天高地下。（《金瓶梅词话》第82回）

第二的不知高低，气不愤，走这里放水，被他撞见了，拿到衙门里打了个臭死，至今再不敢来了。（《金瓶梅词话》第38回）

六是动词反复体补充说明动作状态。

刘婆子看了，说："哥儿着了些惊气入肚，又路上撞见五道将军。不打紧，烧些纸儿退送退送，就好了。"（《金瓶梅词话》第48回）

春梅道："刚才吃了酒，打发他两个睡下了，我来这边瞧瞧姥姥。"（《金瓶梅词话》第78回）

西门庆道："既不是风病，如何这软瘫热化起不来了？你还不下去央及他央及儿哩！"（《金瓶梅词话》第28回）

平昔这妇人嘴儿乖，常在门前站立买东买西，赶着傅伙计叫傅大郎，陈经济叫姐夫，贲四叫老四。（《金瓶梅词话》第23回）

七是动词短语反复，补充说明动作状态。

妇人道："你怎的不交李瓶儿替你咂来？我这屋里尽着交你撮弄，不知吃了甚么行货子，咂了这一日，亦发咂了没事没事。"（《金瓶梅词话》第51回）

八是动宾短语充当补语成分。

那爱姐道："你倒好似我叔叔韩二。"两个抱头相哭做一处。（《金瓶梅词话》第100回）

九是主谓短语充当补语成分。

这金莲不听便罢，听了气的在外两只胳膊都软了，半日移脚不动，

说道:"若教这奴才淫妇在里面,把俺每都吃他撑下去了。"(《金瓶梅词话》第 23 回)

②《型世言》连动式中的补语成分

通过分析梳理,我们发现,《型世言》连动式中补语的构成成分可以由形容词和动词等谓语性词语、数量和数量名短语、介宾短语、状中短语、动宾短语、主谓短语等充当,也出现了动词反复体补充说明动作状态的用例。具体用例情况如下。

一是形容词和动词等谓语性词语充当补语成分。

那人正待拿去,他跳起夺住,道:"只道我量不济,要你替?还是我吃。"(《型世言》第 34 回)

四顾堂下,见带刀剑的约有四五十人,自己身边并无一个,都是岑璋使计,在外边犒赏,都已灌醉擒下。(《型世言》第 24 回)

今日串这和尚的房,那日串那个和尚的房,藏得些私房酒儿都拿将出来,一气饮干无滴。(《型世言》第 34 回)

成祖道:"不妨,你且调理好了任职。"(《型世言》第 1 回)

谁知汪涵宇回去,不提浑家去收拾他行囊,见了这只女鞋,道他在外嫖,将来砍得粉碎,大闹几场,不许出门。(《型世言》第 6 回)

随行将士带有饮食,与他的可也数十人吃不了,他也不管馍头卷蒸、干粮煤炒,收来吃个罄尽。(《型世言》第 34 回)

二是数量短语、数量名短语充当补语成分。

禁子听了,叫道:"看这样泼妇,平日料应亲邻闹断,身边有钱料也背阿婆卖吃,没有是真,只叫他吃些苦罢!"炒一阵去了。(《型世言》第 6 回)

每考一番,来做生意一次。(《型世言》第 27 回)

掏摸一手逃去,告官追寻,也没踪迹。(《型世言》第 18 回)

张秀才听到这句,有些吃惊,还道是文牒都已烧去,没踪迹,道:"这秃驴这等可恶,停会着人捉来,打上一顿送官。"(《型世言》第 28 回)

这悟通中年时曾相处一个菩提庵秋师姑,年纪仿佛,妙智也去踹得一脚浑水。(《型世言》第 29 回)

王喜拿了去半日,荒时荒年,自不典罢了,还有钱当人家的?(《型世言》第 9 回)

芳卿只得咬着指头,等了一回,又下阶看了一回月,不见动静。(《型世言》第 11 回)

"夏学这等,兑兑一兑出,省得挂欠。"(《型世言》第 13 回)

两个执手痛哭，道者拜了几拜相辞。(《型世言》第 8 回)

三是介宾短语充当补语成分。

吴亮听得，便拜在地下嚎啕大哭，不能仰视，自行覆命去了。(《型世言》第 8 回)

周颠将来置在石几上，恭诵了。(《型世言》第 34 回)

就把原搜锁匙开了挂箱，取了四封银子藏在袖内。(《型世言》第 23 回)

当日我在便殿，正吃子鹅，撇一片在地上赐汝，那时你两手都拿着物件，伏在地下把舌舔吃了，你记得么？(《型世言》第 8 回)

他一跳坐在灶栏上，拿一个木杓，兜起来只顾吃。(《型世言》第 34 回)

四是状中短语充当补语成分。

耿埴听了惊个小死，邓氏也有些着忙，道："花眼哩，是籴得米多，蛀虫拱起来。"(《型世言》第 5 回)

后来见丈夫意思偏向，气不忿吊死了。(《型世言》第 16 回)

这是正月十二，王俊正在单邦家吃酒，吃得烂醉回，踉踉跄跄。(《型世言》第 2 回)

五是动宾短语充当补语成分。

鲛宫巧织组成袍，蜀锦吴绫笼罩。(《型世言》第 24 回)

来至平望，日已落山，大家香船都联做一帮歇了。(《型世言》第 10 回)

六是动词反复体补充说明动作状态。

一日转到桐乡，背了几件衣服闯来闯去，闯到一个村坊，忽抬头见一个妇人，在水口洗衣服，与母亲无二。(《型世言》第 3 回)

日间把马拴了吃草，去山凹里躲，夜间便骑了往外跑。偏生躲在山里时，这些臊子与鞑婆、小鞑，骑了马山下跑来跑去。(《型世言》第 17 回)

傍晚先睡一睡，息些精神，将起更听得各客房安息，就在门边蹑来蹑去等候，才弹得一声门，他早已开了。(《型世言》第 38 回)

七是主谓短语充当补语成分。

起来摸得门开，撞了他一个"瓶口木香"，吐了满身。(《型世言》第 6 回)

从补语成分的构成类别来看,《金瓶梅词话》和《型世言》连动式中的补语成分类别均丰富多样,这与明代汉语动补式发展成熟相关,在动词补语的类别上已呈现出复杂多样的面貌。

在补语的构成成分方面,《金瓶梅词话》连动式和《型世言》连动式中都出现了由形容词、动词、数量与数量名短语、介宾短语、状中短语、动宾短语和主谓短语等充当补语成分的用例,也都出现了动词反复体表动作状态的用例。但《金瓶梅词话》中还出现了形容词重叠式、动词重叠式充当补语成分的用例,以及动词短语反复表动作状态的用例。

在补语类别的分布状态方面,《金瓶梅词话》和《型世言》连动式中补语类别的分布情况存在着明显差异。《金瓶梅词话》和《型世言》连动式中,出现最多的补语成分均为动词类别,形容词、状中短语、动宾短语和主谓短语充当补语成分的用例均不多。但在数量短语和介宾短语充当补语的出现频率上,《金瓶梅词话》连动式要明显高于《型世言》连动式。从补语类别的分布情况来看,《金瓶梅词话》连动式中,由复杂成分充当补语的用例更多,显示出更为成熟的分布态势。

(三) 地域特色表现

1. 连动共宾句式

在《金瓶梅词话》中,我们发现了"(V_1+V_2)+O"这类连动共宾句式,在《型世言》中未发现这类句式。

西门庆大怒,喝令左右:"与我用起刑来!你两个贼人,专一积年在江河中,假以舟楫装载为名,实是劫帮凿漏,邀截客旅,图财致命。"(《金瓶梅词话》第47回)

一面收卸砖瓦木石,修盖土库,里面装画牌面,待货车到日,堆卸货物。(《金瓶梅词话》第58回)

母思忆之,痛切号哭,遂即把他孩儿抛向水中。(《金瓶梅词话》第59回)

李瓶儿呼唤丫鬟,都睡熟了不答,乃自下床来,倒趿弓鞋,翻披绣袄,开了房门,出户视之。(《金瓶梅词话》第60回)

西门庆与陈经济穿孝衣在灵前还礼,应伯爵、谢希大与温秀才、甘伙计等迎待宾客。(《金瓶梅词话》第63回)

次日却是八月初一日,韩道国早到,西门庆教同崔本、甘伙计,在房子内看着收卸砖瓦木石,收拾装修土库。(《金瓶梅词话》第59回)

又动音乐，<u>往李瓶儿灵前摄召引魂</u>，朝参玉陛，旁设几筵，闻经悟道。（《金瓶梅词话》第 66 回）

西门庆入房中椅上坐了，迎春拿茶来吃了，西门庆令他解衣带，如意儿就知他在这房里歇，<u>连忙收拾伸铺</u>，用汤婆熨的被窝暖洞洞的，打发他歇下。（《金瓶梅词话》第 67 回）

2. "V 有"句式

《型世言》连动式中出现了"V 有"句式，但我们在《金瓶梅词话》中未发现这类特殊连动式。

"V 有"句式指连动式中动词和宾语之间带"有"字的句子形式，如：

<u>关保回带有银千余</u>，沈实都将来交与沈刚。（《型世言》第 15 回）

我们在《型世言》中发现了上述用例，连动式中"有"字不具有实义，删除后不影响连动式的语义表达。

二、清代南北官话连动式的比较

（一）清代南北官话连动式的共同点

《儿女英雄传》与《跻春台》连动式的发展均较为成熟，主要体现在以下几个方面。

1. 结构形式数量较多

从结构形式来看，《儿女英雄传》连动式中分别出现了由 2 个连动项、3 个连动项、4 个连动项连用构成的连动式。由 2 个连动项连用构成的连动式，除去把字句和被字句，共计出现了 97 个结构形式小类，836 条例句。其中，"X_1+X_2"类连动式共计 51 种结构形式，"$AVD+X_1+X_2$"类连动式共计 36 种结构形式，"X_1+X_2+C"类连动式共计 7 种结构形式，"$AVD+X_1+X_2+C$"类连动式共计 3 种结构形式。《儿女英雄传》连动式与把字句搭配使用共 28 例，20 种结构形式小类；与被字句搭配使用仅出现 1 例。由 3 个连动项连用构成的连动式共计 50 例，39 个结构形式小类。由 4 个连动项连用构成的连动式共计 7 例，7 个小类。

从结构形式来看，《跻春台》连动式中分别出现了由 2 个连动项、3 个连动项、4 个连动项、5 个连动项连用构成的连动式。由 2 个连动项连用构成的连动式，除去把字句和被字句，共计出现了 93 个结构形式小类，4205 条例句。其中,"X_1+X_2"类连动式共计 65 种结构形式,"$AVD+X_1+X_2$"类连动式共计 27 种结构形式,"X_1+X_2+C"类连动式仅出现 1 例,未出现"$AVD+X_1+X_2+C$"类连动式。《跻春台》连动式与把字句搭配使用共 218 例,46 个结构形式小类;与被字句搭配使用,共出现 3 例。由 3 个连动项连用构成的连动式共计 362 例,126 个结构形式小类。由 4 个连动项连用构成的连动式共计 25 例,22 个小类。由 5 个连动项连用构成的连动式共计 2 例。

2. 连动式由多个连动项构成

由 3 个连动项连用构成的连动式在《儿女英雄传》中共出现 54 例,41 个结构形式小类,在《跻春台》中共出现 218 例,46 个结构形式小类;由 4 个连动项连用构成的连动式在《儿女英雄传》中共出现 7 例,7 个结构形式小类,在《跻春台》中共出现 26 例,23 个结构形式小类;由 5 个连动项连用构成的连动式在《儿女英雄传》中没有出现,在《跻春台》中出现了 2 例。

3. 连动式与其他句式搭配使用

《儿女英雄传》和《跻春台》中均出现了大量连动式与把字句搭配使用的用例以及少量连动式与被字句搭配使用的用例。其中,《儿女英雄传》连动式与把字句搭配使用共 29 例,21 种结构形式小类,与被字句搭配使用仅出现了 1 例;《跻春台》连动式与把字句搭配使用共 218 例,46 个结构形式小类,与被字句搭配使用共出现 3 例。

(二)清代南北官话连动式的不同点

《儿女英雄传》连动式比《跻春台》连动式更为复杂,主要体现在结构形式和构成成分两个方面。

1. 结构形式

(1) 形式类别

《儿女英雄传》连动式中,结构复杂的形式类别更多。《儿女英雄传》连动式中,除去把字句和被字句,由 2 个连动项连用构成的连动式共 97 个结构形式小类,其中,"X_1+X_2"类连动式共计 51 种结构形式,"$AVD+X_1+X_2$"类连动式共计 36 种结构形式。《跻春台》连动式中,除去把字句和被字句,由 2 个连动项连用构成的连动式共 93 个结构形式小类,其中,"X_1+X_2"类连动式共计 65 种结构形式,"$AVD+X_1+X_2$"类连动式共计 27 种结构形式。《儿女英雄传》中,"$AVD+X_1+X_2$"类连动式的结构形式类别更多。

《儿女英雄传》中,"X_1+X_2+C"类连动式共计 7 种结构形式,"AVD+X_1+X_2+C"类连动式共计 3 种结构形式。《跻春台》中仅出现 1 例"X_1+X_2+C"类连动式,没有出现"AVD+X_1+X_2+C"类连动式。

(2) 状语连用情况

《儿女英雄传》连动式中出现了大量多个状语连用的用例,如:

> 那跟来的店伙惦着他店里的事,送下公子,<u>忙忙的在店门口要了两张饼吃了</u>,就要回去。(《儿女英雄传》第 4 回)

> 这其间张姑娘心细,听了这话,便问十三妹道:"姐姐,你方才苦苦的不肯说个实在姓名住处,将来给你送这弹弓来,便算人人知道有个十三妹姑娘,<u>到底向那里寻你交代这件东西</u>?"(《儿女英雄传》第 10 回)

> 两个和尚也帮着搭那驮子,<u>搭下来往地下一放</u>,觉得斤两沉重,那瘦的和尚向着那秃子丢了个眼色,道:"你告诉当家的一声儿,出来招呼客呀!"那秃子会意,应了一声。(《儿女英雄传》第 5 回)

上述例句中,连动式"要了两张饼吃了"之前出现了 2 个状语成分,分别为形容词重叠式"忙忙的"和介宾短语"在店门口";连动式"寻你交代这件东西"之前出现了两个状语成分,分别为语气副词"到底"和介宾短语"向那里";连动式"搭下来往地下一放"中,第二个连动项"放"前出现了两个状语成分,分别为介宾短语"往地上"和数词"一"。

这些连用的状语成分有的出现在连动式前,对其后的连动项进行共同修饰;有的出现在连动式中,对其后的连动项进行单独修饰。《跻春台》连动式中虽然也出现了多个状语成分连用的情况,但用例相对较少,尤其是 2 个以上的状语成分连用的用例不多,且《跻春台》连动式中状语成分较为简单。

2. 构成成分

《儿女英雄传》连动式中的状语和补语的构成成分均复杂多样,《跻春台》连动式中的状语成分较为简单,《跻春台》连动式中的补语成分虽然类别丰富多样,但在分布态势上主要由简单成分构成。下面将逐一进行举例说明。

(1) 状语成分

①《儿女英雄传》连动式中的状语成分

《儿女英雄传》连动式中的状语成分不仅可以由副词、形容词及形容词的重叠式、数词、数量名短语、数量短语及数量重叠式、介宾短语等充当,还出现了由比况短语、状中短语和动宾短语充当状语成分的用例。具体用例如下。

> "太太,你道如何?"太太还没及答话,公子正在那里检点那些考

具的东西，听见老爷的话，便过来规规矩矩、漫条斯理的说道："这话还得请父亲斟酌。"(《儿女英雄传》第1回)

上述例句中，形容词重叠式"规规矩矩"和形容词"漫条斯理"连用充当状语成分。

因此邓九公走后，忙忙的便把书房收拾出来，一个人冷清清的下帷埋首，合那班三代以上的圣贤苦磨。(《儿女英雄传》第32回)

上述例句中，数量名短语"一个人"和形容词重叠式"冷清清"连用充当状语成分。

说着，便有他家的几个门馆先生合他徒弟们迎出来，内中也有几个戴顶戴的，一个个都望着老爷打躬迎接。(《儿女英雄传》第39回)

却说那公子立起身来，站稳了，便把两只手倒转来，扶定那弓面子，跟了女子一步步的踱进房来。(《儿女英雄传》第6回)

上述例句中，数量重叠式"一个个"和"一步步"、副词"都"、介宾短语"望着老爷"充当状语成分。

公子一一的答应致谢。(《儿女英雄传》第3回)

上述例句中，数词重叠式"一一"充当状语成分。

先觉得分量沉重，重复在月光之下翻覆一看，口中大叫，说："了不得，险些儿不曾误了大事！"(《儿女英雄传》第11回)

上述例句中，动词"重复"和介宾短语"在月光之下"连用充当状语成分。数词"一"充当状语成分，单独修饰第二个动词"看"。

没奈何，一个人踽踽凉凉站在云端里一望，才看出云外那座天。(《儿女英雄传》首回)

他接过那封信去，且自不看，先拿眼镜儿，又擦眼镜儿，然后这才戴上眼镜儿；好容易戴上眼镜儿了，且不急急的抽出那封信来看，先自细看那封信信面上的字。(《儿女英雄传》第40回)

上述两例中，形容词重叠式"踽踽凉凉"和数量名短语"一个人"连用充当状语成分；语气副词"且"、否定副词"不"和形容词重叠式"急急"连用充当状语成分。

起初何尝不也弄了个香炉，焚上炉好香，坐在那里收视返听的想要坐成个"十年面壁"；怎禁得心里并不曾有一毫私心妄念，不知此中怎的，便如万马奔驰一般，早跳下炕来了。(《儿女英雄传》第24回)

上例中，形容词性短语"收视返听"充当状语成分，修饰第二个连动项。

恰巧走到青云堡，走得一身大汗，口中干渴，便在安老爷当日坐过的、对着小邓家庄那座小茶馆儿、歇着喝茶。(《儿女英雄传》第21回)

上述例句中，介宾短语"在安老爷当日坐过的、对着小邓家庄那座小茶馆儿"充当状语成分，修饰其后两个连动项，其中，介宾短语中的宾语成分由多个定语连用的定中短语构成。

这日恰好梁材从临清雇船回来，雇得是头二三三号太平船，并行李船、伙食船，都在离此十馀里一个沿河渡口靠住。(《儿女英雄传》第21回)

上述例句中，名词短语"这日"、副词"恰好"和介宾短语"从临清"连用充当状语成分。

只是一会儿价回过头来往后看看，拿我这么一个人，竟缺少条坟前拜孝的根，我这心里可有点子怪不平的。(《儿女英雄传》第32回)

上述例句中，语气副词"只是"和时间副词"一会儿价"连用充当状语成分。

所以我的主意，打算暂且不带家眷，我一个人带上几个家人，轻骑减从的先去看看路数。(《儿女英雄传》第2回)

却说邓九公收拾完了出去，十三妹便也合褚大娘子蹑足潜踪的走到那前厅窗后窃听，又用簪子扎了两个小窟窿望外看着。(《儿女英雄传》第17回)

上述例句中，均出现了动宾短语充当状语成分的情况，"轻骑减从"是定中短语和动宾短语的联合，"蹑足潜踪"是2个动宾短语的联合，这些都表明了状语成分的进一步复杂化。

那老头儿到依实，吃了两三个饽饽，一声儿不言语的就着菜吃了三碗半饭。(《儿女英雄传》第29回)

上述例句中，状中短语"一声儿不言语"充当状语成分修饰其后2个连动项。

及至到了里面，我一面参灵礼拜，假如他还过礼，依然孝子一般伏地不起，难道我好上前拉他起来合我说话不成？(《儿女英雄传》第16回)

第七章　明清汉语连动式的特征

公子<u>大马金刀儿坐着受了那杯酒</u>，然后才站起，陪着父母一饮而尽。(《儿女英雄传》第 37 回)

这若依了那褚大娘子昨日笔谈的那句甚么"何不如此如此"的话，再加上邓九公大敞辕门的一说，<u>管情费了许多的精神命脉说《列国》似的说了一天</u>，从这句话起，有个翻脸不回京的行市！(《儿女英雄传》第 19 回)

那长姐儿只就这阵忙乱之中，<u>拿着镜子一溜烟躲进屋里去了</u>。(《儿女英雄传》第 35 回)

上述例句中，比况短语"孝子一般"和"大马金刀儿"分别充当连动式中的状语成分，修饰其后的 2 个连动项；比况短语"说《列国》似的"和"一溜烟"分别充当连动式中的状语成分，单独修饰其后的、句子中的第二个连动项。

②《跻春台》连动式中的状语成分

《跻春台》连动式中的状语成分均较为简单，多由副词、形容词和介宾短语充当，多个状语连用的用例不多。

各位，其人姓韩，名大武，是个强盗，极其胆大，<u>每一人远方去偷</u>，近处无人知他是盗。(《跻春台·孝还魂》)

不如与我一路同到州去见官，辨明我的冤屈，不然你就在此把我一口吞了，免得死在狱中，做鬼也不干净。(《跻春台·审豺狼》)

一日到东篱寻取野花，见篱外有一少年，身伟貌秀，看着流莺目不转睛，流莺疑是丈夫，亦看了两眼。(《跻春台·心中人》)

<u>他那时也不回头望</u>，我悄悄捡来放身旁。(《跻春台·捉南风》)

何车夫心想，我妻贤淑，见我贫贱，并无怨言，<u>反辛苦找钱供我</u>，如何嫁得？(《跻春台·冬瓜女》)

这汪氏为人狡诈，口甜心毒，<u>专与人扯药打胎</u>，又与淫妇浪子传言递信，弄银钱饮食的。(《跻春台·血染衣》)

闻子进了州城，跌跌颠颠携杖赶去，寻着国昌，喊曰："儿呀，亏你忍心在此，那知为父受的苦楚，快快随我回去，免得你妈望念。"(《跻春台·巧报应》)

僧那时只骇得三魂不定，<u>开山门急忙忙跑下山林</u>。(《跻春台·南乡井》)

因见彭氏美貌，有心偷香，<u>时常借故来家与彭氏言谈</u>。(《跻春台·双血衣》)

他妻胡氏，系先年父母所定，貌虽丑陋性极孝顺，<u>每每暗拿酒食事奉翁姑</u>，不致冻饿。(《跻春台·审豺狼》)

至十五日，<u>押起学儒亲身到馆房中细看</u>，见桌下放有石块垫足，就馆歇宿。(《跻春台·假先生》)

上述《跻春台》连动式的用例中，状语成分既有副词"每""每每""暗""不如""一路""也""不""反""专""时常""亲身"等，也有形容词及形容词重叠式"辛苦""细""跌跌颠颠"，数量短语"一人"，介宾短语"与我""与人""到东篱""到州""到馆房中""借故"等。相对《儿女英雄传》连动式而言，《跻春台》连动式中未出现由比况短语、状中短语和动宾短语充当状语成分的用例。

（2）补语成分

①《儿女英雄传》连动式中的补语成分

通过分析梳理，我们发现，《儿女英雄传》连动式中补语的构成成分可以由形容词和动词等谓语性词语、数量短语、介宾短语、状中短语、主谓短语等充当。另外，《儿女英雄传》中也出现了动词反复体补充说明动作状态的用例。具体用例情况如下。

一是形容词和动词等谓词性词语充当补语成分。

才要问话，听得头门炮响，钦差早已到门，<u>连忙开暖阁迎了出来</u>。(《儿女英雄传》第 13 回)

褚一官一面答应，便同华忠等<u>把桌子擦抹干净出去</u>。(《儿女英雄传》第 21 回)

二是数量短语充当补语成分。

那华忠<u>应了一声进来</u>，只见他脸上发青，摸了摸，手足冰冷，连说话都没些气力。(《儿女英雄传》第 3 回)

五年前后，我从京里保镖往下路去，我们同行有个金振声，他从南省保镖往上路来，对头走到牦牛山，他的镖货被人吃了去了，是我路见不平，<u>赶上那厮打了一鞭</u>，夺回原物。(《儿女英雄传》第 15 回)

戴勤才要上前叫门，老爷连忙拦住，自己<u>上前，把那门轻敲了两下</u>。(《儿女英雄传》第 14 回)

<u>进门朝灵前拜了几拜</u>，便过来见姑娘，哭眼抹泪的说了半天，大意是谢姑娘从前的恩情，道姑娘现在的烦恼。(《儿女英雄传》第 21 回)

三是介宾短语充当补语成分。

那和尚更不答话，把他推推搡搡推到廊下，只把这只胳脖往厅柱上一搭，又把那只胳脖也拉过来，<u>交代在一只手里攥住</u>，腾出自己那

只手来，在僧衣里抽出一根麻绳来，十字八道把公子的手捆上。(《儿女英雄传》第 5 回)

顾先生笑了一笑，也<u>拣了一根短些的拿在手里</u>。(《儿女英雄传》第 18 回)

公子才走过桥，又见桥边一个老头子，守着一个筐子，叼着根短烟袋，<u>蹲在河边在那里洗菜</u>。(《儿女英雄传》第 14 回)

四是状中短语充当补语成分。

说的大家大笑，他自己<u>也不禁伏在安太太怀里吃吃的笑个不住</u>。(《儿女英雄传》第 20 回)

<u>三个人吃得一饱回来</u>，晚间便是舅太太请过去。(《儿女英雄传》第 32 回)

<u>公子被舅母紧拉着一只手说个不了</u>，只得一手着地，答应着行了礼。(《儿女英雄传》第 37 回)

五是动词反复体补充说明动作状态。

他见那姑娘催得紧急，便蹲在那排插的角落里，把裤子拧干，<u>拉起衬衣裳的夹袄来擦了擦手</u>，跳下炕来。(《儿女英雄传》第 8 回)

这个当儿，张进宝早提着根捧槌般粗细的马鞭子，<u>吆吆喝喝进来</u>，先说道："拿只管拿，别伤他！"(《儿女英雄传》第 31 回)

六是主谓短语充当补语成分。

<u>如今他跟着他师父弄得家成业就</u>，上年他还捎了书子来，教我们两口子带了随缘儿告假出去，脱了这个奴才坯子，他们养我的老。(《儿女英雄传》第 3 回)

②《跻春台》连动式中的补语成分

通过分析梳理，我们发现，《跻春台》连动式中补语的构成成分可以由形容词和动词等谓语性词语、形容词重叠式、数量短语、介宾短语、状中短语、动宾短语、主谓短语等充当。另外，《跻春台》中也出现了动词反复体补充说明动作状态的用例。具体用例情况如下。

一是形容词和动词等谓语性词语充当补语成分。

<u>二公婆一见气破肚</u>，诬告我奸情毒丈夫。(《跻春台·审烟枪》)

素娥又拿石打去，魏恐丢命，顾不得疼痛，<u>爬起急回</u>。(《跻春台·活无常》)

<u>吃醉了偏偏出房去</u>，奴的夫关门理床铺。(《跻春台·审烟枪》)

我听喊往救，<u>行快撞息灯光</u>，绊物跌地，被血污衣，亲翁不要乱说。(《跻春台·审禾苗》)

乔与狼拔去朽臭，<u>又衔泉水与他洗净脓汁</u>，然后与他敷药。(《跻春台·审豺狼》)

二是形容词重叠式充当补语成分。

却说孙子良候至二更，<u>收拾得苏苏气气来到倪家</u>，从户侧翻进去，过了毛厕，方转屋角，一溜跌地。(《跻春台·双血衣》)

三是数量短语充当补语成分。

<u>夫离家七八载未回原郡</u>，二叔叔苦逼奴另嫁高门。(《跻春台·十年鸡》)

忠傍岸闲游，忽见螺蛳数十堆在沙滩旋舞，游行甚快，<u>旋了一阵皆下河去</u>，所旋之迹犹字一样。(《跻春台·螺旋诗》)

美佳人他还来护驾，<u>一足去踢他一扑扒</u>。(《跻春台·螺旋诗》)

这样不受人抬举，<u>翻身踢你妈一足</u>。(《跻春台·南山井》)

到冬天抢铺盖又藏草帘，<u>乱谷草睡不热冻做一团</u>。(《跻春台·十年鸡》)

四是介宾短语充当补语成分。

次日，段老陕想，今天陈卖饼该也回家了，去看见门大开，喊不应声，望内无人，谅何大嫂出外去了，<u>随手拿个小凳坐于门边</u>，装袋叶子烟吃。(《跻春台·蜂伸冤》)

其人会意曰："我来吃酒，<u>天黑寻门误跌在此</u>，被他捉住。"(《跻春台·吃得亏》)

出场来黑区区桩子不稳，<u>平安桥绊一物跌在埃尘</u>。(《跻春台·捉南风》)

拾鹊来看，打断翅足，<u>拿回饲以米粟</u>。(《跻春台·血染衣》)

五是状中短语充当补语成分。

<u>史老儿见首饰起心不正</u>，假说他儿不在白肉生疗。(《跻春台·审豺狼》)

况小女受舅恩报春未尽，说毒害天地间那有此情？(《跻春台·活无常》)

儿也未有遇神，适才见一老姆，授儿红丸一粒，<u>吃下吐痰不止</u>，吐出一身冷汗，但着精神爽快，妈呀，你儿到如今心内开窍，不像从

前了。(《跻春台·失新郎》)

六是动宾短语充当补语成分。

　　事非偶然，那日我公子亦在看会，得见令媳一面，回家思念成病。(《跻春台·万花村》)

　　又想姨娘生来，少无父母，见弃哥嫂，家业凋零，孤苦无靠，我妈怜念，带回家来抚养成人。(《跻春台·节寿坊》)

七是动词反复体补充说明动作状态。

　　忧气伤肝得病恙，拖来拖去入膏肓，你儿无钱来调养，一朝撒手往西方。(《跻春台·双金钏》)

　　陈氏听得哭哭啼啼，忙请镇远吃饭，陪着一爬一跌，前去找寻。(《跻春台·义虎祠》)

八是补语标记"得"后带主谓短语充当补语成分。

　　听此言骇得我神魂不定，为甚么说我是合伙同盟。(《跻春台·万花村》)

　　放火上拷得泡子鼓，栽枪上放在口内呼。(《跻春台·审烟枪》)

　　从补语成分的构成类别来看，《儿女英雄传》和《跻春台》连动式中的补语成分类别均丰富多样，这与清代汉语动补式发展成熟相关，在动词补语的类别上已呈现复杂多样的面貌。

　　在补语的构成成分方面，《儿女英雄传》连动式和《跻春台》连动式中都出现了由形容词、动词、数量短语、介宾短语、状中短语、动宾短语和主谓短语等充当补语成分的用例，也都出现了动词反复体表动作状态的用例。

　　在补语类别的分布状态方面，《儿女英雄传》和《跻春台》连动式中补语类别的分布情况存在着明显差异。《儿女英雄传》和《跻春台》连动式中，出现最多的补语成分均为形容词和动词等谓语性词语，状中短语、动宾短语和主谓短语充当补语成分的用例均不多。但在介宾短语充当补语的出现频率上，《儿女英雄传》连动式要明显高于《跻春台》连动式。经过统计，我们发现，《儿女英雄传》由2个连动项连用构成的836例连动式中，由介宾短语充当补语成分的用例共73例，而《跻春台》由2个连动项连用构成的4205例连动式中，由介宾短语充当补语成分的用例仅29例。从补语类别的分布情况来看，《儿女英雄传》连动式中，由复杂成分充当补语的用例更多，显示出更为成熟的分布态势。

(三) 地域特色表现

1. 连动共宾句式

我们发现，《儿女英雄传》中存在少量连动共宾句式，但《跻春台》中没有这类句式。

后来遇着施世纶施按院放了漕运总督，收了无数的绿林好汉，<u>查拿海寇</u>，这几个人既在水面上安身不牢，又不肯改邪归正，跟随施按院，便改了旱路营生。(《儿女英雄传》第 21 回)

这部《儿女英雄传》却从来不着这等污秽笔墨，<u>只替他两个点窜删改了前人两联旧句</u>：安公子这边是"除却金丹不羡仙，曾经玉液难为水"；珍姑娘那边便是"但能容妾消魂日，便算逢郎未娶时"，如斯而已。(《儿女英雄传》第 40 回)

上述例句中，"查拿海寇"中的"海寇"同时充当动词"查"和"拿"的宾语成分，"点窜删改了前人两联旧句"中的"前人两联旧句"同时充当动词"点窜"和"删改"的宾语成分。

2. "V 有"句式

《跻春台》连动式中出现了"V 有"句式，但《儿女英雄传》中未出现这类特殊连动式。

"V 有"句式指的是动词和宾语之间带"有"字的句子形式，如：

前夫<u>带有四百多银</u>回家，妻恐叔父陷害，窖在屋角。(《跻春台·十年鸡》)

此时前官交卸，新官蔡公接任，田、姚二家与杜青云都<u>递有呈诉</u>冤。(《跻春台·南乡井》)

<u>挣得有钱</u>不当数，拿去也者与之乎。(《跻春台·巧报应》)

且说江正宗有个老表，下力出身，<u>挣得有八百多串钱</u>安家，生得极丑，想要接亲。(《跻春台·平分银》)

上述例句中，"有"不具有实义，删除后不影响语义表达。

三、明清时期南北官话连动式的总体比较

总体而言，明清汉语连动式的发展均已较为成熟，主要体现在：出现了各类结构形式，形式丰富，数量较多；由 3 个或 4 个等多个连动项构成的连动式均

已出现，出现了大量由 3 个连动项构成的连动式；均出现了连动式与其他句式搭配使用的情况。

相较而言，明清时期北方官话连动式较南方官话连动式发展更为成熟，主要体现在结构形式和构成成分两个方面。在结构形式方面，北方官话连动式的结构形式类别更多，且更为复杂；连动式中多个状语连用的用例更多，状语成分修饰整个连动式的情况更为普遍。在构成成分方面，北方官话连动式中的状语成分更为复杂多样，南方官话连动式中的状语成分相对显得单一一些。北方官话连动式和南方官话连动式中的补语成分均复杂多样，但在分布态势上，北方官话连动式中由复杂成分充当补语的用例更多，显示出更为成熟的分布态势。

在地域特色方面，北方官话中还存在着少量连动共宾句式，南方官话中未发现这类句式；南方官话中出现了"V 有"句式，北方官话中未发现这类用例。

第二节　明清汉语连动式的时代特征

通过与魏兆晖（2008）等人的研究进行对比，我们发现，相较于上古时期和中古时期的汉语连动式，明清汉语连动式在表达上更加精密化。这主要体现在两个方面：一是句法结构的复杂化；二是连动共宾句式的衰落。

一、句法结构的复杂化

句法结构的复杂化主要表现为附加成分的增加和附加成分的复杂化。

第一，附加成分的增加。上古汉语连动式的附加成分较为单一，中古时期汉语连动式的附加成分开始变得多样，在数量和类别上都有明显提升。相对于上古时期和中古时期汉语连动式而言，明清汉语连动式中动词出现附加成分的用例明显增加，多个附加成分连用的情况更多，多种不同类别的附加成分共现的用例更多。

第二，附加成分的复杂化。这不仅体现为宾语的复杂化，还体现为状语和补语的复杂化。明清汉语连动式中出现了大量定中短语充当宾语的用例，且不乏定语较为复杂的用例。连动式中的状语成分不仅可以由形容词、动词、副词、数词、拟声词等充当，还可以由数量短语、数量重叠式、介宾短语、动宾短语、状中短语充当，甚至出现了定中短语和动宾短语联合式充当状语的情况；补语成分不仅可以由形容词、动词充当，还可以由形容词和动词重叠式、数量短语、介宾短语、状中短语、动宾短语等充当，甚至出现了主谓短语充当补语成分的情况。

二、连动共宾句式的衰落

"X_1+X_2+O"这类连动共宾句式在《金瓶梅词话》中出现了13例,在《儿女英雄传》中仅出现2例。萧红(2006)研究表明,从上古汉语到近代汉语,这类连动共宾句式的用例一直在不断减少。上古时期,汉语中这类结构的用例较多,到了中古时期,这类结构总体已呈没落之势,中古以后,这类结构部分与动补结构或处置式合流,近代汉语句式的复杂化又对该结构带来了不利影响,使得该结构更加趋向衰落。

萧红(2006)认为,这一结构的衰落可能与这类连动共宾句式部分与动补结构合流以及"词汇化"相关,还可能与认知有关。连动共宾句式的表述方式是对动作过程的进一步概括,不是边想边说类的口语表达方式。在连动共宾句式中,V_1、V_2连用,限制了修饰性成分的出现,不利于语言的精密化表达,限制了其句式发展,没能适应句法发展的趋势,且V_1、V_2容易被误认为一个整体,结构不太稳定。上述原因综合导致了其在实际使用中走向衰落。

第三节 明清汉语连动式的类型学特征

通过对语料进行分析考察,结合前人的研究成果,我们可以发现明清汉语连动式既存在自身的个性特征,也存在跨语言的共性特征。

一、明清汉语连动式的个性特征

1. 明清汉语连动式中的动词不一定具有相同的时态取值

对于现代汉语连动式中时和体的情况,刘丹青进行了考察,并提出现代汉语连动式对时态的单一性限制很明显,而对体的单一性限制基本不存在。需要注意的是,对于这一条,类型学家 Aikhenvald 和 Dixon 的看法有所差异,他们提出,连动式的特征是几个动词只有一个时态、一个体、一个极性赋值(要么肯定,要么否定)。也就是说,连动式除了共享时以外,还共享相同的体貌。对此,刘丹青进行过解释:时间是更外部的框架,作用于事件整体,而体是事件内部的过程关照,作用于其中的微事件。通过对明清汉语连动式进行考察,我们发现,明清汉语连动式中的动词通常具有相同的时态取值,但也有少数连动式中的动词具有不同的时态取值。

(a) 常时节道:"我方走了热剌剌的,<u>正待打开衣带扇扇扇子</u>,又

要下棋？也罢么，待我胡乱下局罢。"（《金瓶梅词话》第54回）

(b) 西门庆道："明日叫媒人，即时与我拉出去卖了！"（《金瓶梅词话》第44回）

(c) 因望着金莲说："昨日王妈妈来说何九那兄弟，今日我已开除来放了。"（《金瓶梅词话》第76回）

(d) 才待解开衫儿抱这孩子，奶子如意儿就说："五娘休抱哥哥，只怕一时撒了尿在五娘身上。"（《金瓶梅词话》第32回）

(e) 那两个那有心想坐，只待出去与李三、黄四分中人钱了，假意说有别的事，急急的别去了。（《金瓶梅词话》第53回）

(f) 于是二人连忙将银往各处置了布匹，装在扬州苗青家安下，待货物买完起身。（《金瓶梅词话》第81回）

(g) 前日上坟遇着单武，还受了许多狗气，我仔细想来，或者是包得串通盗贼咬扳，也未可知。（《跻春台·万花村》）

上述例句中，连动式中的动词或动词短语均受同一个时间修饰语的修饰，具有相同的时态取值。如例（a）连动式中的动词短语均受时间修饰语"正""待"修饰；例（b）连动式中的动词短语均受时间修饰语"即时"修饰；例（c）连动式中的动词短语均受时间修饰语"今日""已"修饰；例（d）连动式中的动词短语均受时间修饰语"才待"修饰；例（e）连动式中的动词短语均受时间修饰语"只待"修饰；例（f）连动式中的动词短语均受时间修饰语"待"修饰；例（g）连动式中的动词短语均受时间修饰语"前日"修饰。

(h) 王八见无人，尽力向我手上捻了一下，吃的醉醉的，看着我嗤嗤待笑。（《金瓶梅词话》第22回）

(i) 年除岁末，渔翁忽带安童正出河口卖鱼，正撞见陈三、翁八在船上饮酒，穿着他主人衣服，上岸来买鱼。（《金瓶梅词话》第47回）

(j) 才点灯，便放下号帘，靠了包袱待睡。（《儿女英雄传》第34回）

上述例句中，连动式中的动词或动词短语具有不同的时态取值。例（h）中"待"单独修饰其后的动词"笑"，表将来时，而前面的"看着"为进行时。例（i）中"正"修饰其后的、句子中的第二个连动项"出河口"，表过去进行时。例（j）中"待"单独修饰其后的动词"睡"，表将来时，而前面的"靠了"为过去时。

上述情况的出现，一方面与时间副词的演变有关，另一方面与汉语时体表达的特殊方式有关。鉴于汉语缺乏形态上的时态范畴，我们难以测试汉语连动式各个动词的时态特征，刘丹青在对汉语连动式中的时态范畴进行考察时，也只能借助于表达时态语义的时间词语（名词、副词等）。一定的语法意义只有同一定的语法形式相结合，才能确认为语法范畴。不少学者认为汉语没有时范畴，并不等于汉语没有时的观念，不过是"时"的意义在汉语中用的是词汇手段（时间名词或副词）来表示，因为它没有和一定语法形式相结合，不应立为时范畴。众所周知，汉语是拥有体的表达方式的语言。相对其他语言来说，汉语缺乏表达时间的语法手段，而且不具有时间范畴。因而，在汉语句子中，过去时、现在时、将来时一般是不加区分的。不存在现在时和非现在时的对立，甚至像过去时与非过去时的对立这种在语言类型学研究中被确认为较普遍的现象，在汉语里也不存在。至于将来时，它既可归于时间意义，也可归入情态范畴。它可以用副词来表达，但从未成为强制性手段。

从语料考察的情况来看，大部分汉语连动式中的动词都具有相同的时态取值，仅少数连动式中的动词具有不同的时态取值。同时，我们也注意到，若将上述例句中的时间副词换成时间名词，上述例句就都不成立了。这也许与副词所表达的意义更虚有关。

2. 明清汉语连动式中的动词可以有各自单独的时间修饰语

不少类型学家都认为，连动式中的动词不会有各自单独的时间或事件位置修饰语。通过考察语料，我们发现，对于明清汉语连动式而言，动词通常不会有各自单独的时间修饰语，但也存在动词受时间修饰语单独修饰的特殊情况，如：

(a) 便把汉王的太公俘了去，<u>举火待烹</u>，却特特的着人知会他，作个挟制。（《儿女英雄传》首回）

(b) 他不觉一阵寒噤，连打了两个呵欠，一时困倦起来，支不住，<u>便伏在手下那本卷子上待睡</u>。（《儿女英雄传》第35回）

(c) 这太太因等不见喜信，<u>正在卸妆要睡</u>，听得外面喧嚷，忙叫人开了房门，出去打听。（《儿女英雄传》第1回）

(d) 只说老来免得骨髅擂，那知道，<u>遭冤待死不能把家回</u>。（《跻春台·义虎祠》）

(e) 把孽种遗腹内<u>将要生产</u>，你叫我用何计把命保全？（《跻春台·解父冤》）

(f) 一日，有邻妇来说隔壁有一孤老，得病无钱，<u>饥饿将死</u>。（《跻春台·节寿坊》）

(g) 那李良雨<u>早已沉醉要睡</u>，吕达等他先睡，竟挺进被里。（《型世言》第37回）

例（a）中，"待"单独修饰其后的动词"烹"，表过去将来时。例（b）中，连动前项"伏在手下那本卷子上"为过去进行时，连动后项中的"待"单独修饰其后的动词"睡"，表过去将来时。例（c）中，连动前项"正在卸妆"为过去进行时，连动后项中的"要"单独修饰其后的动词"睡"，表过去将来时。例（d）中，"待"单独修饰其后的动词"死"，表过去将来时。例（e）中，"将要"单独修饰其后的动词"生产"，表过去将来时。例（f）中，"将"单独修饰其后的动词"死"，表过去将来时。例（g）中，连动前项"已沉醉"为过去完成时，连动后项"要睡"中的"要"修饰其后的动词"睡"，表过去将来时。

上述例句中，连动式中的动词或动词短语都出现了受时间修饰语单独修饰的情况。从语料考察的情况来看，大部分明清汉语连动式中的动词都具有相同的时态取值，通常没有各自单独的时间修饰语，但也存在一些特殊用例，主要涉及一些时间副词和时间名词的搭配使用。这一方面与汉语时间副词的演变有关，另一方面与汉语时体表达的特殊方式有关。

3. 明清汉语连动式中，如果只有一个人称、时态、语气或否定标志，其不一定出现在边缘位置

对于连动式中出现的人称、时态、语气或否定标志等的位置问题，类型学家多有关注，Haspelmath（2016）、Aikhenvald 和 Dixon（2006）等类型学家普遍认为上述语法要素在连动式中均出现在边缘位置，即在第一个动词之前，或在最后一个动词之后。通过考察人称、时态、语气和否定标志四个要素在明清汉语连动式中的位置，我们发现，明清汉语连动式在上述要素方面均体现出自身的个性特征，具体情况如下。

（1）人称标志

在人称标志方面，在明清汉语连动式中，如果只有一个人称标志，它既可以出现在边缘位置，也可以出现在中间位置，如：

（a）开了河，你早起身往下边接船去。（《金瓶梅词话》第 79 回）

（b）公子此时只望他快些出去，连忙拿出一吊钱，掳了几十给他。（《儿女英雄传》第 4 回）

（c）王八见无人，尽力向我手上捻了一下，吃的醉醉的，看着我嗤嗤待笑。（《金瓶梅词话》第 22 回）

（d）狼送我下山来前把路引，忽来了数十狼想把我吞。（《跻春台·审豺狼》）

（e）先时在馆中，两个人把后庭拱他，到后渐渐引他去闯寡门，吃空茶。（《型世言》第 15 回）

上述例句中，例（a）中的第二人称代词"你"出现在边缘位置，位于第一

个动词前。例（b）中的第三人称代词"他"出现在边缘位置，位于第二个动词之后。另外三个例句中，人称代词均未出现在边缘位置，而是位于第一个动词之后，位于核心位置。汉语中人称代词的主格和宾格形式相同，相对英语而言，没有严格的人称一致表达法。

除了人称代词直接充当连动式中的主语或宾语成分这种情况之外，当人称代词充当连动式中介宾短语的宾语成分时，同样既可以出现在边缘位置，也可以出现在核心位置，如：

（f）玳安悄悄进来替他禀问，被西门庆喝了一声，唬的众人一溜烟走了。（《金瓶梅词话》第68回）

（g）他便跪拜号哭，为他沐浴更衣，替父充役。（《型世言》第9回）

（h）连忙起身给他道喜，说道："这实在要算个非常喜事！"（《儿女英雄传》第39回）

（i）芸娘无奈，随婆归家，靳氏把他高吊苦打，然后叫媒婆领去发卖。（《跻春台·仙人掌》）

（j）那日无吃，进城去当绵絮，闻镇远处斩，心过去不得，买几个包子与他饯行。（《跻春台·义虎祠》）

例（f）连动式"悄悄进来替他禀问"中，介宾短语"替他"充当第二个连动项的状语成分，此时人称代词"他"位于第一个动词之后、第二个动词之前，处于核心位置。例（g）连动式"为他沐浴更衣"中，介宾短语"为他"充当连动式的状语成分，此时人称代词"他"位于第一个动词之前，处于边缘位置。另外几个例句中，人称代词既有出现在边缘位置的，也有出现在核心位置的。这与汉语状语位置的灵活性有关，汉语介宾短语充当状语成分时，既可以出现在句首或句尾，也可以出现在句中，而英语中介宾短语充当状语成分时，通常出现在句首或句尾的边缘位置。

（2）时态标志

在时态标志方面，明清汉语连动式中的时态标志既可以出现在连动式中第一个动词前，也可以出现在中间位置，对此前文已有论述，因此不再赘述。

（3）语气标志

在语气标志方面，汉语的语气表达方式丰富多样，在明清汉语连动式中，如果只有一个语气标志，它既可以出现在边缘位置，也可以出现在中间位置。

徐晶凝（2000）指出，在汉语中，语气在语音层、词汇层和语法层都可以得到体现，汉语的语气表达方式主要有六种，即语调、语气助词、叹词、语气副词、句法格式、同义选择。汉语中，用句法格式表达语气主要有动词重叠、异位、追加、固定句子格式等句法形式。

如果从语气副词、语气词和动词重叠这三个方面来看明清汉语连动式中语气标志的位置问题，我们就可以发现，明清汉语连动式中语气词和语气副词通常处于边缘位置，但动词重叠表语气则位于连动式的核心位置。语气词一般位于连动式末尾，语气副词一般位于连动式前部，如：

（a）西门庆道："既如此，<u>你快拿个灯笼接去罢</u>。"（《金瓶梅词话》第 34 回）

（b）知县喝道："你既娶下娼妇，<u>如何又问他要饭吃</u>？尤说不通。"（《金瓶梅词话》第 92 回）

（c）刘婆子看了，说："哥儿着了些惊气入肚，又路上撞见五道将军。不打紧，<u>烧些纸儿退送退送</u>，就好了。"（《金瓶梅词话》第 48 回）

例（a）中，语气词"罢"位于句尾边缘位置。例（b）中，疑问语气副词"如何"位于小句边缘位置。例（c）中，动词重叠式"退送退送"则位于连动式的核心位置。

英语以动词为中心进行语气表达，英语的语气表达与时体等语法范畴结合紧密，而汉语的语气与动词时体的关系不大。从汉语语气表达方式和语气系统来看，汉语的语气表达并不以动词为中心，汉语的语气不通过动词变形来表示。汉语的语气属于整个小句，与动词的时体关联不大，语气标志不一定出现在边缘位置。明清汉语连动式也不例外。

（4）否定标志

在否定标志方面，明清汉语连动式的个性特征非常明显。明清汉语连动式的否定标志不一定出现在边缘位置，它既可以出现在连动式中第一个动词前，也可以出现在中间位置，且两种情况都很普遍，如：

（a）奴才正告诉他这个梦，只听得外面好像人马喧阗的声儿，又像鼓乐吹打的声儿，只恨那时胆子小，<u>不曾出去看看</u>。（《儿女英雄传》第 20 回）

（b）王婆只推不看见，只顾在茶局子内搧火，<u>不出来问茶</u>。（《金瓶梅词话》第 2 回）

（c）<u>今生尤不回头看</u>，来生定要受熬煎。（《跻春台·阴阳帽》）

（d）小玉到上房回大娘，只说："蹩身子去了，<u>衣服都留下没与他</u>。"（《金瓶梅词话》第 85 回）

（e）又兼之舅娘得重病，<u>民因此久住未回程</u>。（《跻春台·螺旋诗》）

（f）反至到省，那夜歇在栈房，<u>次早起来不见红衣</u>，解差大骇，四处寻找，满店清问，行李俱在，惟有红衣失去。（《跻春台·审烟枪》）

上述例句中，前面三个例句中连动式的否定标志都出现在边缘位置，后面三个例句中连动式的否定标志并没有出现在边缘位置，而是出现在中间位置。

至于否定的句法位置这一特性，是 Haspelmath 基于将否定作为小句的判定标准而提出的，但通过前文中的分析，我们知道，这一标准并不适用于明清汉语连动式。因而否定词在汉语连动式中并不一定处于边缘位置，是相应的句法表现。

二、明清汉语连动式的跨语言共性特征

已有研究显示，世界上大概有 1/3 的语言中存在连动式这种结构类型。语言类型学是通过跨语言比较的方法归纳语言共性的语言流派。在连动式的研究中，类型学家提供了单一语言研究所忽略的众多特点和连动型语言的类型共性，为我们进一步深入认识汉语连动式提供了深厚的研究基础。

通过对明清时期的语料进行考察分析，我们发现明清汉语连动式也表现出一些跨语言的共性特征，主要体现在以下几个方面。

1. 所有的连动式在语调上都位于同一语调曲拱中

这条共性最早由 Aikhenvald 和 Dixon（2006）提出，许多学者也进行过阐释。对于这一条共性在汉语连动式中的表现情况，刘丹青曾进行过进一步考察，并指出，在汉语连动式中，在韵律上，连动式的语调特征与单句一致；连动式中的几个 VP 之间都不能有停顿，这保证整句的语调可以贯穿而过；一有停顿，就会割断连动式内部的句法关系和语义关系。连动式中每个 VP 所表达的微事件都无法脱离其他动词而存在。一旦有停顿，其中各 VP 之间的关系不再是必然的，也可以有其他的另类解读。通过分析语料，我们发现明清汉语连动式也具有这一特征，如：

少顷，老虔婆扶拐而出，向西门庆见毕礼，数说道："老身又不曾怠慢了姐夫，如何一向不进来看看姐姐儿！"（《金瓶梅词话》第 15 回）

上例连动式"如何一向不进来看看姐姐儿"中，"进来看看姐姐儿"为一个语调曲拱，如果割裂开来，则会产生其他的语义解读，如"如何一向不进来"（进来不一定是为了看姐姐儿），或者"如何一向不看看姐姐儿"（看姐姐儿未必要进去才能看）。

2. 如果连动式表达因果关系或事件先后顺序，两个动词呈现出时态象似性，即表示原因的动词位于表示结果的动词之前，先发生事件的动词位于后发生事件的动词之前

这条共性是连动式的显著共性特征。对此，前人多有论述。连动式符合时

间象似性原则，动词的排列顺序在多个层面上呈现出时间先后关系。这一特性体现出连动式遵循时间象似性原则，明清汉语连动式也不例外，如：

(a) 玳安<u>进到房里去话了一声</u>，就<u>掌灯出来回报</u>。(《金瓶梅词话》第 54 回)

(b) 命人掀开石看，<u>都怕蜂不去</u>。(《跻春台·蜂伸冤》)

上述两例中，连动式分别表达事件先后顺序和因果关系，动词之间均呈现出时间象似性。先发生事件的动词短语"进到房里去""掌灯"位于后发生事件动词短语"话了一声""出来""回报"之前。表示原因的动词短语"怕蜂"位于表示结果的动词短语"不去"前。

3. 在连动式中，所有的动词共享至少一个论元，所有带连动式的语种都具有"共享主语的连动式"这种类型，也可能有其他类型

所谓论元共享，是指连动式几个动词（谓词）拥有共同的论元，该论元只在句中出现一次，即句法上只加于一个动词。在针对非洲语言的研究中，生成语法学派的学者将连动式的范围限定得很窄，认为连动式中两个动词必须共享域内论元。例如，非洲语言埃维（Ewe）语中的结果类连动结构和先后类连动结构均为域内论元共享。Aikhenvald 和 Dixon（2006）在其研究中指出，共享主语的连动式在任何连动型语言中都是主要类型。

明清汉语连动式中，所有的动词至少共享主语论元，与此同时，还可以共享宾语论元。相对而言，连动式中主语论元的共享更为常见，宾语这类域内论元的共享不具有强制性，如：

(a) 永乐爷大恼，在城外筑起高坝，<u>引济水浸灌城中</u>。(《型世言》第 1 回)

(b) 张老也拈了香磕了头，到了亲家太太了，磕着头，便有些话白儿，只听不出他嘴里咕噜的是甚么。(《儿女英雄传》第 21 回)

(c) 四个人猜拳行令，吃个热闹，扯住了<u>妙智的耳朵灌</u>，捏住了法明的鼻头要他吃。插科打诨，都尽开怀。(《型世言》第 29 回)

(d) 武大不觉又寻紫石街西王皇亲房子，<u>赁内外两间居住</u>，依旧卖炊饼。(《金瓶梅词话》第 1 回)

上述例句中，例（a）、例（b）分别共享主语论元"永乐爷""张老"，例（c）在共享主语论元"四个人"的同时，也共享宾语论元"妙智的耳朵"。例（d）在共享主语论元"武大"的同时，也共享宾语论元"内外两间（房）"。

4. 连动式中的动词不会有各自单独的事件位置修饰语

汉语连动式中的动词不会有各自单独的事件位置修饰语，在现代汉语层面，

刘丹青已进行过相关研究。通过分析语料，我们发现，明清汉语连动式也具有这一特征，如：

(a) 如今老爷亲家，户部侍郎韩爷题准事例，<u>在陕西等三边开引种盐</u>，各府州郡县，设立义仓，官籴粮米。（《金瓶梅词话》第 48 回）

(b) 因令左右掌起灯来，<u>厅上揭开纸被观看</u>，手掐丑更，说道："正当五更二点彻，还属丑时断气。"（《金瓶梅词话》第 62 回）

(c) 喜得无人，身子困倦，<u>便在松树下枕了块石头睡去</u>。（《型世言》第 17 回）

(d) 说着，自己梳洗已毕，忙穿好了衣服，先设了香案，<u>在天地前上香磕头</u>，又到佛堂、祠堂行过了礼，然后内外家人都来叩喜。（《儿女英雄传》第 1 回）

(e) 想到伤心之处，拜了爹妈养育之恩，<u>就在路旁大树下解带自缢</u>。（《跻春台·十年鸡》）

上述例句中，连动式中的动词均共享相同的事件位置修饰语。如例（a）连动式"在陕西等三边开引种盐"中，"开引种盐"共享相同的事件位置修饰语"在陕西等三边"。

5. 连动式不能带两个不同的施事，即当连动式的动词共享非施事角色时，施事角色也必须被共享

在明清汉语连动式中，除了共享施事角色之外，受事、工具等角色也可以被共享，如：

(a) <u>那鸡鹅嗄饭割切安排停当</u>，用盘碟盛了果品之类，都摆在房中。（《金瓶梅词话》第 6 回）

(b) 镇远饭后拿进城去，湿称二两，卖钱十四串，即与陈氏办了一套衣服，铺笼帐被、油盐柴米，去钱六串，<u>余钱挑回交与陈氏</u>。（《跻春台·义虎祠》）

(c) <u>尺头每样拿几件去瞧一瞧</u>，中意了便好兑银。（《型世言》第 5 回）

(d) 正吃得热闹，只见书童抢进来，到西门庆身边，附耳低言道："六娘身子不好的紧，快请爹回来，<u>马也备在门外接了</u>。"（《金瓶梅词话》第 54 回）

(e) 路旁有一古坟，<u>官轿转弯前行</u>，从古坟上过，忽然踩崩。（《跻春台·双血衣》）

例（a）、例（b）、例（c）中，"那鸡鹅嗄饭""余钱""尺头"作为受事角

色被共享的同时，施事角色也被共享。例（d）中，"马"作为工具角色被共享的同时，施事角色也被共享。例（e）中，"官轿"作为工具角色被共享的同时，施事角色"抬官轿的人"也被共享。

　　从类型学的视角来看，连动型语言具有某些共同的跨语言特征。通过考察明清汉语连动式的实际使用情况，我们发现明清汉语连动式既存在自身的个性特征，也存在跨语言的共性特征。在个性特征方面，明清汉语连动式具有以下特征：明清汉语连动式中的动词不一定具有相同的时态取值；动词可以有各自单独的时间修饰语；如果只出现一个人称、时态、语气和否定标志，其既可以在边缘位置，也可以在核心位置。在共性特征方面，明清汉语连动式具有世界连动型语言的以下特征：动词在语调上都位于同一语调曲拱中；如果连动式表达因果关系或事件先后顺序，两个动词呈现出时态象似性；动词共享至少一个论元，不仅具有"共享主语的连动式"这种类型，还具有其他类型；连动式中的动词不会有各自单独的事件位置修饰语；连动式不能带两个不同的施事，当连动式的动词共享非施事角色时，施事角色也必须被共享。

第八章
明清汉语连动式的历时演变及其动因机制

第一节 明清汉语连动式的历时演变及发展趋势

一、由复杂句向单动词句的演变

汉语连动式在语法形式上表现为两个或多个本来独立的小句,合并为一个带有一套语法关系的单一小句,例如:

(a) 师还,馆于虞,遂袭虞,灭之。(《左传·僖公五年》)
(b) 还,袭灭虞。(《史记·晋世家》)

例(a)和例(b)是对同一个复杂事件(晋侯攻打虞国并将其消灭)的描述。《左传》中用的是两个独立的小句,而《史记》中用的是连动式。这表明连动式能将几个在内容上相关的小句整合为一个小句。

根据魏兆惠(2008)的研究,在上古时期,汉语中存在着大量由"而""以"等连词构成的连动句式,如:

(c) 昭王南征而不复,寡人是问。(《左传》僖公四年)
(d) 纳而不定,废而不立,以德为怨,秦不其然。(《左传》僖公十五年)
(e) 臣闻命矣,伏剑而死。(《左传》僖公十年)
(f) 皆超乘,抽弓而射。(《左传》襄公二十四年)
(g) 齐侯登巫山以望晋师。(《左传》襄公十八年)

连词"而""以"在句中可以表达各类语义关系,除了表承接关系外,还可以表并列、递进、转折、因果等各类语义关系。例如，在例（c）、例（d）中，"而"表转折关系；在例（e）中，"而"表因果关系；在例（f）、例（g）中，"而""以"表承接关系。这类在古代汉语中由连词"而""以"等连接动词或动词短语构成的例句均为复句层面的连动句，而非单一小句层面的连动式。随着复句的发展，连词的进一步虚化以及句法位置的改变，连词不一定居于 V_1 和 V_2 之间，也可以位于句首，更清晰地表达语义关系，因而连词位于连动式中的情况越来越少。随着谓词性连词"而"的消亡，由连词构成的连动句也逐渐式微，由动词或动词短语直接连用构成的连动式的单小句结构性质也凸显出来。

以往的研究表明，汉语中的动补式、部分状中式、动宾目的式、把字句、被字句以及体标记"了""着"等均直接来源于连动式。介词在连动式的句法环境中经历语法化的过程从动词演变而来，这在殷商甲骨文时期就已经开始了。动补式可分为动趋式和动结式，在两汉时期，从形式上可辨别的这两类句法形式就已经从连动式中衍生出来了。体标记在连动式的句法环境中经历语法化的过程从动词演变而来，产生于近代汉语时期。汉语中的动宾目的式也由连动式直接构造而来（丁健，2016）。当连动式中的两个连动项之间具有方式或目的的语义关系时，通过概念整合的机制，连动式整合而成为动宾目的式。如"考试当公务员"简化为"考公务员"。在明清时期，我们也发现了这类用例：

（h）说着，自己梳洗已毕，忙穿好了衣服，先设了香案，在天地前上香磕头，又到祠堂、佛堂行过了礼，然后内外家人都来叩喜。（《儿女英雄传》第 1 回）

（i）这句话一传下去，那些男女大小家人便都凑齐了上来给老爷、太太、爷、奶奶叩喜。（《儿女英雄传》第 40 回）

上述两例中，"叩喜"为"叩头表示恭喜"的简化表达形式。

从句法形式来看，上述各类句法演变过程均体现了汉语由两个独立动词连用构成的连动式演变为由一个独立动词构成的单动词结构的过程。这一演变过程如图 8-1 所示。

两（多）个小句——→连动式——→单动词句

图 8-1 汉语由小句向单动词句的演变

动补式、由介词短语构成的状中式、动宾目的式、把字句、被字句以及体标记"了""着"与动词构成的动词短语均为由连动式整合而来的单动词句。相对于单动词句而言，连动式仍是一个复杂的结构。

二、汉语连动式的进一步语法化

汉语连动式可以通过语法化演变为其他类别的句法结构，在其自身的发展过程中，汉语连动式也同样经历着语法化过程，主要体现在句法功能方面。

据魏兆惠（2008）的研究，在上古时期，汉语连动式的语法功能比较单一，连动式主要充当句子的谓语，偶尔可以充当谓语的一部分，如：

(a) 伻<u>来以图</u>，及献卜。（《尚书·洛诰》）

(b) 二公命邦人凡大木所偃，<u>尽起而筑之</u>。（《尚书·洛诰》）

上例中，"伻"，《尔雅·释诂》解释为"使也"。连动式"来以图"和"尽起而筑之"均为祈使动词"伻"和"命"的宾语。

在明清时期的汉语中，连动式除了用作谓语，还有其他多种语法功能。不仅可以充当主语、宾语、定语、补语、状语等各类句法成分，还可以充当介宾短语中的宾语以及宾语、主语等句法成分的构成成分，甚至进一步语法化为名词性短语的中心语成分和介宾短语中宾语的构成成分。下面逐一进行举例说明。

1. 充当主语

(a) 老爷道："管他，横竖我是个局外人，于我无干，<u>去瞎费这心</u>猜他作甚么！"（《儿女英雄传》第13回）

(b) 所以<u>今日晌午我在悦来店出去走那一逛</u>，就是为此。（《儿女英雄传》第9回）

(c) 半日说道："那没时运的人儿，丢在这冷屋里，随我自生儿由活的，<u>又来揪采我</u>怎的？没的空费了你这个心，留着别处使。"（《金瓶梅词话》第38回）

上述例句中，"去瞎费这心猜他""今日晌午我在悦来店出去走那一逛"和"又来揪采我"均充当句子的主语成分。

2. 充当主语的构成成分

<u>右边吊帘子看戏的</u>，是春梅、玉箫、兰香、迎春、小玉，都挤着观看。（《金瓶梅词话》第63回）

上述例句中，"右边吊帘子看戏的"是小句充当主语，其中"吊帘子看戏"充当主语小句中的定语成分。

3. 充当宾语

(a) 这缺本是个工段最简的冷静地方，<u>又恰巧轮到安老爷署事到班</u>，便下劄悬牌，委了安老爷前往署事。（《儿女英雄传》第2回）

(b) 今被杨大郎这天杀的，<u>把我货物不知拐的往那里去了</u>。（《金瓶梅词话》第92回）

上述例句中，例（a）中"安老爷署事到班"为谓语"轮到"的宾语补足语小句。例（b）中"拐的往那里去了"为谓词"知"的宾语补足语小句。

4. 充当宾语的构成成分

又有那些拜从看文章的门生，跟着送引见，见老爷走了这途，转觉得依依不舍。（《儿女英雄传》第 1 回）

上述例句中，"那些拜从看文章的门生"是谓语"有"的宾语补足语小句，"拜从看文章"又充当宾语补足语小句中的定语成分。

5. 充当介宾短语中的宾语

（a）姑娘只当还照昨日一样走法，及至同舅太太坐车出来一看，但见大杠鲜明，鼓乐齐备，全分的二品执事，摆得队伍整齐，旗幡招展。（《儿女英雄传》第 23 回）

（b）原来潘金莲自从当家管理银钱，另顶了一把新等子。（《金瓶梅词话》第 77 回）

例（a）中"同舅太太坐车出来一看"充当介宾短语"及至同舅太太坐车出来一看"中的宾语成分。例（b）中"当家管理银钱"充当介宾短语"自从当家管理银钱"中的宾语成分。

6. 充当定语

每日龙纹、绿绮去伏侍他，一日他故意把被丢在床下，绿绮钻进去拾时，被他按住。（《型世言》第 28 回）

上述例句中，"钻进去拾"充当小句的定语成分。

7. 充当补语

（a）这其间弄得个作媒的，在那一头儿，把弓儿拉满了，在这一头儿，可把钉子碰着了，自然就不能不闹到扬眉裂眦拔刀相向起来。（《儿女英雄传》第 10 回）

（b）那张金凤更哭的哽噎难言，忍泪向十三妹说道："姐姐，你我此一别，不知几时再得见面？"（《儿女英雄传》第 10 回）

（c）如今那位官太太落得自家找了个饭店住着。（《儿女英雄传》第 12 回）

（d）把个谈尔音慌得上前扶住，说道："水心先生，我谈尔音具有人心，苟非事到万难，万不敢靦颜来见。"（《儿女英雄传》第 39 回）

(e) 哄得他低头瞧，提着鞋拽巴兜脸就是几鞋底子，打的秋菊嘴唇都破了，只顾揾着搭血。(《金瓶梅词话》第 58 回)

明清时期，出现了大量连动短语充当补语成分的用例。上述例句中，例(a)"扬眉裂眦拔刀相向起来"充当谓语"闹"的补语成分；例(b)"哽噎难言"充当谓语"哭"的补语成分；例(c)"自家找了个饭店住着"充当谓语"落"的补语成分；例(d)"上前扶住"充当谓语"慌"的补语成分；例(e)"低头瞧"充当谓语"哄"的补语成分。

8. 充当状语

公子一时觉得说的忘情，扯脖子带脸，臊了个绯红。(《儿女英雄传》第 13 回)

上述例句中，"扯脖子带脸"为比况短语，充当谓语"臊"的状语成分。

9. 充当名词性短语中的中心语成分

你是个名门闺秀，也曾读过诗书，你只就史鉴上几个眼前的有名女子看去，讲孝女，如汉淳于意的女儿缇萦上书救父，郑义宗的妻子卢氏冒刃卫姑；讲贤女，如晋陶侃的母亲湛氏截发留宾，周□的母亲李氏具馔供客；讲烈女，如韩重成的女儿玖英保身投粪，张叔明的妹子陈仲妇遇贼投崖；讲节女，如五代时王凝的妻子李氏持斧断臂，季汉曹文叔的妻子引刀割鼻；讲才女，如汉班固的妻子曹大家续成《汉》史，蔡邕的女儿文姬誊写赐书；讲杰女，如韩夫人的助夫破房，木兰的代父从军，以至戴良之女练裳竹笥，梁鸿之妻裙布荆钗，也称得个贤女。(《儿女英雄传》第 25 回)

上例中，连动短语均充当名词性短语中的中心语成分。

10. 充当介宾短语中宾语的构成成分

(a) 及至见姑娘话完告退，不则一声，老爷便两眼望着太太道："太太，你听，姑娘终改不了这本来至性，你我倒枉用了这番妄想痴心。"(《儿女英雄传》第 25 回)

(b) 玉箫便道："这不是壶有了！"月娘问迎春："这壶端的在那里来？"迎春悉把琴童从外边拿到俺娘屋里收着，不知在那里来。月娘因问："琴童儿那奴才如今在那里？"(《金瓶梅词话》第 31 回)

(c) 安老爷这才把此番公子南来，十三妹在平悦来店怎的合他相逢，在黑风岗能仁寺怎的救他性命，怎的赠金联姻，怎的借弓退寇，那盗寇怎的便是方才讲的那牤牛山海马周三，他见了那张弓怎的<u>立刻备了人马护送公子安稳到淮</u>，公子又怎的在庙里落下一块宝砚，十三妹怎的应许找寻，并说送这雕弓取那宝砚，自己怎的感他情意，因此辞官亲身寻访的话，从头至尾说了一遍。(《儿女英雄传》第16回)

上述例句中，例（a）中"见姑娘话完告退"充当介词短语"及至见姑娘话完告退"的宾语成分，"话完告退"则充当"见姑娘话完告退"中的宾语成分。例（b）和例（c）中的把字句的宾语均为小句宾语，连动短语均为小句宾语的构成成分。

三、连动式由并列向主从的扩张

从明清汉语连动式的使用情况来看，在语义方面，连动式有着明显的由并列关系向主次关系发展的趋势。

从语义方面来看，明清汉语连动式内部具有"并列—主次—主从"的演变规律。肯否类表补充说明关系的连动式是连动式作为显赫范畴向并列语义域的扩展表现。这类连动式中，虽然连动项之间为平行聚合关系，但与承接类连动式不同的是，补充说明类连动式的正反两个方面在语义上互为补充加强的关系，没有主次关系及严格的相继关系，两者基本上是同时存在的状态，更接近并列关系。只是由于这类连动式中的连动项不能像并列结构一样换位，也不能加连词，因此在句法上只能属于连动式。从明清汉语连动式自身的语义类别来看，承接类连动式作为典型类别，是连动式的主体部分，体现了连动式依然拥有显赫的地位。补充说明类连动式体现了连动式向并列语义域的扩展，行为-目的类、方式类、因果类等其他语义类别的连动式中的连动项之间均存在主次关系，可以说是连动式向主从语义域的扩展。补充说明类连动式的数量要远远低于表主次关系连动式的数量，从这个角度来说，补充说明类连动式这类接近并列式的存在是汉语由并列向连动演变过程中的痕迹，而表主次关系连动式的大量存在则显示连动式内部正由连动向主从进行着演变。

第二节 明清时期汉语连动式发展的动因机制

一、经济性需求

客观世界中既有只包含一个动作的简单事件，也有包含多个动作的复杂事件。在言语层面，简单事件用一个小句来编码，而复杂事件就要用多个小句来编码。在经济性需求的驱动下，人们会尽可能地将一些相互关联但又彼此独立的事件放在一起来表达。连动式产生和发展的动因是语言运用的经济性需求。

为了满足语言运用的经济性需求，人们在语言交际中将原来是两个或多个分离的事件作为一个整合起来的完整事件进行处理，这就促发了整合机制的出现，整合机制在语法形式上表现为两个或多个本来独立的小句，合并为一个带有一套语法关系的单一小句。语言表达的这一经济性需求，在人们需要表达多个动作行为构成的一系列动作行为时，体现得尤其明显，如下列例句：

(a) 土兵起来烧汤，武二洗喇了，唤起迎儿看家，<u>带领土兵出了门</u>，在街上访问街坊邻舍："我哥哥怎的死了？"（《金瓶梅词话》第 9 回）

(b) 春梅床头上取过睡鞋来与他换了，<u>带上房门出来</u>。（《金瓶梅词话》第 51 回）

(c) 又吃了几口酒，就<u>讨温茶来漱净口</u>，睡向床上去了。（《金瓶梅词话》第 53 回）

上述例句中，对于同一施事者而言，均出现了至少 4 个动作行为，如果不采用连动式的形式，而采用复句的形式，对于每一个动作行为均用逗号加以隔开，这样的表达方式显然不符合语言运用的经济性需求。

就语表形式的总体走向而言，汉语语法结构具有趋简性，即表示同样一种语义蕴含，既可以采用可能有的全量形式，也可以采用经过减缩的简化形式。尽管在语言运用中全量形式和简化形式可以并存，但只要有可能，人们往往会使用简化形式。从全量形式到简化形式的过程，是结构趋衡的过程；其结果，是汉语的句法结构形式在总体上显现出趋简性的特点。

语义增容和形式趋简，表明汉语语法重于意而简于形。这从表里关系这个侧面，反映出汉语语法结构在语义容量上常用加法和在形式选用上常用减法的倾向。就语义蕴涵而言，汉语语法结构往往具有兼容性；就语表形式的总体走向而言，汉语语法结构具有趋简性。汉语语法结构在总体面貌上呈现的是语义兼容和结构趋简互为条件的特点。

二、象似性原则

象似性，简单地说就是语言结构象似于人的经验结构，或者语言结构是经验结构的模型。认知语言学注重语言的象似性，认为语言的结构与人所认识的世界的结构存在广泛性和一再性的对应。连动式这种结构形式的构造同样与人们认识多个事件时的处理方式和认知心理存在对应性，具体表现在以下两个方面。

（一）复杂性象似动因

所谓复杂性象似动因，指的是"相对简单的概念普遍由相对简单的形式表达，而相对复杂的概念则普遍由相对复杂的语言结构表达"（张敏，李予湘，2009），这也是从类型学的角度总结的世界语言的一个共性。这一共性反映了语言结构和它所代表的外部世界的概念结构的对应关系，具体来说，就是结构形式的复杂程度对应象似概念领域所体现的事物的复杂程度，概念领域所体现的事物特征及其关系越复杂，用来表现它的结构形式也越复杂（陈忠，2006）。

与普通的简单句相比，小句整合体具有更为复杂的句法结构和概念结构：前者表达的是单个事件和状态，由形式简单的句子表达；后者表达的是两个或者两个以上的事件或状态的整合，因此由形式更为复杂的句子表达。

相对于单个独立动词构成的单动句而言，连动式由两个或两个以上的独立动词连用构成，表达两个或两个以上的事件或状态的整合，在形式上比单动句要更为复杂，表达的事件内容和意义也更为复杂。

（二）次序性象似动因

次序性象似动因，或者说时序原则，是一条重要的关系象似原则，可以表述为：两个句法单位的相对次序取决于它们所表示的概念领域里的状态的时间顺序。连动式对于次序象似动因的遵循，以往研究多有论述（高增霞，2006）。语序是连动式的一种重要的语法手段，先后顺序不仅是连动式的认知基础，而且已经成为其句法结构原则。连动式对于次序性象似动因的遵循，不仅体现在客观层面，而且体现在逻辑和认知层面。对此，在讨论明清汉语连动式的跨语言共性特征时，我们也进行过相关分析讨论：如果连动式表达因果关系或事件先后顺序，两个动词呈现出时态象似性，即表示原因的动词位于表示结果的动词之前，先发生事件的动词位于后发生事件的动词之前。

三、信息机制

信息的排序可以有两种方法：自然法和意图法。其中，自然法指的是句法结构反映的客观顺序的信息按照结构所指事件本来的客观顺序排列，而意图法指的是不管信息有没有对应的自然顺序，一律按照信息处理者的主观意图去安排顺序。汉语连动式在信息排序中，遵循的是自然的、客观的顺序。这一方面表现在连动式的前后项按照时间顺序排列，另一方面表现在连动式的前后项按照事理逻辑发展的顺序排列。连动式选择自然的信息排序法，也是因其受限于人类思维处理的程度。当然，人类思维处理的能力也在不断地实现突破和提高，因此我们也能看到以意图法安排连动式中连动项信息排序的用例，如目的-行为类连动式。

结语

连动式的研究一直是学界关注的热点问题。对于汉语连动式，研究者使用了各种理论方法，从多种角度进行了分析和研究，但一直存在争议。研究者对连动式的定义、界限、范围、分类等诸多问题仍然没有达成共识。汉语连动式的研究在相当长的一段时间里执着于分类以及描写各小类的结构与语义，虽然研究者引入了认知语法的解释和语法化学说挖掘各种语法化现象，但仍难以进一步深入下去。不少研究者从汉语史的角度对古代汉语连动式进行考察，更多关注的是动补式或介词等相关句法形式如何从连动式中发展演变而来，对连动式本身的发展演变过程研究得还不够充分。类型学研究可以说为汉语连动式研究打开了一片新天地。类型学的视角一方面将汉语连动式置于世界连动语言变异的范围内来考察，另一方面也通过汉语连动式来观照连动结构的普遍模式、认识连动语言的参项和特征。

一、主要研究工作和结论

本书通过对明清时期大规模历时语料的调查、分析，从类型学的角度考察了汉语连动式的性质和范围，探讨了明清汉语连动式的跨语言共性特征及个性特征，通过对明清汉语连动式的使用情况与历时发展进行描写，分析和讨论了其发展趋势与动因机制。本书的主要研究工作和结论如下。

（一）重新考察汉语连动式的属性和定义

本书从类型学的角度审视了汉语连动式的属性特征和范围，提出了类型学比较概念下的汉语连动式的定义：汉语连动式是一种单一小句结构，中间没有停顿，由多个独立动词组成，动词兼具"＋dynamic/动性"和"＋active/动态"

双重属性，它们之间没有连接项，没有特殊编码和省略表达，也没有谓语-论元关系。

对于汉语连动式来说，连动式比较概念的四个参项中，"独立动词"这一参项最为重要，而"独立动词"这一参项的构成要素中，"表达动态事件"这一要素最为重要，意味着连动式中的动词应同时具备"＋dynamic/动性"和"＋active/动态"的双重属性。这是汉语连动式中动词的核心属性，它将汉语连动式与其他众多类似结构联系起来，并进行了有效区分。四个参项中，"单一小句"的否定判定标准并不适用于汉语连动式，这主要体现在肯否类连动式及部分具有因果关系的连动式种，这两类汉语连动式中的动词可以出现单独否定。在"独立动词"这一参项中，"＋dynamic/动性"和"＋active/动态"属性是汉语连动式动词的核心属性，将汉语连动式与状中式、动词拷贝式、偏正式、比较式、助动词结构以及由标句词"说""道"构成的短语等容易混淆的构式进行了有效区分。"没有特殊编码和省略表达"这一属性将汉语连动式与有标记的紧缩式和无标记的紧缩式进行了有效区分。"没有连接项"这一参项将汉语连动式（特别是古代时期的汉语连动式）与复句进行了有效区分。"没有谓语-论元关系"这一参项则将汉语连动式与是字判断句、小句充当宾语的动宾式、兼语式等进行了有效区分。通过这一系列的考察分析，我们可以对汉语连动式的范围进行更为清晰的界定。

（二）重点描写明清汉语连动式的历时使用面貌、特征及发展变化

我们以明清汉语连动式的句法结构和逻辑语义关系类别为框架，以类型学的跨语言特征为参照，描写了连动式在明清时期汉语中的使用面貌和特征，并从历时视角对连动式的句法结构、语义关系及类型学参项的总体特征进行了归纳。

在历时使用面貌方面，我们将形式描写和语义描写结合起来，以句法结构形式描写为主体，兼顾语义分析，描写明清时期四部语料著作中连动式的使用面貌和各项特征。形式描写方面包括句法结构形式描写和与把字句、被字句搭配使用的情况；语义描写方面包括逻辑语义关系和相互依赖关系。我们还考察了形式与语义关系的对应特征，并从类型学的视角对明清时期汉语连动式的跨语言个性特征和共性特征进行了归纳。从历时视角对明清汉语连动式的南北地域特征和不同时期的时代特征进行了总体归纳。

明清汉语连动式主要由两个连动项连用构成，最多可以由五个连动项连用构成，由两个、三个、四个和五个连动项连用构成的连动式在数量上逐渐递减，其中，由四个和五个连动项连用的连动式数量锐减。明清汉语连动式的主要句法结构形式为"$V_1＋O_1＋V_2＋O_2$"，主要语义关系为承接关系，在实际运用中占据主体地位。

从语义关系来看，汉语连动式的逻辑语义关系有六类：承接类、方式类、行为-目的类、因果类、补充说明类、解释说明类。连动式中连动项之间的相互依赖关系有两类——平行聚合关系和主次关系。明清汉语连动式中的连动项在逻辑语义关系上主要为承接关系，在相互依赖关系上主要为平行聚合关系。

从明清汉语连动式的使用面貌来看，明清汉语连动式的发展已较为成熟，结构形式和语义表达丰富多样，连动式被大量使用，四部著作中均出现了几个连动项连用后共同带状语成分或补语成分的情况，与把字句的搭配使用用例数量较多且结构形式多样，与被字句搭配使用的用例数量则明显减少，且呈下降趋势。相较于上古和中古时期的汉语连动式，明清汉语连动式在表达上更加精密化。这主要体现在两个方面：一是句法结构的复杂化；二是连动共宾句式的衰落。明清汉语连动式中还存在少量连动共宾句式，但已处于消亡期。明清汉语连动式进一步发生语法化，不仅可以充当主语、状语、宾语、补语、定语等各类句法成分，甚至进一步语法化为名词性短语的中心语成分和介宾短语中宾语的构成成分。

从明清汉语连动式的区域特征来看，北方官话连动式比南方官话连动式在结构形式上更为复杂，分布态势更为成熟，主要表现在状语和补语成分方面。北方官话连动式中还存在着少量的"V_1+V_2+O"类连动共宾句式，南方官话连动式中存在着特殊的"V 有"结构形式。

从类型学的视角来看，明清汉语连动式既存在自身的个性特征，也存在跨语言的共性特征。在个性特征方面，明清汉语连动式中的动词不一定具有相同的时态取值；动词可以有各自单独的时间修饰语；如果连动式中只有一个人称、时态、语气和否定标志，其不一定出现在边缘位置，也可以出现在核心位置；连动式的语气表达并不以动词为中心，语气与动词的时体关联不大；不存在主语不同的连动式。在共性特征方面，明清汉语连动式中的动词不会有各自单独的事件位置修饰语；在语调上都位于同一语调曲拱中；如果连动式表达因果关系或事件先后顺序，两个动词呈现出时态象似性；动词共享至少一个论元；不仅具有"共享主语的连动式"这种类型，还具有其他类型；连动式不能带两个不同的施事，即当连动式的动词共享非施事角色时，施事角色也必须被共享。

语言是人类思维与交际的工具，作为代表语言结构规律的语法，是人类思维长期抽象化的结果。语法规则的形成和发展，是伴随着人类思维规律的形成和发展的。汉语连动式遵循时间象似性原则，符合省力机制。明清时期汉语连动式的发展符合语言发展的规律，随着汉语发展的复杂化和精密化，也趋于严密和复杂。

从共时的层面看，汉语连动式广泛存在，与并列和主从形成三足鼎立的局面。从汉语连动式自身的发展来看，汉语连动式内部具有"并列—连动—主从"

的演变规律。肯否类表补充说明关系的连动式是连动式作为显赫范畴向并列语义域的扩展表现。这类连动式中,虽然连动项之间为平行聚合关系,但与承接类连动式不同的是,补充说明类连动式的正反两个方面在语义上互为补充加强的关系,没有主从关系及严格的相继关系,两者基本上是同时存在的状态,更接近并列关系。只是由于这类连动式中的连动项不能像并列结构一样换位,也不能加连词,因此在句法上只能属于连动式。从连动式自身的语义类别来看,承接类连动式作为典型类别,是连动式的主体部分,除了补充说明类连动式是连动式向并列语义域的扩展之外,其他语义类别的连动式中的连动项之间均存在主次关系,可以说是连动式向主从语义域的扩展。补充说明类连动式的数量要远远低于表主次关系类连动式的数量。从这个角度来说,补充说明类连动式这类接近并列式的存在是汉语由并列向连动演变过程中的痕迹,而主次类连动式的大量存在则显示连动式内部正由连动向主从进行着演变。承接类连动式作为连动式的主体,占据绝对优势,这显示连动式依然拥有显赫的地位。

二、研究的局限性

当然,本研究也存在局限性,主要表现为以下三点。

(一)历时考察还尚有继续深化的空间

首先,针对《金瓶梅词话》《型世言》《儿女英雄传》《跻春台》这四部著作中连动式建立的历时语料库显然还不足以真正全面反映明清汉语连动式的历时演变特征。对明清汉语连动式的历时研究内容可以继续深入下去。一方面,需要进一步扩大明清时期的语料范围和语料类别,更加充分地展现明清时期汉语连动式的真实面貌;另一方面,需要对宋元时期及现代汉语的连动式进行描写分析,从而进一步挖掘明清汉语连动式的特点。我们对于连动式的研究只能依靠传世文献,而古文献原本并没有标点,几乎都是由现代人进行句读点断,而这些文献中的内容最初是断开还是连续的,我们无从得知,这也对本研究造成了一定影响。

(二)理论分析和运用有待进一步深化

本研究对于明清时期汉语连动式发展演变的机制和动因挖掘得还不够深入。同时,如何更好地落实类型学的研究视角,也有待我们进一步思考。

(三)某些环节还有待进一步深入的探究

由于对连动式的语料分析完全建立在手工处理的基础之上,本研究的工作量十分大，且明清汉语连动式发展成熟，较为复杂，在语料分析处理的过程中，难免会出现一些顾此失彼的情况。这些都需要我们在今后的研究中进一步斟酌，以提高语料的利用度。

　　与其他连动语言的研究相比，汉语连动式研究的优势在于丰富的历史语料以及学者们半个多世纪以来的丰富研究成果，但汉语连动式在类型学方面的研究还有很大的空间。纵观汉语连动式的研究成果，我们发现，最有价值或者说用力最多的还是事实层面的描写，然而理论的自觉思考不够，缺乏将连动式放在整个语言体系中进行观察的研究。汉语连动式的历时研究和共时研究也没有打通，将不同历史时期的汉语连动式放入同一个研究框架中进行对比分析的研究较少，连动式整体的发展演变情况还有待进一步深入考察。可以说，国外连动式类型学研究成果对汉语连动式的研究有很大的启发，但目前来看，汉语连动式的研究成果对世界连动式的类型学研究还没有很明显的启示。

　　正如高增霞（2006）指出的，对汉语连动式的类型学研究，我们应该关注这样一些问题：为什么汉语拥有连动式？汉语的哪些语言规则决定了汉语中必须使用连动的结构手段？汉语的连动式表现出哪些普遍特征？汉语连动式及其他多动结构的研究有哪些类型学上的意义？从上古汉语到现代汉语，是什么因素使汉语连动式成为现在的样子？这个发展过程在连动语言类型学研究上有什么价值？这些问题的提出正是连动语言研究者在经历了研究的困惑后进行深刻思考的结果，期待更多的学者参与到相关问题的探讨中来，共同推动汉语连动式的研究。

参考文献

[1] Aikhenvald A, Dixon R. Serial Verb Constructions: A Cross-Linguistic Typology [M]. Oxford: Oxford University Press, 2006.

[2] Foley W A. Events and Serial Verb Constructions [M] // Amberber M, Baker B, Harvey M. Complex Predicates: Cross-linguistic Perspectives on Event Structure. Cambridge: Cambridge University Press, 2010.

[3] Haspelmath M. Comparative Concept and Descriptive Categories in Crosslinguistic Studies [J]. Language, 2010, 86 (3): 663-687.

[4] Haspelmath M. The Serial Verb Construction: Comparative Concept and Cross-linguistic Generalizations [J]. Language & Linguistics, 2016, 17 (3): 291-319.

[5] Larson M. The Empty Subject Construction: Verb Serialization in Baule [C] // Oladé Aboh E, Essegbey J. Topics in Kwa Syntax. Dordrecht: Springer, 2010.

[6] 鲍尔·J. 霍伯尔, 伊丽莎白·克劳丝·特拉格特. 语法化学说 [M]. 2版. 梁银峰, 译. 厦门: 复旦大学出版社, 2008.

[7] 博纳德·科姆里. 语言共性和语言类型 [M]. 沈家煊, 译. 北京: 华夏出版社, 1989.

[8] 陈忠. 认知语言学研究 [M]. 济南: 山东教育出版社, 2006.

[9] 储泽祥. 小句是汉语语法基本的动态单位 [J]. 汉语学报, 2004 (2): 48-55+96.

[10] 戴浩一. 时间顺序和汉语的语序 [J]. 黄河, 译. 国外语言学, 1988 (2): 10-20.

[11] 戴庆厦, 邱月. OV型藏缅语连动结构的类型学特征 [J]. 汉语学报, 2008 (2): 2-10.

[12] 戴庆厦. 景颇语的连动式 [J]. 民族教育研究, 1999 (1): 1-8.

[13] 丁健. 动宾目的式的构造及相关问题 [J]. 汉语学报, 2016 (1): 44-55+96.

[14] 董秀芳. 从词汇化的角度看粘合式动补结构的性质 [J]. 语言科学, 2007 (1): 40-47.

[15] 董秀芳. 古汉语中动名之间"于/於"的功能再认识 [J]. 古汉语研究, 2006 (2): 2-8.

[16] 范晓. 关于构建汉语语法体系问题——"小句中枢"问题讨论的思考 [J]. 汉语学报, 2005 (2): 53-61.

[17] 方梅. 北京话里"说"的语法化——从言说动词到从句标记 [J]. 中国方言学报, 2006 (1): 107-121.

[18] 冯力, 杨永龙, 赵长才. 汉语时体的历时研究 [M]. 北京: 语文出版社, 2009.

[19] 冯胜利. 汉语历时句法学论稿 [M]. 上海: 上海教育出版社, 2016.

[20] 高增霞. 从非句化角度看汉语的小句整合 [J]. 中国语文, 2005 (1): 29-38.

[21] 高增霞. 从由"伸手"构成的连动结构谈起 [J]. 湖南师范大学社会科学学报, 2015 (4): 130-136.

[22] 高增霞. 从语法化角度看动词直接作状语 [J]. 汉语学习, 2004 (4): 18-23.

[23] 高增霞. 类型学视野下的汉语连动式研究 [M]. 北京: 社会科学文献出版社, 2020.

[24] 高增霞. 论连动结构的有界性 [J]. 河南师范大学学报 (哲学社会科学版), 2007 (2): 183-185.

[25] 高增霞. 现代汉语连动式的语法化视角 [M]. 北京: 中国档案出版社, 2006.

[26] 管燮初. 西周金文语法研究 [M]. 北京: 商务印书馆, 1981.

[27] 管燮初. 殷墟甲骨刻辞的语法研究 [M]. 北京: 科学出版社, 1953.

[28] 郭锐. 汉语动词的过程结构 [J]. 中国语文, 1993 (6): 410-419.

[29] 何大安. 古今通塞: 汉语的历史与发展 [M]. 台北: "中研院"语言学研究所筹备处, 2003.

[30] 何彦诚. 红丰仡佬语连动结构研究 [M]. 桂林: 广西师范大学出版社, 2013.

[31] 洪淼. 现代汉语连动结构研究 [D]. 南京: 南京师范大学, 2004.

[32] 胡素华. 彝语诺苏话的连动结构 [J]. 民族语文, 2010 (2): 23-30.

［33］江蓝生．近代汉语研究新论［M］．北京：商务印书馆，2008．

［34］黎锦熙．新著国语文法［M］．北京：商务印书馆，1992．

［35］李可胜，贾青．连动式VP聚合语义的逻辑表述［J］．湖北大学学报（哲学社会科学版），2013（6）：36-41．

［36］李可胜．连动式的结构机制：PTS、情状特征和VP的外延［J］．外国语，2016（1）：23-31．

［37］李临定．现代汉语句型［M］．北京：商务印书馆，1986．

［38］李沛．连动结构间"来""去"的使用倾向［J］．湖北社会科学，2012（1）：139-141．

［39］李向农，张军．＂V着V＂结构的意义关系及结构中＂V＂的语义特征分析［J］．华中师范大学学报（人文社会科学版），2001（3）：109-115．

［40］李亚非．论连动式中的语序-时序对应［J］．语言科学，2007（6）：3-10．

［41］李泽然．哈尼语的连动结构［J］．民族语文，2013（3）：37-43．

［42］梁银峰．汉语动补结构的产生与演变［M］．上海：学林出版社，2006．

［43］刘丹青．古今汉语的句法类型演变：跨方言的库藏类型学视角［C］//郑秋豫．第四届国际汉学会议论文集——语言资讯和语言类型．台北：台湾"中研院"，2013．

［44］刘丹青．汉语的若干显赫范畴：语言库藏类型学视角［J］．世界汉语教学，2012（3）：291-305．

［45］刘丹青．汉语动补式和连动式的库藏裂变［J］．语言教学与研究，2017（2）：1-16．

［46］刘丹青．汉语及亲邻语言连动式的句法地位和显赫度［J］．民族语文，2015（3）：3-22．

［47］刘丹青．语言库藏类型学构想［J］．当代语言学，2011（4）：289-303＋379．

［48］刘海燕．现代汉语连动句的逻辑语义分析［M］．成都：四川人民出版社，2008．

［49］陆镜光．论小句在汉语语法中的地位［J］．汉语学报，2006（3）：2-14＋95．

［50］吕冀平．复杂谓语［M］．上海：上海教育出版社，1985．

［51］吕叔湘．汉语语法分析问题［M］．北京：商务印书馆，1979．

［52］吕叔湘．汉语语法论文集［M］．沈阳：辽宁教育出版社，1999．

［53］吕叔湘．中国文法要略［M］．北京：商务印书馆，1956．

[54] 马建忠. 马氏文通 [M]. 北京：商务印书馆 1983.

[55] 满在江, 宋红梅. N 为受事连动结构的句法分析 [J]. 盐城师范学院学报（人文社会科学版），2004（4）：97-100.

[56] 梅广. 上古汉语语法纲要 [M]. 台北：三民书局，2015.

[57] 潘允中. 汉语语法史概要 [M]. 郑州：中州书画社，1982.

[58] 彭国珍, 杨晓东, 赵逸亚. 国内外连动结构研究综述 [J]. 当代语言学，2013（3）：324-335+378.

[59] 彭国珍. 宾语共享类连动式的句法研究 [C] //北京大学汉语语言学研究中心《语言学论丛》编委会. 语言学论丛（2010）. 北京：商务印书馆，2010.

[60] 彭育波. 连动句的认知研究 [J]. 重庆工学院学报（社会科学版），2007（4）：145-149.

[61] 饶勤. 从句法结构看复合词中的一种新的构词方式——连动式构词 [C] //第四届国际汉语教学讨论会论文选. 北京：北京语言学院出版社，1993.

[62] 尚新. 时体、事件与汉语连动结构 [J]. 外语教学，2009（6）：5-9.

[63] 沈家煊. 句法的象似性问题 [J]. 外语教学与研究，1993（1）：2-8+80.

[64] 四川大学汉语史研究所. 汉语史研究集刊（第二辑）[M]. 成都：巴蜀书社，2000.

[65] 宋真喜. 现代汉语连动句研究 [D]. 上海：复旦大学，2000.

[66] 太田辰夫. 中国语历史文法 [M]. 蒋绍愚, 徐昌华, 译. 北京：北京大学出版社，1958.

[67] 王洪君, 李榕. 论汉语语篇的基本单位和流水句的成因 [C] //北京大学汉语语言学研究中心《语言学论丛》编委会. 语言学论丛（2014）. 北京：商务印书馆，2014.

[68] 王力. 汉语史稿 [M]. 北京：中华书局，1958.

[69] 王力. 中国现代语法 [M]. 长春：东北师范大学出版社，2002.

[70] 魏兆惠.《左传》的趋向连动式及其与动趋式的关系 [J]. 西安电子科技大学学报（社会科学版），2004（4）：138-142.

[71] 魏兆惠. 论两汉时期趋向连动式向动趋式的发展 [J]. 语言研究，2005（1）：109-112.

[72] 魏兆惠. 秦汉时期汉语连动式及类型学考察 [J]. 学术论坛，2006（6）：179-181.

[73] 魏兆惠. 上古汉语连动式研究 [M]. 上海：生活·读书·新知三联书店，2008.

[74] 吴登堂，洪波．连动动词的理论解释［J］．云南师范大学学报（对外汉语教学与研究版），2003（6）：91-93．

[75] 吴启主．连动句·兼语句［M］．北京：人民教育出版社，1990．

[76] 萧国政．"句本位""词组本位"和"小句中枢"——汉语语法表述体系更迭的内在动力和发展趋向［J］．世界汉语教学，1995（4）：5-13．

[77] 萧红．汉语多动同宾句式的发展［J］．语言研究，2006（4）：111-114．

[78] 萧璋．论连动式和兼语式［J］．北京师范大学学报（哲学社会科学版），1956（1）：225-234．

[79] 辛承姬．连动结构中的"来"［J］．语言研究，1998（2）：53-58．

[80] 辛承姬．连动结构中的"上"字考察［J］．湖北大学学报（哲学社会科学版），2000（4）：61-65．

[81] 邢福义．汉语语法学［M］．北京：商务印书馆，2016．

[82] 邢欣．简述连动式的结构特点及分析［J］．新疆大学学报（哲学社会科学版），1987（1）：116-122．

[83] 徐晶凝．汉语语气表达方式及语气系统的归纳［J］．北京大学学报（哲学社会科学版），2000（3）：136-141．

[84] 许有胜．现代汉语连动结构研究［D］．北京：中国人民大学，2008．

[85] 杨伯峻，何乐士．古汉语语法及其发展（上）［M］．北京：语文出版社，2001．

[86] 杨成凯．连动式研究［C］//语法研究和探索（九）．北京：商务印书馆，2000．

[87] 杨荣祥．近代汉语副词研究［M］．北京：商务印书馆，2005．

[88] 杨永龙．《朱子语类》完成体研究［M］．开封：河南大学出版社，2001．

[89] 杨永忠．连动结构类型的参数分析［J］．当代外语研究，2014（10）：17-24＋77-78．

[90] 杨永忠．再论连动式中的语序-时序对应［J］．天津外国语学院学报，2009（5）：11-18．

[91] 姚汉铭，戴绚．"连动"范畴和表达连动范畴的句子格局［J］．开封大学学报，1996（1）：1-8．

[92] 易朝晖．泰汉连动结构比较研究［J］．解放军外国语学院学报，2003（3）：38-41．

[93] 殷焕先．谈"连动式"［J］．文史哲，1954（3）：32-33．

[94] 张斌，胡裕树．汉语语法研究［M］．北京：商务印书馆，1989．

[95] 张伯江. 汉语连动式的及物性解释 [C] // 中国语文杂志社. 语法研究和探索（九）. 北京：商务印书馆，2000.

[96] 张耿光.《庄子》中的连动结构——《庄子》语言分析之一 [J]. 贵州大学学报（社会科学版），1996（2）：56-61.

[97] 张景霓. 西周金文的连动式和兼语式 [J]. 广西民族学院学报（哲学社会科学版），1999（3）：107-109.

[98] 张静."连动式"和"兼语式"应该取消 [J]. 郑州大学学报（社会哲学科学版），1977（4）：71-80.

[99] 张敏，李予湘. 先秦两汉汉语趋向动词结构的类型学地位及其变迁 [C] // "汉语'趋向词'之历史与方言类型研讨会暨第六届海峡两岸汉语史研讨会"论文集. 台北，2009.

[100] 张双庆. 动词的体 [M]. 香港：香港中文大学中国文化研究所吴多泰中国语文研究中心，1996.

[101] 张一舟.《跻春台》的性质、特点、语言学价值及蔡校本校点再献疑 [J]. 西南民族学院学报（哲学社会科学版），1999（1）：1-4.

[102] 张志公. 汉语语法常识 [M]. 上海：新知识出版社，1956.

[103] 赵林晓，杨荣祥，吴福祥. 近代汉语"VOV得C"重动句的类别、来源及历时演变 [J]. 中国语文，2016（4）：415-425＋510-511.

[104] 赵林晓，杨荣祥. 近代汉语重动句的来源及其分类 [J]. 民族语文，2016（4）：15-25.

[105] 赵元任. 汉语口语语法 [M]. 北京：商务印书馆，2005.

[106] 赵元任. 中国话的文法 [M]. 吕叔湘，译. 北京：商务印书馆，1979.

[107] 浙江大学汉语史研究中心. 汉语史学报（第十辑）[M]. 上海：上海教育出版社，2010.

[108] 郑继娥. 甲骨文中的连动句和兼语句 [J]. 古汉语研究，1996（2）：1-3.

[109] 志村良治. 中国中世语法史研究 [M]. 江蓝生，白维国，译. 北京：中华书局，1995.

[110] 中国社会科学院语言研究所，《中国语文》编辑部. 庆祝《中国语文》创刊50周年学术论文集 [C]. 北京：商务印书馆，2005.

[111] 中国语文杂志社. 语法研究和探索（精选集）[M]. 北京：商务印书馆，2011.

[112] 周国炎，朱德康. 布依语连动式研究 [J]. 民族语文，2015（4）：60-67.

［113］朱德熙．语法答问［M］．北京：商务印书馆，1985．
［114］朱德熙．语法讲义［M］．北京：商务印书馆，1982．
［115］朱德熙．朱德熙文集（第3卷）［M］．北京：商务印书馆，1999．
［116］邹韶．"连动式"应该归入偏正式［J］．世界汉语教学，1996（2）：36-38．

图书在版编目（CIP）数据

基于类型学视角的明清汉语连动式研究/杨红著．—武汉：华中科技大学出版社，2023.5
（明清汉语语法研究丛书/石锓主编）
ISBN 978-7-5680-9467-2

Ⅰ.① 基… Ⅱ.① 杨… Ⅲ.① 汉语-复杂谓语-研究-明清时代 Ⅳ.① H146.3

中国国家版本馆 CIP 数据核字（2023）第 082852 号

基于类型学视角的明清汉语连动式研究　　　　　　　　　　　　杨　红　著
Jiyu Leixingxue Shijiao de Mingqing Hanyu Liandongshi Yanjiu

策划编辑：	宋　焱　周晓方
责任编辑：	江旭玉
封面设计：	原色设计
责任校对：	张汇娟
责任监印：	周治超
出版发行：	华中科技大学出版社（中国·武汉）　　电话：(027) 81321913
	武汉市东湖新技术开发区华工科技园　　邮编：430223
录　　排：	华中科技大学出版社美编室
印　　刷：	武汉科源印刷设计有限公司
开　　本：	710mm×1000mm　1/16
印　　张：	25.25　　插页：1
字　　数：	495 千字
版　　次：	2023 年 5 月第 1 版第 1 次印刷
定　　价：	168.00 元

本书若有印装质量问题，请向出版社营销中心调换
全国免费服务热线：400-6679-118　　竭诚为您服务
版权所有　侵权必究